अठारह उपन्यास

[आलोचना]

अठारह उपन्यास

राजेन्द्र यादव

राधाकृष्ण

नयी दिल्ली पटना इलाहाबाद कोलकाता

ISBN : 978-81-7119-442-1

अठारह उपन्यास (आलोचना)

पहला संस्करण : 1981
पहला राधाकृष्ण संस्करण : 1999
चौथी आवृत्ति : 2015
मूल्य : ₹ 500

प्रकाशक
राधाकृष्ण प्रकाशन प्राइवेट लिमिटेड
7/31, अंसारी मार्ग, दरियागंज, नई दिल्ली-110 002
शाखाएँ : अशोक राजपथ, साइंस कॉलेज के सामने, पटना-800 006
पहली मंजिल, दरबारी बिल्डिंग, महात्मा गांधी मार्ग, इलाहाबाद-211 001
36 ए, शेक्सपियर सरणी, कोलकाता-700 017
वेबसाइट : www.radhakrishnaprakashan.com
ई-मेल : info@radhakrishnaprakashan.com

आवरण : राधाकृष्ण स्टूडियो

मुद्रक
बी.के. ऑफसेट
नवीन शाहदरा, दिल्ली-110 032

ATHARAH UPANYAS
Critical Essays by Rajendra Yadav

नगीना के लिए

उपन्यास और उपन्यासकार

परिशिष्ट

औज़ारों की तलाश

पिछले दसियों वर्षों से हमारे यहाँ उपन्यास-समीक्षा की दो-तीन प्रणालियाँ ही प्रचलित हैं : कथासार देकर उसकी स्वाभाविकता-अस्वाभाविकता पर विचार; लेखक की दृष्टि की प्रशंसा-भर्त्सना, कुछ दार्शनिक या राजनीतिक मुहावरों में उसका मूल्यांकन, भाषा-शिल्प पर समीक्षक की प्रतिक्रिया। निष्कर्षतः 'उपलब्धि' या 'दस्तावेज़' जैसे किसी विशेषण की घोषणा। यह समीक्षा विश्वविद्यालयों के आस-पास मँडराती है और एक डॉक्टर दूसरे डॉक्टर के उपन्यासों पर इसका अभ्यास करता है। इस प्रकार की समीक्षाओं को बाद में एक जिल्द में समेटकर कोई भारी-भरकम, डरावना नाम दे दिया जाता है। संपादक होते हैं कोई उपन्यासकार-समीक्षक 'डॉक्टर'; इस तरह की 'कृतकृत्यवादी' समीक्षा अब इतनी पेशेवर हो गई है कि प्रकाशकीय फ़्लैप-मैटर लिखने का भ्रम देती है। इधर अपने व्यक्तिगत द्वैमासिक-त्रैमासिकों के विशेषरूप से निकाले गए ऐसे विशेषांकों को पुस्तकाकार चला देने की कारीगरी भी ज़ोर पकड़ रही है; एक भूमिका और एक लेख, बाक़ी संपर्कों के आधार पर एक बड़ी पुस्तक; यानी 'अपनी रचनाओं' की सूची में नया कुछ जुड़ने का गर्वीला सुख।

दूसरी प्रणाली के पुरोधा ऐसे लोग हैं, जिन्हें कभी 'कृति की राह गुज़रने' का सूत्र हाथ लग जाता है, कभी ऋषि और मुनि का भेद। एक बार उन्हें सूझा 'आर्केस्ट्रा'; तो दर्जनों समीक्षाओं में वे बताते रहे कि कौन साहित्यकार किस वाद्य-यंत्र का माहिर है। नायक-नायिका के किसी संवाद के आधार पर वे कुछ भी सिद्ध कर सकते हैं : कभी आधुनिकता-बोध, कभी अलगाव-चेतना और कभी अभिनिवेश; ठीक उसी तरह जैसे रीतिकालीन कविता में अलंकार खोजे जाते थे, उपमाएँ, उत्प्रेक्षा फ़िट की जाती थीं और उसे ही कविता का मूल्यांकन मान लिया जाता था। यहाँ रचना का बाहरी रूप ही अपने-आपमें अंतिम सत्य है, और यहीं से वे शास्त्रीय कथातत्त्व खोजनेवालों की तरह मशीनी ढंग से और चीज़ें खोज लेते हैं।

इनसे अलग एक और वर्ग है जो अधिक संवेदना और अंतर्दृष्टि के साथ रचना को समझना चाहता है, मगर हमेशा ही उसका यह साक्षात्कार अधूरा रहता है। शुद्ध अपनी पसंद और मनःस्थिति रचना की कसौटी बनती है। छायावादी तरल भाषा, अश्रु-उच्छ्वासी अनुभव, शरच्चन्द्रीय संबंध-गंधी प्रेम, आध्यात्मिक सरहदों को छूता हुआ ओस-भीगा शरीर; बेसाख़्ता मुँह से 'आह' निकाल देता है। उर्दू शायरी की तरह 'वाह क्या बात है'

या 'बात कुछ बनी नहीं' के तर्ज़ पर, साक्षात्कार यहाँ मन को झकझोरता या अछूता छोड़ जाता है।

'ज़िंदगी की सचाइयों' या 'जनजीवन की पकड़' वाली समीक्षाओं का आग्रह सिर्फ़ उतनी ही ज़िंदगी के लिए होता है जो समीक्षक चाहता है या जैसी ज़िंदगी का नुस्ख़ा 'धर्मशास्त्रों' में दिया गया है। 'ज़िंदगी की सचाई' इस समीक्षक के लिए दुधारा तर्क बनकर आती है : उसके न होने का फ़तवा देकर रचना को दो कौड़ी का बताया जा सकता है और होने की दुहाई देकर महान सिद्ध कर दिया जाता है। ये दोनों तर्क एक ही रचना की 'ज़िंदगी' पर फ़िट हो जाते हैं। इसमें 'समीक्षक' अपने अंदर झाँकने या प्रश्न करने की ज़रूरत बिलकुल नहीं महसूस करता कि जिस ज़िंदगी की सूचना उसे है, उससे अलग और बाहर भी कहीं कुछ है। जो कुछ 'रचना में नहीं' है, उन बहुत-सारी बातों के हवाले देना इस समीक्षाशास्त्र का एक और हथियार है। 'कुछ है जो रचना में नहीं है, मगर वह है क्यों नहीं ?' की दलील एक ओर तो रचना को छोटा साबित करती है, दूसरी ओर समीक्षक की जानकारी का आतंक स्थापित करती है। तीसरी ओर, रचना से बच निकलने की अपनी चालाकी को समीक्षक बौद्धिक तेवर प्रदान कर देता है।

मैं सोचता हूँ कि कथा-समीक्षा ने आज अपने को सिर्फ़ तत्कालीन या फ़ौरी सरोकारों और मूल्यांकन कर डालने की सीमाओं में ही बाँध लिया है। हम सिर्फ़ चौखटाबद्ध प्रवृत्तियों और सद्यःप्रकाशित कृतियों तक ही सिमटकर रह गए हैं। इसमें न तो कभी भी समीक्षा का सही मुहावरा उभर पाता है, न पद्धति का मानकीकरण होता है। हमारी समीक्षा केवल व्यक्तिगत राय या पसंद बनकर रह जाती है; आधार वहाँ रचना नहीं होती, पीछे के व्यक्ति या व्यक्तिगत संबंध होते हैं। इसीलिए बहुत स्वाभाविक है कि आतंकित करने, अपनी बात मनवाने और एकैडैमिक या तटस्थ होने के हथकंडे चाहे जितने अपनाए जाएँ, समीक्षा सर्टिफ़िकेट से आगे नहीं बढ़ पाती। मैं इसे सद्यःप्रकाशित कृतियों या केवल तात्कालिकता में ही उलझ जाने की मजबूरी मानता हूँ; ऐसे में किन्हीं भी पूर्व कृतियों का ज़िक्र वकील के तैयार गवाहों की तरह ही किया जाता है। इतिहास-दृष्टि के अभाव में इससे अधिक कुछ हो भी नहीं सकता। इसे यह भी कह सकते हैं कि कथा-समीक्षा का मानकीकरण तब तक नहीं होगा जब तक काव्य-समीक्षा की तरह कुछ विधा-गत सैद्धांतिक प्रश्नों या पुरानी कृतियों पर नए सिरे से विचार नहीं किया जाएगा। काव्य-समीक्षा में आज भी सूर-तुलसी से लेकर 'राम की शक्तिपूजा', 'कामायनी' पर नए दृष्टिकोण से व्याख्याएँ होती हैं, नए-से-नए अर्थ-संदर्भ तलाशे जाते हैं और भाषा से लेकर शैली-विज्ञान, मिथक, बिंब, रसास्वाद की प्रक्रिया और प्रकृति पर विचार किए जाते हैं। कथा-समीक्षा में ऐसी शुरुआत हुई ज़रूर थी, लेकिन आज दसियों वर्षों से उसके दर्शन कहाँ होते हैं ? परंपरा से न जुड़ने के कारण ही आज हमारे पास न तो समीक्षा की समझ का मानकीकरण है, न मुहावरे का; शायद औज़ार तो हैं ही नहीं। इसीलिए सर्वज्ञ आलोचक अनेक हैं, कथा-विशेषज्ञ समीक्षक एक भी नहीं। हम या तो काव्य-शास्त्र के औज़ारों से काम चला रहे हैं, या दर्शन या अन्य शास्त्रों की

बारीक़ियों में घुस जाते हैं। मानवीय अस्तित्व और नियति को समझने के लिए हर शास्त्र या ज्ञान अनिवार्य है, लेकिन हर विधा का अपना एक मुहावरा या अनुशासन होता है और वह पूरे परिप्रेक्ष्य के विचार-पुनर्विचार से ही उभरकर आता है। दार्शनिक प्रतिपत्तियाँ, राजनीतिक स्थितियाँ, समाजशास्त्रीय सूक्तियाँ समझ को धार और शक्ति तो दे सकती हैं, खुद साहित्य की स्थानापन्न नहीं हो सकतीं।

मेरे ख़याल में इलाचंद्र जोशी, शांतिप्रिय द्विवेदी, नंददुलारे वाजपेयी, डॉ. देवराज, भगवतशरण उपाध्याय, शिवदानसिंह चौहान, प्रकाशचन्द्र गुप्त, देवीशंकर अवस्थी, नेमिचंद्र जैन इत्यादि की कुछ उपन्यास-समीक्षाएँ गहरी अंतर्दृष्टि और संवेदना से लिखी गई हैं, कम-से-कम मेरी प्रिय और प्रेरणास्पद समीक्षाएँ रही हैं।

मुझे स्वीकार करना चाहिए कि मेरी ये समीक्षाएँ भी ऊपर की इन सारी स्थितियों से गुज़री हैं क्योंकि वे 25-30 वर्ष की कच्ची-पक्की अवधि में लिखी गई हैं। हाँ, मैं सिर्फ़ वहीं रुका नहीं रहा हूँ।

कुछ मनचाही कृतियों पर मैंने लिखा है, कुछ महत्त्वपूर्ण रचनाएँ छूट गई हैं और कुछ पर लिखने में मैंने अपने को अक्षम पाया है। *त्याग-पत्र, गोदान, चित्रलेखा, निर्वासित, संन्यासी, शेखर, बाणभट्ट की आत्मकथा, झूठा-सच, नदी के द्वीप, अजय की डायरी, मैला आँचल, कब तक पुकारूँ ? मुर्दाघर, आपका बंटी, ज़िंदगीनामा, रागदरबारी* इत्यादि ऐसी कृतियाँ हैं जिनकी अनुपस्थिति खुद मुझे भी खटकती है, मगर हिंदी-उपन्यास का इतिहास लिखना मेरा प्रयोजन कभी नहीं रहा।

हाँ, संकोच होता है कि 18 उपन्यासों में तीन मेरे खुद अपने हैं। इसीलिए बाक़ी समीक्षाएँ प्रचलित 'आयोजन' जैसी लग सकती हैं। मगर मैं विश्वास दिलाना चाहता हूँ कि न तो अपने उपन्यासों की समीक्षाएँ इस दृष्टि से लिखी गई थीं, न औरों की। उनके लिखने के अवसर और पीछे के दबाव बिलकुल दूसरे थे। औरों के संदर्भ में भीतरी और अपने संदर्भ में बाहरी। इसीलिए एक लेखक की एक से अधिक कृतियाँ भी हैं। हर बार एक ही तरह के सवाल-जवाबों से बचने की सुविधा के कारण ही वे यहाँ हैं। हाँ, कुछ उपन्यासों पर टिप्पणियाँ या पत्र मैंने परिशिष्ट में दिए हैं।

हो सकता है, और अधिक समर्थ, दृष्टिसम्पन्न समीक्षकों के लिए यह पुस्तक अधिक संपूर्ण लिखने की प्रेरणा बन सके।

–राजेंद्र यादव

10 अप्रैल, 1981

समीक्षकों को संबोधन

"The soul, Peter, is that which can not be ruled. It must be broken... There are many ways. Make man feel small. Make him feel guilty. Kill his aspiration and his integrity... kill his integrity by internal corruption... Since the supreme ideal is beyoud his grasp, he gives-up eventually all the ideals, all aspiration and sense of his personal values. He feels himself obliged to preach what he can not practice... Kill man's sense of values. Kill his capacity to recognize greatness or to achieve it...Don't deny the concept of greatness. Destroy it from within...Don't set-out to raze all shrines—you will frighten men. Enshrine mediocrity, and shrines are razed... Kill reverence and you have killed the hero in man."

दयनीय महानता की दिलचस्प दास्तान : चंद्रकांता संतति

(देवकीनंदन खत्री)

अक्सर यह प्रश्न बाहर और ख़ुद मेरे भीतर से आया है कि आज जब इतना सब कुछ आस-पास हो रहा है तो मैंने सौ-साल पुरानी चंद्रकांता जैसी किताब पर अपने छः महीने क्यों लगा दिए ? आज उस गड़े मुर्दे को उखाड़ने की क्या मजबूरी या प्रासंगिकता है ?

सबसे बड़ा कारण तो मुझे यही लगता है कि जैसा कैओस, मूल्यों का जैसा घपला, सही-ग़लत की पहचान का जैसा एक सिरे से ग़ायब हो जाना, उस समय के समाज में या कम-से-कम इस उपन्यास में आया है, लोग जिस आसानी से खेमे बदलते हैं; शायद आज आस-पास की स्थिति एकदम वैसी ही है। और इस बात की पड़ताल मेरे अपने लिए बहुत ज़रूरी हो गई थी कि उस चतुर्दिक व्याप्त कैओस में वे क्या सूत्र, युक्ति, ज़िद या आस्था थी जो लेखक को साधे हुए थी; क्या था जो छः हज़ार पन्नों तक लेखक को चलाए रख सका ? इसके बहाने संभव है, वही चीज़ मैं अपने भीतर भी खोज सकूँ ! कभी यह भी लगता है कि एक बहुत बड़ा कारण शायद यह भी होता है जब घुटते और जलते हुए मकान से भागकर आदमी भीड़ में आता है, हो सकता है, अपने और समाज के भीतर के शून्य, घुटन और विश्वासों के ढहने से घबराकर देवकीनंदन खत्री इस भीड़ में आए हों–पाठकों तक पहुँचे हों और वहीं से उन्होंने शक्ति या धीरज अर्जित किए हों। क्या ऐसा नहीं होता कि बहुत जीवंत संग-साथ देनेवाले, अत्यंत लोकप्रिय लोग अपने भीतर बहुत अकेले होते हैं और तब अभिव्यक्ति और संप्रेषण ही एकमात्र रास्ता रह जाता हो...

इसका एक कारण यह भी हो सकता है कि उस समय का आदमी,

चंद्रकांता के कथ्य की तरह बिना अपनी ज़मीन और जीवन-पद्धति छोड़े हुए ही आधुनिक सुख-सुविधाएँ पा लेना चाहता हो या कहें– सामंती मूल्यों, विश्वासों और व्यवस्था से चिपके रहकर उन्हें पूजते या उनका समर्थन करते हुए ही औद्योगिक सभ्यता के सारे उपकरणों और उपलब्धियों को हथिया लेना चाहता हो। शायद वह यह भूल गया था कि उपलब्धियाँ और उपकरण केवल वस्तुएँ और मशीनें ही नहीं होतीं–एक संपूर्ण व्यवस्था, सभ्यता या मूल्य-पद्धति का सतह पर दीखनेवाला छोटा-सा हिस्सा, आइसबर्ग होती हैं। उनकी अपनी शर्तें या अपने तर्क़ होते हैं–खेल के नियम। बहरहाल, इसी द्विधा ने उस समय के आदमी को मनोवैज्ञानिक और आध्यात्मिक धरातल पर दो हिस्सों में बाँट दिया है–अंदरूनी तिलिस्मी-तिकड़मों और बाहरी छीना-झपटी, आपाधापी में। वे भयानक दिवास्वप्नी लोग हैं जो इन सपनों की कोई एक चाबी तलाश करने के लिए ज़मीन-आसमान एक किए हुए हैं। उनके लिए सही-ग़लत, वफ़ादारी, विश्वासघात, नैतिक-अनैतिक का कोई भेद नहीं रह गया है या सारे मूल्य एक-दूसरे के स्थानापन्न हो गए हैं। मूल्यहीनता के इस शून्य को आज के आदमी से ज़्यादा और कौन महसूस कर सकता है ?

इतिहास जहाँ मोड़ लेता है, वहाँ सामाजिक शक्तियों और समय के दबावों को ज़बान देनेवाली कोई घटना, आंदोलन या व्यक्ति होते हैं। ये सामाजिक शक्तियाँ विस्फोट से पहले जन-मानस में बहुत धीरे-धीरे और गहराई में पनपती-फैलती हैं और अपनी परिणति में ही ज़बान पाती हैं। कभी-कभी तो समाज को खुद ही अपने भीतरी दबावों का पता नहीं होता, वह उन्हें सिर्फ़ महसूस करते हुए अनजाने ही कुछ अलग दिशाओं की ओर देखने लगता है। या कभी-कभी यह भी होता है कि हम पीछे घूमकर देखते हैं कि हाँ, उस बिंदु से समाज का सारा सोच, सरोकार या रुचियाँ एक मोड़ ले रही हैं... फिर और ग़ौर से देखते हैं तो पाते हैं कि वहाँ एक किताब है। अस्पष्ट और बेनाम शक्तियों को दूर से ही 'सूँघ' कर पकड़नेवाला कोई संवेदनशील एरियल अपनी निहायत ही व्यक्तिगत परिधि में घिरा, कुछ अनपहचानी आवाज़ों को पकड़ता है। अकसर उसे खुद भी नहीं पता होता कि जिस रचना को वह जन्म दे रहा है, उसकी 'भूमिका' क्या होने जा रही है ! शायद यही कारण है कि 'बड़ी किताबों' के घोषित लेखकीय लक्ष्य आज बहुत अजीब, निर्विशिष्ट और हास्यास्पद लगते हैं। कम-से-कम उतने महान नहीं लगते, जितने उनके लेखकों ने बताए थे। केवल एक अपवाद है, और वह है–कार्ल मार्क्स; उसे पता था कि वह अपनी किताब से दुनिया के नक्शे को कहाँ और किस आधारभूत स्तर पर बदलने जा रहा है।

उन्नीसवीं शताब्दी के अंत या बीसवीं शताब्दी के प्रारंभ में उत्तर-भारतीय या कहें हिंदी-भाषी समाज के मोड़ पर भी एक ऐसी ही किताब है—चंद्रकांता संतति, भूतनाथ—यानी सब मिलाकर एक ही किताब। हम लोगों की पिछली तीन-चार पीढ़ियों का शायद कोई ही पढ़ा-बेपढ़ा व्यक्ति होगा जिसने छिपाकर, चुराकर, सुनकर या खुद ही गर्दन ताने, आँखें गड़ाए इस किताब को न पढ़ा हो। 'इस किताब के लिए न जाने कितने लोगों ने हिंदी सीखी' से आगे इस किताब का वास्तविक मूल्यांकन कभी नहीं किया गया। रस-सिद्धांत में यह फ़िट नहीं होती थी और साहित्यिक उन्नासिक (स्नॉब) वर्ग ऐयारी-तिलिस्मी और घटाटोप घटना-प्रधान शुद्ध मनोरंजनाग्राही उपन्यास को अपनी चिंता के लिए अछूत समझता था।

हम लोगों के संस्कार, रुचियों या मानसिकता को इस किताब ने अच्छी दिशा दी या बुरी, हमें बनाया या बिगाड़ा, इसका जायज़ा लेना तो आज मुश्किल है, मगर यह सच है कि इतिहास और समाज के मोड़ पर यह किताब है और अपने सारे प्रभाव के साथ दसियों वर्ष मौजूद रही है : समानांतर तीन-तीन संस्करणों में। यह कहना भी बेहद सरलीकरण है कि इसने पढ़ने के लिए रुचि पैदा की और प्रेमचंद जैसों ने उस रुचि को दिशा दी। हो सकता है इस पुस्तक के हलचल, हरकत और हंगामे-भरे कथानक ने हमें मानसिक सक्रियता में उलझाकर रखा हो, चमत्कार-विश्वासी, आत्मगरिमा-मुग्ध मन में कुछ और अंध-श्रद्धा की परतें डाल दी हों। मगर यह सच है कि इस उपन्यास की जाँच केवल साहित्य के औज़ारों से नहीं की जा सकती। उस पूरे परिवेश और माहौल को समझना होगा जिसमें इसे लिखा-पढ़ा गया था। कह सकते हैं कि जो जिस तरह का समाज होता है या जिस भीतरी बुनावट में वह साँस लेता है, अपने लिए उसी तरह की किताब चुन लेता है।

सुनते हैं, गेटे के उपन्यास, 'युवा वेर्देर की अंतर्व्यथा' उपन्यास ने भी तत्कालीन जर्मन-समाज को इसी तरह पकड़ा था और बंकिमचंद्र के 'आनंदमठ' ने भी बंगाली युवा-मन को वैसा ही झकझोरा था। इसी तरह की दूसरी किताब थी 'देवदास'। अगर अपने समय की कुछ अत्यंत ही लोकप्रिय पुस्तकों के आधार पर किसी समाज के मनोविज्ञान के बारे में नतीजे ही निकालने हों तो मैं कहूँगा कि आंतरिक घुटन और कुंठा में छटपटाते मन को 'आनंदमठ' ने आशा और कर्म की उँगलियों से पकड़कर बाहर निकाला था तो दूसरी ओर, बाद में, 'देवदास' युवा-मानस की रोमानी निराशा की मृत्यु का शोक-गीत बनकर आया था—अर्थात् अपनी निष्क्रियता और परास्तवृत्ति का जयगान... या कह सकते हैं, सामंती-रूढ़िवाद के दरवाज़े पर व्यक्तिगत विद्रोह का टूटकर बिखर जाना। पारो के गाँव की सड़क, बैलगाड़ी, बीमार मरता हुआ देवदास। क्या ये मानवीय तड़प और आग की अकाल मृत्यु से उत्पन्न करुणा से आगे भी कुछ कहते हैं? इसलिए चाहे 'वेर्देर' हो या 'देवदास'—इन्हें सिर्फ़ आत्महत्याओं या लेखकों की चरम-निराशा की कहानियाँ मानना जल्दबाज़ी होगी। रूमानियत की इन्हीं अंधी गलियों के आख़िरी छोर पर पहुँचकर हर सामाजिक-मानसिकता की 'वापसी-यात्रा' शुरू होती है। इसीलिए

शायद ये पुस्तकें—'दास कैपिटल', 'गीता-रहस्य', 'मीन-कैम्फ़', 'टाम काका की कुटिया' या एकदम ताज़ी पुस्तक 'रूट्स'—की तरह समाज की सारी चेतना को दिशा देनेवाली पुस्तकों के मुक़ाबले नीची नज़र से देखी जाती हैं। फिर भी पीछे मुड़कर अपने-आपको पहचानने और समझने की दृष्टि से इनका महत्त्व कम नहीं होता...

मुझे तो अपने स्रोतों को पकड़ने, जानने के प्रयास में बार-बार 'चंद्रकांता' या उसकी अगली कड़ी के उपन्यास ही दिखाई देते हैं, वरना बाक़ायदा उर्दू का आलिम-फ़ाज़िल मैं...

कैसा लगता है, चालीस साल बाद उन्हीं पहाड़ों, गुफ़ाओं, नालों, सुरंगों और जंगलों में घूमना... उन्हीं पेड़ों, मकानों, गलियों और खँडहरों के चक्कर लगाना, तिलिस्मी पुतलों, खटकों और चमत्कारों के बीच अपने-आपको पाना... पिछले दिनों संयोग से मैंने *चंद्रकांता, चंद्रकांता संतति, भूतनाथ* और *रोहतासमठ* के 54 हिस्सों को क़रीब साढ़े पाँच-छः हज़ार पन्नों में पढ़ा। याद नहीं पड़ता कभी बीच में पढ़ने का अवसर मिला हो। कुछ तिलिस्मी वर्णनों को छोड़कर प्रायः कहीं भी 'छलाँग' नहीं लगाई...इन पन्नों को पढ़ते हुए उस सारी दुनिया को ही अपने भीतर जागते नहीं पाया, साथ-साथ सुरीर—(मथुरा ज़िले का एक क़स्बा) के बचपनवाले दिनों को भी स्मृति छिड़ककर अपने भीतर जीवित कर लिया... जिनके साथ आपके आसंग और स्मृतियाँ सब जुड़े हों, उन्हें फिर से छूना केवल इतना ही भर नहीं होता, अपनी चेतना के उन जाले लगे झरोखों को झटके से खोल देना भी होता है जहाँ से आपको अपना सारा कुछ छूटा और भूला हुआ दीखने लगे—डॉक्टर के क्वार्टर का बाहरी वरांडा और वहाँ सीढ़ियों, मूढ़े या कुरसी पर आँखों से उपन्यास के पन्नों को जल्दी-जल्दी निगलता लड़का... झुकती साँझ के घिरते अँधियारे में तब तक वह पढ़ता रहता जब तक कि अक्षर एकदम धुँधले होकर धब्बे-से न रह जाते। जैसे ही एक हिस्सा समाप्त होता कि अगला पढ़ने की बेचैनी पागल बना देती; कब मिलेगा ? उसे लेने तीन-चार फ़र्लांग दौड़कर क़स्बे के पुस्तकालय में जाना या केशी महाराज को दौड़ाना और जब तक अगला हिस्सा न मिल जाए तनी हुई नसों में अजीब-सी बेचैन झनझनाहट महसूस करते रहना... तब समझ में आने लगा था कि पिताजी रात को देर-देर तक लालटेन की रोशनी में क्या और क्यों पढ़ते रहते थे ? माँ क्यों नहाना, खाना भूलकर सारे दिन उन पन्नों से चिपकी रहती थीं और उन्हें पता ही नहीं लगता कि हम लोग कहाँ, कितना 'बिगड़' रहे हैं...

दूसरा महायुद्ध शुरू हो रहा था और अस्पताल का पच्चीस बीघे का हाता तरह-तरह की गहमा-गहमियों से भरा रहता था। शाम की मोटर से 'हिंदुस्तान टाइम्स' आता था और फिर कंपाउंडर, महाराज, मास्टर साहब या क़स्बे के दो-चार महत्त्वपूर्ण व्यक्ति लालटेन के चारों तरफ़ बैठकर पिताजी से अख़बार सुनते रहते कि किस देश का भाग्य बना-बिगड़ा, और उन्हीं के बीच रोशनी की कोई किरण पकड़े मैं सुरंगों और तिलिस्म में भटकता रहता... कहीं कुछ गड़बड़ है और जर्मन-अंग्रेज़ों में लड़ाई है, जर्मन आर्य हैं

और अंग्रेज़ों को पीसकर रख देंगे—इस खुशी के अलावा ज़्यादा कुछ समझ में नहीं आता था। हर समय दिमाग़ में भरे रहते थे—किशोरी, कमलिनी, माधवी, दारोगा और भूतनाथ... उसके बाद बरांडे में मेज़ को खंभे के सहारे डेस्क की तरह टेढ़ा करके, हरी स्याही से अस्पताल के पीले लाइनदार काग़ज़ों पर 'देवगिरि' को केंद्र बनाकर मैंने अपना उपन्यास लिखना शुरू कर डाला था—नायक का नाम था हेमेंद्र। पता नहीं, वे उपन्यास और नायक आज कहाँ हैं; हाँ, अपने छोटे भाई का नाम ज़रूर हेमेंद्र रख दिया। उस समय लिखना कैसे पागलपन का अजटिल और सहज स्वाभाविक काम था—कल्पना कैसी मन-चेतन पर छा-जानेवाली और सर्वव्यापी दृष्टि में बदल जाती थी। आज तो कोशिश करके भी समय को क्रमबद्ध ढंग से जोड़ नहीं पाता। शायद वह लिखना पाँव की हड्डी टूट जाने के बाद था—'39-'40 की बात है। आज से शुरू करके वहाँ पहुँचता हूँ तो सभी कुछ उलट-पलट जाता है। बस, सामने आ-जाते हैं आस-पास के जंगल, बंबे से लगे फरास के क़तार-बद्ध झुंड, सरसों और अरहर के मीलों फैले खेत, कुँए—सब कुछ किसी-न-किसी तिलिस्म से जुड़ा हुआ। हम लोग अकसर ही लाल स्याही से लिख-लिखकर केशी महाराज की कोठरी में धमकी-भरे पत्र छोड़ आते कि अगर हमारी फ़लाँ शिक़ायत की या अमुक काम नहीं हुआ तो तुम्हारा सेफ़्टीरेज़र ग़ायब कर दिया जाएगा। किस तरह सजीव था तब किशोर कल्पना में 'चंद्रकांता' का संसार और कितनी ईमानदार थी ऐयारी के बटुए या बेहोश कर डालनेवाली बुकनी की तलाश...

बहरहाल, इन दिनों 'क्राइम एंड पनिशमैंट' और 'ईडियट' को दुबारा पढ़ने के बीच 'चंद्रकांता' के साथ रहना उतना ही आश्वस्तिदायक लगा, हलके-से अवसाद के साथ...अब शायद इस दोस्त से ज़िंदगी में इतनी आत्मीय मुलाक़ात न हो पाए...हालाँकि यह भी सच है कि दोस्त के लिए अब निगाह उतनी निर्व्याज और निर्दोष नहीं रह गई है।

सबसे पहला सवाल तो यही सामने आया कि यह इतना बड़ा, साढ़े पाँच-छः हज़ार पन्नों का उपन्यास (यहाँ मैं देवकीनंदन खत्री और इस माला में लिखनेवाले उनके पुत्र दुर्गाप्रसाद खत्री—दोनों को मानसिकता की दृष्टि से लगभग एक ही रचनात्मकता के क्रम में रखना पसंद करूँगा) क्या केवल और केवल मनोरंजन के लिए ही लिख डाला गया ? ठीक उसी दृष्टि से जैसे दुनिया का सबसे बड़ा उपन्यास, 'दास्तान-ए-अमीर-हम्ज़ा' तैयार हुआ था ? वह समय, समाज दूसरे थे और वहाँ शुद्ध मनोरंजन के लिए राज-दरबारों में इंतिहा फ़ुरसत थी। फिर वे लोग सहज विश्वासी लोग थे और सुननेवाला अमीर या बादशाह न सिर्फ़ अपने-आपको हम्ज़ा के रूप में सोच सकता था, किसी हद तक उस स्वप्न को जी भी सकता था। इसीलिए हम्ज़ा के शौर्य, पराक्रम और चामत्कारिक क्षमताओं के पीछे बहुत मोटी और स्पष्ट दृष्टि थी—इस्लाम का प्रचार। हम्ज़ा, उमरू ऐयार की मदद से बड़े-बड़े तिलिस्म तोड़ता है, बड़े-बड़े सूरमाओं को रण-क्षेत्र में परास्त करता है और तलवार, ख़ंजर या नेज़ा गले या छाती पर रखकर इस्लाम क़ुबूल कराता है, क़ल्मा पढ़वाता है और छोड़ देता है। उसकी बहन-बेटी से शादी करके उसे वहाँ का

गवर्नर बनाकर आगे चल देता है। इस प्रकार की दिग्विजय के दौरान तरह-तरह के चित्र-विचित्र मुल्क, राज्य, समुद्र, पहाड़ और भौतिक या दैवी बाधाओं, जादुओं, तिलिस्मों, जिन-आसेबों या देवों से मुठभेड़ करता है। कहानी अनंतकाल तक चलती चली जा सकती है। उपलब्ध 46 भागों को आठ दफ़्तरों या ज़िल्दों में समेटा गया है और इसी हम्ज़ा-दास्तान की पाँचवीं ज़िल्द का नाम है 'तिलिस्म-ए-होशरुबा'। कहा जाता है कि खत्रीजी ने इसी से प्रेरणा ली थी। बहरहाल, यह कहानी चाहे कभी से और कितने ही देशों या शासनों की ज़मीन का रस लेती चली आ रही हो और इसमें कल्पना या ख़याली पुलावों के चाहे जितने कुलाबे मिलाए गए हों, अनेक अध्येताओं का विश्वास है कि होशरुबा के सारे पात्र, उनके आपसी आचार-व्यवहार, आदाब-अल्क़ाब अवध और लखनऊ या वहीं के आस-आस के हैं और दुश्मनों या जादूगरों के रूप में भारतीय पात्रों को पहचाना जा सकता है—अपना देव वहाँ राक्षस या दानव का पर्याय हो जाता है।

सवाल यही है कि 'चंद्रकांता' (आशय इस शृंखला के सारे उपन्यासों से है) क्या 'तिलिस्म-ए-होशरुबा' या 'बोस्ताने-ख़याल' जैसे वृहद क़िस्सों से प्रेरणा लेकर इस स्पर्द्धा में लिख डाला गया कि हिंदी में ऐसी कोई चीज़ नहीं है ?—या इसके पीछे कोई और भी अनजाने दबाव या स्पष्ट मंतव्य रहे हैं ? इसे क्या हम हम्ज़ा के जवाब में हिंदू-धर्म और भारतीय-मेधा की पुनर्स्थापना के लिए गढ़ा गया वैसा ही ग्रंथ मान सकते हैं जैसा कभी 'रामचरितमानस' रहा था ? क्या इस उपन्यास को लंबा खींचते चले जाने के पीछे इतना ही कारण है कि 'सामाजिक जीवन व्यवस्थित हो गया था, मध्यवर्गीय लोग फ़ुरसत में थे और समय काटने के लिए ऐसे लंबे क़िस्से पढ़ते चले जाना उनके लिए स्वाभाविक था ?' यह सही है कि श्रोताओं की उत्साहवर्धक प्रतिक्रिया वक्ता को अपना भाषण खींचते चले जाने का लालच पैदा कर सकती है, मगर श्रोता के किसी मानसिक तार या भीतरी ज़रूरत को वह भाषण नहीं छू रहा हो तो दिलचस्प-से-दिलचस्प बात सुनते चले जाने का उत्साह कितनी देर बना रहेगा ? वह भीतरी बात, क्या सिर्फ़ चमत्कार के लिए कौतुक-भरी उत्सुकता, शौर्य और पराक्रम के प्रति मुग्ध-श्रद्धा या हविस और चुस्ती-चातुरी के लिए 'वाह-वाह' वाला प्रशंसा-भाव ही थी ? 'आगे क्या हुआ ?' की बाल-जिज्ञासा क्या कभी वयस्क नहीं हुई ? और फिर सबसे बड़ा सवाल यह कि बात कितनी ही हवाई, ऊलजलूल, अजूबा या काल्पनिक हो—उसमें सुनानेवाले की मानसिकता और सुननेवाले की सामाजिकता—या दूसरे शब्दों में तत्कालीन समय और समाज का मुहावरा चोर-रास्तों से घुसपैठ नहीं करने लगते ? क्या रचना का अपने समय और समाज या लेखक से कोई रिश्ता नहीं होता ? या कहें, लेखक की अपनी घोषित मान्यताओं, मंतव्यों और स्वार्थों-संस्कारों के बावजूद क्या उसकी रचना-प्रक्रिया में 'समय' कहीं भी प्रवेश नहीं कर पाता ?

उस समय के पाठक ऐसी ही मनोरंजक कहानी चाहते थे और खत्रीजी ने उनकी रुचि को पहचानकर पकड़ा—यह या ऐसे बयान सपाट ही नहीं हैं, समय और रचना के किसी भी रिश्ते को नज़रअंदाज़ करके गहराई में जाने की चुनौती से बच निकलना भी

है। हिंदी में इस आलोचकीय दायित्व के प्रति मुज़रिमाना-उदासीनता ने ही मुझे बार-बार उकसाया कि एक बार इस चंद्रकांता नाम के तिलिस्म को तोड़कर देखने की कोशिश ही क्यों न कर ली जाए ? हो सकता है, कुछ चाबियों की मदद से मैं इसकी भूल-भुलैयों में घूमकर 'जीवित' वापस आ सकूँ... आख़िर, अपने पुरखों को जानने-समझने के लिए या अपनी जड़ों और संदर्भों को खोजने के लिए हर अगली पीढ़ी ने अतीत और परंपराओं के खँडहरों और जादुई कुँओं के चक्कर लगाए ही हैं... अपने सफ़र का जायज़ा लेते हुए आगे बढ़ने की शक्ति और दिशा पाई ही है...

मुझे लगता है कि अपनी पड़ताल को इसी बिंदु से शुरू करना होगा कि 'चंद्रकांता' की इस अभूतपूर्व और भयानक लोकप्रियता के सामाजिक या मनोवैज्ञानिक कारण क्या रहे हैं ? वह कौन-सी मानसिक स्थिति होती है जब समाज इस तरह के मनोरंजन, कौतुक या पलायन चाहने लगता है ? अनायास और अनजाने ही लाखों पाठकों या दर्शकों को बाँध लेनेवाली किताब या फिल्म किसी गहरी अचेतन ज़रूरत को प्रकट और इंगित करती है या नहीं ?

1857 के ग़दर के बाद अंग्रेज़ी शासन ने प्रायः सारे उत्तर-भारत को अपने चंगुल में ले लिया था और धीरे-धीरे उसकी प्रशासनिक स्थिति मज़बूत होती चली जा रही थी। राज्यों और प्रांतों की पुनर्व्यवस्था और पुनर्गठन का कार्य लगभग पूरा हो गया था। अंग्रेज़ों का दबदबा, आतंक इस सिरे से उस सिरे तक छाया हुआ था। नए हथियारों, रणनीतियों और हथकंडों के साथ-साथ वे अपने उपयोग के नए-नए उपकरण भी ला रहे थे। सब मिलाकर असंगठित और गुप्त विरोधों के बावजूद भारतीय समाज ने इस पराजय को अंतिम रूप से स्वीकार कर लिया था—हाँ, मानसिक और आध्यात्मिक रूप से जन-मन इस स्थिति को क़तई स्वीकार नहीं कर पाया था। भौतिक और सामाजिक पराजय के बाद भीतर कहीं यह बोध और कचोट बने रहना बहुत स्वाभाविक है कि जो बाहरी शक्ति से नहीं हो सकता, उसे बुद्धि और समझ से किया जा सकता है। 1887 में प्रकाशित 'चंद्रकांता' की अभूतपूर्व लोकप्रियता के पीछे मुझे एक कारण यह भी लगता है : चाहे ऐयारों के एक-से-एक अद्‌भुत कारनामे हों या तिलिस्म के चमत्कार, इन सबके पीछे एक चौकन्नी और विलक्षण बुद्धि, प्रतिभा और उपलब्धियों का काल्पनिक आश्वासन तो है ही। और भी आगे जाकर मैं तो यह भी कहना चाहूँगा कि 'चंद्रकांता' अपनी पराजय का ही इक़बाली-बयान (कन्फ़ैशन) नहीं, बल्कि सामंती शौर्य की घनघोर असफलता के बाद बौद्धिक चातुर्य की दिशा में एक अचेतन प्रयोग है—यानी भौतिक सामर्थ्य की व्यर्थता के बाद बौद्धिक श्रेष्ठता साबित करने का एक काल्पनिक और कमज़ोर प्रयास...

और यहीं 'चंद्रकांता' अपनी पूर्वज उर्दू-दास्तानों से कथ्य और लक्ष्य के स्तर पर ही एकदम अलग नहीं हो गई है, सारे शिल्प और कथानक में भी बहुत-बहुत दूर जा पहुँची है। 'दास्तान-ए अमीर-हम्ज़ा' में नायक धर्म के प्रचार का महान् लक्ष्य लेकर चला तो हातिम परोपकार के लिए समर्पित हुआ, 'अलिफ़लैला' में मलिका शहरज़ाद घुमक्कड़ी के

मारे लोगों की कहानियाँ सुना-सुनाकर अपनी मौत हज़ार रात टालती रही। इन अमूर्त और महान् लक्ष्यों के मुक़ाबले 'चंद्रकांता' के नायकों के उद्‌देश्य बहुत ही भौतिक और सांसारिक हैं—यानी तिलिस्मों के भीतर दबी सुरक्षित अकूत-अथाह दौलत को प्राप्त करना... दोस्त और दुश्मन इसी से तय होते हैं और इसी मूल कथानक में तिलिस्म के चकाचौंध कर डालनेवाले करिश्मे, ऐयारों की दाँतों-तले उँगली दबानेवाली साँस-रोक हैरत-अंगेज़ कारगुज़ारियाँ हैं।

उर्दू-दास्तानें अलग-अलग आख्यानों या प्रसंगों का सिलसिला लेकर चलती हैं—यानी हर आख्यान अपने-आपमें लगभग इतना संपूर्ण है कि दास्तान वहाँ ख़तम भी हो सकती है—जैसे बैताल-पच्चीसी या सिंहासन-बत्तीसी... हाँ, मुख्य पात्र इन सारी कहानियों के चूँकि एक ही हैं इसलिए अगली कहानी भी उसी का हिस्सा और क़िस्सा बनकर आती है। जैसे एक डोरी है, जिसमें ये स्वतंत्र और स्वय-संपूर्ण प्रसंग पिरो दिए गए हैं। शायद इसका कारण इन कहानियों का वाचिक होना है। उन्हें प्रायः हर रात श्रोताओं के सामने सुनाया जाता था, इसलिए एक या दो बैठकों में संपूर्ण होने के साथ-साथ महीनों निरंतर चलनेवाले क़िस्सा-शिल्प की आवश्यकता थी। उर्दू-दास्तानों के तो कथानक संबंधी पैटर्न (बुनावट) और मोटिव्स भी प्रायः तय ही हैं। हर कथा के आधार हैं 'रज़्म' और 'बज़्म'—यानी युद्ध और महफ़िलें या महलों के उत्सव। नायक लोग या तो लड़ते हैं या फिर महलों में बैठकर नाच-गानों का आनंद लेते हैं, दरबार लगाते हैं। नई सूचना आती है, कोई जटिल स्थिति पैदा होती है और विघ्न पड़ता है—हो गया नए कूच का नगाड़ा बजना शुरू ! यही कारण है कि मुख्य पात्रों के अलावा प्रायः अलग-अलग आख्यानों के पात्र दुबारा नहीं आते।

इसके विपरीत 'चंद्रकांता' पाठ्य-कथा है और इसकी बुनावट तो इतनी जटिल या कल्पना इतनी विराट् है कि कम ही हिंदी उपन्यासों की हो। मौखिक परंपरा के क़िस्सागो की याद्‌दाश्त को विलक्षण और चमत्कारी बताया जाता है, मगर उसकी वर्णन और विवरण रेखा एकदम सीधी है। अपने आख्यान का मोटा नक्शा उसके सामने रहता ही है, बाक़ी विवरण और सूचियाँ वह अपनी स्मृति और आस-पास के निरीक्षण से भरता चला जाता है। वहाँ अन्वेषण और आविष्कार की गुंजाइश या तो है ही नहीं या बहुत सीमित कर दी गई है। रज़्म (युद्ध) है तो हथियारों, घोड़ों और सिपाहियों के वर्णन, मोटी-मोटी मोर्चाबंदी और रण-क्षेत्र का नक्शा...या पारस्परिक द्वंद्व-युद्ध में दाँव-पेंचों के नाम...उधर बज़्म में गहनों-कपड़ों, खुशबुओं-खानों से लेकर दरबार, शाही आदाब-अल्क़ाब, पगड़ियाँ और कपड़े... जबकि 'चंद्रकांता' में इस तरह की सूचियों पर बहुत ज़ोर नहीं है, हाँ, वर्णन तो हैं ही। वहाँ ज़ोर है कथानक के फैलाव, जटिल गुत्थियों और अधिक-से-अधिक रहस्यमय घटाटोप पैदा करने पर...अद्‌भुत और अद्वितीय याद्‌दाश्त और कल्पना के स्वामी हैं बाबू देवकीनंदन खत्री...पहले या तीसरे हिस्से में दी गई एक रहस्यमय गुत्थी का सूत्र उन्हें इक्कीसवें हिस्से में उठाना है, यह उन्हें मालूम है। अपने घटना-स्थलों की पूरी बनावट, दिशाएँ उन्हें हमेशा याद रहती हैं। बीसियों दरवाज़ों, झरोखों, छज्जों,

खिड़कियों, सुरंगों, सीढ़ियों—सभी की स्थिति उनके सामने एकदम स्पष्ट है।

इसी कारण मुझे लगता है कि तिलिस्म, ऐयार या दो-चार छोटी-मोटी बातों के अलावा देवकीनंदन खत्री ने उर्दू-दास्तानों से बहुत ही कम लिया है। उनके प्रायः सभी पात्रों की निरंतर उपस्थिति, कथानक का सुगठित फैलाव 'महाभारत' के अधिक निकट लगते हैं। हालाँकि हिंदू-धर्म की स्थापना के प्रच्छन्न उद्देश्य, चरित्रों और कथा के रूप-बंध में 'रामचरितमानस' का प्रभाव ही मुखर है। 'संतति' के नायक कुँवर इंद्रजीतसिंह और आनंदसिंह की जोड़ी तो 'राम-लक्ष्मण हैं ही, मारीच द्वारा सोने का हिरन बन जाने या रावण के साधु-वेश में सीता-हरण के प्रसंगों की प्रतिध्वनियाँ भी 'संतति' में स्पष्ट हैं। उपन्यास के प्रमुख खलनायक तिलिस्मी दारोग़ा का पाठक से पहला परिचय भी साधु-वेश में होता है और ऐयार, शेरों के रूप में 'कुँवर इंद्रजीतसिंह' का अपहरण करते हैं। तिलिस्मी क़मालों में सोने की लंका, 'महाभारत' के मय-राक्षस के बनाए माया-महल, या बत्तीस पुतलियों का बोलना—इन सबके प्रभाव पकड़े जा सकते हैं। मेरा ख़याल तो यह भी है कि ''तिलिस्म तोड़ने पर ही पूर्वजों द्वारा सुरक्षित की गई अथाह संपत्ति हासिल हो सकेगी''—इस शर्त के पीछे सिंहासन-बत्तीसी की मोटी रूप-रेखा भी कहीं खत्रीजी के मन में बनी रही होगी; यानी बत्तीस पुतलियों के सवालों के जवाब देने पर ही राजा विक्रमादित्य के सिंहासन, संपत्ति को प्राप्त किया जा सकेगा। यहाँ हमें यह नहीं भूलना चाहिए कि उर्दू-दास्तानों में तिलिस्म का स्वरूप और प्रयोग वैसी ही आधिभौतिक शक्तियों का मंत्र-प्रयोग है जो रावण इत्यादि राक्षसों ने युद्ध में किया गया बताते हैं, या जिन्हें लोक-कथाओं में तांत्रिकों के साथ जोड़ा जाता रहा है—आँधी-पानी, बादल-नदियों या खूँख़ार जानवरों और महलों-किलों को इशारे से पैदा कर देना या मिटा देना। सब मिलाकर जादुई करतब। उधर खत्रीजी ने तिलिस्म का अर्थ वह लिया है जिसे हम आज की ज़बान में टैक्नोलौज़िकल एक्सिलैन्स या गैजेट्स का उपयोग कहते हैं—बटन दबाते ही चीज़ों का खुद-ब-खुद होना...

अपने घटना-विकास और संपूर्ण कथानक को देवकीनंदन खत्री जिस आधिकारिक आत्मविश्वास से चलाते हैं, झटके और झकोले देते हैं उससे एक बात रह-रहकर ध्यान में आती है : सुनते हैं अपने गया के व्यावसायिक ज़माने में उन्हें जहाँ रईस लड़कोंवाले तरह-तरह के और शौक़ थे वहीं पतंगबाज़ी का भी बेहद नशा था। इस पर गया के एक मेले में उन्होंने पाँच हज़ार रुपए फूँक डाले थे—(तब के पाँच हज़ार का मतलब आज के एक लाख तो हैं ही) वे आदमी, जानवरों और राक्षसों की शक्लों की पतंगें बनाकर उड़ाया करते थे। एकाध बार रात के अँधेरे में उन्होंने लाख या कुछ और मसाले लगाकर ऐसी पतंगें उड़ाई थीं कि ऊपर आग की लपटें निकलती थीं। सारे शहर में तहलक़ा मच गया और जगह-जगह भीड़ इकट्ठी होकर इस क़यामत को देखने लगी। दूसरा शौक़ बाद में उन पर हावी रहा शतरंज का। मुझे लगता है कि पात्रों की व्यूहरचना और पैंतरों में उनकी शतरंजी चालें दिखाई देती हैं तो कथानक को बढ़ाने-समेटने के अंदाज़ में

पतंगबाज़ी के दाँव-पेंच—कभी वे ढील छोड़ते चले जाते हैं तो कभी सारे कथानक को चर्खी पर वापस लपेटते हुए लगते हैं—पेंच लड़ने पर ढील, खींच, झटका और काट सभी का मज़ा है...

निश्चय ही इस बार पढ़ते हुए मेरी निगाहें उस कुंजी को ही तलाश करती रहीं जहाँ से सारे कथानक के तालों को खोला और समझा जा सके... जहाँ तक याद आता है, देवकीनंदन खत्री तक प्रायः या तो सुबह होती है या रात, दुर्गाप्रसाद खत्री में दोपहर भी आती है—गर्मी की दोपहर और उसमें पसीने-पसीने लपकता हुआ कोई ऐयार या घुड़सवार। वर्ना दोनों में ही तिलिस्म और राजमहलों को छोड़कर सभी कुछ साँझ और रात में ही घटित होता है। ऐयार तो चलना-घूमना, लड़ना या भेद लेना, चोरी या हत्या—सभी कुछ रात के अँधेरे में ही करते हैं—दिन में एक शहर या स्थान से दूसरे तक जाते ही दिखाई देते हैं। दो बातों में अक़्ल सर्फ़ न की जाए तो उपन्यास आज भी बाँधते हैं : पहली; यह मानकर चलना चाहिए कि हर कोई हर किसी की सूरत बना सकता है। आदमी हो या औरत, किसी की भी शक्ल बनाकर सब आपस में एक-दूसरे को धोखा दे सकते हैं। दूसरी; कि हर कोई कहीं भी पहुँच सकता है। कोई भी स्थान किसी के लिए भी पहुँच से बाहर नहीं है। अभी-अभी आपने किसी को चुनार में देखा है तो अगले ही क्षण उसे आप ज़मानियाँ या रोहतासगढ़ में भी देख सकते हैं। सारे उपन्यास में चतुराई बरती गई है कि समय इतना साफ़ तय न हो जाए कि दूसरी घटना को काटता लगे। यों आधुनिकतम उपन्यास में देश-काल या टाइम-स्पेस को लेकर जैसे पूर्वापर संगति को तोड़ा गया है, उसके सूत्र तलाश करने की दृष्टि से 'चंद्रकांता' में काफ़ी कुछ बीज मिल जाएँगे।

ख़ैर, खत्रीजी की इन दो विशिष्ट असंगतियों, (उनके हिसाब से युक्तियों) को आप गले उतार लें तो उपन्यास अपने आपको पढ़वा लेता है। और ये दो बातें तो हम आज भी हिंदी-फ़िल्मों में देखते ही हैं। आपने नायक या खलनायक को एयर-पोर्ट या किसी तहख़ाने-कोठरी में क़ैद देखा है, उधर जहाज़ उड़कर हवा में आ चुका है, या मीलों दूर समुद्र के बीच है कि वही नायक अचानक पिस्तौल लेकर उसी तरह खड़ा हो जाता है जैसे स्प्रिंग में लगा खिलौना-बुड्ढा ! शक्लें भी लोग उसी आसानी से बदलते दीखते हैं—आदमी औरतों की बोली, कपड़ों की नक़ल करते हैं और औरतें मौलवी, साधु या पंडित बनकर सामने आती हैं... तिलिस्म तो आज भी 'शालीमार' जैसी फ़िल्मों में ज्यों-का-त्यों मौजूद है—बल्कि 'शालीमार' नाम का हीरा तो परम-वैज्ञानिक तिलिस्म के बीचोबीच सुरक्षित रखा हुआ है।

हाँ, मुझे यह ज़रूर लगता रहा कि उपन्यास में गति, कार्य, हरकत—यानी ऐक्शन तो भयानक गर्दन-तोड़ गति से है, मगर वह चक्राकार ही है। उसकी धारणा ऐसी सुगठित और सुनिश्चित नहीं है कि निरंतर विकसित, उद्घाटित या लक्ष्योन्मुख हो। जब चरित्रों की विशेषताएँ और प्रतिक्रियाएँ निश्चित हों, लक्ष्य और मंतव्य तय हों तो बहुत कुछ नया होने को रह भी नहीं जाता। जो कुछ भी उलझाव और औत्सुक्य पैदा किया जा सकता

है वह स्थान और क्रियाओं की फेर-बदल से ही होता है। पात्रों को न तो विकसित होना है, न बदलना है। बहुत जल्दी ही उनके व्यक्तित्व का कोई ऐसा पक्ष भी नहीं रह जाता जो चकित करे। अब तो देखना यह होता है कि किसका दाँव कहाँ लगता है। उस लिहाज़ से अच्छे और बुरे दो ही चरित्र-विभाजन हैं। दारोग़ा इत्यादि अगर दुष्ट, स्वार्थी और लालची हैं तो अंत तक अपरिवर्तनीय हैं। संशोधन, सुधार या मनोविज्ञान के किसी और पक्ष के वहाँ सामने आने का सवाल ही नहीं है। वे या तो क़ैद किए जा सकते हैं या मारे जा सकते हैं। सबसे अजीब बात तो यह है कि इतनी लंबी औपन्यासिक यात्राएँ कर चुकने के बावजूद न तो सुरेंद्रसिंह, वीरेंद्रसिंह यानी अच्छे पात्र मरते हैं, न बुरे। अच्छे पात्र बड़े धार्मिक संध्या-वंदन, पूजा-पाठ करनेवाले लोग हैं और सारे शास्त्रीय गुणों का पालन करते हैं। वे अपनी सफलता और श्रेष्ठता से परंपरागत धर्म की महानता ही सिद्ध करते हैं।

इस उपन्यास-माला में एकमात्र चरित्र भूतनाथ ही ऐसा व्यक्ति है जो अपने किए पुराने पाप के दंश से पीड़ित है, अतीत से छुटकारा पाना चाहता है और अंत में वह नहीं रह जाता जो शुरू में था--यानी विकासशील बहु-आयामी और अनप्रेडिक्टेबिल (जिसके बारे में कोई अंदाज़ा न लगाया जा सके) चरित्र है। वह प्रायश्चित करता है आत्म-स्वीकृति की तरह अपनी जीवनी लिखकर। उसके इस अपराध-बोध ने उसे उपन्यास का सबसे जीवंत, विकासशील और कर्मठ नायक बना डाला है। जितना ही अपने अतीत से वह बचना चाहता है उतना ही वह बार-बार उसके सामने लाया जाता है : खलनायकों द्वारा डराने, धमकाने, ग़लत काम कराने या ब्लैक-मैलिंग के लिए, या इंद्रदेव जैसों द्वारा सही रास्ते पर लाने के लिए। वह भयानक और खूँख़ार ऐयार है—चौकन्ना, चुस्त, फ़ुर्तीला, विलक्षण और अद्‌भुत... और ज़िंदगी को दुबारा सम्मानपूर्वक जीने की ललक, पीछे की सारी कलंक-कालिमा पोंछकर साफ़-सुथरे हो पाने की तड़प, उसे राजा वीरेंद्रसिंह के मुहासिब ऐयारों तक ले जाती है...

बात कथानक की बुनावट और बनावट की हो रही थी। चक्राकार और आड़ा-तिरछा चलने के बावजूद उसकी रेखाएँ मोटी और साफ़ हैं। हर ऐयार एक-दूसरे को धोखा दे सकता है, धोखा खा सकता है। किसी की भी शक्ल बनाकर कोई भी कहीं पहुँच सकता है। किसी को भी कहीं भी पकड़ा, बेहोशी की बुकनी या दवा सुँघाई, बाँधा और पीठ पर लादकर चल दिए। या बाँधकर एक तरफ़ झाड़ी में डाला, उसके कपड़े पहने, उसी जैसी शक्ल बनाई और उसके पक्षवालों के बीच पहुँच गए; धोखा दिया या काम निकाला—मगर जब वापस आए तो छोड़े गए व्यक्ति को ग़ायब पाया। ऐसा बहुत कम हुआ है कि इस तरह छोड़ी गई गठरी वापस लौटने पर वहीं मिली हो; या कुएँ की जगत, झाड़ी, कमरे, जंगल की चट्टान पर दो व्यक्ति बातें कर रहे हों और तीसरा कहीं आस-पास आड़ में छिपा सुन न रहा हो ! कैसे अविश्वास, आशंकाओं और चौकन्नेपन की हिंस्र दुनिया रही होगी वह, जहाँ हर समय आप मरते या मारते हैं; धोखा देते या खाते हैं, दूसरे के स्वार्थ या अपरिवर्तनीय प्रकृति को जानते-समझते हुए उसकी बातों में

आ जाते हैं, सौदे और मोल-भाव करते हैं... अभी-अभी आपने सारे हमलावरों को घायल कर दिया है, मालती या किशोरी को दुश्मनों के चंगुल से छुड़ा लिया है कि अचानक कहीं से नक़ाबपोश प्रकट होता है, बेहोशी के धुएँवाला बम फोड़ता है और आप फिर उतने ही असहाय और बेबस... कोई कुआँ, कोई खोह, कोई नाला या घाटी ऐसी नहीं जो किसी-न-किसी तिलिस्म का मुहाना नहीं है, या जहाँ से कोई गुप्त सुरंग नहीं जाती है। कोई घर, झोंपड़ी, कमरा या क़ैदखाना ऐसा नहीं है जहाँ पत्थर की पटिया खिसकाकर रास्ता न निकल आता हो। अजीब गोरख-धंधा या साँप-सीढ़ी का खेल है कि आख़िरी चौखट पर पहुँचते-पहुँचते साँप आपको फिर पहले चौखटे पर ला-पटकता है और सारा खेल फिर से शुरू हो जाता है... आप भूतनाथ से रहस्य-मशविरा कर रहे हैं, उसे विश्वास में लेकर अगली-पिछली योजनाएँ बता रहे हैं, ज़रूरी काग़ज़-पत्तर सँभलवा चुके हैं और वह अभी चार क़दम ही गया है कि सहसा एक नक़ाबपोश कहीं से टपक पड़ता है और बताता है कि वह भूतनाथ नहीं, दारोग़ा, शिवदत्त या माधवी का कोई ऐयार था—भूतनाथ तो मैं हूँ ! हर कोई काले लबादे और नक़ाब के पीछे अपना असली चेहरा छिपाए है; हर कोई किसी-न-किसी को गठरी में बाँधे अपनी पीठ पर लटकाए चला जा रहा है...औरत हो या आदमी, कोई भी किसी को लादे मीलों बेखटके पैदल जा सकता है... न उसे थकान होती है, न कमज़ोरी... उधर बँधे व्यक्ति की बेहोशी भी पहले नहीं टूटती ! वह बेहोश होने से पहले ख़ास प्रतिरोध भी नहीं करता। लगता है, बेहोशी की दवा को वाचिक कहानियों में मंत्रों का ही स्थानापन्न कर दिया गया है, सुँघाया और बेहोश—लख़लख़ा सुँघाया और चैतन्य। वहाँ रात को शायद ही किसी को नींद आती हो। गंभीर-से-गंभीर घायल पलक झपकते ही अगले क्षण फिर मरने-मारने को तैयार...मर्द, औरत सभी जंगलों, पहाड़ों, गुफ़ाओं और दर्रों में निडर होकर धड़ल्ले से आते-जाते हैं—साँप-बिच्छू, कील-काँटे, पत्थर-चट्टानें—कहीं कुछ भी किसी के आड़े नहीं आता। गर्मी, बरसात, आँधी-तूफ़ान सभी में ऐयारों का एकमात्र परिधान है काले लबादे... वैसे भी गर्मी और बरसात के ही मौसम हैं, ठंड और सर्दी के बहुत कम...बरसात में ऐयार बोरा ओढ़कर अपना बचाव करते हैं।

और किस आसानी से लोग गर्दनें उतार लेते हैं ! ख़ंजर मारा और गर्दन कटकर अलग ! अगर कहीं पहले से लाश या लाशें पड़ी हैं, या लटकी हैं तो आप निश्चित जानिए, उनकी गर्दनें ग़ायब होंगी। औरतों के जब सिर काटे जाते हैं तो अनिवार्यतः उनकी जगह कोई-न-कोई लौंडी या बाँदी होती है। आश्चर्य होता है कि जानते-बूझते क्यों कोई लौंडी किसी ऐसी राजकुमारी या प्रेमिका की शक्ल बनाएगी जिसका सिर कटना है ? मरते या मारे जाते समय वही चीख़कर क्यों नहीं बताती कि मैं कमलिनी, किशोरी नहीं; बाँदी या नौकरानी हूँ ? क्या वे खुद नहीं जानती होंगी कि असली व्यक्ति को जान का ख़तरा है, तभी तो उसकी जगह उसके वेश में मुझे सुलाया या घुमाया जा रहा है ! 'बाबरनामा' पढ़ते हुए भी मुझे एक बात पर हमेशा ताज्जुब होता था : कैसी आसानी से बाबर लिख देता है कि अमुक पर मुझे विश्वासघात का शक था, इसलिए

उसे मरवाकर भुस भरवा दिया—या अमुक गाँव के दो आदमी बग़ावत की बात सोच रहे थे और मैंने उस गाँव समेत आस-पास के चार गाँवों में आग लगवा दी और अगली ही साँस में वह आम और गुलाब की क़िस्में गिनाने लगता है, दज़ला और फ़रात की यादों में खो जाता है—मुग्ध और उच्छ्‌वसित होकर ! इन उपन्यासों को देखकर भी यही लगता है कि जंगल के कानून में ज़िंदगी कितनी सस्ती और घास-पतवार जैसी महत्त्वहीन चीज़ हो जाती है। लौंडी और नौकर लोग कभी भी मर या मारे जा सकते हैं; वे आम आदमी हैं। और उन्हें यही सिखाया गया है कि मालिक के हाथों या मालिक के लिए मरना परम पुण्य का काम है ! लेखक सिर्फ़ यही कहकर आगे चल देता है वह कुँवर इंद्रजीत सिंह नहीं, कोई ऐयार था जो मारा गया। भूतनाथ की गर्दन पर जिन दर्जन-भर लोगों का खून है, वे सभी नक़ली और स्थानापन्न लोग हैं...

इस समय ये सब लिखते हुए मेरे दिमाग़ में काफ़ी कुछ गडमड हो गया है और देवकीनंदन खत्री या दुर्गाप्रसाद खत्री के लेखन को मैं अलग-अलग नहीं कर पा रहा हूँ—हालाँकि पिता ने इस माला के कुल 34 ही भाग लिखे हैं, पुत्र ने अगले पूरे किए हैं। मन में छाप यह है कि पिता में कार्य-कारण या युक्ति की चेतना, पुत्र से अधिक है। पुत्र ने तो अदृश्य कर देनेवाले तिलिस्मी-कवच, हड्डियों के ढाँचों के पीछे छिप जानेवाले ऐयार, उड़नेवाले गरुड़ और बोलनेवाली मूर्तियाँ सभी कुछ धड़ल्ले से भरे हैं—जबकि देवकीनंदन खत्री अपने पाठकों के प्रति सचेत हैं कि उन्हें उपन्यास में आई हर बात की संभावना बतानी है। उनकी युक्ति पाठकों को ध्यान में रखकर थी तो दुर्गाप्रसादजी ने, देवकीनंदनजी की युक्ति को ज्यों-का-त्यों स्वीकार कर लिया था। देवकीनंदन तो उपन्यास के तेईसवें भाग में वर्णित हर बात की संभावना पर बातें भी करते हैं और कार्य-कारण की इसी प्रवृत्ति के तहत तिलिस्मी प्रकरणों में हर 'चमत्कार' के पीछे की 'वैज्ञानिक' व्याख्या देते हैं, या हर चौंका देने या दहला देनेवाली अप्रत्याशित बात या घटना का आगे जाकर रहस्य खोलते हैं। वे सहसा ही झटके से एक घटना फेंक देते हैं और फिर आगे कहीं जाकर उसका कारण बताते हैं। यही उनकी टैक्नीक है। उपन्यास के शुरू में ज़रूर उन्होंने शिवदत्त के ऐयारों को शेरों का रूप धरकर कुँवर इंद्रजीतसिंह को धोखा देते दिखाया है। इतना ही नहीं, एक शेर पर 'बाबा' और दूसरे पर 'कुमार' सवारी करते हैं, मगर आगे जाकर यह प्रवृत्ति कम हुई है। ऐसी ही दूसरी घटना राजा गोपालसिंह को 'कृष्णा ज़िन' बनाने की है। अक्सर उन्होंने कार्य-कारण को मिलाने की ही कोशिश की है। वे पाठकों की ओर से आनेवाली शंकाओं और प्रश्नों के प्रति काफ़ी सचेत हैं; जानते हैं कि मुग्ध-भाव से हर संभव-असंभव घटना को सुननेवाले उर्दू-दास्तानों के श्रोताओं की अपेक्षा, उनका पाठक अधिक वैज्ञानिक युग का आदमी है। रहस्यों के ताने-बाने मिलाने में उनकी विलक्षण याददाश्त ने ही मदद की है...रूप बदलने के लिए भी उन्होंने एक विशेष प्रकार की झिल्ली चढ़ाने की बात कहकर उसे 'वैज्ञानिकता' दी है। वैसे, ऐयारी के बटुए में क्या नहीं होता ! इस प्रकार 'चंद्रकांता' को आस्था और विश्वास के युग से, तर्क़ और कार्य-कारण के युग-संक्रमण का दिलचस्प उदाहरण भी माना जा सकता है।

क्योंकि वहाँ ईश्वरीय विधान, प्रारब्ध, कर्म-फल—सभी के प्रति निष्ठा और विश्वास के संस्कारों के साथ-साथ, बुद्धि, कार्य-कारण, विश्वसनीयता के प्रति भी बराबर का आग्रह है।

सन् '53-54 में 'आलोचना' के एक लेख में मैंने भूतनाथ और तिलिस्म दोनों पर लिखा था, इसलिए ये साढ़े-पाँच हज़ार पन्ने पढ़ते समय कुछ बातें मेरे सामने साफ़ थीं। खुशी हुई कि मूल स्थापना को बदलने की बहुत अधिक ज़रूरत नहीं पड़ी। हाँ, इस बार तत्कालीन समाज से उसका रिश्ता कहीं ज़्यादा गहराई से जुड़ता हुआ लगा।

'चंद्रकांता' के अंत की ओर भूतनाथ और नानक के पारिवारिक जीवन को छोड़कर किसी भी पात्र की घरेलू ज़िंदगी का न होना एक ऐसी बात थी जिस पर मुझे आश्चर्य ही होता रहा—यानी उपन्यास के सारे पात्र हरकत और ऐक्शन में ही रहते दिखाए गए हैं। राजा और राजकुमार प्रायः दरबार लगाकर या तो सलाहें करते हैं या फ़रियादें सुनते हैं। औरतें, चुस्त और चालाक हैं और राजकुमारियाँ या प्रेमिकाएँ, कमलिनी को छोड़कर असहाय और अबला हैं—वे केवल मुसीबत उठाने या प्रेमियों के लिए रोने-गाने को ही बनी हैं। हाँ, सबसे बड़ा आश्चर्य यही देखकर होता है कि इतने बड़े उपन्यास में यौनान्धता कहीं भी नहीं है। कार्यक्षेत्र में रहनेवाली औरतों की उम्र 15 से 25 है और उनकी संख्या भी दर्जन-भर से ऊपर ही है। वे जंगलों, गुफ़ाओं, तहख़ानों, सुरंगों, खँडहरों या निर्जन मकानों-स्थानों में घूमती हैं, वहीं उन्हें गिरफ़्तार और बेहोश किया जाता है, या गठरी में लादकर ले जाया जाता है, क़ैद किया जाता है और भेद पूछे जाते हैं—मगर कहीं भी उनकी 'इज्ज़त' पर कोई आँच नहीं है, बलात्कार जैसी किसी घटना का तो कहीं ज़िक्र भी नहीं है। बदला लेने, नीचा दिखाने या रहस्य उगलवाने के लिए उन्हें यातनाएँ दी जा सकती हैं; मगर यौन-संबंधी बिलकुल नहीं। कम-उम्रों के बावजूद औरतें काफ़ी तेज़ और समझदार हैं। वेश्याएँ अधिक साहसी और उद्दंड हैं। मगर वे मनोरमा हों, या गौहर, मुंदर हों या माधवी—सब बिना किसी भेद-भाव के आपस में घुलती-मिलती हैं। सारी खुराफ़ातों, जालसाज़ियों या रूप के जादू के इस्तेमाल के बावजूद कोई किसी को 'ख़राब' नहीं करता। वे सर्वगुण-सम्पन्न हैं, पढ़ने-लिखने से लेकर हथियार-घोड़े सभी कुछ चलाने में माहिर...

देवकीनंदन खत्री जैसे परम-धार्मिक, रीति-रिवाज़ और कर्मकांडी व्यक्ति के यहाँ इस प्रकार की आत्मनिर्भर, कर्मठ और स्वाधीन स्त्रियाँ देखकर आश्चर्य होता है। उनके नायक बिना स्नान-ध्यान, संध्या-पूजा किए भोजन नहीं करते, छुआछूत के डर से अक्सर सूखे मेवों और पानी पर ही गुज़र कर लेते हैं; वहाँ ऐसी मुक्त नारियाँ ! हाँ, यह ध्यान उन्होंने ज़रूर रखा है कि खलनायकों के साथ जुड़ी हुई या स्वतंत्र महत्त्वाकांक्षी नारियाँ या तो वेश्याएँ हों या ऐसी-वैसी ही। यहाँ तक कि मुंदर को दुष्ट, कुटिल और भ्रष्ट दिखाने के लिए उन्हें यह बताना ज़रूरी लगता है कि वह विधवा थी। शायद उनकी धारणा भी यही रही होगी कि स्वच्छंद विधवा चरित्रहीन होकर रास्ता भटकती है ! बहरहाल, ऐसी औरतों की जोड़वाली दूसरी तरफ वाली नारियाँ भी फुर्ती और चालाकी

में उनसे कम किसी भी हालत में नहीं हैं...

यौन-स्थितियों का इस्तेमाल चाहे बहुत न हो, मगर खत्रीजी के नायक-नायिकाओं में शास्त्र-सम्मत आदर्श प्यार तो भरपूर है ही—यानी वह प्यार जो एक-दूसरे की अनुपस्थिति या 'एवज़ी' में हो जाता है।

परंपरागत वाचिक कहानियों का यह प्यार मुझे हमेशा ही आश्चर्य से भर जाता है। किसी राजकुमार ने नदी में बहते किसी के खूबसूरत बाल देखे, कहीं अँगूठी-कंगन मिल गए और लीजिए, उसके प्यार में पागल हैं, बेहोश हो रहे हैं; घर-भर को सिर पर उठाए हैं और आसनपाटी लिए पड़े हैं या पहाड़-जंगलों की ख़ाक छान रहे हैं ! तस्वीरें देखकर तो न जाने कितने नायक-नायिका ज़िंदगी-भर के लिए एक-दूसरे के बन गए हैं ! अब मेरी समझ में नहीं आता कि उस ज़माने की वे तस्वीरें, (जो किसी विशेष-व्यक्ति की न होकर किसी भी नारी की हो सकती थीं) या वे बाल, फूल, अँगूठियाँ, बालियाँ या ऐसी ही चीज़ें कैसे तय कर देती थीं कि संबंधित प्रेमिकाओं के चेहरे-मोहरे, रंग-रूप, स्वभाव-मन क्या और कैसे हैं ! क्या ऐवज़ी में होनेवाले प्यार में यह ख़तरा नहीं था कि खूबसूरत लंबे बालोंवाली राजकुमारी या नायिका खुद निहायत बदसूरत और कर्कशा निकले ! जहाँ तक मैं समझ पाता हूँ वह जन्म-जन्मान्तर का प्यार न होकर सिर्फ़ एक यौनासक्ति ही होनी चाहिए जिसे दूसरे नर या मादा की तलाश है !

बहरहाल, राजा वीरेन्द्रसिंह और कुँवर इंद्रजीतसिंह इसी परंपरागत ढंग से अनुपस्थिति, ऐवज़ी (या बाई प्रॉक्सी) प्रेम में पड़ते हैं। एक-दूसरे के लिए हाय-हाय करते, बेहोश होते या मरने-मारने को तैयार हो जाते हैं। मगर 'संतति' में एक महत्त्वपूर्ण प्रसंग और है और वह है स्वतंत्र रूप से अपने जीवन-साथी का चुनाव ! यानी कुँवर इंद्रजीतसिंह अपने इस परंपरागत प्यार के अलावा सौंदर्य, साहस, साहचर्य और अहसान के आधार पर कमलिनी का भी चुनाव करते हैं। यहाँ यह नहीं भूलना चाहिए कि बहु-विवाह सामंती संस्कृति में हमेशा से प्रचलित रहा है। वैसे भी बड़े-बड़े कर्मकांडियों को कोठों, बाज़ारों से अपना 'स्वतंत्र चुनाव' करने की ज़रूरत तो महसूस होती ही थी। यह भारतीय चरित्र की दूसरी समस्या है कि वह दुहरे या परस्पर विरोधी मूल्यों के बीच आराम से रहते हुए; मौलिक समर्थन परंपरा को ही देता रहा—यानी ढोंग और हिप्पो-क्रैसी ही उसका व्यक्तित्व बना रहा।

जैसा कि मैंने कहा, दरअसल मैं इस उपन्यास-श्रृंखला के माध्यम से देवकीनंदन खत्री की मानसिक बनावट या तत्कालीन समय के प्रभावों और सूत्रों को समझने की ही कोशिश ज़्यादा करता रहा। यानी वे कौन-सी महीन दरारें हैं जिनके ज़रिए सारे अवरोधों और अंकुशों के बावजूद तत्कालीन वास्तविकता ने उपन्यास में प्रवेश किया है !... उपन्यास शुद्ध काल्पनिक है और सिर्फ़ मनोरंजन के लिए लिखा गया है, यह तर्क या घोषणा अपनी जगह भी उतनी ही सही है; मगर लेखक की कल्पना और पाठक के मनोरंजन के पीछे भी तो कान लगाकर समय की आवाज़ सुनी जाती है ! जैसे; पात्रों के इस अपरिवर्तनीय, इकहरे मनोविज्ञान के पीछे सिर्फ़ यही कारण नहीं है कि सबके रिश्ते

शुरू से ही आपस में तय हैं। सामंती व्यवस्था में सारे रिश्ते—राजा, सामंत या प्रभावशाली बुज़ुर्ग के माध्यम से ही तय होते हैं, राजा के प्रति ईमान, सर्व-स्वीकृत या पूर्व-निश्चित ही होता है ! जब राजा या सामंत सर्वशक्तिमान, सर्वश्रेष्ठ मानवीय गुणों का प्रतीक है तो हर कोई सबसे पहले उसी के लिए प्रतिबद्ध है। इसलिए रिश्ते दो ही बनते हैं कि आदमी, राजा या राजा की संस्था, और भी आगे जाकर परंपरा के लिए स्वामि-भक्त होता है या स्वामि-द्रोही। यही नायक, खलनायक की विभाजन-रेखा है। मुझे लगता है कि 'चंद्रकांता' की रीढ़ स्वामि-भंक्ति की यही समस्या है ! चाहे वह राजा हो या प्राचीन गरिमापूर्ण परंपरा, अपने मूल में दोनों एक ही हो जाती हैं। इनके प्रति बिखरी और टूटी हुई 'स्वामि-भक्ति' या संपूर्ण समर्पण की पुनर्परिभाषा और पुनर्स्थापना के प्रयास में ही सारे उपन्यास का कथानक विभिन्न करवटें बदलता है ! सामंतों और सामंती-मूल्यों (जिन्हें आज भी प्रायः 'भारतीय संस्कृति' कहकर गौरवान्वित किया जाता है) के प्रति यह चिंता क्या बहुत भीतर लेखक के मन में भी बैठी हुई थी ?

इस प्रकार के सामंती कथानकोंवाले उपन्यासों के लिए न तो स्वामि-भक्ति का कथानक नया है, न उसके टूटने-बिखरने के कारण—अर्थात् गद्दी की महत्त्वाकांक्षा और दौलत का लालच ! वैसे तो 'चंद्रकांता' के प्रारंभ में शिवदत्त द्वारा या बाद में मायारानी-गोपालसिंह के प्रसंग में खोई हुई गद्दी को वापस पाने की उठा-पटक काफ़ी है, मगर सारे कथानक में सबसे प्रमुख और निर्णायक तत्व है—लालच। इसलिए यहाँ इस सूत्र को पहचानना बहुत मुश्किल नहीं है कि क्यों यह इकहरी परंपरागत-दृष्टि सारे उपन्यास में इस सिरे से उस सिरे तक छाई रही। धन-दौलत (और तिलिस्मों में तो अक़ूत-अथाह दौलत भरी थी) के लिए ही ये सारे छल-छंद, मार-धाड़, रातों की भाग-दौड़ या नृशंसताएँ और हत्याएँ हुई हैं ! तो क्या खत्रीजी का ज़माना ऐसे ही धन के लिए अंधे होकर दौड़ने, रातों-रात रईस हो जाने के उन्माद—यानी गोल्ड-रश का ज़माना है ? यह लेखक की अपनी कोई व्यक्तिगत ग्रंथि है या आस-पास की हवा ?

'चंद्रकांता' का प्रकाशन 1888 में हुआ, हो सकता है एकाध-साल लेखक के मन में ऐसी कोई चीज़ लिखने की बात घुमड़ती रही हो। पहले अपने गयावाले व्यवसाय, फिर चुनार इत्यादि के जंगलात-ठेके में घाटा उठाकर खत्रीजी बनारस के अपने घर में ही सीमित हो गए थे। हो सकता है यह 'कारावास' उन्होंने स्वयं ही घाटे की शर्म के कारण चुना हो, या संभव है इसके पीछे घरेलू या राजकीय कारण रहे हों। गया और चुनार के ज़माने में उनके साथ ऐसा कुछ ज़रूर हुआ कि उसे खत्रीजी ने अपनी असफलता के साथ जोड़ा और सारी चीज़ को बहुत गहराई से मन में गाँठ बाँधकर रखा। यह भी हो सकता है बाद की इस स्थिति में धन के महत्त्व की मानसिकता और घाटे के मानापमान से भी उन्हें गुज़रना पड़ा हो। मुश्किल से तीस वर्ष की उम्र थी। सारी बातों को सोचते-समझते भी होंगे। कहते हैं जंगलात का ठेका खोने के पीछे तत्कालीन काशी-नरेश की नाराज़गी भी थी। परिवारवालों का कहना है कि उन जंगलों में शेर का शिकार निषिद्ध था और खत्रीजी के एक दोस्त ने भाँग के नशे में अनजाने या जानबूझकर एक

शेर मार दिया था और राजा को ख़बर लग गई। मुझे कारण कुछ और गहरे लगते हैं। बहरहाल, दरबार की इस नाराज़गी और घाटे की असफलता के इसी उत्साह-हीन मानसिक माहौल में 'चंद्रकांता' का जन्म हुआ। माना जा सकता है कि सामान्यतः ठीक-ठाक मध्यवर्गीय व्यावसायिक परिवार में ऐसी स्थिति में भी खाने-पीने की तकलीफ़ उन दिनों नहीं होती होगी; लेकिन अपमान और असफलता के अवसाद और निष्क्रियता की ऊब के दिवास्वप्नों में इस प्रकार की रचना का जन्म होना असंभव नहीं है। और मनःस्थिति का यह सच, सिर्फ़ उनका अपना ही नहीं था, समय भी इसमें कहीं अपना सुर मिला रहा था।

1857 के सिपाही-विद्रोह की असफलता, नए हुक्मरानों के शासन के हथकंडे, अंग्रेज़ी राज का फैलता शिकंजा और बाक़ी सारे तौर-तरीक़ों से उत्पन्न असुरक्षा में गढ़े हुए ख़ज़ानों की किंवदंतियों या रातोंरात रईस हो जाने के सपनों ने ऐसी ही आपाधापी मचा रखी थी... न जाने कितनों को अपने घर-बार, राज-पाट छोड़कर भागना पड़ा था, न जाने कितने राजा-रईस उखड़कर फिर से जमने में प्रयत्नशील थे; रजवाड़ों का पुनर्गठन हो रहा था, उन्हें नए स्वरूप दिए जा रहे थे। अंग्रेज़ों के प्रति किए गए उनके व्यवहारों के आधार पर उन्हें समाप्त या सम्मानित किया जा रहा था। अंग्रेज़ों ने अपनी सुविधा और वर्चस्वता के आधार पर कुछ से मनमाने संबंध बना लिए थे, कुछ खुद संबंध बनाने को उत्सुक थे। नए स्वामियों के साथ निष्ठा और स्वामि-भक्ति तय करने का माहौल था, ये सारे लोग नए दरबार में स्वीकृति पाना चाहते थे...

अगर इसी व्यक्तिगत और सामाजिक परिप्रेक्ष्य में 'चंद्रकांता' वर्ग के उपन्यासों को देखें तो कथानक के कुछ और ही अर्थ-आयाम सामने आने लगते हैं...सारा उपन्यास दौलत को छिपाने या छिपी दौलत को सही और अधिकारी हाथों सौंपने और हथिया लेने के संघर्ष की महागाथा बनकर सामने आने लगता है। तिलिस्म की परिकल्पना भी इसी दौलत के लिए की गई है और उधर सारी ऐयारी या धोखा-धड़ी भी इसी के लिए है... दारोग़ा, जैपालसिंह, मायारानी और यहाँ तक कि भूतनाथ भी इसीलिए खलनायक हैं, और वीरेंद्रसिंह, इंद्रजीत, आनंदसिंह या उनके साथी इसी के लिए नायक। मोटे रूप में उपन्यास के दो खलनायक हैं—शिवदत्त और दारोग़ा... शिवदत्त गद्दी से उतारा हुआ राजा है, इसलिए बीते युग के सपने, राज्य वापस लेने के उसके सारे प्रयास, जोड़-तोड़ या साधन इकट्ठे करना या इस सबके लिए धन-दौलत की आकांक्षा बहुत अस्वाभाविक नहीं है। मायारानी, दारोग़ा और जैपालसिंह के षड्यंत्रों के शिकार राजा गोपालसिंह भी तो अपनी छिनी हुई गद्दी के लिए वीरेंद्रसिंह, इंद्रदेव के साथ मिलकर यही करते हैं। हाँ, विष्णुदत्त शर्मा, यानी तिलिस्म का दारोग़ा ज़रूर बहुत-कुछ सोचने को मजबूर करता है। खलनायकों के इस गुट में यही सबसे केंद्रीय व्यक्ति है और स्वयं लेखक बिना 'कम्बख़्त' का विशेषण लगाए उसका ज़िक्र नहीं करता। बाक़ी सबमें भी यही दिमाग़ काम करता है, इसलिए इसकी भूमिका पर थोड़ा और विचार होना चाहिए...

सुनते हैं, दारोग़ा के चित्रण में खत्रीजी के सामने बनारस का कोई ढोंगी, लेकिन

प्रभावशाली महंत रहा था। उसके दंद-फंदों, ऐयाशियों, हत्याओं, प्रभावों, या गुप्त-तहख़ानों की उन दिनों काफ़ी चर्चा थी। भगवान और धर्म के नाम पर जमा की हुई दौलत के इस उपयोग ने ही खत्रीजी को तिलिस्मी दारोग़ा की परिकल्पना दी होगी... हर तिलिस्म का संरक्षक वंशानुगत रूप से एक दारोग़ा होता है। उसे लगभग तिलिस्म की पूरी जानकारी होती है, उसी के पास अनेक रहस्यमय जगहों की कुंजी होती है—उसे केयरटेकर कहिए या कस्टोडियन। लेकिन उसे न तो तिलिस्म के अत्यंत भीतरी हिस्सों में जाने की इजाज़त होती है, न सही उत्तराधिकारी की पहचान। मगर जैसे ही सही उत्तराधिकारी का पता लगे, उसे नायक की सहायता करनी चाहिए... इधर यह विष्णुदत्त दारोग़ा खुद ही सारे तिलिस्म का मालिक हो जाना चाहता है। दुनियाभर की जाल-साज़ी, जोड़-तोड़, उठा-पटक करता है और राजकुमारों की राह में रोड़े अटकाता है। यानी यह चौकीदार अचानक ही मालिक बन-बैठने के स्वप्न से आक्रांत हो उठता है।... इस चौकीदार, संरक्षक का अचानक ही खलनायक में बदल जाना, असली मालिक को धकेलकर खुद ही सब कुछ हथिया लेने के सपने देखने लगना, क्या लेखक के अनजाने ही किसी तत्कालीन स्थिति की ओर तो संकेत नहीं करता ? खुद अंग्रेज़ों ने भी तो अवध को इसी तरह हड़पा था और पता नहीं कितने ताल्लुके-रजवाड़े थे जिनके राजा-ज़मीदार ग़दर में साथ देने के दौरान अपने स्थानों से अनुपस्थित रहे और जब लौटकर आए तो उनकी गद्दियाँ उन्हें कभी वापस नहीं मिलीं, वज़ीर, मंत्री या ऐसे ही लोग जिन्हें वे अमानत सौंप गए थे, नए लोगों से साठ-गाँठ करके खुद मालिक बन बैठे थे। खत्रीजी के परिवारवाले बताते हैं : कोई सज्जन दसियों बरस खत्रीजी के पास आते रहे थे, शायद उनके विश्वासी और मित्र भी थे। वे मध्य-प्रदेश की किसी रियासत के राजा थे और उनके साथ ठीक वही हुआ था जो मायारानी ने राजा गोपालसिंह के साथ किया : मायारानी दारोग़ा की मदद से राजा गोपालसिंह को तहख़ाने में क़ैद करके मरा हुआ घोषित कर देती है और खुद ही मालकिन बन बैठती है। ये आनेवाले साहब भी रियासत में मरे हुए ही मशहूर थे। ठीक इसी तरह के भुवाल-संन्यासी कांड की गूँज तो उस समय सारे हिंदुस्तान में थी ही।

बहरहाल, दौलत और उससे प्राप्य शक्ति या सुरक्षा और सम्मान के लिए इस अंधी-दौड़ की कल्पना में मुझे हारे-थके, घर में बंद खुद खत्रीजी का ही अपना दिवास्वप्न दिखाई देता है, हो सकता है उसमें मेरी ही ज़्यादती हो। मगर भूतनाथ में यह इतना मुखर है कि बार-बार किसी कारण की तरफ़ ध्यान जाए बिना नहीं रहता।...मैं मानता हूँ कि दौलत और गद्दी के लिए यह उठा-पटक, मारकाट, षड्यंत्र या जालसाज़ी बिलकुल भी ऐसी बात नहीं है जो सिर्फ़ उसी ज़माने में रही हो। न जाने कब से साहित्य या लोक-कथाओं का एकमात्र कथ्य ही यह रहा है। मैं तो राम की कथा को भी सिंहासन का वैसा ही संघर्ष मानता हूँ जैसा महाभारत से लेकर अशोक और औरंगज़ेब में है। खत्रीजी को भी इस कथानक के लिए कहीं नहीं जाना पड़ा होगा। परंपरा में या चारों तरफ़ सब सुलभ और उपलब्ध था ही। इन्हीं दोनों तत्वों के आधार पर बे-खटके कहानी के ऊँच-नीच, चरित्रों के दुष्ट और उदात्त पक्ष या साँस रोक सनसनीखेज़ मोड़ आसानी

से दिखाए जा सकते हैं। मगर 'चंद्रकांता' के साढ़े पाँच-हज़ार पन्नों को केवल इसी केंद्र के आस-पास घुमाए जाना मुझे इतना सतही नहीं लगता। मैं एकदम स्वीकार करता हूँ कि लेखक ने सिर्फ़ मनोरंजन और सनसनी के लिए ही इनका इस्तेमाल किया है और एकाधिक बार खुद भी स्वीकार किया है कि इसके अलावा उनका कोई और उद्देश्य नहीं है। मगर कितनी भी परिचित या निचुड़ी-निचुड़ाई कहानी हो, इतना घोटने की प्रक्रिया में उसके कुछ-न-कुछ और अर्थ निकलने ही लगते हैं। हो सकता है, उन्हें सपने में भी ख़याल न हो कि इसके बहाने अपने और अपने समय के अवचेतन को भी वाणी मिल रही है।... अक्सर गर्भवती स्त्रियों को तरह-तरह की चीज़ें खाने के 'स्वाद' आते हैं। गाँवों-घरों में वे अचार, मिट्टी या चाट लुक-छिपकर खाती हैं। हम पता नहीं कब से इसे उनकी एक स्वाभाविक सनक ही मानते रहे हैं। जानने केवल आज लगे हैं कि जिसे हम 'स्वाद आना' कहते हैं वह शरीर की एक भीतरी और अनकही ज़रूरत होती है, किसी विटामिन या जैविक-तत्व को पूरा करने की भाषा होती है...

सवाल यही है कि क्या इस दौलत के पीछे पागल भूतनाथ, दारोग़ा और शिवदत्त के माध्यम से उस समय के कोई और अचेतन अर्थ निकाले जा सकते हैं ? कथा-पात्रों से आगे जाकर अगर ये प्रतीक हैं तो किस तत्कालीन सचाई को व्यंजित करते हो सकते हैं ? अगर बहुत दूर की कौड़ी लाना न माना जाए तो क्या सात पर्दों में छिपी इस दौलत को 'भारतीय अस्मिता' की अनजानी खोज का नाम दिया जा सकता है ? और क्या यह देवकीनंदन खत्री की अपनी ऐतिहासिक मजबूरी नहीं हो सकती कि उन्हें इस भारतीय अस्मिता का असली हक़दार, मालिक या प्रतिनिधि और अधिकारी, सर्वगुण-सम्पन्न राजा या सामंत ही लगता है, जो प्रतिकूल और विरोधी स्थितियों से घिरा है ? सारे लोग इस तूफ़ानी वातावरण में सहारे और सुरक्षा के लिए इसी को लेकर दौड़-धूप कर रहे हैं—और इस कोण से दारोग़ा का साधु-महात्मा या पहुँचे हुए ऋषि का स्वरूप सिर्फ़ धोखा-धड़ी ही लगता है, यानी अनाधिकारी का जालसाज़ प्रयास...

निस्संदेह ये सारी भागमभाग, राज्यों का छिनना, छीनना, चालाकियाँ और ऐयारियाँ, भय-आशंका-आतंक या धोखे और मौत का वातावरण खत्रीजी की इतने लंबे समय तक दिमाग़ी उड़ान नहीं बनी रह सकती। तत्कालीन समाज की अराजक स्थितियाँ, लूट-खसोट, छीना-झपटी, मार-धाड़, ठगों और पिंडारियों के आतंक, साधु-तांत्रिकों के जादुई-जंजाल (भारतेंदु की प्रसिद्ध पंक्ति "बैरगिया नाला जुलुम जोर, जँह रहत साधु के भेस चोर") राजाओं का गद्दी से उतारा-बैठाया जाना, नवाबों की ऐयाशियाँ और वैभव—सभी कुछ इस उपन्यास की सामग्री में कहीं-न-कहीं कुछ जोड़ते हैं। अस्थिरता के इसी तूफ़ान में निष्कंप गंभीर जहाज़ की तरह भारतीयता के आदर्श अर्थात् राजा की कल्पना खत्रीजी ने अपने नायकों में कर डाली है। उनकी यह दृष्टि अनायास ही ध्यान तुलसीदास की ओर खींचती है। मैंने पहले भी कहा है, 'चंद्रकांता' और 'रामचरितमानस' के रचनाकारों के मंतव्यों में मुझे काफ़ी समानता लगती है। अपने समय की भयानक अव्यवस्था और अस्थिरता ही रही होंगी कि राम के रूप में तुलसी ने ऐसे आदर्श नायक की परिकल्पना

की जो वर्णाश्रम-धर्म, या कहना चाहिए तत्कालीन समझ के हिसाब से व्यवस्था शांति की स्थापना कर सके... और कुछ ऐसा ही वातावरण पाया होगा देवकीनंदन खत्री ने अपने आस-पास। मैं इसे भी महज़ संयोग नहीं मानता कि उत्तर-भारत के जन-मानस को पकड़नेवाली ये दोनों पुस्तकें, दो विदेशी शासनों के बाक़ायदा स्थापित हो जाने के बाद लिखी गईं। मैं जानता हूँ कि 'चंद्रकांता' इस तुलना में ख़ासी हलकी और अपेक्षाकृत प्रभाव-हीन कृति लगती है। ट्रैजेडी जब अपने को दुहराती है तो फ़ार्स (भँड़ैती) बन जाती है। अपने युग की प्रासंगिकता से छूटकर भी मोहवश जब पुराने की पुनर्स्थापना का प्रयास होता है तो अक़्सर ही हास्यास्पद और व्यंग्य-रचनाओं का जन्म होता है। सामंती गौरव के सपनों में ही साँस लेनेवाले 'डॉन क्विक्ज़ोट' का हास्य इसी प्रकार दो युगों की असंगतियों से पैदा हुआ है।...खत्रीजी से कुछ पहले ही लिखा गया 'फ़सानाए-आज़ाद' भी पुराने का नए युग में अप्रासंगिक और हास्यास्पद हो जाने को ही उजागर करता है। उस हद तक हास्यास्पद तो नहीं, बेजान और निष्प्राण तो खत्रीजी के ये नायक भी लगते हैं। उनके बारे में सारे महान् और आदर्श गुणों के ताम-झाम का ज़िक्र अनेक तरह किया गया है, वे परम बलशाली और शूर-वीर हैं—पचास-पचास सिपाहियों को दो ही राजकुमार आसानी से काटकर फेंक देते हैं, गुस्सा आने पर लोहे की बेड़ियाँ या जेल के सींख़चे तोड़ डालते हैं—इस सबके बावजूद वे सबके सब निहायत ही ठंडे, इकहरे, निष्क्रिय और बेजान ही दिखाई देते हैं और छाप यही बनी रहती है कि वे करते कुछ भी नहीं हैं; या खुद कुछ भी नहीं हैं, हाँ, उन पर आदर्श राजाओं के सारे गुण आरोपित कर दिए गए हैं। मानो बेहद ही साधारण लोगों को मुकुट-मालाएँ पहनाकर रामलीला के राजा-राजकुमार बनाकर बैठा दिया गया हो, और सारा कार्य-व्यापार और कर्मठता नीचेवालों के हाथों में आ गए हों।

मगर उपन्यास को 'मानस' की तुलना में प्रभावहीन कह भी दें तो भी उस लेखकीय मनोविज्ञान को नज़रंदाज़ नहीं किया जा सकता जो उसके पीछे काम कर रहा है—यानी अंग्रेज़ी शासन के समानांतर आदर्श भारतीय राज्य का सपना। यह सपना उन्हें प्राचीन भारतीय मूल्यों की ओर ही नहीं खींचता, बल्कि किसी भी रूप में विदेशियों की श्रेष्ठता और महानता को स्वीकार करने से भी रोकता है। उस समय का कोई भी लेखक यह स्वीकार नहीं कर रहा था। सर्वान्ते के तीखे व्यंग्य या क्विक्ज़ोट की हास्यास्पदता का एक कारण यह भी है कि वहाँ लेखक ने अपने समय की वास्तविकता को ही नहीं पहचाना था, बल्कि उसे हार्दिक समर्थन दिया था। इसलिए उस समय पुराने चक्रवर्ती सम्राट बनने के सपने या प्रयास उसे हास्यास्पद ही लगते थे। हमारे उस 'चंद्रकांता' युग में अपने समय को समर्थन देने का तो सवाल ही नहीं, उसका विरोध भी उतनी सीधी और साफ़ रेखाओं में नहीं था। बल्कि शासन से सारा रिश्ता ही बेहद उलझा हुआ और जटिल था। तत्कालीन वास्तविकता के दबावों और इस भीतरी अस्वीकार ने ही तिलिस्म और ऐयारी के इस सपने को जन्म दिया—या कहना चाहिए कि उस काल के इन सुलभ विषयों को अपने ढंग से इस्तेमाल करने को प्रेरित किया। ज़रा गहराई से देखने पर उस

समय चलनेवाले मूल्यों के संघर्ष और अंतर्द्वंद्व की काफ़ी साफ़ झलक इस उपन्यास के माध्यम से देखी जा सकती है।

अक्सर ही उपन्यास पढ़ते हुए मुझे लगता रहा कि ये टेढ़े-मेढ़े, पतले-सँकरे, ऊबड़-खाबड़ रास्ते, चट्टानें, घने जंगल, नाले, झाड़ियाँ, गुफ़ाएँ-खोह, मुहाने-सुरंगें और ऊँची-नीची खौफ़नाक पहाड़ियाँ-क़िले—और इनमें घूमते गुमनाम लबादे या अपने असली चेहरे छिपाए किसी-न-किसी घात में लगे ऐयार—ये सारे-के-सारे वास्तव में कहीं बाहर नहीं हैं, उत्तर भारतीय मानस के भीतर ही उग आए हैं। ये सब उस मनोवैज्ञानिक दुनिया के हिस्से हैं जो तुड़-मुड़कर कुंठित और विकृत हो गई हैं—यानी डिस्टार्टेड और क्रुकेड ! आर्थर मिलर के नाटक 'फ़ॉल' की तरह मन की गहराइयों और वहीं किसी गुफ़ा या सुरंग में यह सब घटित हो रहा है... कल्पना कीजिए, किसी विशाल-स्टेज पर उपन्यास के इन घटनास्थलों की मंच-सज्जा... वह सब क्या किसी बाहरी दुनिया की चीज़ हो सकती है ? क्या वह सब अवचेतन की ही भूल-भुलैया (लैबिरिथ ऑफ़ लिबिडो) का ही नक़्शा सामने नहीं लाएगा ? मुझे तो लगता रहा कि ये पहाड़ और घाटियाँ उसी मनोजगत में उग आए थे जहाँ अनपहचानी नक़ाबपोश वृत्तियाँ संदेहास्पद ढंग से घूमा करती हैं। सभी कुछ ज़मींदोज़ और भीतर-ही-भीतर हो रहा था। पराजित और कुंठित व्यक्ति की सारी असहाय-कर्मठता मन की गुफ़ाओं में ही चुपके-चुपके हलचल मचाने लगती है, सबकुछ उसके भीतर ही घटित होता है ! कितने प्रतीकात्मक लगते हैं 'चंद्रकांता' के मठों-मंदिरों के खँडहर और सुनसान, अँधेरी खौफ़नाक रातें—ऊपर से शांत, सुनसान और उजाड़-निर्जन—मगर सब कुछ भयानक जालसाज़ हरकतों से भरा... हर पल काले और सफ़ेद की छीना-झपटी, आँख-मिचौनी...यही देवकीनंदन खत्री की अपनी मानसिकता रही होगी और यही आस-पास के परिवेश की...

जिन क्षेत्रों को देवकीनंदन खत्री ने अपने घटना-स्थल के रूप में चुना है, वह खँडहरों से भरा है और खँडहर हमेशा ही एक आतंकप्रद उत्सुकता जगाते हैं। उनकी निर्जन, डरावनी दुनिया ख़ास तरह का रहस्य-रोमांच, जिज्ञासा-भय—सभी कुछ एक साथ पैदा करती है। धीरे-धीरे, डरते, झिझकते आप उनके पास जाते हैं, उनके साथ जुड़ने की कोशिश करते हैं तो पिछली धड़कनें, अतीत की गरिमा साँस लेती हुई लगती हैं—'कभी हमारे भी दिन थे' का भाव उनके अतीत को लेकर अतिशयोक्तिपूर्ण, काल्पनिक या सच्ची कहानियाँ गढ़ने को प्रेरित करता है ! तब वर्तमान की चुनौती का सामना आप अतीत की महिमा गाकर करते हैं। यह दिलचस्प भी होता है और दयनीय भी ! 'चंद्रकांता' इसी दयनीय महानता की दिलचस्प गाथा है। चाहें तो इसे उस समय की चेतना का दस्तावेज़ कह लें... जहाँ हर खँडहर किसी 'खुल-जा सिमसिम' जैसे तिलिस्मी ख़जानों के गुप्त रास्ते छिपाए हैं...

ऊपर ऐयारी, भीतर तिलिस्म ! दुहरे धरातल पर चलनेवाली कहानी ! ऊपरी चतुराई से समय का सामना करने की कोशिश और भीतर कहीं कुछ बेहद ही क़ीमती छिपाए होने का संतोष ! ऊपरी मनोरंजन के पीछे भारतीय अस्मिता के होने और खोज

निकालने का विश्वास। सब मिलाकर टकराते स्वार्थों के चालबाज़ पैंतरे और अंदरूनी ख़ज़ानों को खोज डालने की जी-तोड़ उठापटक—यानी उन मूल्यों और महिमा को पाने का शेख़चिल्ली प्रयास जो फिर से सही, सम्मानजनक और आदर्श रूप में प्रतिष्ठित कर सकें—खोई हुई इज़्ज़त को वापस दिला सकें।

उन्नीसवीं शताब्दी योरुपीय चिंतन और जीवन-पद्धति को जड़ से बदल डालनेवाली शताब्दी है। नए-नए विचार, आविष्कार, औद्योगिक संस्थान, नए-नए तरीक़े, टैक्नीकें इसी युग में पकते और अपने चमत्कार दिखाते हैं। आस्था और विश्वास की जगह ले ली है युक्ति और विज्ञान ने। उस समय भाप और बिजली को नई-नई ईजादों में ही इस्तेमाल नहीं किया गया, उन ईजादों को दैनिक उपयोग और उपभोग में भी ले आया गया। कल-कारखाने, रेल-सिनेमा, सभी कुछ आए। और उनमें से कुछ चीज़ें अंग्रेज़ों के ज़रिए भारत में आ रही थीं, तो कुछ बातें भी सुनाई दे रही थीं। अख़बार और छापेख़ाने तो आ ही गए थे। मुझे नहीं मालूम कि खत्रीजी की सूचनाओं का स्रोत क्या था, या उनका प्रिय 'अवध-पंच' कितने समाचार देता था। हाँ, भारत के लोग कल-कारख़ानों, बिजली-रेल इत्यादि से परिचित होने लगे थे। इस सबसे सदियों पुरानी जीवन-पद्धति, सोच तो बिलकुल नहीं बदले, हाँ शासकों की अनुशासन व्यवस्था के लिए इनके बढ़ते उपयोग से, जनता को कुछ सुविधाएँ ज़रूर मिलने लगीं। उन सुविधाओं को स्वीकार करने से पहले एक ख़ास तरह का प्रतिरोध, आशंका और चमत्कार-भाव तो आना ही था। संशय, उत्सुकता, चमत्कार, गति—यही कुछ तत्व 'चंद्रकांता' की रीढ़ हैं—यानी उस समय का 'साइके' (मानसिकता) हैं।

घनघोर, लेकिन विघटित-विशृंखलित, अपने ही अंतर्विरोधों की मारी सामंती-व्यवस्था से औद्योगिक सभ्यता का यह पहला और सीधा परिचय था—बल्कि इसे पहली टक्कर कहना ज़्यादा सही होगा; क्योंकि इस सभ्यता को अपने साथ लानेवाली शक्ति, विदेशी और विधर्मी ही नहीं, आक्रामक और उपनिवेशवादी विजेता थी। हो सकता है अन्य स्थितियों में इस संसर्ग की प्रतिक्रिया और प्रक्रिया बिलकुल ही दूसरी होती। मगर अब तो अंग्रेज़ों द्वारा जिस चीज़ की शुरुआत हो उसे न तो शंकाहीन दृष्टि से देखा जा सकता था, न अकुंठित मन से स्वीकार ही किया जा सकता था। पुरानी जानकारी के आधार पर हर नए के पीछे किसी जाल या चाल का ही शक होता था। ऊपर से पराजित-पददलित जनता को अपनी तथाकथित शक्ति का स्रोत और आधार 'धर्म' ही लगता है। 'हार गए हों, या कुचल दिए गए हों—हमने अपना धर्म नहीं छोड़ा' के झूठ में जीना हमारा स्वभाव बन गया था। हमेशा मन चौकन्ना रहता था कि विदेशी लोग विधर्मी हैं, धर्म और संस्कृति को ही पहले भ्रष्ट करेंगे। ईसाई-धर्म का प्रचार भी राजकीय स्तर पर हो रहा था। शायद सामंतकाल में राष्ट्रीयता से भी पहले धर्म ही अस्मिता की मूल शर्त हो जाती है। वैसे भी आज जैसी समग्र राष्ट्रीय-दृष्टि उस समय भी उतनी ही स्पष्ट और मुखर थी, इसे लेकर इतिहासकारों में घनघोर विवाद है। सदियों से छोटे-छोटे राजा और रजवाड़े

एक राज्य की राष्ट्रीयता को दूसरे राज्य के विरोध में रखते रहे थे। कोई चित्तौड़ के सम्मान के लिए मरने का नारा देता था तो कोई दिल्ली या गुजरात के। हाँ, धर्म के चारों ओर फैले सूत्र ज़रूर कभी-कभी राष्ट्रीयता का भ्रम देने लगते थे।

विवाद इस स्थापना को लेकर भी कम नहीं है, लेकिन सामान्य धारणा यही है कि फ़ौजों की बग़ावत का विस्फोट 'धर्म पर आक्रमण' के ही बहाने—यानी सुअर-गाय की चर्बी के गोलियों में इस्तेमाल को लेकर ही हुआ। (कम ही लोगों ने इस बात को भी जानने की कोशिश की कि इस चर्बी की सप्लाई का ठेका एक बंगाली ब्राह्मण 'गंगाधर बनर्जी एंड कंपनी' के पास था) बहरहाल, हो सकता है यह केवल एक बहाना हो और इस विद्रोह के पीछे कुछ और योजनाएँ रही हों। मगर इससे यह सच्चाई पुष्ट ही होती है कि सामान्य जनता को धर्म के नाम पर ही उत्तेजित-आंदोलित किया जा सकेगा। शक्ति और सत्ता हाथ से निकल जाने के बाद हर जाति, धर्म और संस्कृति या विचार और आदर्श की अमूर्त दुनिया में शरण और पलायन दोनों लेती है। शायद अपने को गहराइयों में समेटकर पुनः संगठित होने के लिए। 'विजेता राज्य और शासन ले सकता है, धर्म और संस्कृति नहीं।'—प्रतिरोध की आवाज़ तब यह होने लगती है। एक हवाई आत्मविश्वास और विस्फारित अहंकार से हम तब अपने को दिलासा और विश्वास देते हैं : ये जुम्मा-जुम्मा कुछ-सौ सालों के इतिहासवाले हमारा मुक़ाबला क्या खाकर करेंगे ? हम हज़ारों सालों का इतिहास और ज्ञान-विज्ञान पीछे लिए बैठे हैं। ठीक है, इन्होंने हमें जीत लिया, लेकिन महान् तो हम ही हैं—ये नहीं ! हमारे ज्ञान और दर्शन, हमारी सूझ-बूझ हमारी सामाजिक-नैतिक मान्यताएँ और परंपरा, हमारे साहित्य-कला, हमारा अतीत गौरव...

ख़ैर, सूची बहुत लंबी है और हर नए के प्रति अस्वीकार, प्रतिरोध और उपहास का यह सिलसिला हमारे यहाँ भी बहुत दिनों चलता रहा—आज भी है : जो अस्वीकार्य है वह पश्चिमी, जो अभ्यास में आ गया वह भारतीय। और तो और अशोक-चंद्रगुप्त के ज़माने में ही भारतीयता की समाप्ति माननेवालों को कोट-पैंट के मुक़ाबले, चूड़ीदार पाजामा और शेरवानी 'भारतीय' लगने लगी। उनके वायुयान देखकर अपना पुष्पक-विमान, उनके रेडियो से अपनी संजय-दृष्टि, उनके पुलों से अपने नल-नील, उनकी तोप-बंदूकों से अपने आग्नेयास्त्र और ब्रह्मास्त्र हमें अधिक श्रेष्ठ और महान् लगे। अपने चरक-सुश्रुत-सुषेण के मुक़ाबले उनकी दवाएँ या चिकित्साशास्त्र हमेशा बचकाने ही लगते रहे। ट्रैजेडी यह थी कि हम सिर्फ़ श्लोक ही उद्धृत या प्रक्षिप्त कर सकते थे, और उनके पास साक्षात वे चीज़ें थीं जो ज़्यादा प्रभावी और उपयोगी दोनों थीं। वेदों को चुराकर चाहे जर्मन लोग अपने देश ले गए हों, लेकिन भला उन्होंने विदेशियों का ही किया था। हम तो ऋचाएँ भोंकते हुए ग़रीब और भूखे मुल्क का मनों घी ही हवनों और यज्ञों में होम सकते थे। भौतिकता और भौतिक उपलब्धियों को आध्यात्मिक गालियाँ देते या उन्हें घृणा की दृष्टि से देखते हुए भी हम दाने-दाने और तिनके-तिनके पर जान दे रहे थे—उन्हीं भौतिक उपलब्धियों को अधिक-से-अधिक हथियाने के लिए सबसे ज़्यादा

नदीदे थे... आज भी हैं...

भारतीय मानस की ये सारी विसंगतियाँ और अंतर्विरोध 'चंद्रकांता' में भी हैं—काफी संश्लिष्ट और उलझे हुए। एक ओर तो प्रतिरोध की इसी जटिल, सूक्ष्म और द्वंद्वात्मक अमूर्तप्रक्रिया ने तिलिस्म को जन्म दिया तो दूसरी ओर ऐयारी में विरोध और स्वीकार का दुहरा रूप भी उभरने लगा। यह कह पाना काफ़ी कठिन है कि प्रतिरोध का स्वर ज़्यादा प्रबल है या स्वीकार की दमित आकांक्षा...

मूलतः मैं इसी द्वंद्वात्मक सांस्कृतिक प्रतिरोध को चंद्रकांता-वर्ग के उपन्यासों का मूल-कथ्य मानता हूँ और इसी का यह तर्क-सम्मत विकास है कि दुर्गाप्रसाद खत्री ने प्रतिरोध के इस रूप को आगे चलकर आत्म-सुरक्षात्मक से बढ़ाकर, आक्रामक कर दिया और प्रतिरोध, विद्रोह में बदलने लगा। 'रक्त-मंडल', 'मृत्यु किरण' जैसे उपन्यास सारी भारतीय मेधा और प्रतिभा को बाक़ायदा अंग्रेज़ों के विरोध में ला-खड़ा करते हैं। पुराने उपन्यासों के ऐयार ही इन नए उपन्यासों में गुप्त-संगठनों के नायक बनकर विदेशी शासकों की सारी वैज्ञानिक और प्रशासनिक योग्यता-क्षमता को चुनौती देते हैं। कहना चाहिए, 'चंद्रकांता' में यह प्रतिरोध अपनी ही अतीत-मुग्ध भाषा में बोलता है, जबकि 'रक्त-मंडल' में उन्हीं की ज़बान में उनका जवाब देता है और सीधे मुठभेड़ की स्थिति लाता है।

'चंद्रकांता' उपन्यासों में जो एक सिरे से दूसरे सिरे तक हर कोई, हर किसी से 'हिसाब चुकाने' और प्रतिशोध लेने की बात करता है, क्या इसके पीछे कोई कारण नहीं है ? पुराने 'विश्वासघात' का बदला लेने की यह बात क्यों बार-बार वहाँ गूँजती है ? और हिंसा, ऐक्शन, प्रतिशोध, फ़ुर्ती-चालाकी, बेवकूफ़ बनाना और महान् वैज्ञानिक उपलब्धियों की कल्पनाएँ—ये सब क्या मन के गहरे और बारीक़ स्तरों पर चलनेवाला प्रतिरोध ही नहीं है ? वस्तुतः ये सारी भाग-दौड़, मार-धाड़ जिस संपत्ति और दौलत के लिए है, वह साधन, सम्मान और सत्ता प्राप्त करके पुनर्प्रतिष्ठा प्राप्त करने की भारतीय दमित आकांक्षा ही तो नहीं है ? चाहे तिलिस्म हो या ऐयारी—भारतीय बौद्धिक ऊँचाइयों और उपलब्धियों की स्थापना, या लोहा मनवा लेना ही इस उपन्यास-शृंखला का उद्देश्य है। कहीं वह बौद्धिक ऊँचाई व्यावहारिक चतुराई या ऐयारी में प्रकट होती है तो कहीं तिलिस्मी करिश्मों में। अपने मूल में 'चंद्रकांता' भयानक राष्ट्रीय हीन-भावना से उद्भुत रचना है। हाँ, इसे अधिक-से-अधिक परतों में छिपाकर ग्राह्य बनाने की जी तोड़ कोशिश की गई है...

ग्राह्य बनाने की दृष्टि से ही उनका आग्रह वैज्ञानिकता और युक्ति की ओर है। यही कारण है कि उर्दू-दास्तानों से प्रेरणा लेते हुए भी तिलिस्म और ऐयारी का उन्होंने वही अर्थ नहीं लिया है। यहाँ उन्हें ज़्यादा तर्क-सम्मत और गले उतरने लायक बनाया है। हालाँकि हर नए आविष्कार से चमत्कृत स्तब्ध होने का ही भाव अधिक है। 'अलिफ़लैला' में बाल जलाते ही ज़िन प्रकट होते हैं और 'अमीर-हम्ज़ा' में उमरू ऐयार के किसी भी 'जादुई-चक्र' या तिलिस्म में फँसते ही ख़्वाज़ा ख़िज़्र नाम के पैग़ंबर उसे मुसीबत से

निकालते हैं। देवकीनंदन खत्री का सारा ज़ोर इन अतिमानवीयताओं से हटकर बौद्धिक कौशल पर है। हर कार्य का एक कारण है, हर घटना के पीछे एक सूत्र है और उपन्यास में घटित होनेवाले हर चमत्कार की एक वैज्ञानिक परिभाषा दी जा सकती है—यही खत्रीजी का 'गुर' है। उन्होंने खटके, कमानियाँ, बटन, चर्ख़ियाँ, तार सभी की परिकल्पना की है। अगर ध्वनि-तरंगों के बारे में उनकी थोड़ी-बहुत जानकारी होती तो ज़रूर वे कहते कि मुँह से विशेष ध्वनियाँ, या ध्वनि-समूह मिलाकर मंत्र निकालते ही वे तरंगें सामनेवाले ताले पर विशेष रूप से सक्रिय हो उठती हैं और तब उसके पीछे की मशीनें चलने लगती हैं।... निश्चय ही 'चंद्रकांता' में दिए गए तर्क काल्पनिक और अवैज्ञानिक हैं, मगर उनके पीछे हर बात के लिए 'वैज्ञानिक कारण' देने की चेतना ही रही होगी कि आगे चलकर दुर्गाप्रसाद खत्री 'मृत्युकिरण' की कल्पना कर डालते हैं जो आज 'लेसर-बीम' के रूप में सत्य होती है। बहरहाल, हज़ारों पन्नों की इस यात्रा से गुज़रते हुए दुर्गाप्रसादजी ने बाद में जो उपन्यास लिखे हैं, उन्हें निस्संदेह भारत के पहले 'वैज्ञानिक उपन्यास' (साइंस-फ़िक्शन) होने का श्रेय दिया जाना चाहिए।

तिलिस्म के अस्तित्व या कल्पना के पीछे देवकीनंदन खत्री का अपना तर्क है। अरबों और ख़रबों की संपत्ति की सुरक्षा के लिए हमारे पुरखों ने इसे बनाया था—ताकि सही उत्तराधिकारी को सौंपा जा सके। अनाधिकारी और हर ऐरे-ग़ैरे का हाथ वहाँ न पहुँचे, इसके लिए उन्होंने सावधानियाँ बरतीं, सुरक्षा के प्रबंध किए; भूल-भुलैया और गुप्त रास्ते, तहख़ाने-दर-तहख़ाने, उन्हें खोलने-बंद करने के जटिल तरीक़े बनाए; उन्हें हिस्सों और खंडों में बाँटा, बड़ी कारीगरी से उनकी तालियाँ या उनके भेद बतानेवाली पुस्तकें तैयार कीं। यह होशियारी भी बरती कि एक ही चाबी या किताब से सारा तिलिस्म न खुले और एक विशेष भाग तक ले जाकर वह तरीक़ा बेकार हो जाए ! लेकिन वंश में सही उत्तराधिकारी कौन होगा ? उसके रूप-रंग और नाम-क़द क्या होंगे ? अगर किसी ने ग़लत-सही तरीक़े से चाबियाँ या रहस्य बतानेवाली पुस्तकें प्राप्त कर लीं तो ? तब तो तिलिस्म का होना ही बेकार हो जाएगा और सारा ख़ज़ाना ग़लत हाथों में पहुँच जाएगा। इसका बचाव ? सारा जटिल कला-कौशल, उलझी और बारीक़ मशीनरी टैक्नोलौजी सही और ग़लत का भेद कैसे कर पाएगी ?

खत्रीजी का ज़रूर यह विश्वास रहा होगा कि बाक़ी सारे भारतीय चमत्कारों पर अवैज्ञानिक या कपोल-कल्पित होने का आरोप लगाया जा सकता है, किंतु ज्योतिष की गणना या उसके गणित की वैज्ञानिकता तो हर संदेह और शंका से ऊपर है। इसलिए 'सही-ग़लत' व्यक्ति को लेकर रहनेवाले उनके मन के संदेह को समाधान दिया ज्योतिष ने...सारा कुछ मशीनी और तकनीक़ी तो ये विदेशी कर लेंगे, लेकिन भारतीय ज्योतिष को दुनिया में कोई क्या खाकर पाएगा ? उनके औपन्यासिक ज्योतिषियों ने अपनी गणना से न केवल पाँच-दस पीढ़ियों बाद आनेवाले सही उत्तराधिकारियों के नाम-रूप-गुण बता दिए, बल्कि उनके एक-एक क्षण की गतिविधियों, कार्य, क्षेत्र और क्षमताओं का पूरा ब्योरा बना डाला। यही नहीं, उनके संपर्क में आनेवाले सारे शत्रु-मित्रों, सहायकों-बाधकों

की बात-चीत, शक्ल-सूरत, व्यवहार, कार्य, परिणाम सभी का कच्चा-चिट्ठा भी तैयार कर लिया। अक्सर तिलिस्मी किताबों में, या कुंड के तले में जड़े पत्थर की पटिया पर या किसी पुतली के मुँह से हमें सुनाई देता है : "अगर तुम्हारा नाम इंद्रजीतसिंह/प्रभाकरसिंह/वीरेंद्रसिंह है, तो यहाँ तक आने के बाद, अमुक जगह तुम्हें अमुक चीज़, बात या पुतली मिलेगी और तुम इस प्रकार वहाँ जाओगे/करोगे। इससे आगे का रास्ता बताने के लिए आगे प्रबंध है।" रास्ते खोलने, बंद करने, छिपाने-छलाने के सिलसिले में ही उन पुरखों के कारीगरों ने क़माल नहीं किया था, हू-ब-हू असली जैसी पुतलियाँ, पशु-पक्षी, पेड़ बनाए जो हमारी तरह ही बातें, हरक़तें और आश्चर्य या दुख प्रकट करते हैं। उनकी शक्लें नायकों या उनकी प्रेमिकाओं से इतनी मिलती हैं कि वे सब पहले धोखा खा जाते हैं। अगर सत्तर कोठरियों, सुरंगों या सीढ़ियों के बाद किसी दीवार पर ऐसी तस्वीर मिलती है जिसमें हमारे नायक का प्रतिरूप मौजूद है तो ठीक उसी शक्ल-सूरत के पुतले-पुतली बनाने में उन कारीगरों को कहाँ दिक़्कत हो सकती थी ? उन्होंने उन पुतलियों में क्षण-क्षण की हरकतें और व्यवहार ही नहीं भर दिए थे, सारे भावी सवाल-जवाब भी टेप कर डाले थे और अंग-संचालनों से उनका सटीक सामंजस्य कर दिया था। बहरहाल, ज्योतिष के आधार पर रोबो, टेप और कम्प्यूटर का ऐसा बेमिसाल और सूक्ष्म संयोजन और टाईमिंग है कि क्या आज के स्पूत्निकों और मिसाइलों का होगा...

ज्योतिष और टैक्नोलौजी का यह विकसित-तम रूप प्राचीन-भारत में कहाँ तक था—मैं इस विवाद में नहीं जाऊँगा। वर्ना राक्षसों-भूत-प्रेतों की कारगुज़ारियों से लेकर अगली-पिछली सात-पुश्तों का इतिहास सुनाने और दुनिया की किसी भी भाषा या पुस्तक से पन्ने-दर-पन्न उद्धृत करनेवाली किसी चार-पाँच साल की चमत्कार-बालिका के उदाहरणों से जूझना पड़ेगा...राम और अर्जुन के पास कोबॉल्ड और न्यूक्लियर बमों के बाप थे, और कुंडलिनी जाग्रत होने से आदमी देश-काल दोनों की सीमाएँ तोड़ सकता है, वह एक साथ ही तोक्यो, दिल्ली और न्यूयार्क में हो सकता है, भीम द्वारा वायुमंडल में फेंके गए हाथियों की सवारी कर सकता है और शेर-बिल्ली-कुत्ता-चील या हवा जो चाहे बन सकता है। इन बेवकूफ़ियों और गपोड़ी बकवास करनेवालों से अगर पूछा जाए कि देशकाल भेदकर कहीं भी जा-पहुँचनेवाले सिद्धों को अपने चलने-फिरने के लिए एयर-कंडीशंड गाड़ियाँ और जंबो क्यों चाहिए ? घड़ियाँ, अंगूठियाँ और भभूत पैदा करनेवालों को अंध-विश्वासी भारतीय जनता, मक्कार, ब्लैक-मार्केटियर, स्मगलर और अमेरिकन सी.आई.ए. पैसा न दें तो सारी महर्षि, भगवान, परमहंस या तारकब्रह्म-गीरी धूल चाटने लगे। दूसरों को घड़ियाँ—(किसी अलौकिक दुनिया की बनी नहीं, ठेठ विदेशी टैक्नीक और ठप्पेवाली)—देनेवालों को अपना समय देखने के लिए इलैक्ट्रोनिक घड़ी चाहिए, अपने खड़ाऊँ या सिंहासन के लिए सिद्धि से प्राप्त किया नहीं, प्रसिद्धि से उपलब्ध, खान से निकला या बिस्कुटों में भेंट किया गया सोना...समाज-विरोधी, घृणित और अमानवीय कृत्यों के परिणाम-स्वरूप मानसिक रूप से अशांत, अपराध-पीड़ित अफ़सरों, तस्करों, सटोरियों, जासूसों और राजनीतिज्ञों को शांति की गोलियाँ और मंत्र

बाँटनेवाले जब खुद जालसाज़ी, ढोंग, धोखे और हत्याओं में लिप्त हैं तो भारतीय संस्कृति की किन दिव्य महानताओं के प्रति आस्था जगाएँगे ?

वस्तुतः तिलिस्म, पलायन और समय नकार की गुड्डल शुतुरमुर्गी मानसिकता का शरण्य है—सब कुछ भूलकर अपने अवचेतन के तहख़ानों में भारतीय महानता के सपने खोदने की तलाश ! राजनैतिक और आर्थिक रूप से पराजित देश यह कैसे स्वीकार कर लेता कि विदेशी हमसे किसी भी क्षेत्र में श्रेष्ठ हैं ?

बात को सिर्फ़ हवाई रायज़नी न मान लिया जाए इसलिए मैं 'चंद्रकांता' से लगभग बीस-पच्चीस साल पहले लिखे गए अंबिकादत्त व्यास के उपन्यास 'आश्चर्य-वृत्तांत' का ज़िक्र करना चाहूँगा। इसमें 'लूफ़ लिर्पा' नाम का एक पुरातात्विक अंग्रेज़—(हालाँकि नाम से यह इतालवी या स्पेनी लगता है)—पुराने कुँए की खुदाई करते हुए ऐसे ही एक आश्चर्य-लोक में पहुँच जाता है, जहाँ तिलिस्मी गुफ़ाओं और सुरंगों का जाल है। वहाँ की एक-एक चीज़ उसे भारतीय-मेधा की उपलब्धियों पर चकित करती है। अन्य अद्भुत वस्तुओं की तरह एक जगह उसे एकदम ताज़ी रोटियाँ मिलती हैं और वह स्तब्ध है कि इन भारतीयों ने हज़ारों साल पहले ऐसा कौन-सा तरीक़ा खोज निकाला था कि आज भी रोटियाँ तवे पर से उतारी लगती हैं ? स्पष्ट ही उन दिनों अंग्रेज़ों के लिए डबल-रोटी, केक-पेस्ट्री, इत्यादि इंगलैंड या योरुप से पानी के जहाज़ों द्वारा डिब्बा-बंद आती रहती होंगी। उनकी ताज़गी देखकर अन्य देशवासियों की तरह व्यास महोदय भी दंग होंगे—और इसकी कल्पना उन्होंने भारतीय अतीत में कर डाली। ख़ैर, अंबिकादत्त की मज़ाक-मिजाज़ी (सैंस आफ़ ह्यूमर)—की दाद देनी पड़ती है कि भारतीय-सभ्यता के सारे आश्चर्य-वृत्तांतों में घुमाकर वे रहस्योद्घाटन करते हैं कि यह पश्चिमी पुरातत्त्ववेता, 'लूफ़ लिर्पा' और कोई नहीं, 'अप्रैल फूल' की अंग्रेज़ी वर्तनी को उलटा करके बनाया गया शब्द है और यह सब पहली अप्रैल पर किया गया मज़ाक है...

लेकिन देवकीनंदन खत्री तिलिस्म को मज़ाक में नहीं ले पाते और परम-गंभीर हैं। जो कुछ उपन्यास में है उसके संभव होने के पक्ष में बड़ी संजीदगी से तर्क देते हैं : दीवार-क़हक़हा, बेहोश करनेवाली गैसें और दूसरी तकनीकी कारीगरियाँ उनके लिए सचाई हैं। उन्होंने तो भाप से चलनेवाली मशीनों, बिजली की चकाचौंध, करेंट के बेहोश करनेवाले झटकों, खटके दबाकर खुलने-बंद होनेवाले दरवाज़ों, लिफ़्टों, लोहे की नालियों पर चलनेवाली ट्रालियों—(जिन्हें वे हौदियाँ कहते हैं)—सभी कुछ को प्राचीन भारत में खोज निकाला है। वहाँ साँप के फन, शेर-बंदरों की आँखों को दबाकर खुलने-बंद होनेवाली चर्ख़ियों से परिचालित खिड़कियाँ, पाटियाँ, दियों-मोमबत्तियों या मशालों की तुलना में साठ-सौ वाट की बिजली-रोशनियाँ तो हैं ही; दीवारों पर बनी तसवीरों का अँधेरे कमरे में रोशनी की चौखट में चलना-फिरना तक है—मोर्स-सिस्टम से टॉर्चों की बातचीत भी है। कुछ बातें उन्होंने अख़बारों में पढ़ी होंगी, कुछ के बारे में सुना होगा। कृष्णाज़िन या तिलिस्मी शैतान का धमाके से प्रकट होना, धुएँ के साफ़ होते ही अदृश्य या ग़ायब हो जाना—पारसी थियेटरों में हनुमान या नृसिंहावतार के प्रकट होने का प्रभाव

लगता है। भूतनाथ या दारोग़ा का बेहोश करनेवाली गेंद फेंकना, आँसू-गैस या हथगोलों से प्रेरित है। ऐसी दर्जनों चीज़ें हैं जिनका खत्रीजी के समय होना इन तिलिस्मी चीज़ों से ही पता चलता है। मुझे याद है इस शताब्दी के प्रारंभिक दशक में दिल्ली या इलाहाबाद में एक नुमायश हुई थी। उसकी कुछ अज़ीबोग़रीब चीज़ों पर तत्कालीन अख़बारों में अनेक लेख निकले थे। हो सकता है 'चंद्रकांता' के उत्तरार्ध में खत्रीजी ने कुछ चीज़ें वहाँ से भी उठाई हों।

इतने इस सब विस्तार में जाकर कहने का मेरा आशय यही है कि ये सारी चीज़ें जो निश्चय ही उस समाज में आ रही थीं, तत्कालीन आम-आदमी के लिए अजूबा ही रही होंगी, उपयोगी वस्तुएँ नहीं। जैसे, उनके कुछ पात्रों के हाथों में तमंचे तो दिखाई देते हैं, मगर पसंद लड़ने के लिए उन्हें वही तीर-तलवार, नेज़े और ख़ंजर हैं।... सबसे दिलचस्प हैं हरे-नीले-सफ़ेद तिलिस्मी पुतले—यानी विदेशियों के प्रतिरूप। ये वहाँ सेवा करने या तिलिस्मी मतलब पूरा करने के लिए नियुक्त हैं और जिन्हें ख़ंजर या डंडा छुलाकर हमारे नायक 'भस्म' कर डालते हैं ! (कैसी ज़बर्दस्त स्वप्नाकांक्षा या विशफुल-थिंकिंग है।)

इन बेजान पुतलों जैसे विदेशियों को हम तिलिस्मी डंडा या ख़ंजर छुलाएँगे और ये देखते-देखते भस्म हो जाएँगे ! हमारे पुरखों ने हमें ऐसे-ऐसे स्तब्ध करनेवाले चमत्कारी उपकरणों के भंडार दिए हैं ! उधर हमारे ऐयार ऐसे चुस्त और चालाक हैं कि बड़ी-से-बड़ी फ़ौज़ को चकमा देकर अपना काम बना लें—वे अपराजेय, दुर्दमनीय और सर्वव्यापी हैं—पराजित और बेबस राष्ट्र को अतीत और वर्तमान दोनों धरातलों पर एकसाथ सहलाने की यही औपन्यासिक लेकिन प्रच्छन्न राष्ट्रीयता 'चंद्रकांता' की भयानक लोकप्रियता का कारण रही होगी ! यह बात ऐयारों और उनकी गतिविधियों को ज़रा ग़ौर से देखने पर और भी अधिक साफ़ होती है। लेकिन ऐयारों का मसला ज़रा ज़्यादा जटिल है और उतने सीधे-सपाट रास्ते नहीं चलता !

ये ऐयार राजा-रानियों के नौकर हैं, लेकिन दरबार में इन्हें पूरी इज़्ज़त है। बेहद वफ़ादार और मालिक के लिए कटने-मरने को तैयार। सिर्फ़ भूतनाथ ही ऐसा ऐयार है जिसने आज की शब्दावली में डबल-क्रॉसिंग की है, यानी दोनों पक्षों को धोखे में रखा है और अपने पुराने मालिक के प्रति दग़ा की है। इसी विश्वासघात की बेचैनी उसे ज़िंदगी-भर सालती है। अब वह जैसे भी हो राजा वीरेंद्रसिंह के दरबार में शामिल होकर अपने पापों का प्रायश्चित करना चाहता है, उनकी नज़र में ऊँचा उठना चाहता है। मूलतः इस सारी उपन्यासमाला का सबसे महत्त्वपूर्ण पात्र यही है और मानव-मनोविज्ञान की थोड़ी-बहुत झलक इसी में दिखाई देती है। वैसे ये सारे ऐयार नौकरी-पेशा मध्यवर्गीय स्तर के लोग हैं, और इस वर्ग का भूतनाथ ही ऐसा व्यक्ति है जो 'फ़्री-लान्सर' होने की कोशिश करता है—हालाँकि महत्त्वाकांक्षा इसकी राज-दरबार तक पहुँचने की है। उपन्यास की सारी रोचकता गद्दी के लिए लड़ते राजा-रानियों के कारण नहीं, भूतनाथ जैसे ऐयारों के ही कारण है। मुझे यह भी काफ़ी सांकेतिक ही लगता है कि तिलिस्म तोड़ने या दौलत

खोदने के चक्कर में राजा-रानियाँ ज़मीन के अंदर गहरे उतरते और तहख़ानों में घुसते चले गए हैं, जबकि ऊपर ये ऐयार ही हैं कि स्थितियों की सारी बागडोर सँभाले हैं। अपने साधारण होने, मानवीय कमज़ोरियों और संकल्पों के कारण हम इनके साथ आसानी के तादात्म्य करते हैं।

खत्रीजी के पहले या उनके समकालीन उपन्यासकारों का एकमात्र सरोकार था—पूर्वी और पश्चिमी सभ्यताओं का संघर्ष। उनके लिए सारा भारतीय महान्, सर्वश्रेष्ठ और संरक्षणीय था और सारा पश्चिमी तिरस्करणीय। दोनों सभ्यताओं को जानने-परखने या उनका विश्लेषण करने की उन्हें ज़रूरत नहीं थी। उनका तो स्वयंसिद्ध विश्वास ही यही था कि नई पीढ़ी पश्चिमी-सभ्यता के प्रभाव में चरित्र-हीन और पथ-भ्रष्ट हो रही है; जब तक पुराने मूल्यों पर नहीं आएगी, आत्मघात करेगी। लेकिन इस संघर्ष का चित्रण 'चंद्रकांता' में कहीं नहीं है। खत्रीजी भी शायद मानते थे कि पुराने मूल्य इतने अधिक आत्यंतिक, स्वयंसिद्ध और शाश्वत हैं कि वहाँ किसी तरह की शंका की गुंजायश ही नहीं है। लेकिन लेखक के अनचाहे-अनजाने उन मूल्यों से चिपके नायक, ढीले-ढीले और निष्प्राण हो गए हैं। यों होने को उनमें भारतीय-संस्कृति के सारे आदर्श गुण हैं : वे संध्या-वंदन करनेवाले, माता-पिता-गुरुओं की आज्ञा शिरोधार्य करनेवाले, अदब और क्षमाशीलता के अवतार, न्यायप्रिय और परम पराक्रमी लोग हैं। मगर क्रमशः उनका क़द छोटा होता गया है। महाराजा सुरेंद्रसिंह, के पुत्र राजा वीरेंद्रसिंह, उनके लड़के कुमार इंद्रजीतसिंह, फिर 'भूतनाथ' उपन्यास के नायक, वीरेंद्रसिंह की फ़ौज के एक सूबेदार या सरदार के पुत्र प्रभाकरसिंह। दूसरी तरफ़ ऐयारों के माध्यम से साधारण लोगों का पूरे दृश्य-पटल पर छाते चले जाना, यहाँ तक कि प्रभाकरसिंह के साथ-साथ या बाद में उपन्यास का नायक बन बैठना—गिरते हुए सामंती मूल्यों और सामंतवाद तथा उठते हुए मध्यवर्ग का ही प्रतीक है ! उस समय की ऐतिहासिक सचाई तो यही है कि सामंतवाद अपना प्रभाव और पकड़ छोड़ रहा है और मध्यवर्ग क्रमशः केंद्र में आता जा रहा है। लेकिन संस्कार हैं कि उसे हर क्षण लगता है कि उसके हाथों कहीं कुछ 'ग़लत' हो रहा है, कुछ ग़लत हो चुका है और इस ग़लती का उसे प्रायश्चित करना है। अपने जाने और चेतन रूप से वह दरबार और राजा के प्रति वफ़ादार ही रहना चाहता है। भूतनाथ का मूल द्वंद्व यही है। स्वामी के ख़िलाफ़ उसने अपने लिए कुछ करना चाहा और ज़िंदगी-भर इस दंश से कुतरा जाता रहा। इसके लिए एकमात्र रास्ता उसे दिखाई देता है कि वह भी चुन्नीलाल, बद्रीनाथ की तरह राजा वीरेंद्रसिंह के दरबार में शरण ले, वहाँ स्वीकृत और सम्मानित हो।

तब क्या खत्रीजी का सचमुच यही विश्वास था कि हमारी मानसिक और भौतिक दुर्दशा का एकमात्र कारण सामंती मूल्यों और सामंत के प्रति वफ़ादार न रहना था ? लेकिन भूतनाथ के असली स्वामी तो राजा वीरेंद्रसिंह नहीं हैं। जहाँ उसने 'ग़लत' किया, वहाँ प्रायश्चित न करके, वह क्या इसीलिए राजा वीरेंद्रसिंह की शरण में आने के लिए सारी औपन्यासिक उठा-पटक करता है कि उनका सितारा बुलंदी पर है, उन्होंने चुनार,

नौगढ़, विजयगढ़ इत्यादि राज्य जीतकर अपने में मिला लिए हैं और उनके बेटों ने दो बहुत बड़े तिलिस्मों की दौलत हासिल कर ली है, वे बड़े ही न्यायप्रिय, आदर्श और क्षमाशील राजा हैं, कि उनके दरबार में शामिल होना बहुत फ़ख़्र और गौरव की बात है ? भूतनाथ को विश्वास है कि राजा वीरेंद्रसिंह के प्रति उसने जो भयानक अपराध किए हैं, उन्हें वे ज़रूर माफ़ करके उसे अपने दरबार का मुसाहिब बना लेंगे और उसे ख़िलअत अता फ़रमाएँगे...

प्रायश्चित, माफ़ी और दरबार में स्वीकृति पाने की भूतनाथ की इस आंतरिक आकांक्षा को समझने के लिए देवकीनंदन खत्री के भौगोलिक और सामाजिक परिवेश को फिर एक बार, लेकिन दूसरी ही दृष्टि से देखने की ज़रूरत है। हमें यह बिलकुल नहीं भूलना चाहिए कि यह वही क्षेत्र है जहाँ ग़दर का प्रभाव सबसे अधिक है। विद्रोह में सबसे अधिक आगे बढ़कर हिस्सा लेनेवालों में अवध के लोगों का स्थान प्रमुख है। वैसे भी इस सारे विक्षोभ का मुख्य केंद्र था—दिल्ली, झाँसी और लखनऊ का त्रिकोण। लेकिन अवध में नवाबी जाने के साथ-साथ एक और भी पक्ष जुड़ा है। अंग्रेज़ी फ़ौज़ की बनावट में अड़तीस हज़ार योरुपियनों और दो लाख देसी सिपाहियों में सबसे अधिक प्रतिशत है अवध के सिपाहियों का। और इन्हीं अवधी सिपाहियों ने फ़ौज़ में सबसे पहले विद्रोह का झंडा बुलंद किया—सबसे अधिक असंतोष व्यक्त किया। इन लोगों की इसी विद्रोही सक्रियता को देखते हुए अंग्रेज़ों का सबसे अधिक गुस्सा भी इन्हीं सिपाहियों और क्षेत्र पर है। उस ज़माने के प्रामाणिक इतिहासकार फ़िलिप मेसन, आई.सी.एस. ने 'ए मैटर ऑफ़ ऑनर' में विस्तार से इस बात को बताया है कि कैसे विद्रोह के बाद पुरबिया सिपाहियों की भरती फौज़ में एकदम बंद कर दी गई थी और उनकी अनेक वाहनियाँ विघटित कर डाली गई थीं। गंगा की तराई के ये सारे लोग, जो सिर्फ़ लड़ सकते थे, नौकरियों और रोज़गार की तलाश में इधर-से-उधर मारे-मारे फिर रहे थे। या तो बंगाल-बिहार के रईसों के यहाँ दरबान हो रहे थे या छोटे-मोटे राजा-ताल्लुकेदारों के यहाँ जा-चिपके थे—जो बचे थे वे इधर-उधर लूट-पाट कर रहे थे। खेती करने को छोटी जातियों का काम मानते थे। खुद निरालाजी के पिता इसी चक्कर में मिदनापुर जा पहुँचे थे। किसी भी कुशल नेतृत्व के अभाव में बिखरे और साधन-हीन ये लोग और कितने दिनों लड़ते ? बाद में, पराजय और हताशा में इनके सारे प्रयत्न यही होते रहे कि जैसे भी हो, इन्हें फिर से फ़ौज में भरती करने का सिलसिला चालू हो जाए...मगर अवधी सिपाहियों या पुरबियों की फ़ौजी भरती की यह निषेधाज्ञा, शिमला-कांफ्रेंस में लॉर्ड किचनर की कोशिशों से 1905 में ही वापस ली जा सकी।

इस सबके जरिए मैं इसी तथ्य की ओर ध्यान दिलाना चाहता हूँ कि उस समय के राजा और रईस ही नहीं, लगभग सारे लोग अपनी वफ़ादारियाँ नए राजा की सेवा में अर्पित करने को बेचैन थे, हर आदमी दरबार में शामिल होना चाहता था। उन्होंने अपने पुराने मालिकों के साथ तो ग़द्दारी की ही थी, नए के प्रति भी कहीं उनके हाथों 'ग़लत' हो गया था। और अब जैसे भी हो नए राजा के दरबार में ही स्वीकृति और सम्मान पाने

की कोशिश करनी है—यही तत्कालीन मानसिकता हमें भूतनाथ के मनोविज्ञान को समझने में मदद दे सकती है। और वही अकेला क्यों, बाक़ी सभी तो जैसे भी बन पड़े धन और शक्ति पाकर अपने को फिर से स्थापित करना चाहते हैं—यही तो 'चंद्रकांता' का कथ्य है ! गालिब भी तो विभिन्न दरबारों में स्वीकृति या वजीफ़े पाने के लिए ऐसे ही क्षमा-याचना के पत्र लिख रहे थे—नवाब रामपुर से लेकर महारानी विक्टोरिया तक। मैं मानता हूँ कि यह कथन कहीं हमारी राष्ट्रीय भावना को चोट पहुँचाता है, लेकिन हमें उस समय की ठोस वास्तविकता को नजरंदाज़ नहीं करना चाहिए। व्यापक असंतोष को अभिव्यक्त करनेवाली कांग्रेस का भी तो कोई रूप तब तक सामने नहीं आ पाया था। राजा वीरेन्द्रसिंह की अप्रत्यक्ष मदद करके, उनके विश्वस्त अनुचरों और ऐयारों को विश्वास में लेकर या दूसरी तरह माफ़ियाँ माँगकर जैसे भी हो, दरबार में प्रतिष्ठा और इज्ज़त पाने को व्याकुल भूतनाथ, यहाँ एक सामान्य प्रवृत्ति के रूप में ही हमारे सामने आता है व्यक्ति के रूप में नहीं !

लेकिन जैसा कि मैंने शुरू में ही कहा, ऐयारों का मसला इतना सरल नहीं है और न ही भूतनाथ या उसके माध्यम से व्यक्त होनेवाली यह प्रवृत्ति ही इतनी इकहरी या सपाट है। उसमें मध्यवर्गीय जटिलताओं, अंतर्विरोधों का बेहद ही संश्लिष्ट रूप गुँथा है। स्वामी के प्रति वफ़ादारी या नमक अदायगी के संस्कार, सुरक्षा-सम्मान की आकांक्षा और स्वतंत्र व्यक्तित्व की चेतना या दबंगई दोनों का संघर्ष वहाँ साफ़ और समानांतर है। 'दरबार' में उसे इस गुमनाम, भगोड़ी और चोरों जैसी ख़तरों-भरी ज़िंदगी से मुक्ति के साथ-साथ सुरक्षा और सम्मान दोनों मिलेंगे... मगर फिर उसका लालच, निष्कलंक हो जाने की तड़प, दुश्मनों को ठिकाने लगाने का हिंस्र संकल्प, ख़तरों से खेलने का दुस्साहस, भयंकर आत्मविश्वास ? सच पूछा जाए तो हरेक के प्रति उसके संबंध या रवैये दुविधा, द्वैत में बंटे हैं...वह राजा के दरबार में भी बहुत खुले और बेबाक़ मन से नहीं जाता। वहाँ भी उसने अपने 'व्यक्तित्व' के बचाव के अनेक कवच धारण किए हुए हैं।

'चंद्रकांता' के अंतिम हिस्से में 'दीवार क़हकहा' को राजा वीरेंद्रसिंह अपने मनोरंजन के लिए तैयार कराते हैं। बड़ी परकोटेनुमा जगह और साथ लगी सीढ़ियाँ। जो भी ऊपर जाकर दूसरी तरफ़ झाँकता है वह क़हक़हे लगाकर हँसते-हँसते भीतर कूद जाता है। इस तिलिस्मी चक्कर में कुँवर इंद्रजीतसिंह इत्यादि काफ़ी पहले कूद चुके हैं। खत्रीजी का कहना है कि ऐसी 'दीवार-क़हक़हा' की बात अख़बारों में निकल चुकी है और उसका होना साबित हो गया है। यहाँ उनका तर्क़ है कि दीवार में बिजली के करंट और दूसरी तरफ़ की गैस कुछ ऐसे प्रभाव डालती है कि झाँकनेवाला आदमी बेसाख़्ता हँसते-हँसते अंदर छलाँग लगा देता है। खत्रीजी के ज़माने के अंग्रेज़ी शासन और व्यवस्था का कैसा सटीक दृश्य है—राजा वीरेंद्रसिंह और उनके परिवार के लोग बैठे हैं और उनके सामने एक से एक बढ़कर ऐयार आकर सलाम बजाते हैं, सीढ़ियाँ चढ़ते हैं और ठठाकर हँसते हुए खुशी-खुशी दूसरी ओर छलाँग लगा देते हैं। इस तकनीकी जादू में सब हँसते-हँसते कूदते चले जा रहे हैं। सिर्फ़ भूतनाथ है जो दीवार पर चढ़ता जरूर है, लेकिन न हँसता

है और न उधर कूदता है। वह इस 'जादू' से एकदम अप्रभावित और अपना पूरा बचाव किए हुए है; बुरादे भरे बेडौल कपड़े पहने, मुँह और नाक पर ढाटा बाँधे हुए... उसे पता है कि बुरादे को भेदकर बिजली अपना असर दिखा नहीं पाएगी और साँसों से गैस को दूर रखेगा मुँह पर बंधा हुआ कपड़ा... दूसरे शब्दों में वह इस 'मनोरंजन' में शामिल ज़रूर होता है मगर अपने को पूरी तरह बचाए हुए, सारी सावधानी के साथ और अपनी शर्तों पर...

बचाव, प्रतिरक्षा और बे-असर; इस तिलिस्मी चक्कर से—जो विदेशी टेक्नोलोजी का भारतीय प्रत्यारोपण मात्र है—बेदाग़ निकलने की क्रिया क्या मेरी स्थापनाओं का समर्थन नहीं करती ?

घृणा और प्यार की यह अंतर्विरोधी, लेकिन संकुल संबंध-प्रक्रिया एक और भी सवाल हमारे सामने रखती है, यही सवाल मुझे काफ़ी चकित करता रहा है ! 'चंद्रकांता' का उद्देश्य चाहे जैसी दिलचस्प-मनोरंजक कहानी सुनाना रहा हो और उनके कथानक चाहे जितने कपोल-कल्पित हों या उसे तथाकथित ऐतिहासिकता का जामा पहनाया गया हो—उसमें कहीं भी तत्कालीन राजनैतिक स्थिति सीधे-सीधे क्यों नहीं आती ? कथा में साक्षात् किसी भी विदेशी सत्ता का न होना आकस्मिक है या सुविचारित ? स्वतंत्रता से पहले जिन लोगों ने भी ऐतिहासिक या ऐतिहासिक-कल्पना पर आधारित उपन्यास-नाटक लिखे हैं, उन सबमें विदेशी आक्रमणकारी मौजूद हैं। उनके रूप-नाम-जाति इत्यादि बदले हुए हैं, मगर वे वहाँ हैं ज़रूर ! चाहे बंकिम, प्रसाद हों या कन्हैयालाल मुंशी और चतुरसेन या वृंदावनलाल वर्मा—ये विदेशी-आक्रमण या शासन सबमें हैं। इन लेखकों की 'राष्ट्रीयता' यही है कि वे सब-के-सब भ्रष्ट, बर्बर, हिंस्र दिखाए गए हैं—और इनकी तुलना में भारतीय, अद्भुत रूप से कुशल, पराक्रमी और नैतिक-धार्मिक हैं। यह सब कहीं-न-कहीं अंग्रेज़ी शासन और उसके खिलाफ़ सांस्कृतिक या राजनैतिक प्रतिरोध (प्रोटैस्ट) के रूपक बनकर आए हैं। मगर 'चंद्रकांता' ही ऐसा 'ऐतिहासिक' उपन्यास है जिसमें एकाध जगह तिलिस्मी नौकरों के सिवा विदेशी उपस्थित कहीं भी नहीं है—बाद के उपन्यासकारों की प्रिय तरकीब—मुसलमान आक्रांताओं के रूप में भी नहीं। हो सकता है इसका कारण यह रहा हो कि इस तरह की ऐतिहासिकता, में रूपक या अन्य छूटों की सुविधा है, समसामयिक कथानकों में उसे सीधा राजद्रोह ही माना जाता। इसीलिए तत्कालीन समाज का चित्रण करनेवाले 'सौ अजान, एक सुजान', 'नूतन-ब्रह्मचारी' जैसे उपन्यासों ने अपनी चिंता और चित्रण का केंद्र सामाजिक समस्याओं को ही रखा है, राजनीति कहीं नहीं आने दी है। इसी तर्क से यह नतीजा भी निकाला जा सकता है कि 'चंद्रकांता' में विदेशियों की अनुपस्थिति ही प्रमाणित करती है कि अपनी सारी 'ऐतिहासिकता' के बावजूद उपन्यास की एप्रोच सामाजिक ही है।

उस समय के इन सामाजिक उपन्यासों में राजनीति बहुत टेढ़े और तिरछे ढंग से ही आ पाई है, अपने पुराने मूल्यों की श्रेष्ठता में या 'पश्चिमी सभ्यता' के कुप्रभाव के रूप

में...लेकिन इस संघर्ष के लिए खत्रीजी से पहले या उनके समकालीनों ने सामाजिक स्थितियाँ तो ली ही हैं। 'चंद्रकांता' में तो वे भी नहीं हैं। जैसा मैंने कहा, सामाजिक और सांस्कृतिक धरातल पर खत्रीजी का प्रतिरोध भी कम नहीं है और वे अपने साथियों जैसे ही जागरूक कथाकार हैं। तब फिर परिवेश का यह सचेत बहिष्कार क्यों है ? उनके लिए तो 'ऐतिहासिकता' साथी उपन्यासकारों की तरह रूपक नहीं, स्वयंसिद्ध सत्य बनकर आई है ! यह भी सही है कि अपनी पुरानी सामंती गरिमा के प्रति उस समय के सारे उपन्यासकार श्रद्धापूर्ण मोह पाले हुए हैं, मगर खत्रीजी के यहाँ तो यह मोह नहीं, वास्तविकता है। चुनार, नौगढ़, विजयगढ़, रोहतासगढ़—सभी राज्य इतने अधिक स्वायत्त, आत्मनिर्भर और स्वतंत्र हैं और एक-दूसरे पर ऐसी आसानी से आक्रमण या अधिकार करते हैं कि ऐसी स्वायत्तता की कल्पना शताब्दियों से राजस्थान के रजवाड़े भी नहीं कर सकते—वहाँ तो हमेशा मुग़ल-साम्राज्य की छाया उनके हर फ़ैसले पर मँडराती रही है। 'चंद्रकांता' में तो फ़ौजें भी पूर्व-मध्यकालीन ढंग, या ठीक उर्दू-दास्तानों के अंदाज़ में आमने-सामने ख़ेमे डालकर मोर्चे बनातीं और मैदान में लड़ती हैं।

हाँ, तो किसी भी रूप में विदेशी-सत्ता की अनुपस्थिति इस उपन्यास-माला में इतनी अधिक उजागर है कि सोचने के लिए बाध्य करती है। ख़ासतौर से इसलिए भी कि वहाँ सारी-की-सारी विदेशी ईजादें या वैज्ञानिक उपकरण अपने भारतीय-कृत रूप में हर कहीं मौजूद हैं। शायद इसका कारण देवकीनंदन खत्री के अवचेतन में ही हो...

मनोविज्ञान का एक मोटा-सा प्रसिद्ध सिद्धांत है : जिसे आप चाहने पर भी भौतिक रूप से नष्ट नहीं कर पाते उसे अपने लिए मानसिक रूप से नष्ट कर डालते हैं। 'भूलने' के पीछे मनोवैज्ञानिक इसी मानसिकता का हाथ बताते हैं : यह 'भूलना' अपने चेतन-अवचेतन मूल में और कुछ नहीं, किसी भी भौतिक स्थिति, या वस्तु का मानसिक अस्वीकार ही है। इस अस्तित्व-नकार के कारण घृणा, अरुचि, उदासीनता, आत्मकेंद्रित होना या बाक़ायदा प्रतिरोध कुछ भी हो सकते हैं। यही वजह है कि मुझे 'चंद्रकांता' अपनी स्वायत्तता की स्थापना और किसी भी विदेशी सत्ता के सचेत और निरंतर नकार की स्वप्नाकांक्षा भरी कहानी भी लगती है। लेखक के लिए जैसे वह सब कहीं है ही नहीं ! और जो मानसिकता अंग्रेज़ों की उपस्थिति तक को नकार रही है, वह उनकी व्यावहारिक कुशाग्रता, रण-कौशल, चातुरी और बुद्धिमत्ता या आविष्कारों की नवीनता, वैज्ञानिक उपलब्धियों; मशीनी-तकनीकी वर्चस्वता को कैसे स्वीकार कर लेगी ? खत्रीजी के लिए या तो वर्तमान है ही नहीं, और है भी तो उससे लाख दर्जे श्रेष्ठ हमारे पुरखों के पास था...बेहद कमज़ोर और दयनीय लड़ाई थी यह। और यहीं मुझे स्टीफ़ेन ज़्विग की प्रसिद्ध कहानी याद आती है जिसका नाम शायद था 'अदृश्य ख़ज़ाना'—दुनियाभर की नायाब चीज़ों को जमा करनेवाला बूढ़ा पुरातत्त्ववेत्ता युद्ध में खुद ही अंधा नहीं होता, बमबारी में उसके ख़ज़ाने से भरे तहख़ाने भी तहस-नहस हो जाते हैं, या लुट जाते हैं। युद्ध के बाद उसे किसी तरह फिर वहीं आने का मौक़ा मिलता है। बेहद आग्रह पर वह वहाँ लाया जाता है जहाँ कभी उसका संग्रहालय हुआ करता था। अपने अंधे होने के

बावजूद फिर से यहाँ आ पहुँचने के उत्साह और उल्लास में सारी दुनिया से बेख़बर वह घूम-घूमकर अपनी चीज़ों और तस्वीरों के बारे में बताने लगता है; देखो, वहाँ उस कोने में वह तस्वीर है, फलाँ महान चित्रकार ने उसे बनाया था, उस दीवार पर वह मूर्ति है, इस सीढ़ी के बाद यह पांडुलिपि है। देखो, यह सारा संग्रह कितना समृद्ध है, पुराना और क़ीमती है और एक-एक चीज़ कैसी कठिनाई और खोज-बीन के बाद प्राप्त की गई है।... देखनेवाले पाठक जानते हैं कि वहाँ न कोई तसवीर है, न मूर्ति, वहाँ सिर्फ टूटे-खंभे और उखड़ी-चिथड़ी दीवारे हैं, मलवा और कचरा है...दयनीय यह है कि इस पुरातत्त्ववेत्ता को स्वप्न में भी ख़याल नहीं है कि संग्रहीत वस्तुओं और खुद उसके बीच पूरा एक महायुद्ध गुज़र गया है... और अब सारी चीज़ें सिर्फ़ उसके दिमाग़ में ही सुरक्षित हैं...

खत्रीजी के ये सारे तिलिस्मी चमत्कार, ये आदर्शवादी, परम-नीतिवान, न्याय-प्रिय सत्य-निष्ठावान राजा और राजकुमार, परियों जैसी खूबसूरत और अबला नारियाँ—या बिजली की फ़ुर्ती से ज़मीन-आसमान एक कर डालनेवाले ऐयार--सब एक खूबसूरत स्वप्न के ही प्रक्षेपण हैं...आस-पास फैली ठीक इसकी उलट दुनिया से बच निकलने के चोर दरवाज़े... या पलायन-द्वार। मगर हिंदी के शास्त्रीय समीक्षक जब इसको सही ऐतिहासिक परिप्रेक्ष्य में या अन्वेषकीय दृष्टि से न देखकर सिर्फ़ सपाट ढंग से इसकी रोचकता, या इसमें आई भारतीय गरिमा की भूरि-भूरि प्रशंसा करते हैं तो तरस ही आता है। शायद ही कोई सोचता हो कि कहाँ कौन-सा झूठ भारी पड़ गया है कि सारी स्थितियाँ, सारे चरित्र इतने उथले, इकहरे, निर्जीव और निष्प्राण हो गए हैं। काश, खत्रीजी आस-पास से इस तरह आँखें न फेर, नैतिक और सांस्कृतिक मूल्यों की द्वंद्वात्मक कशमक़श को सीधे या तिरछे ढंग से ला-पाते जो बदलते समाज की सचाई थी ! हो सकता है तब इन चरित्रों में कहीं कुछ गहराई आ पाती और वे तिलिस्मी पुतलों की तरह खुद भी पुतले न लगते जिनके बटन या डोरियाँ खत्रीजी के हाथ में हैं...क्योंकि खत्रीजी सचमुच हिंदी के वे पहले व्यक्ति हैं जिन्होंने समय की इस अनिवार्यता को गंभीरता से पकड़ा कि उपन्यास औद्योगिक सभ्यता की ही उपज है और पुराने-नये मूल्यों के द्वंद्व से ही उसका जन्म होता है।

मगर जिस तरह खत्रीजी के न चाहने पर, या अनजाने ही समाज का मानस और नैतिक-सांस्कृतिक संक्रमण उपन्यास में व्यक्त हुए हैं उसी तरह उनके सारे कठपुतले पात्रों के बीच 'भूतनाथ' जैसा चरित्र आया है। बाक़ी चरित्रों के प्रति लेखक का रवैया और धारणा एकदम साफ़ हैं, वही एक व्यक्ति है जिसके बारे में वे कुछ भी निर्णय नहीं कर पाते, हमेशा ही दुहरा और दुभाँतवाला रुख़ दिखाते हैं। कहीं उसे अपना अंशदान देकर सबल और सजीव बनाते हैं तो कभी अपने ही इस रूप को बर्दाश्त न कर पाने के कारण उससे दुश्मनी निभाते दीखते हैं।

जब सामनेवाली सचाई या तो इतनी उलझ जाती है कि सही-ग़लत का भेद, काले-सफ़ेद का अंतर नहीं रह जाता या अपनी सारी विश्वसनीयता खो देती है तो कथा-साहित्य में व्यंग्य और फ़ैटेंसी का जन्म होता है। 'चंद्रकांता' भी इसी अर्थ में फ़ैंटेसी

है। यहाँ भी हर आदमी जो दीखता है, वह नहीं है। सामने मित्र या साथी का रूप धरे दुश्मन या दुश्मन का ऐयार है : कहीं कोई कान हैं जो आपकी सारी बातें सुनकर, जानकर उन्हें आपके ही ख़िलाफ़ ही इस्तेमाल करेंगे—यह भय, असुरक्षा और आशंका ही अपना या आपसी सारा व्यवहार तय करती है। ऐसे में बार-बार अपनी वफ़ादारियाँ तय और स्थगित-स्थापित करने की मजबूरी पैदा होती है, क्योंकि हर आदमी अपना जैसा रूप रखकर खुद अपने आपको और दूसरों को धोखा दे रहा है। ये सब 'चंद्रकांता' की मूल चेतना हो सकती हैं, मगर जिस अकेले आदमी में यह द्वंद्व सबसे मुखर है वह यही भूतनाथ है। वह कभी तिलिस्मों और खँडहरों और गुफ़ाओं में मुँह छिपा लेता है तो कभी खुले मैदान और जंगलों में निकल आता है। मगर चैन उसे कहीं नहीं है।

भूतनाथ में न केवल वासना, लालच, प्रतिशोध की सहज मानवीय कमज़ोरियाँ अपने आदिम रूप में हैं, बल्कि द्वंद्व, पश्चात्ताप, ग्लानि और इन सबसे ऊपर उठ सकने का प्रयास भी इसी में सबसे अधिक है। कुचलती और भींचती सीमाओं के बीच टूटना एक बहुत बड़ी वास्तविकता हो सकती है, मगर उन्हें संक्रमित करने का संघर्ष ही किसी चरित्र को गत्यात्मकता देता है। हो सकता है 'गोदान' का होरी अंत में हार ही गया हो; मगर उसके चरित्र की सारी गहराई और गति इसी संघर्ष से आई है। भूतनाथ के दुश्मन भी कहीं बाहर नहीं, उसके अपने भीतर ही मौजूद हैं। हालांकि उसका अंत महाराजा सुरेंद्रसिंह की शरण या दरबारदारी में होता है, मगर उसका अपराध-बोध, अतीत से मुक्त होने की जी-तोड़ कोशिश, पुराने स्वामियों के प्रति विश्वासघात, प्रतिहिंसा की आग में औरों के साथ-साथ अपने बेटे तक की हत्या, यहाँ तक कि खुद दो बार अपने को 'मार' कर नया जीवन, स्वच्छ और निष्कलंक ज़िंदगी जीने की ललक और लालसा को देखते हुए इस राजकीय छत्र-छाया तक आना उसकी पराजय भी लगने लगती है। वह सामंतवाद को आच्छादित या स्थानापन्न करती मध्यवर्गीय चेतना है, भयानक अपराध-बोध, ग्लानि-दंश से आत्मघात करती और सारे दुश्मनों से प्रतिशोध लेने को तड़प और अतीत की प्रेतात्माओं से घिरा भारतीय मानस भी है जो हर क़ीमत पर ज़िंदा रहना चाहता है...

मुझे लगता है, वह कभी नहीं मरा। उस समय भी नहीं जब दारोग़ा, जैपालसिंह इत्यादि दुश्मनों को मारने के लिए उसने हथगोला फेंका था और अनजाने ही बारूद के गोदाम में विस्फोट के साथ अपने आपको भी मरा घोषित कर दिया था; और न तब मरा जब महात्मा बनकर एकांत में साधना करने के बाद गले में फाँसी लगाकर गहरी घाटी और दुर्दान्त फल्गु नदी के ऊपरवाले पेड़ से लटका दिखाया गया था। उसकी तो वास्तविक हत्या तभी हुई जब उस जैसे क़द्दावर आदमी को महाराजा सुरेंद्रसिंह के बौने दरबारियों के बीच ला-बैठाया गया... अपने को वहाँ के सक्रिय प्रभाव से बचाने के लिए वह चाहे जैसे बुरादे-भरे कपड़े पहन ले, मगर निश्चय ही वह 'दरबार' उसका स्थान नहीं था—वह मुसाहिब और दरबारी होकर जन्मा ही नहीं था। उसकी तर्क-संगत परिणति यही थी कि वह एकदम स्वतंत्र और निर्बन्ध होकर जीता...

किसी भी प्रामाणिक, विस्तृत जीवनी या विश्वसनीय गवाही के अभाव में मैं बिलकुल नहीं कह सकता कि स्वयं लेखक के मन में वह क्या अपराध-बोध या आत्मदंश और पाप-कचोट है जिसे उसने भूतनाथ के भीतर धन के लालच में बदल डाला है और जो उसे एक के बाद एक दलदलों में फँसाता चला जाता है या जिसका एकमात्र निराकरण उन्हें भूतनाथ को दरबारी बना देने में ही दिखाई देता है...हो सकता है यौवन के दिनों में, व्यवसाय के घाटे के बाद अपने बाल-मित्र राजा—के यहाँ आकर रहना और उसकी मृत्यु का दर्शक बनना रहा हो। हो सकता है विभिन्न स्वार्थों या सक्रिय तत्त्वों से घिरी मित्र-पत्नी, यानी युवती रानी, (जिनकी रियासत कोर्ट-ऑफ़-वार्ड में आ गई थी और इस अंतरिम काल में वही उसकी देखभाल करती थीं) के प्रति कर्त्तव्य की भावना से वहाँ उनका लंबे समय तक टिके रहना हो, या वहाँ बिताया वह समय रहा हो जब दीन-दुनिया की कोई आवाज़ उन तक नहीं पहुँचती थी और पिता को बाक़ायदा बनारस के चुने हुए लठैतों की फ़ौज की मदद से उन्हें निकालकर लाना पड़ा था या जिसके परिणामस्वरूप दरबार की नाराज़गी भुगतनी पड़ी; या फिर ठेके के दिनों की ग़लतियाँ रही हों जिन्होंने धन को अतिरिक्त महत्त्व दे दिया था और उन्हें लगने लगा था कि धन-प्राप्ति से ही सामाजिक और पारिवारिक पुनर्प्रतिष्ठा प्राप्त की जा सकती है—बहरहाल; कुछ भी कह सकना बड़ा मुश्किल है कि वह 'ग़लत' क्या था जिसके खुल जाने की दहशत ने भूतनाथ को बनाया...

खत्रीजी अगर जीवित होते तो मैं ज़रूर उनसे पूछता कि क्या वे सचमुच भूतनाथ को यहीं लाना चाहते थे ?...तब फिर दुर्गाप्रसाद खत्री के अपने उपन्यासों में आनेवाला वह चरित्र कौन है जो भारतीय स्वतंत्रता के लिए सशस्त्र क्रांति का झंडा उठाता है, अपनी वैज्ञानिक तेजस्विता से अंग्रेज़ों के छक्के छुड़ा देता है...और जैसा कि मैंने पुनरावृत्ति का ख़तरा उठाकर अनेक बार कहा है, भूतनाथ तो ऐयार है, इसलिए उसकी किसी भी 'मौत' पर मुझे भरोसा नहीं है—चाहे वह ख़ुद उसके अपने हाथों हुई हो या लेखक ने की हो...

7 फरवरी, 1979
आलोचना, '81

'सुनीता' का पत्र जैनेन्द्र के नाम

(जैनेन्द्र कुमार)

श्रद्धेय जैनेन्द्रजी,

शायद आप मेरे इस 'श्रद्धेय' पर चौंकेंगे। आपने मुझे जन्म दिया, आप मेरे पिता हैं–यह मुझे निस्संकोच स्वीकार कर लेना चाहिए। लेकिन सच पूछा जाए तो इतने दिनों जो आपको पत्र नहीं लिख पाई, उसके पीछे झिझक भी यही थी। कई बार क़लम उठाया, लेकिन हर बार जैसे किसी ने हाथ पकड़ लिया। और शायद यही झिझक है जो मुझे मजबूर कर रही है, कि अपने को आपके सामने पत्र द्वारा खोलूँ। तो लीजिए, संबोधन चाहे जो भी लिखूँ, सबसे पहले पुत्री होने का फर्ज़ निबाहे देती हूँ। वर्ना आप भी कहेंगे : 'कैसी है यह लड़की भी, कि ज़िंदगी में पहला पत्र लिख रही है और वह भी ऐसी गुस्ताख़ी से। कुछ अपनी कहे, कुछ मेरी सुने, यही तो पत्र का अर्थ है।' तो सुनिए, दोनों बड़े लड़कों की बहुएँ उनके साथ ही रहती हैं, बाहर। बड़ी बहू शायद इस फागुन में माँ बन जाए। तब मुझे जाना पड़ेगा। लड़की सुजाता, मेडीकल कालेज में है, साथ ही नृत्य का भी अभ्यास कर रही है। विदेश से कोई डेलिगेशन आया है, सो अभी परसों ही तो उसके स्वागत में एक सांस्कृतिक कार्यक्रम था। उन लोगों ने भी अपने लोक-नृत्य और लोक-गीतों का प्रदर्शन किया था। इसी में सुजाता ने, कहते हैं, बेजोड़ नृत्य किया। फ़ोटो तो मैंने भी देखे थे। आज इसका रिहर्सल, कल उसकी तैयारी। यहाँ तो दिन-भर यही भीड़ लगी रहती है। इनकी, मेरे पति श्रीकान्त की बड़ी इच्छा थी, कि एक बच्चा तो कम-से-कम उनकी लाइन में आता। हँसी-हँसी में कहते हैं : "बच्चों ने तुम्हारे संस्कार लिए हैं। मैं तो जैसे कुछ हूँ ही नहीं।" मुझे गर्व होता है। हरिप्रसन्न मंत्री हैं, और यहीं रहते हैं। अब वह पहलेवाली कुंठाएँ नहीं हैं। अक्सर हम लोग एक-दूसरे के यहाँ आते-जाते हैं। सुनते हैं, इधर वह विवाह करनेवाले हैं। लोग कहते हैं 'इस उम्र में ?' मैं कहती हूँ, इसमें हर्ज़ क्या है ?

भूमिका बहुत हुई। आख़िर कब तक अपनी बात टालूँगी ? लेकिन हिचक होती है कैसे लिखूँ ? किस मुँह से लिखूँ ? अपने को समझाती हूँ कि आपके सामने लज्जा कैसी ? और लोग जो चाहे सो कहें, लेकिन सुनकर आप भी कहेंगे : सुनीता को तो हम बड़ी सीधी, बड़ी कम बोलनेवाली समझते थे। सुनो, इसकी बातें–बेटे-बेटी सुनें तो क्या कहें ? लेकिन उन्हीं की ओर देखकर तो मैं सोचती हूँ, कि कम-से-कम यह कलंक लेकर तो न

मरूँ, कि सुनीता ने अपने चरित्र, अपनी सामाजिक प्रतिष्ठा सबको जो एक बार दाँव पर लगा दिया था सो सब व्यर्थ गया। उसका सुनीता होना व्यर्थ हुआ। वह तो किसी भी रूढ़िग्रस्त परिवार की, निहायत निरक्षरा और अपढ़ नारी हो सकती थी। कुछ नहीं तो प्रेमचंद की पुत्रियों जैसी हो जाती। क्यों वह जैनेन्द्र की ही जाया है ? तो मुझे अनुमति देंगे, कि जीवनभर जिस लांछन को ढोया, उसे लेकर कुछ शब्द आप तक पहुँचा जाऊँ ?

आपने मुझे रूप दिया, विद्या-बुद्धि दी, गहरी अंतर्दृष्टि और दुर्दान्त जिज्ञासा दी—और सबके ऊपर दिया एक शील, एक 'दुरूह सरलता'। और उस सबको बाँध दिया घर की चहारदीवारी के भीतर। बाहर भी दुनिया है, बाहर भी लोग रहते हैं, उनका जीवन है, उनकी तरह-तरह की समस्याएँ हैं, खुला आसमान और खिलखिलाता मैदान है—कैसा मचला करता था मेरा मन यह सब जानने को। लेकिन सभी कुछ 'इन'; श्रीकांत, तक जाकर समाप्त हो जाता था। फिर भी मुझमें जगत के प्रति उत्सुकता क्या सर्वथा शांत हो गई थी ? मैं क्या वैचित्र्य के प्रति जिज्ञासु और सामर्थ्य के प्रति उन्मुख नहीं रही थी ? अक्सर घर का काम-काज करते-करते मैं सोचा करती : सच, परिवार ही क्या व्यक्तित्व की परिधि है ? क्या इसी में बीतूँ ? क्या इसे तोड़कर, लाँघकर एक बड़े हित में खोजने को न बढ़ूँ ? और तब बाहर की उस अज्ञात दुनिया से भय होता और मैं लौट आती। 'मेरे लिए तो सारा राष्ट्र, सारा समाज, सारा श्रेय, जिस व्यक्ति में समा जाना चाहिए वह तो मुझे प्राप्त मेरे स्वामी हैं। उनके चरण जहाँ-जहाँ धूलि पर पड़ते हैं, उस धूलि के कणों में मैं अपने को खो दूँगी...क्यों न यही मेरी संपूर्णता हो ?' और यहीं अपनी अंतिम सीमा मानकर, अपने को, मैं घर में समा-समेट लेना चाहती। बाहर को बिलकुल भुला देने की चेष्टा करती। लेकिन बाहर की दुनिया तो दहलीज लाँघकर भीतर ही आ चुकी थी। उसके प्रति कब तक और कैसे निरपेक्ष रहती ? मैं भी तो आख़िर मानवी थी।

हरिप्रसन्न ने घर कभी नहीं देखा था, उसका कोई 'घर' नहीं था—इसलिए वह घर से भागता था। श्रीकांत ने ही तो बताया था "उस बेचारे को कोई भी नहीं मिली कि 'जिसकी ओर' भावनापूर्वक वह बढ़ पाता।" उसने जीवन में जो नहीं जाना, वह था—सुख। मैं भी तो जानना चाहती थी कि कैसा वह पुरुष है जो घर से भागता है ? नारी से भागता है ? और वह बेचारा भी तो सोचा करता था कि यह 'घर' आख़िर है क्या ? ऋष्यशृंग की तरह वह भौंचक आँखों से हमारी ओर देखता कि यह कौन प्राणी है जिसे नारी कहते हैं—जो पुरुष के आसपास स्नेह-अभिषिक्त, रहस्य-वलय की तरह मँडराया करता है; उसे जीतकर, उसके चरणों पर निछावर हो जाता है। जाने कैसे गूढ़ रेशों से उसके तन-मन के ताने-बाने बुने हैं ? उसने अपने आपको देश के लिए समर्पित कर दिया था—जाने कब से उसने 'घर' और नारी से नाता तोड़ लिया था। इस प्रकार हम दोनों एक दूसरे के प्रति अज़ब-अज़ब जिज्ञासाएँ लेकर सामने आए—बीच में थे श्रीकांत। वे 'घर' को 'बाहर' से अलग करनेवाली दीवार थे—ऐसी दीवार जिसे श्वेतकेतु के पुत्र उद्दालक ने खींचा था, जिसे मनु ने खड़ा किया था और राम से लेकर आज तक न जाने कितने श्रीकांत जाने-अनजाने उसकी मर्यादा को निबाहते आए थे। लेकिन औरों

के लिए यह दीवार चाहे जैसी लक्ष्मण-रेखा रही हो, मेरे लिए तो ऐसा सेतु थी जो 'घर' को 'बाहर' से मिलाता है, जो 'बाहर' को खींचकर 'घर' लाता है। आपने मेरे लिए श्रीकांत के रूप में जिस पति को दिया, वे ऐसे सरल और निष्कपट थे कि मुझे हरिप्रसन्न को बाँधने का आदेश देकर स्वयं हट गए। उन्होंने ही तो मुझसे कहा था : "तुमको मालूम होना चाहिए कि तुम्हारी ही राह से मैं उसे दुनिया में लाने की सोचता हूँ।" और उन्होंने ही तो मुझे लाहौर से लिखा था : "तो भी तुमसे कहता हूँ, कि तुम इन दिनों के लिए अपने को उसकी इच्छा के नीचे छोड़ देना। यह समझना, कि मैं नहीं हूँ, तुम हो और तुम्हारे लिए काम्य-कर्म कोई नहीं है। इस भाँति निषिद्ध कर्म कोई नहीं रहेगा।"

मुझे आपकी शह थी, पति की आज्ञा थी; इसलिए 'पत्नी' सुनीता ने 'नारी' सुनीता को हरिप्रसन्न के हवाले कर दिया। हरिप्रसन्न ने जब यह कहा 'सुनीता, मैं अब तुम्हें भाभी नहीं कहता। जिन्हें भाई कहता हूँ उनकी ही मार्फ़त तुम तक पहुँचूँ, अब ऐसा नहीं है। मैं तुम्हें सुनीता कहूँगा। हम सीधे एक-दूसरे के सामने हैं'—तो इसे मैंने स्वीकार कर लिया। मैं जानती थी कि इस 'खूब चतुर, खूब कर्ममय, खूब सप्राण और एकदम अज्ञेय, बाहर से झटके-से और निरुपद्रवी' हरिप्रसन्न के भीतर एक 'कस्तूरी की गाँठ' है जो मेरे 'उपलक्ष्य से' खिंच निकलने को तड़फड़ा रही थी। वहीं कहीं एक "ओ तू !" की प्रचंड जिज्ञासा है जो मेरे 'माया-स्तूप' के क्रॉस पर अपने आपको लटका देने को व्याकुल है; किसी रहस्यमय को पा-लेने की अदम्य, अजानी आकांक्षा 'एक प्रकार की भयंकर प्रतीक्षा' बनकर चित्र के माध्यम से 'फूट-फूटकर मेरे कलेजे में लगती है।' सब मिलाकर हरिप्रसन्न पुरुष था और मेरी नारी जानती थी कि यह भटकन क्या है ? पुरुष के इस निमंत्रण से मेरा तन-मन झनझना उठा था। मैं अपने को समझाती : "मीरा पतिव्रता हुए बिना भी अरे क्यों, मेरी श्रद्धा-भाजन बनी है ?" फिर मुझे आपका कथन याद आता : "सुनीता स्त्री है, हरिप्रसन्न पुरुष है। उन नामों के बहुत नीचे जाकर उन दोनों में केवल एक स्त्री रह जाती है, दूसरा पुरुष रह जाता है।" और "वे तो स्त्री-पुरुष के मध्य परस्पर योगायोग के मार्ग से बने नाना संबंधों के लिए हमारे नियोजित नाम-करण हैं...एक में दूसरे पर विजय की भूख है, किंतु एक को दूसरे के हाथों पराजय की भी चाहना है ही।"

लेकिन आपके द्वारा प्रस्तुत इतनी सुदृढ़-भूमि पर खड़े होकर जब मैंने पुरुष से कहा कि "लो, मुझे प्राप्त करो।" तो जैसे इस झटके से आपके संस्कार खुद आपके मनोविज्ञान पर हावी हो गए। मैंने जब अपने सारे बाह्य-आवरणों को उतार फेंका तो हरिप्रसन्न की आँखें मुँद गईं, आप स्वयं बिलकुल स्तब्ध रह गए और पाठक हक्का-बक्का हो उठा। मानो सब एक साथ बोल उठना चाहते थे : "हैं, हैं, सुनीता यह क्या करती हो ?"—जैसे किसी में सामर्थ्य नहीं थी कि इस प्रचंड-सत्य की प्रखर-ज्योति से आँखें मिला पाता। इसलिए अपनी आँखों पर हथेलियाँ रख लीं। फिर पागल कुत्ते की तरह मुझे पकड़कर, मेरे पति के घर पहुँचा दिया गया और भोंड़े शब्दों में कहूँ तो जैसे-तैसे बात दबा दी गई। बात, मगर दबी कहाँ ? एक सिरे से सभी ने कहा—'नग्न होकर पर-पुरुष को आमंत्रित करनेवाली सुनीता दुश्चरित्रा है, पुंश्चली है।' और मुझे बहाना बनाकर तुम्हें खुद क्या कुछ

नहीं कहा गया ? भरसक मैंने चाहा कि उस लांछना के विष को अकेली ही पी जाऊँ और किसी से कुछ न कहूँ। लेकिन अपने इन बच्चों के सामने, इस नई पीढ़ी के सामने मजबूर हो गई हूँ कि रग-रग में ऐंठते उस ज़हर को प्रश्न का रूप देकर अपने को मुक्ति दूँ।

मैं पूछती हूँ कि आपने क्यों मुझे ऐसी दृढ़ता दी, ऐसा ओज दिया, ऐसे प्रकृत-नारीत्व से अभिमंत्रित किया, कि मेरे आस-पास का सारा पुरुष-वर्ग सहसा ही हत-तेज होकर नपुंसक हो उठा ? मैं पूछती हूँ कि जब आपके संस्कार ऐसे ही थे, तो क्यों आपने मेरी आदिम नारी को वे गीत सुनाए कि वह मुक्त-वसना, दिगंबरी जब चुटीली सर्पिणी-सी तड़पकर फुफकार उठी तो स्वयं आपके हाथ-पाँव फूल गए ? मैं साफ़ कहती हूँ, कि मेरे अनावृत रूप को देखकर आँखें बंद करके जो मैदान छोड़कर भाग खड़ा हुआ था, वह हरिप्रसन्न नहीं, खुद मेरा स्रष्टा, यानी आप थे—जो मुझे सह नहीं पाए। और इसीलिए तो हारकर आपने मुझे फिर श्रीकांत के घर की चहार-दीवारी में ला-पटका। मानो उसे सौंपते हुए कहा : "लो सँभालो बाबा, अपनी इस अमानत को। यह तो बड़ी ख़तरनाक है।" टाल्सटाय ने भी तो अन्ना को मार दिया था, तुम भी घोंट देते मेरा गला। कम-से-कम वह अपमान तो न करते कि मुझे उसी श्रीकांत का सामना करना पड़ता जो खुद मुझे झेल नहीं पाता था। जब तुममें से किसी में वह सामर्थ्य नहीं थी कि नारी सुनीता के तेज को स्वीकार करे, तो बताओ, क्यों मेरे सिर व्यर्थ चरित्र-हीनता का यह अभिशाप मढ़ा ? क्यों बाहर निकालकर मुझे सारे संसार के सामने ज़लील कराया ? घर के "बंधनों में बंधी, बंधनों की स्वामिनी" ही क्यों नहीं रहने दिया ? क्यों मन की अतल-गुफ़ाओं से, कोंच-कोंचकर मेरी सिंहनी-नारी को बाहर निकाला ? और क्यों फिर मेरी आग के चारों ओर, आपने शील, नैतिकता, निस्पृह, निष्काम, तटस्थता और आस्तिक-जड़ता की बर्फ़ीली चट्टानें खड़ी कर दीं कि लोग कहें : "सुनीता का मन अचंचल था। वह मन से क़तई नहीं डिगी। पर-पुरुष के सामने निर्वस्त्रा होकर भी वह पति के प्रति विश्वासघातिनी नहीं थी—क्योंकि हरिप्रसन्न भोक्ता नहीं, जिज्ञासु था। वह बालसुलभ 'क्यों' और 'क्या' लेकर आया था। सुनीता ने अपनी देह का 'प्रदर्शन' नहीं, 'दर्शन' दिया था। फिर वह मन में कैसा-भी संकोच क्यों करे ? क्यों उस स्थिति को अश्लील या अनैतिक माने ?"—नहीं जैनेन्द्रजी, यह दुहरी विडंबना सहने को मुझे मजबूर न कीजिए।

बताइए, यह सारा ढोंग मेरे ऊपर क्यों लादा गया ? क्यों श्रीकांत पर, हरिप्रसन्न पर, मुझ पर और सब मिलाकर अपने आप पर सदाशयता का, एक तटस्थ उच्चता का खोल चढ़ाया गया ? क्यों नहीं आपने हरिप्रसन्न को व्रांस्की[1] का वह तेज दिया कि मैं उससे सम्मोहित, मुग्ध, घर छोड़कर चल देती—सारी नावें जलाकर, कि पति और पुत्र किसी की ममता मुझे बाँध न पाती ? क्यों नहीं आपने उसे मेलर्स[2] की तरह वह बलिष्ठ-पौरुष दिया, कि मैं कौनी की तरह उसके आसपास मुग्ध मयूरी-सी मँडराने लगती ? आप कहेंगे, कैरेनिन अलैक्जण्ड्रोव्स्की, अन्ना के लिए, और चार्ल्स बोवारी,

1. टाल्सटाय के 'अन्ना कैरेनिना' का नायक।
2. डी. एच. लॉरेंस के 'लेडी चैटर्लीज़ लवर' का नायक।

एम्मा के लिए 'घर' और 'बाहर' के बीच दीवार बनकर आए थे। वे भोंदू थे, सीधे थे, लेकिन थे—दीवार। श्रीकांत तो यहाँ मेरे और हरि के बीच सेतु था। मैं कहती हूँ, तब आपमें इतना साहस क्यों नहीं था कि सर क्लिफ़र्ड चैटर्ली की तरह उसके भी निचले धड़ को बेकार कर देते ? आप पूछेंगे, क्या पाया अन्ना ने पति की मर्यादा और बच्चे का मोह तोड़कर व्रांस्की के साथ भागने में ? मृत्यु ही न ? क्या मिला एम्मा को चार्ल्स बोवारी अर्थात् परंपरागत पति को ठुकराकर ? झूठ, फ़रेब, मक्कारी और एक कलंकित मृत्यु। क्या हाथ आया कौनी के, सर क्लिफ़र्ड चैटर्ली को छोड़कर। मेलर्स का तलाक़ और दाने-दाने की मोहताजी।—आप पूछेंगे, परंपरागत घर को, पति को त्यागकर तुम यही सब पाना चाहती हो न ? क्योंकि "मर्यादा टूट जाएँगी तो हम टूट जाएँगे।" शायद आप यह भी बताएँगे कि टाल्सटाय, फ्लाबेयर और लारेंस की इसी समस्या को आपसे पहले रवींद्र ने भी तो, 'घरे-बाहिरे' में परखा था और पाया कि 'मक्खीरानी' क्रांतिकारियों की प्रेरणा बनने के लिए नहीं, घर की परिचारिका बनने के लिए है !

सच मानिए, मैं सब कुछ भूल चुकी थी। आप लोगों ने जो फ़ैसला दिया, मैं तो उसी से बँधी रहती, लेकिन इधर मृणाल-बुआ की मौत ने मुझे झकझोर डाला है। उनके भांजे ने 'त्याग-पत्र' दे दिया; लेकिन मुझे लगा मृणाल के रूप में मैं ही मर गई—मुझे ही आपने मार डाला। वह तो हरिप्रसन्न था जो आँखों पर हाथ रखकर भाग गया, वर्ना हो सकता है मुझे भी किसी अँधेरी गली की घुटी कोठरी में यक्ष्मा पालते हुए किसी कोयलेवाले से पिट-पिटकर या ग्राहक निहारते हुए ज़िंदगी की आख़िरी घड़ियाँ गिननी होतीं। मैं पूछूँ, क्यों मार दिया आपने मृणाल को यों कुचलकर ? वह पढ़ी-लिखी, समझदार और साहसी थी—चाहती तो आत्म-निर्भर होकर सम्मान से जी सकती थी, जीवन को दुबारा प्रारंभ कर सकती थी। क्यों आप हमारे ऊपर यह लादते रहे कि, "मैं इस घर से टूट जाऊँगी तो जिऊँगी नहीं। मैं इस योग्य नहीं हूँ ?" जब घूम-फिरकर घर ही हमारी नियति है, वह परंपरागत पति ही हमारी गति, या हमारा श्रेय और प्रेय है, तो फिर मन के भीतर पैठकर 'स्वतंत्र-इच्छा' और 'नारीत्व' की खोज की विडंबना आख़िर क्यों है ? क्यों यह सारी शिक्षा-दीक्षा है, कला और साहित्य है, देश और विदेश है, ज्ञान और विज्ञान है, परिचर्या और सेवा है, प्रेम और त्याग है—जिन सबका पाठ हमें रात-दिन पढ़ाया जाता है ? क्यों आख़िर हमारे विवेक और इच्छा-शक्ति को इतना सशक्त और प्रबुद्ध बनाया जाता है, कि हम पसंद और ना-पसंद कर सकें, चुन और छोड़ सकें और अपने किए की ज़िम्मेदारी स्वयं समझकर जीवंत प्राणी की तरह नए प्रयोग और नए प्रारंभ कर सकें ? 'संस्कृत' और 'शिक्षित' बनाने के लिए क्यों हमें, 'बाहर' तक ले जाया जाता है या 'बाहर' को हमारे संपर्क में लाया जाता है ?

मैं सोचती थी कि आपने शायद हमारी वेदना को समझा है—आप उसे सिर्फ़ अभिव्यक्ति ही नहीं, उससे मुक्ति भी देंगे। लेकिन आपकी नवीनतम रचनाओं में मैं देख रही हूँ कि एक ओर तो आप हमारी व्यथा बताकर सहानुभूति लूटते हैं, दूसरी ओर रूढ़ियों और परंपराओं के प्रति सच्चे होने की आस्तिकता निबाहते हैं। हमारी वास्तविकता,

हमारी पीड़ा की एक-एक पर्त को अपनी कुशल उंगलियों से हटाकर आप हमारी हमदर्दी, हमारी श्रद्धा और हमारा विश्वास लेते हैं, लेकिन इसलिए नहीं कि उस पीड़ा को, उस व्यथा को, समझकर दूर करेंगे, बल्कि इस बहाने आप स्वयं हमारे व्यक्तिगत कक्षों और पक्षों तक पहुँचते हैं। वेदना और व्यथा तो केवल वहाँ तक पहुँचने का माध्यम है। लेकिन कैसा क्रूर साधन है किसी के दुःख से सुख पाने का। पीड़ित पर सांत्वना का हाथ फेरकर अपनी अतृप्त कामना को तृप्त करने का... मैं पूछती हूँ कब तक आप यह सब करेंगे ? क्षमा करेंगे मुझे, यदि उन्हीं स्पष्ट शब्दों में मैं आपसे भी कह दूँ जिनमें मैंने हरी से कहा था—''हरी, मुझे लो, मुझे पाओ। इस आवरण को भी हटाए देती हूँ। वही मुझे ढँक रहा है। मुझे चाहते हो न, ? मैं इंकार नहीं करती।''

सच, मैं इंकार नहीं करती। आप मेरी नारी को जगाकर हरिप्रसन्न को दें या न दें, लेकिन असमर्थ जानते हुए भी श्रीकांत को न दें। यों उसका गला घोंटकर उसी गड्ढे में धकेलने के लिए उसे क्यों जगाते हैं ?—क्यों, उसकी जाग्रति को सुषुप्ति जैसा निस्तेज, निरानंद और जड़ बनाते हैं ? उसमें आध्यात्मिक-क़िस्म की तटस्थ-मर्यादा और वन्ध्या-वात्सल्य ठूँसकर उसकी सार्थकता को व्यर्थ क्यों करते हैं ? मुझे सामने लाते समय प्रस्तावना में आपने अपने को ब्रह्म बताया था। आप मेरे स्रष्टा हैं, आप ब्रह्म हैं। आप निस्संग हैं, आप आसंग हैं। समर्थ हैं, इसलिए दोष से ऊपर हैं। आदि-स्रष्टा ब्रह्मा ने भी तो अपनी पुत्री के रूप पर रीझकर उसे अपनाया था।

अब तो आप क्षमा कर देंगे कि पिता कहकर मैंने क्यों नहीं संबोधित किया आपको ? और अपनी बात को किन शब्दों में कहूँ ? मुझे आपकी मर्यादा और नैतिकता की खादी के ये आवरण सह्य नहीं हैं। एक बार इन वस्त्रों की जीर्णता स्वीकार करके अब इनसे मुक्ति पाने में ही क्या हर्ज़ है ? जब तक नए वस्त्र न मिलें, तब तक निर्वस्त्र ही सही। आपकी गीता ने ही तो कहा है कि वस्त्र बदलते रहना ही जीवन है। और नहीं, तो क्या यह कहकर मैं बहुत बड़ा अपराध करूँगी कि यदि मुझे यों निर्वस्त्र स्वीकार नहीं कर सकते तो हमारी ओर से आँखें फेर लें—लेकिन भगवान के लिए यह खिलवाड़ बंद कर दें।

कुछ इन बच्चों की ओर भी तो देखें कि 'घर और बाहर' की समस्या को कैसी सरल-स्वाभाविकता से ये हल किए ले रहे हैं। इनको तो हमारा वह सब, विकृति और कुंठा के सिवा कुछ भी नहीं लगता। ये गिरते हैं, पड़ते हैं, भूलते हैं और भटकते हैं लेकिन समस्या से भागते नहीं हैं—जी-जान से उन्हें हल करने में लगे हैं। क्या यह अच्छा नहीं होगा कि अपनी 'आउट ऑफ़ डेट' रहस्यमयता और इनकी भर्त्सना छोड़कर चुपचाप ही बैठें ?

पत्र बहुत लंबा हो गया है, क्षमा करें। अब चलूँ। सुजाता ने कुछ लोगों को चाय पर बुला लिया है। शायद आज रिहर्सल यहीं होगा।

'धर्मयुग', 14 सितंबर, 1958

आपकी,

सुनीता

बूँद और समुद्र
(अमृतलाल नागर)

बंगला के अत्यंत ही लोकप्रिय उपन्यास 'साहब, बीबी, गुलाम' के लेखक विमल मित्र से जब मैंने वही घिसा-पिटा सवाल किया, जो प्रायः संसार के हर लेखक से किया जाता रहा है—"क्या लिख रहे हैं आजकल ?" तो कुछ खोये-खोये से ढंग से बोले, "पूर्वी बंगाल से आए हुए शरणार्थियों पर नोट्स ले रहा हूँ।"—"क्यों, इन पर भी लिखेंगे कुछ ?" "नहीं, अभी नहीं। दस-बारह साल बाद। जब सारा उद्वेग और उद्वेलन थम जाएगा। अर्थात् जब पानी निथर जाएगा।" और अपने तर्क की पुष्टि में उन्होंने अधिकांश उन लेखकों की रचनाओं के नाम गिना दिए, जिन्होंने सामयिक समस्याओं पर नहीं, बल्कि पीछे की घटनाओं पर लिखा है। पीछे की घटनाओं पर लिखी गई चीज़ें प्रायः ही 'ऐतिहासिक' की कोटि में आ गई हैं—या आते-आते रह गई हैं। "इसका सबसे बड़ा कारण यह है कि..." आगे उन्होंने कहा था, "आठ-दस साल में हम किसी भी घटना को बड़े निर्वैयक्तिक और तटस्थ होकर देख सकते हैं, उसके महत्त्व का आकलन और मूल्यांकन कर सकते हैं। साथ ही वास्तविकता पर छाई हुई सामयिकता की धूल भी तब तक छँट जाती है।"

बात में वज़न तो ज़रूर था, लेकिन मन नहीं भरा। 'साहब, बीबी, गुलाम' कलकत्ते के दो-सौ वर्षों का इतिहास है, और उसकी सफलता एवं लोकप्रियता देखते हुए विमल बाबू को अपनी बात के सिलसिले में किसी भी प्रमाण की आवश्यकता नहीं है। जब-जब मैंने विमल बाबू की बात पर सोचा, मुझे अपने एक स्थानीय मित्र का ध्यान आया। यूनिवर्सिटी में पुरातत्त्व लेकर पढ़ने ने वर्तमान की ओर से उनकी आँखों को कुछ ऐसा पलट दिया है कि न तो नए कपड़े को पाँच दिन संदूक में रखे बिना वे पहन सकते हैं, और न बिना दो हफ़्ते पेट में सिरका बनाए किसी बात को कह सकते हैं। रोज़ का अख़बार रोज़ पढ़ना भी उनके लिए यातना का एक विषय है। अख़बार को तीन दिन रखकर उसे 'ऐतिहासिक दृष्टि' से पढ़ने में जो ब्रह्मानंद की उपलब्धि होती है, वह रोज़-रोज़ पढ़ने में कहाँ ? उनके लिए वह लेखक भी लेखक नहीं है, जिसके जीवन की साधना (अर्थात् उम्र) 75 वर्ष नहीं है, या जिसे 75 वर्ष के किसी बूढ़े से सर्टिफ़िकेट नहीं मिला है।

घटनाएँ थम जाएँगी, इतिहासकार उनके वास्तविक तथ्यातथ्य को संभावित व्याख्याओं

के साथ निकालकर रख देंगे, उसके बाद हम उन्हें अपने उपन्यास के कथानक में गूँथेंगे, इस भावना के पीछे मुझे लेखक में आत्मविश्वास और अंतर्दृष्टि की कमी लगती है। ईमानदारी और सत्य को पाने के आग्रह का भरसक आदर करते हुए भी मैं लेखक के दृष्टिकोण के प्रति शंकाशील अवश्य हो उठता हूँ। उपन्यासकार एक आदर्श नागरिक हो या न हो (और प्रायः नहीं ही होता), लेकिन आज के ज़माने में उसे सचेत नागरिक तो होना ही पड़ता है। यों घटनाओं को ठंडी हो लेने देने की प्रतीक्षा में, यह तो हो सकता है कि हम तथ्यों को अधिक-से-अधिक वास्तविक रूप से प्राप्त कर लें या सुलभ कर दें; लेकिन यह प्रतीक्षा उस वैयक्तिक आवेग और अनुभूति की तीव्र प्रतिक्रिया से प्रायः रचना को वंचित कर देती है, जो घटनाओं की ताज़गी से ही उत्पन्न हो सकती है। शायद उपन्यास में—या किसी भी कृति में रोचकता और रस भी आवेग की गहराई और अनुभूति की तीव्रता से ही आते हैं। युद्धक्षेत्र का जीता-जागता प्रथम अनुभूति का वर्णन और बाद में जन्म-मरण के आँकड़ों के आधार पर बुना गया, परिस्थितियों का ताना-बाना, रस और रोचकता की दृष्टि से प्रायः दो तरह की चीज़ें होंगी। एक के सामने सारे तथ्य-आँकड़े, सारे झूठ-सच उनकी कथा के लिए होंगे—दूसरे का ऐतिहासिक सत्य-आग्रह उसे बँधी-बँधाई गिनी-चुनी घटनाओं में से ही कहानी तलाश करने को विवश करता रहेगा। हर क्षण उसका दिल धड़कता रहेगा कि कहीं वह 'तथ्य' की हत्या न कर डाले, या वह 'तथ्य' अगले किसी इतिहासकार के द्वारा झूठ न साबित कर दिया जाए कि उसके सारे किये-धरे पर पानी फिर जाए। सन् 1857 पर लिखनेवाला ईमानदार और निष्पक्ष इतिहासकार आज भी उसे व्यापक अर्थ में स्वतंत्रता के लिए विद्रोह नहीं कह पाता; लेकिन इसके पक्ष में प्रमाण उसके पास ऐसे हैं कि वह इसे नज़रंदाज़ भी नहीं कर सकता।

बात उन घटनाओं की हो रही है जो ऐतिहासिक महत्त्व की हैं। मैं ऐतिहासिक उपन्यासों के महत्त्व को ज़रा भी नहीं झुठला रहा और न कहने का मतलब यह है कि 'आज' में बीते हुए कल का कोई योग-महत्त्व नहीं है। ऐतिहासिक उपन्यास भी वर्तमान समस्याओं के हल या दिशा-संकेत दे सकते हैं। यशपाल के 'अमिता' को देखकर अपने मित्र के इस कथन से भी मैं सहमत नहीं हूँ कि—"देखो न, ये लोग कैसे बौद्धिक हो गए हैं। युद्ध नहीं होना चाहिए, इस बात को बोलने के लिए भी इन्हें अशोक ओर कलिंग के युग में जाना पड़ता है। ये लोग इसे जीते-जागते लोगों की समस्या के रूप में नहीं देखते।"

पुराना इतिहास हमारा संस्कार बन जाता है। संस्कार सबसे कठोर बेड़ियाँ भी हैं—और आगे बढ़ाने के लिए सबसे बड़ी एड़ भी। संस्कारों का आवश्यक संशोधन सही कार्य और चिंतन की दिशा में प्रेरणा और प्रोत्साहन बनता है। शायद सफल उपन्यास का सबसे बड़ा गुण भी यही हो सकता है कि वह वर्तमान को ऐसा सटीक बना दे कि ऐतिहासिक महत्त्व की चीज़ हो जाए, और इतिहास को ऐसा नया सजीव-सवाक् बना दे कि वह वर्तमान जैसा लगे। बात थोड़ी व्याख्या चाहती है। परिस्थितियों और भावनाओं

के क्रिया-प्रतिक्रियात्मक संकलन, संपादन तथा दोनों को चित्रित करनेवाले वैज्ञानिक दृष्टिकोण ने 'गोदान' को एक ऐतिहासिक उपन्यास की गरिमा दे दी है। एक विशेष युग में भारतीय जन-मन क्या था, इसे समझने के लिए अलमारियों भरे गज़ैटियर, मैमोअर, आँकड़े 'गोदान' की तरह हमें उस युग को हृदयंगम नहीं करा सकते। इसी तरह 'अमिता', 'चित्रलेखा' या 'दिव्या' रंग-रूप में 'ऐतिहासिक' लगते हुए भी आधुनिकतम समस्याओं को हमारे सामने रखते हैं। हम उनके माध्यम से वर्तमान को देखते हैं। दोनों ही परिस्थितियों में आवश्यकता आँकड़ों और तथ्यों की इतनी नहीं है, जितनी उनके पीछे छिपे सत्य को पाने के आग्रह की है—उस 'सत्य' को पाने के आग्रह की, जो म्यूज़ियम की शोभा नहीं, बल्कि जीवन और जिजीविषा बन सकता है। दोनों की सीमाएँ चाहे हर क्षण टकराती हों, लेकिन मूलतः उपन्यासकार इतिहासकार नहीं है। इतिहास में मनमानी तोड़-मरोड़ करने का अधिकार उसे निश्चय ही नहीं है, लेकिन उसमें ग्रहण और चयन का अधिकार उसे अवश्य ही है। यहाँ विमल बाबू की अपनी बात की अपेक्षा उक्त उपन्यास की भूमिका में दिए गए ये शब्द उपन्यासकार के दायित्व को समझने में अधिक सहायक होते हैं... ''इतिहास के पंखों पर चढ़कर मेरी कहानी रस-विहार करे तो करे, लेकिन कहानी के पंखों पर चढ़कर इतिहास रस-विहार न करने पाए—इस ओर मेरी दृष्टि सतर्क रही है।''

इतने सब विवेचन के बाद जब निष्कर्ष के रूप में मैं यह कहता हूँ कि उपन्यास का काल-क्षेत्र कोई भी हो, सचेत उपन्यासकार कभी भी आज को नहीं भुला पाता, तब उसका अर्थ यह भी है कि वह हर आज को आनेवाले कल की दृष्टि से देखता है—देखे; तभी वह अपने कर्तव्य और उत्तरदायित्व की गरिमा का निर्वाह कर पाएगा। यह ठीक है कि जिस क्षण को हम जीते हैं, उसे समग्रतः तटस्थ होकर कभी नहीं लिख पाते, लिख उसी क्षण को पाते हैं जिसे जी चुकते हैं; विगत-क्षण का मानसिक आकलन ही लिखने की प्रेरणा है। उस क्षण को कितनी गहराई तथा तीव्रता से हम आकलित कर सकते हैं, यह संवेदन-शक्ति के साथ-साथ कल्पना-प्रवणता पर भी निर्भर करता है। फिर भी उस क्षण के सारे प्रभावों से मुक्त होकर ही हम लिखें, या हठपूर्वक प्रतीक्षा करें कि वे सारे प्रभाव धुल जाएँ—यह बहुत अधिक बोधगम्य या क़ाबिले-मक़बूल तर्क नहीं है। हर 'आज' पिछले कल का समाहार, एक अविच्छिन्न विकास और अगले कल का आभास, या पृष्ठ-भूमि है—यह इतिहासकार से अलग उपन्यासकार की दृष्टि है। एक के सामने भविष्य है और दूसरे के सामने भूत। एक के पैर आगे होते हैं दूसरे के पीछे की ओर मुड़े हुए। आनेवाले की छाया हमारे ऊपर पड़ती है—और गया हुआ स्वयं छाया होता है, उसकी कोई छाया नहीं होती।

लेकिन 'महान् अतीत' वाले साहित्यकारों और चिंतकों की एकमात्र ट्रैजेडी यही रही कि उन्होंने अपने ऊपर पड़नेवाली छायाओं को तो सदैव ही प्रयत्नपूर्वक झुठलाया और विरूप-विकलांग छाया-कृतियों के पीछे 'हे महान अतीत, हे महान अतीत' की रट लगाते हुए बे-तहाशा भागते रहे। हिंदी में इस पराङ्मुखी दौड़ का सबसे दयनीय उदाहरण

गुरुदत्त है। संसार के हर देश में यह 'महान अतीत' का भूत, विकास और उत्थान का सबसे बड़ा बाधक सिद्ध हुआ है। हर अतीत-गर्वी तीन हज़ार साल पीछे के जीवन को देखकर तो गर्व और दर्प से फूला नहीं समाया है कि हमारे पुरखे कितने महान् थे। लेकिन उसने कभी भी अपने तीन हज़ार साल बाद सोचने की तकलीफ़ गवारा नहीं की कि हम निकम्मों को, आनेवाले किन शब्दों में याद करेंगे। हमारे पुरखों ने कुछ किया था, इसलिए हम उनके गीत गाते हैं; लेकिन उनके गीत गाने के अलावा हम और ऐसा क्या कर रहे हैं कि आनेवाले हमारे भी गीत गाएँ। आनेवाले सिर्फ़ हमें गाली देंगे।

अमृतलाल नागर के संबंध में लिखते हुए ऊपर विमल मित्र और उपन्यास तथा इतिहास के संबंधों की याद मुझे इसलिए आई कि नागरजी की तरह विमल मित्र भी सुदूर अतीत की अपेक्षा एकदम निकट अतीत—अर्थात् हमसे ठीक पिछली पीढ़ी तक के अतीत के चितेरे हैं। नई महाजनी-सभ्यता, मध्यवर्ग की उठती रोशनी में राजा-रईसों के अंतिम दिनों के दम-तोड़ते जीवन का चित्रण ही नागरजी के उपन्यासों की तरह विमल बाबू के 'साहब, बीबी, गुलाम' का विषय है। लेकिन 'क्या छोड़ें', 'क्या रखें' की समस्या ने विमल बाबू को क़तई वैसा आक्रांत नहीं किया, जैसा नागरजी को। कॉरपोरेशन की ओर से भूतनाथ नामक एक ओवरसियर एक पुराने राजसी मकान को तुड़वाकर नयी सड़क निकालने के लिए नाप-जोख करते हुए, फ़्लैश-बैक में सारी कहानी को देखता है। मकान पुराना है। इसलिए उसे तोड़े या न तोड़े, उसके सामने यह बात एक समस्या का रूप लेकर आती ही नहीं है—वहाँ तो सड़क बननी ही है। लेकिन 'बूँद और समुद्र' की ताई की विशाल हवेली को सज्जन मंदिर की तरह पूजने को बाध्य है, उसे तोड़ने की बात सोचना भी उसके लिए पाप है। ज़्यादा-से-ज़्यादा वह यह कर सकता है कि उस हवेली में एक स्कूल खुलवा दे। बीते हुए के प्रति विमल बाबू का दृष्टिकोण, एक कामकाजी, व्यस्त और गतिवान आदमी का दृष्टिकोण है; नागरजी जैसे म्यूज़ियम में एक-एक पत्थर की कनी को निहायत फ़ुर्सत से बैठकर निहारने, निरखने, सपनों में डूबने-उतरानेवाले आदमी हैं। एक हलका-सा ख़याल उन्हें ज़रूर है कि, 'हाँ, यहाँ से जाना है, लेकिन अभी जल्दी क्या है, चले जाएँगे, एक-से-एक खूबसूरत नायाब चीज़ें, पता नहीं, आगे देखने को मिलेंगी भी या नहीं।' इस सबके सौंदर्य और महानता से वे इतने प्रभावित और मोहाच्छन्न हैं कि जैसे उन्हीं में रमे रहना चाहते हैं—वहीं बस रहना चाहते हैं और अब स्थिति कुछ ऐसी आ गई है कि 'इतिहास-मुग्ध' नागरजी को ध्यान दिलाया जाए कि "हे द्रष्टा, इतिहास आपका पड़ोसी जब था तब था, अब तो आप स्वयं उसके घर-जमाई रह गए हैं।"

अमृतलाल नागर को समझने के लिए उनकी कहानी 'दो आस्थाएँ' का अंतिम वाक्य सूत्र की तरह लिया जा सकता है : 'नया युग पुराने युग से स्वेच्छा से बिदा हो रहा था; पर बिदा होते समय कितना प्रबल मोह था और कितना निर्मम व्यवहार भी...' यही अंत उनके 'बूँद और समुद्र' का भी है। लेकिन विदाई की रस्में इतनी

लंबी-चौड़ी हैं—(और उन्हें निभाएँ नहीं, यह नागरजी कर नहीं सकते) कि नवाबों के चूड़ीदार पाजामा पहनने की क्रिया की तरह समाप्त ही होने में नहीं आतीं।

'गोदान' के बाद 'बूँद और समुद्र' को उत्तर भारतीय जीवन का दूसरा महाकाव्य कहा जा सकता है, और इसमें भी कोई अत्युक्ति नहीं है कि औपन्यासिक माइक्रोस्कोप से बूँद को ऐसी 'सामुद्रिक विराटता' शायद ही कभी मिली हो। 'वार एंड पीस' में पाँच-सौ प्रमुख-अप्रमुख नाना वर्ग और वेश के पात्रों के माध्यम से पूरी एक शताब्दी बोलती है—हर पात्र का अपना व्यक्तित्व है, विशेषता है। एक शताब्दी तो नहीं, हाँ, आधी शताब्दी निश्चित रूप से 'बूँद और समुद्र' में भी बोलती मिलेगी। ताई का चरित्र निःसंकोच रूप से भारतीय उपन्यास की एक विशेष उपलब्धि माना जा सकता है। 'जैहै-बनि-बिगर न सागरता सागर की, बूँदता बिलै है बूँद बिवस बिचारी की।' वाली व्यक्तिवादी मान्यता को एक नयी सामाजिक परिभाषा जिस प्रभाव और परिवेश में मिली है, उसके पीछे गंभीर चिंतन और मानसिक श्रम है। व्यक्ति और समाज के जिन अछूते क्षणों और कोणों को प्रस्तुत उपन्यास में वाणी दी गई है—उसके लिए असंदिग्ध रूप से अद्वितीय प्रतिभा की अपेक्षा है। सचमुच इस उपन्यास में गलियाँ बोलती हैं, दीवारें बातें करती हैं और मुहल्ले जागते हैं। जगह-जगह कथोपकथन, नाटकीय स्थितियों का चित्रण और मानसिक ज्वार-भाटों का वर्णन पढ़-पढ़कर मेरे मन में ईर्ष्यामयी 'हूक' उठी है : काश, मैं एक पन्ना ही ऐसा लिख पाता।

इतना सब होते हुए भी डॉ. रामविलास शर्मा के इस कथन में तथ्य है कि उपन्यास को काफ़ी छोटा किया जा सकता था। आज के पाठक को इतना धैर्य नहीं है, जितना बालज़क के पाठक को था, और उस पर समरसैट मॉम ने जो आरोप लगाया है, वह कई जगह नागरजी पर भी लगाया जा सकता है : "अपने इन विवरणों में वह स्पष्ट ही इतना रस लेने लगता है कि अक्सर आपके जानने की इच्छा से बहुत अधिक बता देता है।" नागरजी भी चाहते तो मथुरा, वृंदावन, बिहार, महिपाल के आत्मचिंतन, बाबारामजी की 'बहकों' पर थोड़ा अंकुश लगा सकते थे। इससे कथानक कुछ गठ जाता। चैख़व ने गोर्की के 'फ़ोमा गॉर्गियेव' के बारे में कहा था, "उपन्यास लिखने में सबसे अधिक जानने की ज़रूरत है, 'लॉ ऑफ़ सिमेट्री'—ढेर या समूह में से संतुलन और समतोल। उपन्यास तो एक महल है, पाठक को आप स्वतंत्रता दीजिए कि वह उसमें जहाँ चाहे जाए ! जैसे किसी अजायबघर में ले आए हों, इस तरह उसे उबाइए या चौंकाइए मत।"

असल में नागरजी को समझने के लिए उस युग की कुछ प्रवृत्तियों को समझना होगा, जब दुनिया की किसी सच्चाई को लोग बिना भारतीयता का सर्टिफ़िकेट दिलाए, ग्रहण नहीं कर सकते थे। यथार्थवाद बिना सांस्कृतिक-नमक के गले नहीं उतरता था, और धीरे-धीरे वह नमक कुछ ऐसा मुँह लग गया कि उसकी हलाली करने में दीन-दुनिया का होश ही नहीं रहा। जिधर देखिए, उधर नमकीन। नमक ही जीवन का परम सत्य है—यह आग्रह ऐसा दिलों में जमा कि जगह-जगह नमक बनने लगा। मार्क्स के गले में 'रघुपति-राघव' का रामनामी दुपट्टा और अरविंदीमाला डाले, या (नागरजी के ही शब्दों

में) 'कम्यूनिज़्म को गाँधीवादी अहिंसा का जनेऊ पहनाकर उसे भारतीय बनाए' (बूँद और समुद्र', पृष्ठ 103) बिना, रोटी-बेटी की तो बात ही क्या, उसे अपने घर की देहलीज़ नहीं लाँघने दी जा सकती थी।' नागरजी ने भी कम्यूनिस्ट वनकन्या को सज्जन की सजनी बनाने में वही नमक-अदायगी की है। 'निर्वाणोन्मुख आदर्शों के अंतिम दीपशिखोदय' कहकर कवि सुमित्रानंदन पंत ने जिस 'युग-पुरुष' (गाँधी) की वंदना की है—'बूँद और समुद्र' को समझने के लिए ठीक उसी मानसिक पृष्ठभूमि की आवश्यकता है। रात में गोमती के किनारे मंदिर में महिपाल शिव के 'विरोधों का समन्वय' करनेवाले रूप की वंदना करता है—मानो वह उपन्यास का पैटर्न दे रहा हो।

उपन्यास का नायक चित्रकार सज्जन, एक ही साँस में 'कम्यूनिस्ट' वनकन्या और इलहामी बाबारामजी—दोनों का वरण किए हुए है। समग्रतः उपन्यास एक ऐसे बड़े कमरे की तस्वीर सामने लाता है, जिसमें कहीं किसी कोने में बैठी ताई ननदों से घुस-फुस बातें करती, आस-पास मँडराते बिल्ली के बच्चों को झिड़कती, सिंदूर में घीवाले तिलमिलाकर आटे के पुतले पर मारणयंत्र साध रही है; कहीं कर्नल की हिरासत में महिपाल, पत्नी की अदालत में पेश है; कहीं बाबारामजी अपने पागलों को लिए भंग घोट रहे हैं; और कहीं सज्जन और कन्या रास देख रहे हैं। वातावरण को प्रभाव देने के लिए और लोग आते-जाते रहते हैं। और सब मिलाकर यह कमरा सम्पन्न परिवार के सज्जन का मस्तिष्क है, जो तमाशाई-दर्शक की तरह गली-मुहल्लों के जीवन का अध्ययन करने राजा द्वारकादास की पुरानी हवेली के एक कमरे में आकर रहने लगता है।

नागरजी के तीनों उपन्यासों के प्रमुख पात्र—सेठ बाँकेमल, मास्टर पाँचू-गोपाल और सज्जन अपेक्षाकृत भोक्ता कम, श्रोता और दर्शक अधिक हैं। वे अपने व्यक्तिगत जीवन की तुलना में अपने आस-पास के जीवन को अधिक दिखाते-सुनाते हैं। आज के इस युग में जब उपन्यासकार ने उपन्यास को अपने ही अंतर्मन की डायरी बना दिया है, यह बहुत क्रांतिकारी बात है। नागरजी के कान और आँख जितने तेज़ संवेदनशील और पैने हैं, शायद ही हिंदी के किसी उपन्यासकार के उतने हों; लेकिन मैं ज़रा साहसपूर्वक उनसे कहूँगा कि वे बाबारामजी जैसे सिद्धों के दर्शनों और प्रवचनों में अपनी इन दुर्लभ शक्तियों और हमारे धैर्य को न खोएँ तो बड़ा उपकार हो।

जी हाँ, मैं बिना किसी लाग-लपेट के कहूँगा कि बाबारामजी का चरित्र इस उपन्यास में जिस रूप में लाया गया है, वह निहायत आपत्तिजनक है, और सन् '57 में प्रकाशित होनेवाले उपन्यास के लिए सचमुच एक कलंक की चीज़ है। विज्ञान, संसार की सभी बातों का जवाब देने का दंभ नहीं करता, प्रयत्न करता है। आज भी बहुत-से चमत्कार हैं, जिनकी समुचित व्याख्या विज्ञान नहीं कर पाया है। लेकिन उन चमत्कारों को जानने से अधिक पूजना और श्रद्धा देना या उनके चरणों में अपना मस्तिष्क चढ़ा देना ही एकमात्र सही रास्ता है, तो आइए, हम लोग उड़न-तश्तरियों को पूजें। हिममानव के चरण-चिह्नों को पूजें, पोटाशियम साइनाइट और तीन गोलियों से भी न मरनेवाले रासपुटीन को पूजें। ताई के टोने-टोटके को रुचि और आदर से देखने में हमें कोई

आपत्ति नहीं है, महिपाल की सांस्कृतिक-पुरातत्त्वीय बहकों को जी कड़ा करके हम दरगुज़र कर सकते हैं; भुस-भरे मरे बच्चे को देखकर दूध से भर-भर आनेवाली भैंस की तरह, मथुरा, वृंदावन की सड़ती धार्मिक-सांस्कृतिक लाशों को देखकर श्रद्धा-विगलित होकर रोनेवाले सज्जन पर भी हम तरस खा सकते हैं, लेकिन पहुँचे हुए संतों और अंतर्यामी सिद्धों की पलटन की वंदना में नागरजी भी अपनी 'वंदना का एक स्वर और मिला दें, यह हरगिज सहनीय नहीं है। वैसे ही क्या कम ढोंग और भ्रम हिंदुस्तान में हैं जो नागरजी को एक और बनवा देने की ज़रूरत पड़ी ? जिस तरह के महिलाश्रम का भंडाफोड़ सज्जन ने किया है, क्या वे भी एक दिन यों ही सदूद्देश्यों से प्रेरित होकर नहीं बने थे ?

'दास्तान-अमीर-हम्ज़ा' में उमरू एय्यार जहाँ भी मुसीबत में फँस जाता है, फ़ौरन ही हज़रत ख़िज्र प्रकट होकर उसकी मदद करते हैं, उसे मुसीबत से निकालते हैं। उसे आवाज़ें सुनाई देती हैं : "तेरे बाईं ओर के पत्थर के पीछे एक चोर दरवाज़ा है। उसे हटा"...इत्यादि और 'अलिफ़-लैला' में सिर का बाल जलाकर ज़िन और आसेब प्रकट होते हैं। क्या आज भी मानव-मस्तिष्क उसी युग में खड़ा है ? उसी स्तर पर है ? फिर यह सज्जन को सुनाई पड़ती आवाज़ें—बाबारामजी का समय-असमय प्रकट होना, अपने जादुई प्रभाव से मन की बात जानना और सज्जन से लेकर ताई तक को बात-की-बात में लाखों रुपयों के त्याग के लिए प्रेरित कर देना, यह सब क्या है ?

अगर अपनी सांस्कृतिक विरासत का मोह और इतिहास का प्रेम इस नतीजे और स्तर पर लाकर खड़ा कर दे, तो सचमुच हमें उस सबकी कोई आवश्यकता नहीं है ! हम—अर्थात् नया मस्तिष्क—उसे बेबाक़ उद्धत और अशिष्ट रूप से अस्वीकार कर देने को बाध्य हैं ! हम अपने संग्रहालयों को संग्रहालय ही बना रहने देना चाहते हैं—जादूगर का कमरा नहीं। इतना तो नागरजी भी मानेंगे कि भगवान ने शेष सारी दुनिया से अलग किसी ख़ास मिट्टी से हिंदुस्तान के इन चमत्कारी पुरुषों को नहीं गढ़ा। हिंदुस्तान के बाहर फिर ऐसे अवतार क्यों नहीं सुनाई देते ? इस दृष्टि से तो भीड़ में छिपकर खड़े चोर के पास सूँघते हुए पहुँच जानेवाला मदारी का बैल सबसे अधिक 'पहुँचा हुआ सिद्ध' है। सचमुच इस मनोवृत्ति को क्या कहा जाए कि हम ठेठ कम्यूनिज़्म की बात को भी इन चमत्कारी योगियों से सुनकर ही आनंद-लाभ कर सकते हैं, वैसे वे त्याज्य हैं ही !

तो मैं कह यह रहा था कि नागरजी के निर्माण में उनके युग की वे 'टिपीकल' मध्यवर्गीय प्रवृत्तियाँ रही हैं, जो एक ओर तो प्रचंड बुद्धिवादी, उग्र, प्रगतिशील होने का दम भरती थीं और फ़ौरन ही दूसरी ओर भाग्यवाद, पुनर्जन्मवाद, साधु-संत, पंडे-पुजारी, तीर्थ इत्यादि के खूँटे से आस्था को बाँधे रखती थीं, इसलिए 'बूँद और समुद्र' का अच्छे-से-अच्छा पात्र मूलतः इन प्रवृत्तियों का शिकार है।

ख़ैर, इस आक्रोश का अर्थ कभी भी इस सत्य से इंकार करना नहीं है, कि 'बूँद और समुद्र' हिंदी के श्रेष्ठतम उपन्यासों में से एक है, अपने वर्ग और काल की बेजोड़ तस्वीर है। अपनी इन सारी विशेषताओं के साथ वह उन लोगों का सफल प्रतिनिधित्व

कर सकता है, जिनका इसमें चित्र है। इसे नागरजी ने भूमिका में 'मध्यवर्ग के नागरिक-समाज का गुण-दोष-भरा चित्र' कहा है। 'मध्यवर्गीय नागरिक-समाज' के किन विशेष लोगों की यह तस्वीर है, इसे नागरजी ज़रा और साफ़ कर देते तो इस सबकी आवश्यकता नहीं पड़ती—क्योंकि निश्चित रूप से यह मध्यवर्ग वह नहीं है, जिसमें हम, अर्थात् आज की पीढ़ी जीती है, यह मध्यवर्ग वह है, जिसमें हम जी चुके हैं, अर्थात् जो हमारे सामने चुक रही है—समाप्तप्राय हो गई है। चुनाव इत्यादि के नएपन के बावजूद यह द्वितीय महायुद्ध से पहले का मध्यवर्ग है। सारे उपन्यास में प्रायः एक भी नौकरी-पेशेवाला आदमी नहीं है—सभी खाने-पीने की चिंता से मुक्त या फ़्री-लान्सर हैं। तारा का पति टी.एन. वर्मा भी प्रोप्राइटर 'अजन्ता रेडियो' ही है। खाने-पीने की नहीं, दहेज इत्यादि की चिंता के लिए महिपाल पर आर्थिक कष्ट आता है—वह हार पाकर समाप्त हो जाता है। जिस मध्यवर्ग में वकील, डॉक्टर, प्रोफ़ेसर, विद्यार्थी, क्लर्क, एजेंट, बेकार—और ठीक उन्हीं के स्तर की राजनीति, मुहब्बत, खेल, सिनेमा, क्रिकेट, जीवित रहने का संघर्ष, महत्त्वाकांक्षाएँ, फ्रस्ट्रेशन...घुटन, कुंठा, विकृतियाँ, बहसें—कुछ भी नहीं है, वह शायद हमसे पहले का मध्यवर्ग है।—पता नहीं क्यों, हर समय मुझे ऐसा लगता रहा जैसे यह जीवन की जद्दोजेहद से रिटायर्ड लोगोंवाला मध्यवर्ग है—जिनकी पेंशनें आती हैं, किराए आते हैं, दुकानों पर नौकर काम करते हैं या जो अपने पेशे में भली प्रकार जमे हैं। उनके जीवन को झकझोरती हैं औरतें, डॉ. शीला स्विंग, चित्रा राज़दान। अपने जीवन में काफ़ी खेले-खाए प्रौढ़ों के रोमांस की ये कहानियाँ हैं—उन प्रौढ़ों की, जो जीवन में अब जैसे-तैसे इस रूप में भी कहीं सैटिल हो जाना चाहते हैं। इस प्रयत्न में कुछ को जीवन से तलख़ी मिलती है, कुछ को झूठा-सच्चा संतोष। सारे उपन्यास के स्त्री और पुरुष अपने पारस्परिक संबंधों में जैसे किसी भीषण पाप की छायाओं से आतंकित, त्रस्त और आंदोलित हैं। उन्हें हमेशा लगता रहता है जैसे वे कुछ ऐसा कर चुके हैं जो अवैध था, वर्जनीय था और जो नहीं होना चाहिए था—वे कुछ ऐसा कर रहे हैं, जिसे समाप्त हो जाना चाहिए, क्योंकि वह पिछले के नैरंतर्य में है ! कन्या और सज्जन को छोड़कर वे सभी एक ऐसी व्यवस्था के शिकार, और अवस्था में जीवित हैं, जिसके प्रति उन्होंने पूरी तरह आत्मसमर्पण कर दिया है, इसलिए उनकी स्थापनाएँ और विश्वास व्यावहारिक संघर्षों में नहीं आते—वे उन्हें आपसी बहस-मुबाहिसों में ही तय कर लेते हैं। व्यवहार में तो वे पुराने के प्रति समर्पित हैं ही, जो शीला स्विंग का ही बलिदान नहीं माँगता—महिपाल को भी पीस देता है।

'बूँद और समुद्र' का मध्यवर्ग उन लोगों का मध्यवर्ग है, जो गुज़रते राजा-रईसों और जमते हुए सेठों के हर उत्तराधिकारी को सँभालने को बाध्य हैं—कुछ को वह स्वीकार करता है, कुछ से पिंड छुड़ाने में असमर्थ है, कुछ से लड़ता है, कुछ को एकदम फेंक देना चाहता है, और कुछ को सेवा और भक्ति में लगाकर जैसे प्रायश्चित करते हुए मुक्ति की साँस लेता है। चलो, पुरखों के पाप का हमने कुछ तो मार्जन किया। इसलिए इसमें दान, भक्ति, सेवा, आत्महत्या सभी कुछ हैं। और इस मध्यवर्ग की बोल-चाल, रहन-सहन,

आचार-व्यवहार, संस्कार-संस्कृति का जैसा सजीव, सटीक, और सवाक् चित्र नागरजी ने दिया है, वह प्रथम श्रेणी की औपन्यासिक प्रतिभा और सूक्ष्म अंतर्दृष्टि के बिना दे पाना असंभव है। बोल-चाल के लहजे, भाषा के लटके, स्थान-स्थान की बोलियाँ, मानसिक उतार-चढ़ाव, शारीरिक चेष्टाएँ, चेहरे-मुहरे के हाव-भाव, नाटकीय परिस्थितियाँ जितने सुंदर ढंग से नागरजी ने दी हैं—उन सबको इतना जमकर भारतवर्ष में कोई और उपन्यासकार दे पाया है या नहीं—मैं नहीं जानता।

आजकल जीवन को ज्यों-का-त्यों चित्रित करने का यथार्थवादी आग्रह हिंदी उपन्यासों में लोक-संस्कृति, लोक-जीवन और लोक-भाषा को अधिक-से-अधिक वास्तविक रूप में प्रस्तुत कर रहा है : नागार्जुन, फणीश्वरनाथ रेणु, उदयशंकर भट्ट ने अपने कुछ उपन्यासों में वार्तालापों की देश-कालानुरूप भाषा पर विशेष बल देना शुरू कर दिया है, लेकिन मैं निस्संकोच रूप से कह सकता हूँ कि देश, काल, अवस्था, पात्र, मनोवृत्ति सभी रूपों में कथोपकथन की भाषा जितनी समर्थ नागरजी की है, शायद ही सफलता की उस ऊँचाई को किसी ने छुआ हो। कलकत्ता, बंबई, मद्रास, दिल्ली, सभी की बोली तो आपको नागरजी की रचनाओं में मिलेगी ही; आगरा, लखनऊ, बनारस की भाषा के सूक्ष्म वर्ग और पात्रानुसार भेदोपभेद नागरजी की अपनी विशेषता हैं। यहाँ भी बुद्धिजीवी और इंटलैक्चुअल से सेठ-व्यापारी वर्ग की भाषा अलग है, नौकरों और जनसाधारण की भाषा अलग है, पंडे-पुजारियों और 'जिजमानों' की बोली अलग है, उनमें भी बूढ़ों और जवानों की बोली, पुरुषों और स्त्रियों की बोली अलग सुनाई देती है। स्त्रियों की चेष्टाओं और बोलियों का नागरजी का अध्ययन सचमुच विश्वकोशीय है। सास, बहू और बेटी सब अपने ढंग से बोलती हैं। अगर इतना गहरा और सूक्ष्म अध्ययन न होता तो ताई जैसा अमर चरित्र दे पाना असंभव था। यों तो नंदो, बड़ी, कल्याणी—सभी अपना सानी नहीं रखतीं।

सामंतवाद की सिमटती-समाप्त होती संस्कृति, भाषा-बोली, रीति-रिवाज़ और समग्रतः वह जीवन नागरजी के कथाकार का प्रिय विषय रहा है। उसका अध्ययन उन्होंने बड़ी लगन और फ़ुर्सत से किया है, बड़े स्नेह और चाव से उसकी बातें सुनी हैं। नागरजी को मैं इसीलिए भारत का अद्वितीय हास्य-लेखक मानता हूँ कि वे कभी हास्यास्पद परिस्थितियाँ नहीं गढ़ते। उनका हास्य एक विशेष संस्कृति और समाज में पली मानसिकता और मनोविज्ञान की वह मजबूरी है, जिस पर हम हँसते हैं। लेखक को हमारे हँसने पर कोई आपत्ति नहीं है; लेकिन वह उनकी मजबूरी से सहानुभूति रखता है, इसलिए खुद नहीं हँसता। चैख़व से जहाँ नागरजी की बहुत-सी बातें मिलती हैं; वहीं हास्य का यह तरीक़ा भी मिलता है। मछली पकड़ने की बंसी के काँटे में रेल के बोल्ट उखाड़कर लगानेवाले 'भौंदू-आदमी' के तर्कों पर आप हँसें तो हँसिए—लेखक नहीं हँस सकता। लोगों के अनागरिक रवैये, लड़कियों के बेशऊरेपन, रात-रातभर गाना, हँसना, इकट्ठे होना मिलिटरी के रिटायर्ड हवलदार के लिए तो जीवन और मरण की समस्या है, आप उस पर खिलखिला सकते हैं। यह टिपीकल 'चैख़वीय' हास्य है। यह उन दो

पीढ़ियों और संस्कृतियों का गंभीर अध्ययन है जिनके लिए एक-दूसरे के सारे तौर-तरीके हास्य का आलंबन बनते हैं।

उदाहरण के लिए 'नवाबी मसनद' को लीजिए। नवाबी युग समाप्त हो रहा है, और नई संस्कृति के साथ जीवन में नई-नई चीज़ें आ रही हैं। ख़ानदानी रईस, बेचारे नवाब साहब के लिए यह सब भयंकर पहेलियाँ हैं कि यहाँ किया हुआ तार विलायत में कैसे पहुँच जाता है, मोटर कैसे दौड़ती है, सिनेमा क्या है ? गरज़, हवाई जहाज़, रेल, स्वराज्य, साइकिल सभी उनके सामने ऐसी समस्याएँ हैं, जिन्हें वे ईमानदारी से समझना चाहते हैं, लेकिन उनकी मजबूरी यह है कि अपने आस-पास ऐसे लाल-बुझक्कड़ों से घिरे हैं, जो एक ओर तो उनके ख़ानदानी अहं को संतुष्ट रखते हैं, दूसरी ओर उनके अज्ञान का फ़ायदा उठाकर रुपया ऐंठते हैं–और यों धीरे-धीरे नवाबी धसकती जा रही है। लेकिन इस ढाँचे पर सारा नवाबी-लखनऊ 'नवाबी मसनद' में बोलता है। यहाँ नई पीढ़ी पुरानी पर हँसती है।

ठीक इसकी अगली कड़ी का हास्य है 'सेठ बाँकेमल' का। बिलकुल एक अलग धरातल, बिलकुल एक अलग संस्कृति संपूर्ण रूप में सेठ बाँकेमल में मुखर होती है। सेठ बाँकेमल को नागरजी की कला का सर्वश्रेष्ठ रूप कहा जा सकता है। यह नयी संस्कृति के परिचय में आते हुए लोगों की ही नहीं, अपनी पुरानी बहादुरी–बाँकेमल–से नयी संस्कृति में घुसते, स्थान बनाते और उसे परास्त करने, नीचा दिखाने का संतोष प्राप्त करते हुए लोगों की कहानी है। चौबेजी के 'बुलाकीदास' नाई बनकर सेठ बाँकेमल नगर-नगर घूमे, जगह-जगह अपनी धाक जमाई, और झंडे गाड़े हैं। गोटे के व्यापारी बनकर उन्होंने देश-विदेश की ख़ाक छानी। बुढ़ापे में जवानी के हौसलों और एडवेंचरों का मज़ा और सेठ बाँकेमल की भाषा–सचमुच एक सफल महाकाव्य की तरह बार-बार पढ़कर रस लेने की चीज़ें हैं। यों इसकी गठन में 'फ़िसानाए-आज़ाद' के आज़ाद और बात-बात में करौली माँगनेवाले खोजी साहब के तत्व मौजूद हैं, लेकिन वे दोनों खुद डॉन क्विकज़ोट और साँको पांजा के दत्तक लगते हैं। सब-कुछ होते हुए भी एक सौ बारह पन्नों में नागरजी ने जो क़माल पैदा किया है, वह हज़ार पन्नों में सरशार नहीं कर पाए। आगरे की संस्कृति और भाषा के मोह और पक्षपात का आरोप मुझ पर न लगाया जाए, तो मैं कहूँगा कि सेठ बाँकेमल हिंदी उपन्यासों के क्लासिकों में से है–'बहती गंगा' से अधिक गठा हुआ, अधिक प्रभुविष्णु और अधिक सजीव। कोई पन्ना ऐसा नहीं है जहाँ पाठक मुसकरा न दे या अट्टहास न कर उठे; लेकिन बाँकेमल के बोलने की अदा में कहीं भी हलकापन नहीं है। वे हर कहीं गंभीर हैं, आप उन पर हँसें तो हँसें।

'नवाबी मसनद' सामंतों के मिटने और नई महाजनी-सभ्यता को समझने के ढंग-ढर्रे पर अट्टहास था, सेठ बाँकेमल पुरानी संस्कृति के प्रतिनिधि या (अलमबरदार) की आत्म-प्रशंसा और महाजनी संस्कृति में पाँव जमाने के प्रयत्न पर नई पीढ़ी की खिलखिलाहट है, अब इसकी अगली कड़ी लीजिए, 'महाकाल' में।

बंगाल के अकाल पर हिंदी में प्रकाशित रचनाओं में 'महाकाल' सर्वश्रेष्ठ उपन्यास

है। रामचंद्र तिवारी के 'सागर, सरिता और अकाल' में सागर के तूफ़ान, सरिता की बाढ़ की तरह अकाल को भी मानवता के लिए एक अनिवार्य प्रारब्ध बताया गया है। पृष्ठ 189 पर लेखक ने अपने प्रमुख पात्र के विषय में लिखा है : "उसे लगा कि लोग केवल अपने भाग्य के आश्रय जी रहे हैं। जिस दिन भाग्य के शिखर पर से कोई डगमगाती चट्टान निकलकर जीवनधारा में गिर पड़ेगी, और उसका बहाव रोक देगी, उसी दिन उसका जीवन समाप्त हो जाएगा।" और भूमिका में कहा गया है कि "भोजन-अभाव की समस्या का कारण देश की जनसंख्या है। जिस अनुपात से वह बढ़ी, उस अनुपात से देश की उपज में वृद्धि नहीं हुई है। जनसंख्या की इस वृद्धि के कारण हैं : देश में शांति (युद्ध का अभाव) और चिकित्सा-शास्त्र की रोगों पर विजय...इन कारणों से औसत आयु कम होते हुए भी देश की जनसंख्या को मृत्यु-संख्या से कहीं आगे रखा है, और वर्तमान समस्या की सृष्टि की है।" रांगेय राघव के 'विषाद-मठ' में लेखक के पास समस्या को सही दृष्टि से देखने की शक्ति ज़रूर है, लेकिन उसमें न कहानी कहने का धैर्य है न चरित्र-सृष्टि की क्षमता—वह सिर्फ़ सोडावाटर के झागों का उफान है। यों 'तूफ़ानों के बीच' इत्यादि देखकर लगता है कि उन्हें बंगाल के अकाल की 'फ़र्स्ट-हैंड' जानकारी है, लेकिन वे 'विषाद-मठ' में यहाँ तक भूल गए हैं कि बंगाल में नारियल सिर्फ़ बुड्ढों के गुड़गुड़ाने की ही चीज़ नहीं, वह बंगाल में पैदा भी होता है। केरल की तरह वह चाहे कल्पतरु न माना जाता हो, लेकिन बंगाल के गाँवों और शहरों पर उपन्यास लिखा जाए, और एक बार भी इस पेड़ का ज़िक्र न आए, यह वहाँ के चित्रण की वास्तविकता को कुछ शंकास्पद बना देता है।

बंगाल के अकाल पर लिखे हुए उपन्यासों में तीन सर्वश्रेष्ठ माने जा सकते हैं। भवानी भट्टाचार्य का 'सो मैनी हंगर्स', ताराशंकर वंद्योपाध्याय का 'मन्वन्तर' और अमृतलाल नागकर का 'महाकाल'। 'मन्वन्तर' अकाल या अकाल के चित्रों पर उतना ज़ोर नहीं देता, जितना युद्ध-मध्याह्न के देशी-विदेशी ताप में झुलसने के वातावरण को प्रस्तुत करता है। नींवों के नीचे छिपने-लड़ने के लिए बनाई गई खाइयों के घिनौने व्यापार और ऊपर से महँगाई और बम, इस सबने जिस प्रकार बंगाली मध्यवर्ग की सारी मान्यताओं, सारी प्रतिष्ठाओं, आस्थाओं और मूल्यों को ध्वस्त कर दिया था, यह 'मन्वन्तर' की 'थीम' है। इसे जिस शिल्प और शैली में दिया गया है, वह वातावरण और प्रभाव को अपेक्षित गहराई और घनत्व देने में पूर्णतः समर्थ है। 'सो मैनी हंगर्स' में अकाल के कारणों, अकाल और अकाल की प्रतिक्रिया-प्रभावों, समानान्तर चलती, गाँव और शहर की कहानियों में बड़े संतुलन और सफलता से रखा गया है। यद्यपि पूर्वार्द्ध में क़िस्सा बहुत टूट-टूटकर चलता है, लेकिन अन्य उपन्यासों की तरह भावुकता के उबाल और उफान इसमें नहीं हैं। अकाल के कारण, उसकी शक्तियों को एक कार्य-कारण-शृंखला में पूरे परिपेक्ष्य के साथ देखा गया है। युद्ध की घटनाएँ, मुनाफ़ाखोरी, अनाज का खरीदना, पशुओं की मिलिटिरी को आवश्यकता, जापानी हमले का डर बताकर हज़ारों नावों का जलाना, युद्ध-प्रचार और भरती, बयालीस के आंदोलन का

सहारा लेकर दमन में कड़ाई—ये सभी अकाल की भूमिकाएँ या कारण हैं, और अपने सही रूप में इस उपन्यास में मिलती हैं।

इन दृष्टियों से 'महाकाल' कमज़ोर है। यों शुरू में लड़ाई का नक़्शा हलका-सा नागरजी ने भी दिया है, और यूनियन-बोर्ड के घूसखोर सेक्रेटरी से भी परिचय कराया है। लेकिन न तो एक दूसरे पर चढ़-दौड़ती घटनाओं और सिनेमा के कटसीन्स द्वारा 'मन्वन्तर' में पैदा किया गया प्रभाव है; और न कारण और परिणामवाला 'सो मैनी हंगर्स' का संतुलन। वह मास्टर पाँचूगोपाल मुखर्जी की आँखों से देखी गई, मंद-मंथर गति से चलती कहानी का पर्यावलोकन है। 'शहर के राजनीतिक वातावरण में पनपा हुआ, पाँचू का दिमाग़' अक्सर ही शौक़िया तौर पर जोश खाता रहता है। मोनाई के यहाँ ब्रह्मभोज की दावत हो, या राजादयाल का विलासघर, सभी जगह पाँचू प्रायः घटनाओं का दर्शक ही रहा है, हालाँकि स्वयं भी उन्हीं घटनाओं से पीड़ित है। शायद घटनाओं और गति की कमी मुझे इसलिए भी लगी हो कि हर जगह एक बुद्धिजीवी मध्यवर्गीय दिमाग़ की प्रतिक्रियाओं के अंकन पर ही ज़ोर है; इसलिए घटनाएँ नहीं, उनकी छायामात्र है। फिर भी हर जगह लेखक की बौद्धिकता अच्छी नहीं लगती। बड़ी बहू ने अपने पति को चाँटा मारा, यहाँ पाठक घटनाओं की तीव्रता में उलझा है—उलझा रहना चाहता है—लेकिन लेखक वहाँ देने लगता है बैठकर सफ़ाई। यही क्यों, 'बूँद और समुद्र' में भी गली-मुहल्ले के जीवन को देखने ही सज्जन आया है। घटनाओं के चक्र में आकर पाँचू की तरह उसे कहानी की बागडोर सँभालनी पड़ती है। उपन्यास को बौद्धिक-दर्शन के माध्यम से देखना बुरा नहीं है, लेकिन दोनों ही उपन्यासों में सबसे 'बोर' हिस्से वे हैं, जहाँ कहानी और पात्रों की चिंता किए बिना नागरजी लंबी-चौड़ी थीसिस पेश कर देते हैं। इसे पढ़ने के बाद अतिरिक्त झुँझलाहट तब होती जब एक लाइन में उस सारे चिंतन को एक पात्र के मत्थे मढ़ दिया जाता है। शीला के यहाँ से गोमती के किनारे के मंदिर में महिपाल का मानसिक संलाप पूरा 'ट्रीटाइज़' है, कला-संस्कृति, मानव-सभ्यता—क्या-क्या उसमें नहीं है। ख़ैर, फिर भी संतुलित कहानी की दृष्टि से 'महाकाल' सफल है।

'महाकाल' को लेकर इतने विस्तार से लिखने का कारण यह है कि ऐसे विषादयुक्त, मनहूस और भयानक वातावरण में नागरजी की सहज हास्योद्‌भावनी क़लम ने मोनाई के रूप में जिस पात्र की सृष्टि की है, यह पहले किसी उपन्यासकार के बस की बात नहीं थी। मोनाई चावल बेचनेवाला बनिया है और रामचंद्र शुक्ल ने एक ही साँस में जिन लोभियों की निष्ठा, और लगन के लिए धन्यवाद दिया तथा मनोवृत्ति और मानसिक संकीर्णता के लिए धिक्कारा है, उसकी साक्षात मूर्ति है। कोई मरे या जिये यह विशुद्ध व्यापारी निर्लिप्त और तटस्थ है। भूख से मरे लोगों की ठठरियों पर आठ-आठ आँसू रोते हुए भी वह उन्हें मेडिकल कॉलेज के परीक्षार्थियों को सप्लाई करने की बात सोच सकता है। कहीं कुछ हो, वह दीमक की तरह अपना काम करता है। चोर-बाज़ारी, औरतों का व्यापार, लूट-ख़रीद, जालसाजी, किसी में उसे कहीं अपने आपसे नहीं लड़ना पड़ता, क्योंकि 'व्यौपार करने की आज्ञा तो गीताजी में भगवानूजी ने दे दीनी है।' यहाँ तक

आते-आते देश-विदेश में गोटा बेचनेवाला व्यापारी अपनी स्थिति जमा चुका है, अपने हथियार आज़मा चुका है, और शीघ्र देश-संचालक पूँजीपति बनने की प्रक्रिया में है। अब वह दयाल ज़मींदार को नीचा दिखाने, उसकी जायदाद ख़रीदने की तिकड़म में है—उसके असामियों को फोड़ रहा है। औपनिवेशिक साम्राज्यवाद की कृपा से हमारा समाज प्रतिक्रियावादी जोंकों—देशी पूँजीपति और राजा ज़मींदारों, दोनों से साथ-साथ चूसा जाता रहा है। कहीं-कहीं दोनों के स्वार्थ टकराए हैं तो छीना-झपटी भी हुई है। बाँकेमल की स्थिति तक महाजनी सभ्यता का रोल प्रगतिशील माना जा सकता है। इस प्रकार 'महाकाल' महाजन और ज़मींदार के स्वार्थ-संघर्ष की मिलीभगत के चंगुल में कराहती जनता की कहानी है।

दयाल ज़मींदार और मोनाई दोनों एक बार फिर विराट होकर 'बूँद और समुद्र' में राजा सर द्वारकादास और लाला जानकीसरन के वेश में दिखाई देते हैं। दोनों ही अपने-अपने उपयुक्त रोल में हैं। इस बार इनके साथ यूनियन-बोर्ड के सेक्रेटरी नहीं; गवर्नर और मंत्री हैं और योजनाएँ चुनाव के प्रजातंत्रीय अस्त्र-शस्त्र हथियाने की हैं। इन दोनों महानुभावों और इनके या उनके पुरखों द्वारा दी हुई संस्कृति सभ्यता के हर रूप से नागरजी खूब परिचित हैं। वे उनकी हर नब्ज़ को जानते हैं। लगता है, उन्होंने इनकी सोहबतें की हैं, उन्हें भीतर तक देखा है। इस सारी प्रक्रिया में एक कमज़ोरी यह आ गई कि उन दोनों का स्थान लेनेवाली शक्तियों को भी प्रायः उन्हीं के चश्मे से देखा है। इसलिए उनकी बौद्धिक सहानुभूति यदि कन्या की ओर (कन्या युवती, सुंदरी और विदुषी है) भागती है, तो हार्दिक आस्था बाबारामजी की ओर (क्योंकि उनके पास वह सब है जिसे पीढ़ी-दर-पीढ़ी पूजने का आदेश हमें मिला है) और फल यह होता है कि 'कम्यूनिस्ट' कन्या विचारों में क़तई प्रगतिशील नहीं है, वह 'राम भगतनियों' में रह गई है और रामजी सारे वादों से परे नए मानव के मसीहा—सुपरमैन।

लेख समाप्त करने से पहले कुछ सफ़ाई अपनी ओर से दूँ। इतनी समृद्ध-सामग्री और ऐसी पैनी अंतर्दृष्टि से सम्पन्न अमृतलाल नागर निर्विवाद रूप से हम लोगों के बीच में 'जॉयण्ट' हैं, इसलिए यशपाल के प्रकाशक का यह विज्ञापन उनके ऊपर ज्यों-का-त्यों लागू होता है : "उसे उदीयमान समझकर इन कहानियों को परखने और आलोचना करते समय किसी लिहाज़ और मुरव्वत की ज़रूरत नहीं। पाठक कला के क्षेत्र में अपनी राई-रत्ती उगाहने की आशा से इन कहानियों को पढ़ सकते हैं।"

व्यक्ति को समाज के संदर्भ और परिपार्श्व में समझने और इस सारे समाज के विस्तृत-विशद विहंगावलोकन के परिणामस्वरूप व्यक्तित्व को सामाजिक परिभाषा देने की दिशा में 'बूँद और समुद्र' अकेला है। यों बाल की खाल निकालने को हमारे यहाँ अच्छी दृष्टि से नहीं देखा जाता, लेकिन बूँद में सागर की विराट् भूल-भुलैया दिखाकर नागरजी सज्जन को किनारे ले आए हैं, यह खुशी की बात है। अब किनारे पर बैठाकर वे खुद उससे किनारा न कर जाएँ—यह मेरी उनसे व्यक्तिगत माँग है।

'कल्पना' में प्रकाशित

मरु-प्रदीप
('अंचल')

बचपन में एक खेल खेला करते थे : एक डिब्बे में कुछ काठ के टेढ़े-मेढ़े रँगे-रँगाए टुकड़े होते थे और उन्हें ही जोड़-तोड़कर विभिन्न मकानों के नक़्शे बनाए जाते थे। जो जितने अधिक नक़्शे बना लेता था उसे उतना ही अधिक बुद्धिमान स्वीकार किया जाता था। लेकिन उन छोटे-बड़े गुटकों की संख्या कोई पच्चीस-तीस के लगभग होती थी और हमारे उपन्यासकार श्री अंचलजी के पास केवल दो-तीन गुटके हैं। स्वाभाविक ही है कि पहला नक़्शा ठीक बने और बाक़ी में कोई नवीनता रह जाए।

'अंचल' ने अभी तक चार उपन्यास लिखे हैं, 'चढ़ती धूप', 'उल्का', 'नई इमारत' और यह 'मरु-प्रदीप'। इन चारों में उनके पास केवल एक कथानक है : एक पुरुष है जिसके सामने देवता भी हेय है। एक नारी है—पुजारिन। ईश्वर ने सारा काम छोड़कर उसे ही अपने हाथों से बनाया है। दोनों में इतना पवित्र संबंध है कि एक-सवा हज़ार पृष्ठ के चार उपन्यासों में भी 'अंचल' उसकी पवित्रता बखान नहीं कर पाए हैं। पता नहीं, अभी कितने और पृष्ठ लेने की उनकी इच्छा है। चूँकि इन दोनों के बीच में ऐसी पवित्रता है इसलिए उनका परस्पर का संबंध प्रायः भाई-बहिन का है। बाक़ी के पात्र केवल इन दो पात्रों के लिए ही लाए गए हैं, इसलिए इन्हें बीच में छोड़कर स्वयं 'आउट ऑफ़ फोकस' हैं।

'अंचल' के उपन्यासों को देखकर कहा जा सकता है कि उपन्यासकार बनने के लिए अलग ही तत्वों की आवश्यकता होती है जो यशपाल में है। उनका प्रत्येक उपन्यास एक दूसरे से भिन्न जीवन के विभिन्न क्षेत्रों की ऊँची-नीची भूमि का चित्रण करता है। वे चित्र कितने विविध और सजीव हैं—उपन्यासकार की सूक्ष्म पर्यवेक्षण-शक्ति और गहरी संवेदना जैसे उनमें पुकार-पुकारकर घोषणा करती है। यह शक्ति प्रेमचंद और वृंदावनलाल वर्मा में थी। 'चढ़ती धूप' को देखकर लगा था कि वह शक्ति 'अंचल' में भी है। पर अब जब एक के बाद एक उसी की 'कार्बन' कापियाँ लाई जाने लगी हैं तो मन बुरी तरह क्षुब्ध हो उठा है। 'चढ़ती धूप' के ममता और मोहन ज्यों-के-त्यों 'उल्का' में मंजू और चाँद बन गए हैं। ज़रा वातावरण बदलकर 'नई इमारत' में ये दोनों ही आरती और महमूद आ-बने हैं, हालाँकि यहाँ इनके आसपास काफ़ी जमघट लगाने की कोशिश की गई है। वे ही दोनों पात्र 'मरु-प्रदीप' में विमल और शांति के नाम से मिल

जाएँगे। उनसे प्रार्थना है कि वे या तो ज़िंदगी का कोई और हिस्सा लें या फिर कुछ और लिखें। आख़िर कवि ही वे क्या बुरे हैं। हाँ, दो-तीन कथानकों को लेकर ही संसार का महान् उपन्यासकार बना जा सकता है, इसके लिए शरत् की प्रतिभा चाहिए। केवल भाषा का (शैली का नहीं) चमत्कार और गद्यकाव्य के टुकड़े ही उपन्यासकार नहीं बनाते। 'चढ़ती धूप' में अंचल की शैली अपने पूरे यौवन पर है। बाद में तो जैसे बुड्ढी होती जाती है, ढीली-ढाली और बेजान। कथानक को आगे बढ़ाने की उसमें शक्ति कम है। अपनी भाषा की इस कमज़ोरी को अंचलजी तब समझेंगे जब इस उपन्यास के किसी अन्य भाषा में अनुवाद की कल्पना करें।

यदि उन्हें ज़िद है कि वे अपने सभी उपन्यासों में यही कुछ पात्र और कुछ ऐसा ही कथानक रखेंगे तो मेरा अनुरोध है कि 'रॉबिन हुड' की लोक-कथा पर तैयार कुछ देशी-विदेशी फ़िल्मों को देखकर उस कला की कुछ बारीकियाँ समझें।

इस उपन्यास के कथानक में एक विमल है, एक शांति। शांति विधवा है और विमल से अत्यधिक प्रेम करती है। वे दोनों जुड़वाँ भाई-बहिन से भी अधिक घुले-मिले हैं; हालाँकि हैं—पड़ौसी। और पड़ौसी भी बड़े विचित्र। रात के दस-दस बजे तक गंगातट पर या रात-रात भर छत पर खड़े बातें किया करते हैं। उन्हें कोई देखने, रोकनेवाला नहीं है क्योंकि बाक़ी सब लोग भी देवता क़िस्म के ही हैं। ऐसे पात्रों का पता उन्हें 'नई इमारत' में ही चल गया था। उस ढाई-सौ पृष्ठों के एक उपन्यास के लिए कथानक ईश्वर की कृपा से काफ़ी है। शांति विधवा है और शायद इसी विचार से कमलाकांत को लाया गया था, लेकिन चूँकि 'अंचल' को इस (धर्मवीर भारती के शब्दों में) "समस्या का स्वस्थ जनवादी विधान मालूम है।" इसलिए वे इस फिसलनेवाली ज़मीन पर बड़े सावधान रहे हैं। यानी कि 'न तो कवित्वमयी भावुकता में उलझकर उन्होंने शांति के चरित्र का उदात्तीकरण किया है और न विद्रोह का झंडा खड़ा करने के बहाने मन की सारी अतृप्त यौन-लालसाओं को पृष्ठों पर उतारा है।' बल्कि एक दिन जब कमलाकान्त उसे आलिंगन में भर लेता है तो आत्मभर्त्सना से वह रातभर छटपटाती है। फिर विमल इत्यादि को ठेल-ठालकर अपने ससुर के यहाँ चली जाती है जहाँ पिछली बार बहुत दबावों पर भी नहीं गई थी और जिनके बारे में उसने कहा था—"चाची, मैं तय कर चुकी हूँ। उस घर में कभी नहीं जाऊँगी। आठ वर्ष हो गए, उन्होंने कभी पूछा भी नहीं कि बहू जीती है या मर गई। उनका एक पैसा मैं नहीं जानती। आज जब घर में ज़रूरत है तो नौकरानी के बजाए विधवा बहू को विदा कराने आए हैं...।" अंत में वहीं चली जाती है जहाँ कोई रोशनी नहीं, कोई आशा नहीं...। यहीं उपन्यास का अंत है और यहीं कहीं स्वस्थ जनवादी समाधान छिपा है।

एक क़िस्सा याद आता है : किसी ने अपने मुक़दमे के लिए कई-सौ रुपया रोज़ देकर शहर के सबसे बड़े वकील को तय किया। कचहरी में उस वकील की धाक थी और मैजिस्ट्रेट उसके नाम से चौंकते थे, लेकिन था वह बड़ा शराबी। कचहरी में शराब पिये हुए खड़े होकर उसने अपने मुवक्किल की ओर से कहना शुरू किया। नशे की लहर।

बह गए। अचानक अपने मुक़दमे के विपक्ष में उनकी सरस्वती का हंस उड़ चला। और अपने ही मुक़दमे के खिलाफ़ वे ऐसे तर्क खोजकर लाए कि सारा कोर्ट दंग ! मशहूर वकील के अकाट्य तर्क से सब स्तब्ध ! मुवक्किल का चेहरा पीला पड़ गया जैसे वर्षों से पीलिया हो। बेजान बैठ गया। वकील का मुंशी स्वयं चक्कर में। आख़िर मामला क्या है ? एक-डेढ़ घंटे उसने अपने ही मुक़दमे की वह धज्जियाँ उड़ाई कि मुवक्किल का हार्टफ़ेल होते-होते रह गया। आख़िर जब नहीं रहा गया तो मुंशी ने मिसिल देने के बहाने वकील के कान में बताया—"आप तो सारी बातें हमारे ही मुक़दमे के खिलाफ़ बोल रहे हैं।"

"अच्छा !" वकील चौंका, आश्चर्य से उसने कहा। जज की ओर पलटा और कड़ककर बोला—"मायलॉर्ड, ये वे सब तर्क, दलील और सफ़ाइयाँ हैं जो मेरा विपक्षी मुझसे कह सकता है। यह मेरे मुक़दमे का दूसरा पहलू था, जिसे मैंने विस्तार से बताया, अब आप मेरे तर्क सुनिए..." और उसने अपने मुक़दमे के विषय में कहना शुरू किया।

यह अपनी 'बहक' को चालाकी से सुधारना हो सकता है, लेकिन इसे सुबह के भूले का शाम को घर आना भी कहा जा सकता है। मगर आफ़त तो यह है कि अंचलजी या उनके साथी इस 'बहक' में अपने आपको बिलकुल भूले हुए ही नहीं हैं, वरन् इसी में कहीं 'स्वस्थ जनवादी समाधान' भी उन्हें दीखता है—इतने सचेत वे हैं। और हो सकता है, एक दिन श्री भगवतीचरण वर्मा कह उठें—'ये वे सब टेढ़े-मेढ़े रास्ते हैं जिनसे हमारा देश आज बुरी तरह ग्रस्त है। बस, उनसे ही जनता को आगाह कराने या परिचित कराने के लिए मैंने यह उपन्यास लिखने की तकलीफ़ गँवारा की। बड़ी ईमानदारी, सचाई और निष्पक्षता से 'टेढ़े-मेढ़े रास्तों' का चित्रण मैंने इसलिए किया कि कोई 'सीधा-सादा रास्ता' दिखा सके।' लेकिन 'सीधा-सादा रास्ता' की बात जब वे सुनते हैं तो कहते हैं (सुना है) : "अभी रांगेय राघव बच्चा है, लिखना सीख रहा है।" सीधा अर्थ इसका यह है कि वे सचेत हैं, भुलावे में रखा जा सके—अपने आपको, पाठकों को।

यह हुई कथानक की बात। अब कथानक पर जो जामा चढ़ाया गया है, उसके विषय में। मेरे एक मित्र हैं—इंग्लिश में एम.ए. और विकट अध्येता। कहते हैं उन्हें यूलिसीज़ पढ़ने में भी आनंद (रस) आता है। सारा उपन्यास-साहित्य चाट गए हैं। आल्डस हक्सले का एक नया उपन्यास आया। उसे पढ़ने, प्राप्त करने को बड़े विकल, प्रयत्नशील। ख़ैर ज्यों-त्यों उपन्यास मिला। बड़ी धूम उस पुस्तक की थी। पढ़ना शुरू किया उछलते कलेजे को थामकर एक पेज, दो पेज, तीन पेज। बोले—"सच कहता हूँ, मैं अठारह-बीस पृष्ठ पढ़ गया, और मेरी समझ में ही नहीं आया कि क्या पढ़ रहा हूँ। दर्शन की ऐसी-ऐसी कलाबाजियाँ और हवाई उड़ानें, कि मेरा दिमाग़ चकरा गया, हो क्या रहा है। आख़िर कोई सूत्र तों मिले। मैं कसम खाकर कहता हूँ कि लाख कोशिश करने पर भी उसके बीस-तीस से अधिक पृष्ठ नहीं पढ़ सका। थककर पुस्तक रख देनी पड़ी। दूसरे दिन मैंने उस पुस्तक का वह पृष्ठ फाड़ डाला जहाँ लिखा था—'उपन्यास।' उस स्थान पर मैंने लिख दिया—'दर्शनशास्त्र की एक पुस्तक' और शौक से सारी पुस्तक

पढ़ गया।"

'अंचल' के इस उपन्यास में भी ऐसी ही उलझी, अतीन्द्रिय कल्पना और दर्शनाभास से पाठक की पहले ही पृष्ठों में मुठभेड़ होने लगती है। जिसने कम-से-कम पंद्रह-बीस साल कविता की हो, वही इसे पढ़ सकता है। पंक्तियों पर पंक्तियाँ चली जाएँगी, पृष्ठों पर पृष्ठ उलटते जाएँगे और आप समझ नहीं पाएँगे कि आख़िर इतने सब शब्द मिलकर क्या कर रहे हैं ? बहुत अधिक शब्दों का प्रयोग करना श्री इलाचन्द्र जोशी की शैली का भी एक विशेष गुण है। पर उसमें आप पाएँगे कि एक-एक शब्द स्वयं में चाहे कोई महत्व रखता हो या नहीं, लेकिन संपूर्णतः उसका जो प्रभाव बाद में रह जाता है वह बिलकुल स्पष्ट, सजीव, मूर्त और अविस्मरणीय है। यह रूप के परे शब्दों की आत्मा को पहचानने की अद्‌भुत स्थिति है, जहाँ लगता है लेखक जान-बूझकर बेकार के शब्द फेंकता जा रहा है, फेंकता जा रहा है और अंत में आप देखते हैं कि रेत के ऊपर नदी के किनारे रात के एकांत में पड़े नंदकिशोर की मानसिक उथल-पुथल और बाहरी वातावरण का ऐसा चित्र आपके मन पर रह गया है जिसे आप जल्दी नहीं भुला सकते। पारसनाथ के घर की गंदी गली को आप वर्षों याद रखेंगे। जहाँ देखेंगे पहचान लेंगे। अल्फ़्रेड पार्क में बात करते नीलिमा और महीप काफ़ी समय तक आपकी स्मृति में झूलेंगे। नदी के किनारे, श्मशान में, आधी रात के सन्नाटे में कापालिक के साथ रक्त पीते मनुष्य का चित्र काफ़ी समय तक आँखों में नाचता है। शैली की यह विचित्र प्रभावोत्पादकता सचेष्ट साधना की देन है, जो भावुकता के उफान से काफ़ी दूर रहती है।

बहुत बातूनी आदमी की बातें पहले-पहल काफ़ी अच्छी लगती हैं क्योंकि वे लच्छेदार होती हैं, रंगीन होती हैं; लेकिन जहाँ यह विश्वास हुआ कि यह आदमी बातूनी है वहाँ एक प्रकार की विरक्ति मन पर जमकर बैठ जाती है। अंचल के पात्रों के विषय में भी यही बात है। बात कहने को कम है, लच्छे अधिक हैं। एक लाइन में कही जा सकनेवाली बात कम-से-कम चार पृष्ठों में है। लगता ऐसा है जैसे उनके सभी पात्रों और उनको स्वयं किसी तरकीब से उस दूकान का पता मिल गया है जहाँ अप्रतिहत, निर्बाध भाषणदायिनी गोलियाँ मिलती हैं। अभी तक भारत के कांग्रेसी नेताओं को ही इस बात का गर्व था कि वे पुराने भाषणों को दुहरा-दुहराकर नित नया भाषण तैयार करके एशिया के सर्वश्रेष्ठ 'स्टेट्समैन' बन सकते हैं। हमें प्रसन्नता है कि एक साहित्यिक ने उनके इस गर्व को तोड़ दिया है।

आज जब सिनेमा में बैठते हैं, क़िस्सा अच्छी तरह चलता दिखाई देता है, मानसिक स्तर दूर फेंककर उन अस्वाभाविक घटनाओं में अपने आपको ज्यों-त्यों लीन कर देते हैं; तब भी एक अज्ञात आशंका से हृदय हर समय धड़का करता है। यह जो पात्र अभी अच्छा खासा हँस-बोल रहा है—अभिनय कर रहा है, पता नहीं किस क्षण बेचारा ताल सुर-युक्त गीत गा उठे। पता नहीं, आपके साथ होता है या नहीं—मेरे साथ तो यही दिक़्क़त है। हमेशा चिंता लगी रहती है कि यह अच्छा-भला पात्र बेचारा अभी गा उठेगा और कुछ न कर सकने के कारण हम विवश स्तब्ध रह जाएँगे। यही बात 'अंचल' के

पात्रों के विषय में है। शांति बेचारी बिलकुल भोली लड़की है। छोटा भाई उसे पीट देता है और कॉलेज में पढ़ाई कैसे होती है, उसे पता नहीं। संकोची इतनी कि घंटेभर पकौड़ी हाथ में लिए रहेगी पर खाएगी नहीं। पर कौन जानता है कि एकदम कब किस भाषा में बोल उठेगी जिसकी एक क्षण पहले कल्पना भी नहीं की जा सकती। बातों का विषय वही है जो पिछले तीन उपन्यासों का रहा है—शांति अपनी तुच्छता और निरीहता बखानती है; विमल अपने हृदय और हृदय में उसके स्थान की व्याख्या उसी दुरूह अलौकिक शैली में करता है। ऐसी लंबी-चौड़ी बातें करने का उनका कोई ख़ास वक़्त नहीं है—वे बातें रात के दो बजे मुँडेर के सहारे खड़े-खड़े भी हो सकती हैं। आत्माभिव्यक्ति की विकट भूख 'अंचल' के सभी पात्रों का महारोग है।

सब मिलाकर 'अंचल' के इस उपन्यास के दोनों प्रमुख पात्र अस्वाभाविक और निर्जीव ही नहीं, अत्यधिक अशरीरी, भावुक, कवि और वाचाल हैं। अशरीरी और भावुक जैनेन्द्र के भी पात्र रहे हैं, लेकिन उन्हें आप मनुष्य मानने के लिए फिर भी तैयार हो जाएँगे। चाची है जो मिट्टी का खिलौना हैं। तरकारी बनाने, काटने का काम उनके सुपुर्द है, चाहे जब बुला लीजिए, चाहे जब हटा दीजिए। कथा में कोई अंतर नहीं पड़ता। और बेचारा हरि ? दुनिया बदल गई है, लेकिन शुरू की अपेक्षा अधिक बच्चा ही बनता जाता है, जैसे उलटा बढ़ रहा हो, वह हमेशा ही एक-सा है। इसका कारण है कि कथानक में उसके लिए कोई स्थान नहीं है—सिवा इसके कि एक बच्चा चरित्रों की विविधता में शायद कुछ सहायक हो सके।

तो भी एक तथ्य से इनकार नहीं किया जा सकता कि कहीं-कहीं भावोद्वेलन को चित्रित करने में 'अंचल' ने कमाल कर दिया है। जैसे उषा के पुत्र होने पर शांति का मानसिक उतार-चढ़ाव, या वह आत्मभर्त्सना और हिस्टीरिया के दौरे का चित्रण, शांति की विदा का अंतर्द्वंद्व : ये तीन-चार स्थल ध्यान देने योग्य हैं। इनकी सजीवता का क्या कारण है ?—जहाँ तक मैं पकड़ पाया हूँ यथार्थ की वह ठोस भूमि ही उनका आधार है जिन पर ये कुछ दृश्य आधारित हैं। यहीं पर अपने आप इस तथ्य का उद्घाटन हो जाता है कि उपन्यास सजीव क्यों नहीं हो सका ? क्योंकि उसका आधार यथार्थ नहीं है। एक भावुकता है, जिस पर छिछली दार्शनिकता और हवाई आध्यात्म का मुलम्मा चढ़ाया गया है। कभी-कभी विमल, शांति के भीतर के चिरंतन नारीत्व और अनिवार्य मातृत्व की आग को कुरेदने की चेष्टा करता है, लेकिन वह सदैव ही आदर्श वैधव्य की राख उसके ऊपर डाला करती है, जो किन्हीं अंशों तक उसकी विवशता है लेकिन उतनी बड़ी नहीं जितनी लेखक खींच-खींचकर दिखाता है। इसका फल वही हुआ जो ऐसी ऊँची आदर्शवादी आध्यात्मिकता का होता है—घोर निराशा और अंधकार में उसका पतन। यहाँ मैं धर्मवीर भारती की केवल इस बात से सहमत हूँ कि "निम्न मध्यवर्ग व जिसका चित्रण 'अंचल' ने किया है वह वास्तव में मरुस्थल के सिवा और क्या है ? उसका ज़र्रा-ज़र्रा बिखर चुका है, रस और जल के नाम पर जहाँ केवल मृगतष्णा है, मरीचिका मात्र है। इस धरातल पर चलनेवाली निष्पाप आत्माएँ गहरे अँधेरे में भटक रही है।" लेकिन यहाँ उन्होंने उनके

पथ-प्रदर्शन के लिए इस मरुस्थल में बालू की वेदी पर जो दीप स्थापित किया है—सचेत पाठक को सहमत नहीं कर सकता। बालू की वेदी ठीक है, दीप भी ठीक है, लेकिन पथ-प्रदर्शन इस स्थान पर बड़ा भ्रामक शब्द है।

शायद मैं बहुत अधिक कह चुका हूँ। केवल एक बात सीधे अंचलजी से। लिखते समय बीच-बीच में लगाने के लिए जो बिंदु (डॉटस्) लाते हैं उन पर कुछ राशन या कंट्रोल है या नहीं ? सिनेमा, उपन्यासों को छोड़कर उस स्थान का पता वे कृपा करके बताएँ जहाँ ऐसी भाषा बोलनेवाले लोग रहते हैं—"रह गया मैं...मैं तुम्हारा ही हूँ... बिलकुल तुम्हारा...तुम्हारा ही....तुम्हारा ही। जीवित तुम्हारा...मरने पर तुम्हारा...तुम्हारा। दूर रहूँ या पास रहूँ। जीवित तुम्हारा नहीं...मेरा भी नहीं।" (63) इत्यादि।

आख़िर ज़िंदगी और स्वाभाविकता भी तो कुछ हैं, जहाँ से सारे उपन्यास, कहानियों के पात्र आते हैं।

और बिलकुल अंत में चैख़व की वह बात जो उसने आलोचकों के विषय में गोर्की से कही थी—"ये आलोचक घोड़े की मक्खियों की तरह होते हैं—जो घोड़े को खेत जोतने से रोकती हैं। घोड़ा काम में जुटा होता है और उसके पुट्ठे संगीत के सबसे निचले सुर के लिए खिंचे तारों की तरह तने रहते हैं। तभी एक मक्खी उसके बाजू पर बैठकर गुदगुदाती है, भनभनाती है। उसे अपनी खाल झटकनी पड़ती है, पूँछ फटकारनी पड़ती है। और मक्खी भनभनाती किसलिए है ? इसे शायद वह खुद भी मुश्किल से ही जानती होगी। सिर्फ़ इसलिए कि वह बेकस है और सारे संसार को जता देना चाहती है—'देखा, मैं भी तो संसार में ज़िंदा हूँ। देखो, मैं भनभना भी सकती हूँ, किसी-न-किसी के बारे में ही मैं भनभना सकती हूँ।'

—प्रवाह, जून, 1952

ढलती रात

(विष्णु प्रभाकर)

बड़ी उलटी बात हमारे यहाँ है ज्यों-ज्यों कलाकार प्रौढ़ होता गया उसकी कला मरती गई; और एक दिन वह खाली ठठरी उठाए घूमता दिखाई दिया। ख़ासतौर से यह बात उनके प्रति अधिक सच प्रतीत होती है जो भावुकतापूर्ण आदर्शवाद में उलझे रहे हैं। जो भी सर्वश्रेष्ठ वे दे सकते थे, दे चुके। 'सुनीता' और 'त्यागपत्र' के अतिरिक्त 'सुखदा' में जैनेन्द्रजी कोई ऐसी नई क्रांतिकारी चीज़ नहीं देने जा रहे जिसकी तड़प और नवीनता से चकाचौंध होकर आलोचकों को उनके विषय में अपनी राय बदलने की ज़रूरत महसूस हो, वृन्दावनलाल वर्मा 'गढ़ कुण्डार' और 'विराटा की पद्‌मिनी' से लेकर 'अपनी सीमा' तक की दूरी और सफलता नाप लें। श्री भगवतीचरण वर्मा का जब पूरी तरह दिवाला निकल गया तो सनसनाती घटनाओं के घटाटोप का ट्रम्प-चाल अर्थात् 'आख़िरी दाँव' भी वे लगा चुके हैं। पता नहीं, क्यों, इतने मँजे हाथ, अनुभवी मस्तिष्क कोई ऐसी चीज़ नहीं दे रहे जिन्हें हम आज का आदर्श बना लें। बर्नार्ड शॉ, रवींद्र, प्रेमचंद और शरत् की एक-एक रचना के लिए पाठक आँखें और हृदय फाड़े भूखे देखते रहते थे कि कब मिले और उदरस्थ कर जाएँ ! आलोचक डरते थे कहीं ऐसा न हो कि उनकी अगली रचना इनके सारे निर्णयों के महल ध्वस्त कर दे। आज एलिया एहरनबुर्ग, यशपाल, कृष्णचंदर, अब्बास की एक-एक रचना के लिए पाठक पत्रिकाएँ और बुकस्टॉल टटोलते हैं—क्यों ?

इस विरोधाभास का बिलकुल सीधा कारण यह है कि इन लेखकों ने छातियों से अपने उन हवाई आदर्शों की लाश को बंदरिया के बच्चों की तरह चिपका रखा है जो ऐतिहासिक दृष्टि से अनावश्यक हैं। साथ ही ग्रहण के द्वारों पर ताले डालकर—इस मायामय संसार के संघर्षों से अलग, अपनी अहम् की छतरी पर बैठे 'गुटर-गूँ' कर रहे हैं।

तो समस्त आदर और सद्‌भावनाओं के बावजूद मैं श्री विष्णु प्रभाकर को भी उन्हीं लेखकों में गिन रहा हूँ, हालाँकि सैकड़ों कहानियों और रेडियो-एकांकियों पर मँजे हाथों ने प्रस्तुत पहला उपन्यास 'ढलती रात' दिया है। फिर भी विष्णुजी में एक अच्छी बात है : एक सचेत लेखक की तरह वास्तव में यह प्रश्न उन्हें कोंचता रहा है कि वे क्यों नहीं जनमत पकड़ पा रहे और अगर कांत को लेखक का प्रतिबिंब मान लिया जाए (जिसमें शक की कोई गुंजाइश नहीं रहती !) या न भी माना जाए तो एक लेखक के नाते ही सही, दो-तीन बार से अधिक यह प्रश्न उसके मन में उठा है—'मैं कुछ नहीं कर सका।

मेरा जीवन व्यर्थ है। मुझे कुछ नहीं आता। मेरी सारी प्रतिज्ञाएँ झूठी हो गईं। मेरे विचारों, भावनाओं, कामनाओं का किसी का कोई मूल्य नहीं है। मुझे कुछ नहीं आता। मुझमें न प्रखर प्रतिभा है, न सहज बुद्धि, न धन, न शक्ति, न प्रतिष्ठा, न साहस कुछ नहीं !' (533) ऐसे प्रश्न सजगता, आत्मालोचना और सत्यान्वेषण की निशानी है, और अगर लेखक सजग रहा तो निश्चित रूप से एक दिन स्वयं उस सत्य को प्राप्त कर लेगा (यों सत्य अब भी उसकी निगाहों से दूर नहीं है) और जब वह सत्य उन्हें मिल जाएगा तो सच्चे अर्थों में वे कबीर, तुलसी, भारतेंदु, प्रेमचंद और गोर्की की परंपरा के लेखक होंगे।

'ढलती रात' एक काफ़ी मोटा उपन्यास है। और इतना अरोचक भी नहीं है कि आप उसे यों ही रख दें।

उपन्यास शुरू होता है हिंदू-मुसलमानों के दंगे से। पहले 50 पृष्ठ तक तो यही लगता है कि वह सन् '47 के आसपास के वातावरण को ही लेकर लिखा गया होगा, लेकिन बाद में धीरे-धीरे यह समस्या एक ओर हट जाती है, और सामने आती है—क्लर्क-जीवन की तस्वीर जो पूरे उपन्यास में चलती है। यह क्लर्क-जीवन भी लहरों के ऊपरी भाग की तरह है और असली रह जाता है—एक युवक का जीवन, जो लेखक है, क्लर्क है, सामाजिक प्राणी है और फिर एक युवक है जिसके हृदय में महत्त्वाकांक्षाएँ, जवानी और सपने हैं।

कथा बड़े संक्षेप में यों है : निशिकांत एक क्लर्क है। आर्यसमाज का बड़ा ही सुंदर वक्ता और सुलझा हुआ सदस्य है। शहर में दंगा हो गया है तो वह सभी मृत व्यक्तियों के घरों में सहानुभूति प्रदर्शित करने जाता है। मोहन के यहाँ भी जाता है। धीरे-धीरे उसकी विधवा पत्नी कमला, जो पहले उसकी शिष्या रही है, उस पर बड़ी श्रद्धा रखती है, उसके संपर्क में आती है। एक स्कूल में मास्टरनी हो जाती है। झगड़े में फिर उसका एक दोस्त कुमार घायल हो जाता है, जिसकी कमला खूब सेवा करती है। फलतः बदनाम होती है और स्कूल छोड़ना पड़ता है। इधर कांत एक महीने इधर-उधर घूमकर अकेला घर आकर रहने लगता है। कमला भी अकेली है। कमला, कुमार से प्रेम करती है, किंतु जब धर्मपाल से कांत की बीमारी की बात सुनती है तो उसकी भी सुश्रूषा को जाती है। और यहाँ वे अकेले हैं। कांत बुख़ार में बेहोश है। कमला जी-तोड़कर उसकी सेवा करती है और इन्हीं मानसिक घात-प्रतिघातों में जन-समाज के मंत्री और अन्य सदस्य आते हैं तो वह कहता है, 'मैं कमला से विवाह करूँगा।' क्लर्की से इस्तीफ़ा वह पहले दे चुका है।

इसके अलावा कांत के बचपन के संस्मरण—सुरैया और हबीब, कुमार और उसकी पत्नी की अन्य उपकथाएँ हैं।

सामाजिक और राजनैतिक रूप से कहानी का क्षेत्र उस समय का है जब आर्य-समाज का सुधारवादी आंदोलन निर्जीव हो रहा था और राजनैतिक चेतना के साथ कांग्रेस और गांधीवाद समाज के दिल में घर कर रहे थे। हालाँकि तिथि और तारीख़ के हिसाब से लेखक ने इसे वह काल बताया है जब द्वितीय महायुद्ध की घटनाएँ और घटाएँ उठ रही थीं। ऐतिहासिक रूप से उस समय प्रमुख मुक्ति और दासता के संघर्ष की प्रवृत्ति को,

प्रायः भुलाकर लेखक ने जातिवाद और संप्रदायवाद पर ही अधिक ज़ोर दिया है। आर्य-समाज की बैक-ग्राउंड में उसे ही फ़ोकस में रखा है। बीच के कुछ हिस्से में राष्ट्रीय सुधारवाद और शिक्षा प्रसार का वह रूप भी आता है जब लेखक ने अछूतोद्धार की आवाज़ बुलंद की है, पर यह आवाज़ कुमार के रूप में पहले तो घायल होकर निष्क्रिय हो गई है और बाद में पथ्य और आश्रम में जाकर लुप्त। वह बड़ी हलकी आवाज़ है। इन भावनाओं को न समझ पाने के कारण ही गांधीवादी और आर्य-समाजी विचारधाराओं का विचित्र-सा घपला है। यों उस समय इन दोनों विचारधाराओं को बिलकुल अलग-अलग कर डालनेवाले घेरे तो नहीं बनाए जा सकते; फिर भी दूसरे महायुद्ध से पहले शायद आर्य-समाज पर इतना हावी नहीं था (जैसा उपन्यास में दिखाया है) जितनी राष्ट्रीयता और गांधीवाद था।

और इसीलिए हिंदु-मुस्लिम समस्याओं का हल भी लेखक के लिए राष्ट्रीय और सांस्कृतिक सवाल नहीं बना। वह या तो सामाजिक बनकर रह गया है, या फिर मानवतावादी। इन्हीं दोनों दृष्टियों से उनका हल भी दिया है। विशेष-रूप से शुद्धि, छुआछूत की व्यर्थता दिखाकर लेखक हबीब और सुरैया को शुद्ध मानवतावादी धरातल पर ले आया है।

उपन्यास की सबसे बड़ी विशेषता है कि उसमें जीवन का सर्वांग चित्र देने का प्रयास किया गया है। कुछ उपन्यासों को छोड़कर हमारे अधिकांश उपन्यासों में हुआ यह है कि उसका नायक अगर प्रेम करता है तो आपको पता नहीं चल सकता कि उसके कुछ सामाजिक, साहित्यिक, उत्तरदायित्व भी हैं या नहीं। उसके आसपास, पड़ौस में कोई रहता भी है या वह अकेले किसी द्वीप में है जहाँ सिर्फ़ प्रेम करना उसका काम है। खाना-पीना, रहना-सहना सब जादू के मंत्रों से होता है। मनुष्य के व्यक्तित्व को संपूर्णता में पकड़ने के लिए उसके तीन पक्ष (आयाम) कम-से-कम काफ़ी स्पष्ट हैं--सबसे प्रमुख वह, जहाँ वह अपना आर्थिक सवाल हल करता है, दूसरा वह जहाँ वह, व्यक्तिगत प्रश्नों तथा समस्याओं के आगे होता है, तीसरा वह जब वह समाज में होता है। स्पष्ट है कि उसके व्यक्तित्व की यह तीनों धाराएँ त्रिवेणी-धाराएँ नहीं हैं जो वैसे तो अलग-अलग चलें, पर किसी एक बिंदु पर आकर मिल जाएँ। सब कहीं ये धाराएँ प्रत्यक्ष या अप्रत्यक्ष एक-दूसरे पर प्रभाव रखती हैं और जो जितनी ही प्रमुख होती है वह अन्य दो धाराओं को उतना ही अधिक प्रभावित करती है। इस बात को समझे बिना या यथार्थ जगत के वास्तविक अनुपात में इन तीनों को देखे बिना आज हम अपने जीवन को नहीं समझ सकते।

भारतेंदु-युग के बाद और प्रगतिशील आंदोलन से पहले एक ऐसा युग हमारे साहित्य में था, जब लेखक अपने आपको एक असाधारण या किसी दूसरे लोक का प्राणी समझता था और चाहता था कि उसके सौ गुनाह माफ़ हों। वह समझता था कि समाज की बुराई-भलाइयों से वह ऊँचा है, समाज उसे पहचान नहीं पाया है और एक समय आएगा जब समाज उसे पहचानेगा। इसलिए समाज के प्रति सहानुभूति और सुधार का रुख़ न

रखकर कलाकार विद्वेष का रवैया रखता था। इस मनोवृत्ति का ख़ास कारण यह भी था कि कलाकार जहाँ मानसिक स्तर और कला की समझ में समाज को प्रेरणाप्रद या प्रोत्साहनपूर्ण नहीं समझता था, वह अपनी आर्थिक और मानसिक समस्याओं का समाधान भी समाज से नहीं पा सका था। समाज से यह दुहरी अवज्ञा और अपने को असाधारण समझने की भावना ने कलाकार की उसकी मानसिकता को ऐसा खंडित कर दिया कि उसने अपने आपको घोर व्यक्तिवादी दीवारों में बंद कर लिया। अपने को महिमान्वित करना धर्म; और शेष सबको संकट बताना, या कम-से-कम उन्हें साहित्य में स्थान देना पाप समझने लगा। उसी समय हमारे साहित्य में कुछ ऐसी रचनाओं का निर्माण हुआ जिनकी प्रेरणा घोर व्यक्तिवादी थी—टेकनिक के रूप से वे चाहे कितनी भी सुधार-सँवारकर क्यों न लाई गई हों...। और यह स्वीकार करने में हमें कोई झिझक नहीं होनी चाहिए कि बुरे या भले कम या अधिक रूप से जितना भी समाज इस व्यक्तिवादी माध्यम से प्रतिबिंबित (रिफ़्लेक्टेड) हुआ है, वह उपेक्षणीय नहीं है। साथ ही वे रचनाएँ अपने आपमें इतनी हलकी नहीं हैं कि उन्हें कूड़ा कहकर फेंका जा सके। कुछ लोगों ने तो सर्वश्रेष्ठ कला को ही व्यक्तिवाद की देन माना है। 'शेखर' इस कला का सर्वश्रेष्ठ उदाहरण माना जा सकता है। एक बात और : चूँकि ये व्यक्तिवादी रचनाएँ थीं इसलिए यह स्पष्ट रूप में ही जीवनी (उपन्यास) कहकर सामने लाई गईं, और लेखक अपने प्रमुख-पात्र से अपनी छाया को बचा नहीं सका, क्योंकि उसके सामने या तो उसका खुद का रूप था, या विदेशी पात्रों की प्रेरणा। अतः स्पष्ट ही हमारे उन उपन्यासों में या तो वे समस्याएँ हैं जो लेखकों की अपनी हैं, या वे जो हमारे समाज की न होकर अन्य देशों की हैं, जिनका निर्माण लेखक ने पुस्तकें पढ़कर मानसिक रूप से किया है। प्रसन्नता की बात यह है कि इन जीवनी (या लेखक की अपनी छायावाली) रचनाओं में 'शेखर' के बाद क्रमशः सामाजिकता ही अधिक आती गई : 'वह जो मैंने देखा' (उदयशंकर भट्ट) के अजय में, 'गिरती दीवारों'—(अश्क) के चेतन में; 'पथ की खोज' (डॉ. देवराज) के चंद्रनाथ में उनकी समस्याओं और तस्वीरों के साथ समाज की समस्याएँ और तस्वीरें भी हैं। इस दृष्टि से शायद सबसे अधिक विकसित रूप हमें 'ढलती रात' के निशिकांत में दिखाई देता है।

निशिकांत के व्यक्तित्व के तीनों पक्ष हमारे सामने हैं; सामाजिक, व्यक्तिगत और आर्थिक। यह तीनों रूप उसे एक वर्ग का टाइप बना रहने देने में अधिक बाधक नहीं होते। उसकी समस्या यह है कि वह लेखक है, क्लर्क है और एक अविवाहित, उमंगोंवाला नवयुवक है। उसका पालन-पोषण, रहन-सहन, जाति-पाँति में बँधे रूढ़िवादी गृहस्थ में हुआ है। वह फड़फड़ाता है और रह जाता है। लेकिन सच बात तो यह है कि यह कांत कुछ अजीब मरियल, निराश और मुरझाया व्यक्ति है। हालाँकि जाति-पाँति, छुआ-छूत, रहन-सहन, मुहल्ले-पड़ौस, घर-गिरस्ती, ताने-व्यंग्य, स्त्रियों के परस्पर वार्तालाप के जितने स्पष्ट, स्वाभाविक, सशक्त और प्रभावशाली चरित्र और चित्र 'ढलती रात' में विष्णु प्रभाकर ने दिए हैं, हिंदी में अभी तक देखने को नहीं मिले। प्रेमचंद के बाद शायद अभी किसी ने उसका सच्चा रूप उतारने का प्रयास भी नहीं किया। दफ़्तरों में

क्लर्क-जीवन के चित्र तो वास्तव में बेजोड़ हैं। लेकिन यह सब चीज़ें कांत को जैसे ज़रा भी प्रभावित नहीं कर पातीं। वह इन सबमें पिसने के बावजूद कमल के पत्ते की तरह निर्लिप्त तैरता है। इतने मानसिक द्वंद्व के बाद भी सिवा अंतिम बीमारी के घर या दफ़्तर की कोई भी घटना या बात उसके जीवन में कोई मोड़ या गति नहीं दे पाती। सब कुछ होता है लेकिन वह अछूता ही है। साथ ही शेखर की तरह वह इतना दृढ़ या चेतन की तरह अलमस्त भी नहीं है कि ये बातें उसकी कार्यशीलता में कोई हलचल न करें। असल में वह मानसिक रूप से नपुंसक है, सोचता है और रह जाता है। यहाँ तक कि कमला के प्रेम के प्रति भी उसमें इतनी व्यग्रता नहीं है जो उसके चरित्र में थोड़ी गतिशीलता दे सके। वह खुद भी स्वीकार करता है। "मैं किस योग्य हूँ। मेरे पास शक्ति नहीं है। मेरे पास धन नहीं है। मेरे पास रूप नहीं है। साहित्य-क्षेत्र में भी नहीं पूजा जाता। मेरा नाम मेरे देश में भी नहीं चलता। मैं धन के अभाव में समाज-धर्म, जाति किसी के ऊपर नहीं उठ सकता। किसी को अपना नहीं बना सकता। मैं क्या हूँ ? मेरा क्या मूल्य है। मैं कायर हूँ ? मैं नपुंसक हूँ। मुझे जीने का अधिकार नहीं है। मैं मरूँगा, मैं निस्संदेह मरूँगा !" (425)

निशिकांत का चरित्र इतना सशक्त नहीं हो पाया कि कहीं भी वह पाठकों की भावना को बहा ले जाए। इसका कारण और भी है : निम्न-मध्यवर्गीय क्लर्क-जीवन का चित्र होते हुए भी इस स्थान के सिवा अर्थाभाव की बात न तो कहीं लेखक ने लिखी है, और न वह सामने (कमला के मास्टरनी होने की समस्या को छोड़कर) कहीं आई है। और यह बिलकुल सत्य है कि लाख स्वाभाविक होते हुए, मध्यवर्गीय समाज के आर्थिक ढाँचे को हृदयंगम किए बिना, न तो उसमें गहराई की मर्मस्पर्शिता आ पाएगी, न सचाई की तड़प; ख़ासकर इस वर्ग के क्लर्क-जीवन में। लेखक ने दफ़्तर के शोषण ओवर-टाइम, गुलाम मनोवृत्ति, सबकी बात लिखी हैं, बस यही सवाल नहीं उठाया है। एकाध जगह तो कांत भी इस शोषण में सहायक हुआ है। इस संबंध में कोई कुछ बात नहीं कहता। वहाँ भी लेखक ने हिंदू-मुस्लिम की समस्या उठाकर इस प्रश्न से ध्यान हटा दिया है। हो सकता है कि लेखक की दृष्टि में हिंदू-मुस्लिम द्वंद्व की समस्या आर्थिक न हो। (खंड तीन : परिच्छेद तीन) पर इस वर्ग की समस्या तो आर्थिक ही है।

कहीं भी यह साफ़ नहीं है कि लेखक मुख्य रूप से किस बात पर ज़ोर देना चाहता है। यों इस उपन्यास का साढ़े पाँच-सौ पृष्ठों का विस्तार अनावश्यक जान पड़ने लगता है।

हाँ, आर्य-समाज के पतन के कारणों को बड़े स्पष्ट और स्वाभाविक रूप में 'ढलती रात' में देखा जा सकता है। कुछ प्रतिज्ञाओं में बँधा और आर्य-समाज का एक अस्वास्थ्यकर प्रभाव, कांत के ऊपर होने के साथ-साथ उसकी असंगतियों, अंतर्विरोधी आडंबरों और कठमुल्लेपन को उसने बड़े साफ़ और सफल ढंग से सामने रखा है।

कमलाशंकर प्रकट करती है कि हिंदू-मुस्लिम खाई बढ़ती ही जा रही है तो सुरैया कहती है—"बहिन, अब तो एक ही रास्ता है। और वह रास्ता है कि सब सोशलिस्ट हो

जाएँ !" तो जैसे इस तथ्य को स्वीकार करके भी कमला कहती है—"गांधीजी वैसे तो सबसे बड़े समाजवादी हैं।" अगली ही लाइन, जाने-अनजाने लेखक ने दी है—"बात यहाँ आकर एकदम टूट गई, क्योंकि भाभी आ गई" इत्यादि। (307) बात वास्तव में यहीं आकर टूट जाती है, क्योंकि हिंदू-मुसलमानों पर खूब लंबे-लंबे तर्क और व्याख्यान, खानपान और शुद्धि के बावज़ूद—अर्थात् गांधीवादी और आर्य-समाजी नुस्खों के बावज़ूद उपन्यास के अंत तक यह समस्या वैसा ही प्रश्नवाचक चिह्न रही है जैसी प्रारंभ में थी। यहाँ अब मैं विष्णुजी से प्रार्थना करूँगा कि रामानंद सागर का 'और इंसान मर गया', कृष्णचंद्र का 'तीन गुंडे', 'पेशावर एक्सप्रेस' 'हम वहशी हैं' और अब्बास का 'मैं कौन हूँ।' कहानियाँ पढ़कर बताएँ कि इस समस्या पर दिल और दिमाग़ झकझोर देने की शक्ति उनमें है या नहीं ? जहाँ तक इस समस्या का प्रश्न है, और 'ढलती रात' को मैं श्री गुरुदत्त के इतने ही मोटे उपन्यास 'पथिक' का परिवर्धित संस्करण कहूँ तो शायद अधिक अनुपयुक्त न हो।

यह ठीक है कि क्लर्क-जीवन की विभीषिकाओं और आर्य-समाज के रूप, बंधनों और अभिशापों के बोझ, निशिकांत ने इस्तीफ़े और कमला से विवाह की घोषणा के साथ उतार फेंके हैं और यों उसके दुर्भाग्य की रात ढल गई है, लेकिन अब फिर ? इसका कोई उत्तर लेखक के पास नहीं है। शायद वे कुमार के पास दिल्ली के आश्रम में आ जाएँ।

कांत लेखक बनता है, उसी समय 'परख' उसके सामने आता है, इसलिए खुद उसके जीवन में कमला का आगमन हरीश के जीवन में 'कट्टो' के आगमन से मिलता है। वैसे भी नारी-पात्रों के चित्रण में भी विष्णुजी को जैनेन्द्र स्कूल का मान लेने में विशेष असुविधा नहीं होनी चाहिए। यद्यपि जैनेन्द्र जैसी रहस्यमयिता और पहेलीपन देने की कोशिश उन्होंने नहीं की है। उनकी नारियाँ बड़ी सीधी और स्वाभाविक हैं। एक-सी घटनाओं और सपनों के सिंहावलोकन पर 'शेखर' की शैली बोलती है। फिर भी पिछले जीवन के खंडचित्र उपन्यास के सर्वश्रेष्ठ हिस्सों में से कुछ हैं। पहला खंड काफ़ी शिथिल, बोझिल और दर्शनाभास कराता है।

अंत में एक बात : कहा यह जा सकता है कि इस उपन्यास में आई समस्याओं को जो कोण और रूप दिए गए हैं, वे आज के नहीं हैं। वे दूसरे महायुद्ध से पहले के हैं और उस समय (विधवा से विवाह कर लेना और मुसलमान को भी इंसान मान लेना आदि) यही दृष्टिकोण काफ़ी क्रांतिकारी माने जा सकते थे, उन्हें आज की निगाह से जाँचना ग़लत है। इस विषय में मेरा निवेदन है कि यह उपन्यास ही यदि युद्ध से पहले छपा होता तो उस समय के श्रेष्ठतम सामाजिक उपन्यासों में से एक होता। लेकिन इधर युद्ध और गांधीवादी स्वतंत्रता ने, मध्यवर्गीय बाबुओं और हिंदू-मुस्लिम समस्या को जो रूप दिया है, (और यह रूप पहले नहीं था, मानने का कोई कारण हमारे पास नहीं है) उससे यह उपन्यास काफ़ी दूर ही नहीं, उथला पड़ गया है, क्योंकि हिंदुस्तान, पाकिस्तान का प्रश्न मूल रूप में छुआछूत, आपसी घृणा, नफ़रत और धर्म का प्रश्न नहीं, एक राजनैतिक चाल है।

—**प्रवाह**, जुलाई, 1952

गुनाहों का देवता :
हिंदी उपन्यासों के साथ

(धर्मवीर भारती)

'गुनाहों का देवता' श्री धर्मवीर भारत का पहला उपन्यास है। अधिकांश मित्रों की राय है कि इसमें भावनात्मकता और बचकानी भावुकता के अतिरिक्त कुछ भी नहीं है और एक विचित्र-सी अस्वाभाविकता सारे उपन्यास पर छाई है, लेकिन मैं इस प्रकार अपना कोई निर्णय नहीं दे सका। मुझे वह अच्छा भी लगा। फिर भी उनकी राय एकदम झुठलाई नहीं जा सकी, क्योंकि अपनी पसंद के अतिरिक्त साहित्य के और भी मापदंड हैं। सबसे पहले लीजिए, भूमिका–

भूमिका किसी पुस्तक को समझने की सबसे सरल, विश्वस्त और आवश्यक कुंजी है; लेकिन 'गुनाहों का देवता' में यदि भूमिका का आधार लेकर चला जाएगा तो पाठक बीच में ही खो जाएगा, उलझ जाएगा। वस्तुतः बात यह है कि पूरे उपन्यास और भूमिका में कोई तात्विक संबंध नहीं है, यह विचारशीलता और हेतुवादिता को टोपी तो ऊपर से जबर्दस्ती पहना दी गई है और उसमें असलियत की तरह चुटिया अलग झाँक रही है। अब इस 'पैरोडी' को समझने के लिए कथा को संक्षेप में समझ लिया जाए तो और भी सुविधाजनक हो :

"एक थी सुधा, दूज के चाँद-सी मासूम, हरिण की भोली आँखों-सी निष्पाप उसकी कुँवारी साँसों का देवता था–चंदर। दोनों ही एक इंद्रधनुषी सपने के सम्मोहन में अपने-अपने मन के स्पंदन को समझ ही नहीं पाए और एक दिन चंदर ने हँसते हुए अपने हाथों सुधा के जीवन को दूसरी पगडंडी पर मोड़ दिया; लेकिन उसके बाद ही उसकी एकाकी आत्मा में एक भयंकर चक्रवात हहर उठा, जिसके हर झोंके में गुनाह था और हर आघात में एक मानसिक दर्द ! लेकिन उस तूफ़ान में पड़कर भी चंदर डूबा नहीं, उसके पंख टूटे नहीं, वह हवाओं को चीरकर बाहर निकल आया। लेकिन तूफ़ान गुज़र जाने के बाद उसने देखा कि उसके आत्मा के गुलाब की पंखुरी बिखर चुकी है।"–बस इतना ही काफ़ी है।

सबसे पहले हमें यह याद रखना होगा कि यह मध्यवर्गीय-समाज की एक प्रेम कहानी है। यह ठीक है कि इस बीसवीं सदी ने हमारे मध्यवर्गीय समाज की रूढ़िगत नैतिक व्यवस्था को उखाड़ फेंका है और समाज की वर्तमान मान्यताएँ और व्यवस्था एक

बहुत बड़ा गुनाह है; और यह भी ठीक है कि उसके स्थान पर कोई स्वस्थ और सशक्त व्यवस्था का जन्म नहीं हो सका है, लेकिन इसी कारण 'नारी और पुरुष के सहज स्वाभाविक संबंध, प्रेम के विषय में भी भयंकर उलझनें आ गई हैं।' यह बात इस उपन्यास को देखकर नहीं लगती। इसमें स्पष्ट-रूप में घटित घटनाओं का उत्तरदायी समाज न होकर व्यक्ति है। चंदर ही है जो स्वयं एक काल्पनिक और स्वर्गिक नैतिकता के झोंके में सुधा के जीवन से खेलता है और सारे उपन्यास की सृष्टि करता है। यों, भूमिका में तो कह दिया गया है कि इसी समाज-व्यवस्था के कारण आज का युवक पंगु, निःसत्व और कायर है, किंतु समाज किस प्रकार और कहाँ उसकी मानसिक शक्तियों को कुंठित करता है, इसका पता नहीं लगता। यह ठीक है कि वह अपने सैक्स की अस्वस्थताओं और 'अहम्' से ऊपर नहीं उठ पाता, किंतु वे कौन-से कारण हैं जो उसे उठने नहीं देते ? इस प्रकार समाज की विकृति, उसका व्यक्ति पर प्रभाव केवल भूमिका की बातें हैं और सारा कथानक एक व्यक्ति के मानसिक अंतर्द्वंद्व, शरीर और 'आत्मा' के संघर्ष से बढ़कर कुछ अधिक नहीं रह जाता जो इतना अधिक कवित्वपूर्ण है, कि निराशामूलक है।

यों इस उपन्यास का नायक मानता है कि 'अर्थशास्त्र वह पत्थर है जिस पर समाज के सारे भवन का बोझ है' (59) 'अपने अर्थशास्त्र के बावज़ूद वह समझता था कि आदमी की ज़िंदगी सिर्फ़ आर्थिक पहलू तक सीमित नहीं है और यह भी समझता था कि जीवन को सुधारने के लिए सिर्फ़ आर्थिक ढाँचा बदल भर देने की जरूरत नहीं है' (60) लेकिन अंत तक न जीवन सुधारनेवाली किसी बात का पता मिलता है, न स्वयं अर्थशास्त्र का। यदि अर्थशास्त्र के आधार पर समाज-व्यवस्था के बिगड़-सुधर जाने का लेखक का तात्पर्य उस तर्क से है जो आधे पृष्ठ में डाक्टर शुक्ला के साथ हिंदू-विवाह की बात लेकर हुआ था और जिसको पुस्तक के अंत में उन्होंने जला दिया था—तो मुझे कुछ नहीं कहना। मैं यह मानता हूँ कि 'चंदन उन लड़कों में से था जिनकी ज़िंदगी बाहर से बहुत हलकी-फुलकी होते हुए भी अंदर से गंभीर और अर्थ-मयी होती है'; वह भी इस अर्थ में कि वह सुधा और अपने संबंधों को बड़ी गहराई से सोचता है, कह देता है। लेकिन पूरा उपन्यास पढ़कर भी मैं इस निष्कर्ष पर नहीं पहुँच पाया कि वह उन लड़कों में से भी था—जिनके सामने एक स्पष्ट उद्देश्य, एक लक्ष्य होता है। उसके सामने एक स्पष्ट उद्देश्य-लक्ष्य क्या है ? अर्थशास्त्री होने का ? हो सकता है, हो; लेकिन इन बातों से कथा का क्या संबंध ? वह थीसिस लिखता है, चार्ट बनाता है, डाक्टर बनता है, और मैडल लाता है—इसका श्रेय स्पष्ट ही डाक्टर साहब को है, न कि चंदर को। फिर वह लक्ष्य क्या है जिसके लिए अंत में सुधा ने संकेत किया है। इसलिए यह मानने में कोई हिचक नहीं कि उपन्यास के पात्र अपनी मानसिक कमज़ोरियों से ही लड़ रहे हैं, समाज के किसी फ़ौलादी शिकंजे से नहीं। समाज के किसी भी फ़ौलादी शिकंजे (विनती के थोड़े से हिस्से और बुआजी को छोड़कर क्योंकि वे हिस्से उपन्यास को ज़रा भी प्रभावित नहीं करते) और ध्वस्त व्यवस्था का इसमें पता नहीं लगता। मैं यह नहीं कहता कि गलित

समाज की मानसिक प्रतिक्रिया के रूप में साहित्य का निर्माण नहीं हुआ। हो सकता है—हुआ हो; लेकिन यह मुख्य नहीं है। मुख्य है वह दृष्टिकोण, जिसे लेखक की कृति में विकास मिला है।

तो स्पष्ट ही दूसरे लक्ष्य की बात करना व्यर्थ है। हाँ, लेखक का प्रथम लक्ष्य (कहानी अपने में एक रसात्मक कृति बने) एक विचारणीय वस्तु है और वही इस समय हमारा उद्देश्य भी होना चाहिए।

प्रथम लक्ष्य पर विचार करने से पहले छोटी-सी बात और : कुछ अजीब फ़ैशन हिंदी में चल गया है; भूमिका में ही लेखक ने जैसे अपने उपन्यास के पात्रों में अपने न होने की सफ़ाई दी है। आज के उपन्यासकार की यह एक मानसिक कुंठा है कि वह प्रायः अपने और अपनी कृति के बीच एक बड़ी खाई खोदकर प्रतिभा से उसे पाटने का दम भरता है। जैनेन्द्र ब्रह्म की भाँति अपनी कृति में सब जगह होने और कहीं न होने की बात कहकर बचते हैं; इलाचंद्र जोशी दावा करते हैं 'यदि किसी दिन यह प्रमाणित हो जाए कि मेरे सभी प्रमुख पात्रों के विचार मेरे अपने हैं, तो उस दिन मेरी कहानी कला की सबसे बड़ी असफलता प्रमाणित हो जाएगी।' शायद उन्हें 'अज्ञेय' की भाँति डर है कि कहीं हिंदी-पाठक उनके प्रमुख पात्र के व्यक्तित्व को लेखक का व्यक्तित्व मानकर न चले, चले क्या चलता ही है ! औरों के विषय में मैं नहीं जानता, इस उपन्यास के प्रमुख पात्र और भारतीजी (कवर पर दिए गए आत्म-परिचय के अनुसार) की तुलना से इस कथन की सत्यता प्रमाणित हो जाएगी। और यों अज्ञेयजी भी अपनी पुस्तक 'शरणार्थी' की भूमिका में स्वीकार करते हैं—'मेरा आग्रह रहा है, लेखक अपना अनुभूत ही लिखे, जो अनुभूत नहीं है, कोरी सैद्धांतिकता के वशीभूत होकर उसे लिखना ऋण-शोध हो सकता है, साहित्यिक सिद्धि नहीं।' इसके साथ 'मनोरंजन' (दिल्ली) मासिक में प्रकाशित कमलेशजी द्वारा लिए गए 'अज्ञेय' के 'इंटरव्यू' को ध्यान में रखकर कोई पाठक उनके व्यक्तित्व की छाया 'शेखर' में देख लेता है तो समझ में नहीं आता क्या आफत हो जाती है ! इन सबकी अपेक्षा नरोत्तम नागर ने 'दिन के तारे' में इस 'वैज्ञानिक तटस्थता' की रक्षा की है। इस प्रकार इस फ़ैशन में पहले जैनेन्द्र, दूसरे अज्ञेय, तीसरे जोशीजी, चौथे नागर और अब पाँचवें सवार धर्मवीर भारती !

अब आई रसात्मकता की बात :

इसे स्वीकार करने में किसी को तनिक भी हिचक नहीं है कि 'गुनाहों का देवता' एक पूर्ण रसात्मक और सफल कृति है। इसमें अनुभूतियाँ हैं जो जितनी रसमयी हैं, उतनी ही पुरदर्द भी; परिस्थितियाँ हैं जो एक मधुर पीड़ायुक्त छाप हृदय पर छोड़ चलती हैं; शैली है जो प्राणों का स्पंदन बनकर उमड़ती चलती है; चरित्र हैं जो प्रारंभ से ही पाठक की चेतना पर एक अद्‌भुत कुहक की भाँति छा जाते हैं; और सबसे ऊपर उपन्यास है जो समाप्त करने पर एक दीर्घश्वास बलात् बाहर निकाल लेता है। कृति की सबसे बड़ी रसात्मकता उसकी प्रभावोत्पादकता और प्रेषणीयता है। इसमें यह पूर्ण सफल है। एक के बाद एक पात्र भारती की कलम से उतरते चले आते हैं : सुधा और विनती यदि हमारे

श्रद्धायुक्त विश्वास, प्रेममयी भावनाओं को विस्मय और शुचि से भर देती हैं; तो गेसू हमारे कवित्व को गुदगुदाती है : पम्मी है जो एक तरल सिहरन से, विचित्र प्रकार से तन-तन को झकझोर जाती है। बर्टी पागल है, मूर्ख है : लेकिन शेक्सपियर के मूर्खों की भाँति अक्सर समझदारी की और व्यावहारिक बातें करता है।

कथानक साफ़-सुथरा, सुष्ठु और संतुलित। यहाँ सबसे बड़ी सफलता भारती को इस बात में मिली है कि उन्होंने घटनाओं और अंतर्द्वंद्व का सामंजस्य बड़े सुंदर ढंग से किया है, वैज्ञानिक ढंग से गूँथा है। चंदर अपने से लड़ रहा है, उसके प्राणों में एक भीषण चक्रवात हहर उठा है, उसके विश्वास डगमगा रहे हैं; तभी आती है पम्मी उसे एक नई दिशा देने; तभी मिलता है बर्टी, उसकी बौद्धिकता को अपनी विकृत दार्शनिकता से संतुष्ट करने। और हृदय में पम्मी, मस्तिष्क में बर्टी को लिए चंदर गुनाहों में डूब जाता है, सुधा को भूल जाता है। वह डूब रहा है तब विनती और गेसू, फिर उसके रुग्ण-मानस में स्वस्थ समीर बनकर लहराती हैं—वह तड़प उठता है अपनी इस अवस्था को सोचकर अपनी सूरत उस शीशे में देखकर। और इस अंतर्द्वंद्व के पश्चात् सुधा आकर शीतल, शांत चाँदनी बिखेर जाती है।

कथानक का सबसे कलात्मक भाग वह है जहाँ पुराने और नए चंदर का वाग्युद्ध होता है। चंदर शीशे में बोल रहा है, आत्मविश्लेषण कर रहा है। हो सकता है अस्वाभाविकता का फ़तवा देकर लोग उस समय चंदर को कैलिबन (टैम्पेस्ट) दादा करार दें, या 'डोरियनग्रे' को देखें (जिसका भारती ने अनुवाद भी किया है) लेकिन है यह बहुत कलापूर्ण। यों हिंदी में भी वह कल्पना नई नहीं है।

लेकिन कथानक को सरस, रसात्मक और कलापूर्ण कहकर ही नहीं छोड़ा जा सकता। साहित्य की वह किस परंपरा में आता है, आसपास के किसी अन्य प्रभाव को वह ग्रहण करता है या नहीं, इसकी छानबीन आवश्यक है। यों कोई कथा किसी की बपौती नहीं है, और कथा एक होकर भी भिन्न लेखक उसे भिन्न शैली, भिन्न दृष्टिकोण और परिस्थितियों में प्रस्तुत करते हैं। हमारी ऐतिहासिक कृतियाँ इसका प्रमाण हैं। चंदर, सुधा को अपनी समस्त पवित्रता से प्यार करता है—बहिन समझता है, वासना को गर्हित मानता है इस संबंध में। इस 'थीम' को हिंदी में सबसे सशक्त (और सबसे पहले भी शायद) ढंग से रखनेवाले 'अज्ञेय' हैं। हो सकता है उनके शशि और शेखर की वैज्ञानिकता और मनोविश्लेषणात्मकता के मूल में कहीं देवदास और पार्वती ही साँस लेते हों। तो 'अज्ञेय' ने नारी के व्यक्तित्व को निर्ममता से दो भागों में बाँट दिया है—वासना और प्रेम। प्रेम जो मनुष्य को बल देता है, शक्ति देता है और ऊँचा उठाता है। और जैसे शेखर कहता है—"शशि, तुम्हारे प्रेम का अधिकारी मैं हूँ, यह पवित्र संबंध हमारे बीच में होना चाहिए, हृदय का सारा राग, सारा रस मुझे दो। तुम्हारी वासना-तृप्ति के लिए तुम्हारा पति है। तुम्हारा मन मेरा है, तन पति का।" और यहाँ नारी असमंजस में है, तय नहीं कर पाती, किधर जाए। यह निश्चय है, जिधर मन है उधर नारी है। लेकिन पति तन से ही संतुष्ट नहीं है, अपने युग-युगार्जित अधिकारों का प्रयोग करके वह उसका मन

भी चाहता है, और यहीं संघर्ष होता है। विभिन्न प्रतिक्रियाओं और कुंठाओं से ग्रसित नारी अजीब उलझन, विशृंखता, बेचैनी, वितृष्णा अनुभव करती है—पति को आत्मसमर्पण वह कर नहीं पाती। एक बोझीला वातावरण, अव्यक्त नीरसता उसके जीवन में आ जाती है—('अज्ञेय' की कहानी 'रोज़') इन्हीं तानों-बानों के आसपास 'शेखर' का दूसरा भाग उलझा है। उदयशंकर के 'वह जो मैंने देखा' का पहला भाग चक्कर मार रहा है, और 'अंचल' का 'चढ़ती धूप' और 'उल्का' घूमते हैं। 'शेखर' की शशि 'वह जो मैंने देखा' की सुधी, 'उल्का' की मंजु उस वातावरण और रूढ़िवादिता के विरुद्ध विद्रोह करती हैं, पर 'चढ़ती धूप' की ममता पहले कोई एक सामंजस्यपूर्ण मार्ग खोजती है—फिर मोहन के पास मज़दूरों की बैठक में चली जाती है—बड़ी बेचैनी का अनुभव करती है, और यही 'गुनाहों के देवता' की सुधा का हाल है—पति उसे अच्छा मिला है, लेकिन उसके साथ समझौता वह नहीं कर पाती।

संपूर्णतः 'गुनाहों का देवता' को समझने के लिए अनिवार्य है, कि अधिक-से-अधिक उपन्यास के ही शब्दों में चंदर को समझा जाए। चंदर और सुधा का चरित्र एक-दूसरे में इतना अधिक गुँथा हुआ है कि उन्हें अलग करना उनके साथ अन्याय करना होगा। वह स्वयं कहता है—"नहीं सुधी, तुम नहीं समझतीं। मेरी ज़िंदगी में एक ही विश्वास की चट्टान है, वह तुम हो। मैं जानता हूँ कि कितने ही जल-प्रलय हों, लेकिन तुम्हारे सहारे मैं हमेशा ऊपर रहूँगा—तुम मुझे डूबने नहीं दोगी...लेकिन तुम्हारा विश्वास हिला तो मैं किन गहरी अँधेरी गहराइयों में डूब जाऊँगा, यह कभी मैं सोच नहीं पाता।" (134), और सुधा—"चंदर, और मैं किस विश्वास पर चल रही हूँ—बोलो...मुझे अपने चंदर पर पूरा विश्वास है, मरते दम तक विश्वास रहेगा।" और "चंदर ने सुधा को जो कुछ भी दिया है वह प्यार से भी ज़्यादा ऊँचा, प्यार से भी ज़्यादा पवित्र और प्यार से भी कहीं महान है।" (188) वह स्वयं स्वीकार करती है कि "मैं जानती हूँ चंदर, कि मैं चंद्रमा हूँ, सूर्य की किरणों से जिसमें चमक आती है; तुमने जैसे आज तक सँवारा है, आगे भी अपनी रोशनी मेरी आत्मा में न भरते गए तो मैं अपना भविष्य भी न पहचान सकूँगी।" (190) और इसी तरह चंदर कहता है कि "सुधा, यदि स्नेह की एक बूँद दे तो मनुष्य क्या से क्या हो सकता है।" (189)

लेकिन चंदर भावुक है। काल्पनिक त्याग द्वारा देवता बनना चाहता है : "वह सैक्स की प्यास और अधिकार की तृष्णा को जीत चुका है, और इसीलिए उसने सुधा को इतना ऊँचा और पवित्र प्यार दिया है... (उसे) इस बात का भी गर्व था कि सुधा के कौमार्य को उसने अपनी साँसों में सुरक्षित रक्खा है, सुधा की आँखों की पवित्रता उसी की साधना की देन है।" और अपने इसी विश्वास के बल पर वह सुधा को विवाह कर लेने के लिए ज़ोर डालता है; जिससे एक दिन सोच सके कि वह अपने ही किये पर रोएगा नहीं। क्यों रोए ? उसने त्याग किया है, उसने वह किया है जो स्वर्ग से भी ऊँचा है, देवत्व से भी पवित्र है। (235) और छुरे के नीचे पड़ी हुई सुधा मुर्गी की तरह बिलबिलाती है। "मैं मृत्यु-शैय्या पर भी होऊँगी तो तुम्हारे आदेश पर हँस सकती हूँ।"

(173) यद्यपि वह स्पष्ट रीति से स्वीकार नहीं कर सकती कि वह चंदर से विवाह करेगी—"मैं चंदर से विवाह करूँगी ? इतनी घिनौनी बात तो मैंने कभी नहीं सुनी।" फिर भी वह रोती है, ज़िंदगी भर। "आज शादी के छः महीने बाद भी मैं यही कहूँगी कि चंदर, तुमने अच्छा नहीं किया। मेरी आत्मा सिर्फ़ तुम्हारे लिए बनी थी। उसके रेशों में वे तत्त्व हैं, जो सिर्फ़ तुम्हारी ही पूजा के लिए थे, तुमने मुझे दूर फेंक दिया..." (304)

और चंदर का यह त्याग, सुधा के जीवन से खेल, उसकी अपनी और सुधा की ज़िंदगी से एक परीक्षण था; वह प्यार को एक अलगाव में गूँथकर देखना चाहता था कि प्यार अंतर और दूरी में भी पल सकता है या नहीं, (225) लेकिन वह नहीं जानता था कि इस परीक्षण का मूल्य उसे कितना अधिक चुकाना पड़ेगा। वह नहीं जानता कि सुधा उसकी आत्मा थी, वह उसका शरीर था... और आत्मा के बिना वह केवल शरीर रह गया, (399) और चंदर की ज़िंदगी की पवित्रता सुधा थी, उसकी भोली निष्पाप साँसें उसके सभी गुनाह, सभी कमज़ोरियाँ सुलाती रही हैं। जिस दिन वह उसकी ज़िंदगी से चली गई, कुछ दिन तो उसने अपने को सँभाला, उसके बाद उसकी आत्मा का कण-कण विद्रोह कर उठा... (399) वह तब समझा, सुधा को खोकर वह आदमी नहीं रह पाता (402) और श्रद्धा को खोकर जिस प्रकार मनु सारस्वत प्रदेश में इड़ा (बुद्धि) के आश्रित होकर भटके उसी प्रकार अपनी इस आत्मा-विश्वास को खोकर जैसे वह टूट गया है, वह स्वयं स्वीकार करता है : "काश ! तुम समझ पातीं कि चंदर ने अगर कुछ दूरी भी निभाई है तो उससे खुद वह कितना बिखर गया है।" (388) "अब तो विनती, हँसने को चाहे जितना हँस लूँ, लेकिन मन में जाने कैसी अमंगल छाया है जो दिन-रात भयभीत बिल्ली की तरह रोती रहती है।" (247) वह चिड़चिड़ा-सा हो गया था। भावना के तूफ़ान में इतनी ठोकरें खाकर उसने अब बुद्धि की शरण ली थी। और पलायनवादी की तरह भावना से भागकर बुद्धि की एकांगिता में छिप गया था...और एक निर्मम निरपेक्षता से वह अपने जीवन की सीमा में आनेवाले हर व्यक्ति को कटुता के ज़हर से अभिशप्त करता चलता था। (294) कुछ दिन तो वह अनुभव करता रहा कि सुधा उसकी साँसों से ज़्यादा आवश्यक थी, उसकी ज़िंदगी के लिए (242) खाना नहीं खाता था और अपने को जितनी लापरवाही हो सकती थी, देता था और ज्योंही सुधा का ख़त आता था, वह उसे चूम लेता था और फिर स्वस्थ हो जाता था।

और उसी समय मानसिक शून्यता के क्षणों में बर्टी उसका दार्शनिक गुरु हो गया, जो उसे समझाता—"अगर दिल से प्यार करना चाहते हो तो और चाहते हो कि वह लड़की जीवन भर तुम्हारी कृतज्ञ रहे तो तुम उसकी शादी करा देना... यह लड़कियों के सैक्स-जीवन का अंतिम सत्य है, समझे...। यह अपने पति की बहुत कम परवाह करेगी अपने प्रेमी के सामने। और अगर वह क्वाँरी लड़की है तो वह अपने प्रेमी की भावनाओं की पूरी तौर से हत्या कर सकती है, यदि उसे पति मिल जाए तो।" (266) इस तर्क पर वह विश्वास कर लेता है क्योंकि "उसका विश्वास टूट चुका था, गर्व ज़िंदा था, गर्व घमंड में बदल गया था; घमंड नफ़रत में और नफ़रत नसों को चूर-चूर कर देनेवाली

उदासी में।" (272) बर्टी के इस दर्शन को अपनाकर वह बर्टी से अधिक भयानक हो गया है, क्योंकि बर्टी पागल था, लेकिन पागल कुत्तों की तरह काटना नहीं जानता था; चंदर काटना भी जानता है। वह ईमानदार था, शक्तिशाली था, लेकिन वह अंतर्मुखी रहा, घोर व्यक्तिवादी रहा—अहंकारग्रस्त रहा (370) और उसका जैसे विश्वास हो गया है कि "आदमी तभी तक बड़ा रहता है, जब तक निषेध करता चलता है। उसने यही जवन-दर्शन अपना लिया था, उसकी आत्मा में एक तूफ़ान था, एक शक्ति थी, लेकिन वह लक्ष्यहीन रही... उसने हमेशा निषेध किया। पहले उसने समाज का निषेध किया, व्यक्ति को साधना का केंद्र बनाया, फिर व्यक्ति का भी निषेध किया, अपने विचारों में अंतर्मुखी भावनाओं में डूब गया—कर्म का निषेध किया।" क्योंकि उसमें बहुत बड़ा अधैर्य रहा, शक्ति रही; पर धैर्य और दृढ़ता बिलकुल नहीं। जहाँ ज़रा तकलीफ़ मिली, अवरोध मिला... वहीं वह भाग खड़ा हुआ और अंत में उसकी आत्मा इस निषेध प्रवृत्ति से क्षुब्ध हो उठी, लेकिन वह अब आत्मा का भी निषेध करता है, उसकी आवाज़ को भी चुप करना चाहता है। इस प्रकार आत्मप्रवंचना उसका पेशा हो गया है। (374)

और इसी मानसिक उथल-पुथल के ही कारण, सुधा का प्रेम उसे एक नाटक-सा लगने लगा था, वह कुछ बहुत सस्ता, नीचे स्तर का नाटक (271) ! उसे लगा ज़िंदगी अब भी वही है जो सृष्टि के प्रारंभ में थी। उसे सुधा का दुख और अंतर्द्वंद्व स्वाँग भरता लगने लगा। वह सोचने लगा किस लड़की के प्यार में शरीर का अंश नहीं होता। अब तो मुझे ऐसा लगता है जैसे सैक्स ही प्यार है। अभी तक मैं सैक्स और प्यार को दो चीज़ें समझता था, सैक्स से नफ़रत करता था। अब मुझे दोनों एक ही चीज़ लगती हैं और जाने कैसी अरुचि हो गई है इस ज़िंदगी से (291) अब उसे विश्वास हो गया है कि कल्पना और भावना के आधार को अपना आदर्श लेकर चलनेवाले मूर्ख बने रहते हैं इस दुनिया में। (291) और सुधा के लिए उसके मन में एक आदर्शवादी भावुकता थी, जो अधकचरे मन की उपज थी, एक ऐसी भावुकता थी जिसके औचित्य पर ही आज मुझे विश्वास नहीं। वह एक सनक थी। (296) वह सुधा को भूल जाना चाहता है। "ज़िंदगी के जिस पहलू को हम भूल चुके हैं उसे कुरेदने से क्या फ़ायदा है ?" (336)

अब पम्मी की गोद उसका घोंसला थी, क्योंकि उसे पम्मी ही एक लड़की मिली थी जो साफ़ बातें करती है, और एक शुद्ध तर्क के धरातल से। बस, वह आजकल बुद्धि का उपासक हो गया है। सैक्स और वासना ही सब कुछ है : "शरीर के विकार यदि आध्यात्मिक प्रेम में जाकर शांत हो जाते हैं, तो लगता है आध्यात्मिक प्रेम में प्यासे रह जानेवाले अभाव फिर किसी के मांसल बंधन में ही मुक्त हो पाते हैं।" फिर भी इस अवस्था में उसने पम्मी को वैसे स्वीकार नहीं किया जैसे फूल शबनम को स्वीकार करे। उसने उसे इस तरह स्वीकार किया जैसे बीमार आदमी मार्फ़िया (अफ़ीम) के 'इंज़ेक्शन' स्वीकार करे। उसके लिए आज कम-से-कम औरत के प्यार का अर्थ ही शरीर का संबंध है। बस, "उस समय मेरे मन में प्यार का मतलब था—त्याग-कल्पना आदर्श, आज मैं समझ चुका हूँ, यह सब झूठी बातें हैं, खोखले सपने हैं।"

लेकिन यह 'मार्फ़िया' का नशा उसे अधिक काल तक ऐसा निष्क्रिय नहीं बनाए रहता—सुधा, विनती, गेसू उसे झटके-पर-झटके देती हैं और एक शीशे में अपने पिछले और वर्तमान रूप की तुलना करने पर जैसे उसके व्यक्तित्व की नई सुबह होती है; लेकिन तब देर हो चुकी होती है, सुधा की हिम्मत टूट चुकी होती है, फिर भी वह कहती ही रहती है "तुम सचमुच इस दुनिया के योग्य नहीं हो। ऐसे ही बने रहना मेरे चंदर, तुम्हारी पवित्रता ही मुझे ज़िंदा रक्खेगी" लेकिन वह जीवित नहीं रह सकी। जिस समय उसकी आत्मा फिर पवित्र हो जाती है तो वह चाहता है—"सुधा अपने मिसरी जैसे होंठों से चंदर की आत्मा को चूमकर कहे, 'जाओ चंदर अभी तक ज़िंदगी के तूफ़ान ने तुम्हारी आत्मा को बीमार, अपवित्र कर दिया था'—आज से तुम वही चंदर, अपनी सुधा के चंदर... !" (389) फिर वह सुधा के आगे जैसे झुक जाता है "तुम जो रास्ता बताओ वह मैं अपनाने को तैयार हूँ। मैं सोचता हूँ अपने व्यक्तित्व से ऊपर उठूँ...लेकिन मेरे साथ एक शर्त है, तुम्हारा प्यार मेरे साथ रहे।" (492) और सुधा चली गई।

"नाव किनारे लग गई थी...विनती का हाथ थामकर चंदर ठोस धरती पर उतर पड़ा...

यह है चंदर; वह थी सुधा। किसी और का व्यक्तित्व उभर ही नहीं पाया। विनती है कि बस अपने देवता की पूजा ही करती रहती है और अपनी और चंदर की तुलना में ही मस्त है।

'गुनाहों का देवता' एक घोर व्यक्तिवादी उपन्यास है। यह बात दूसरी है कि व्यक्ति इतना सशक्त और स्वतंत्र नहीं हो पाया है। या तो उपन्यास का कोई पात्र है या स्वयं लेखक। फिर भी वह व्यक्तिवादी उपन्यास है, क्योंकि उसमें व्यक्ति अपने में सीमित और समाप्त है। उसकी मनःस्थितियों का वर्णन है, उसकी भावनाओं के विकास, ह्रास का आकलन है और वह व्यक्ति है—चंद्रकुमार कपूर। साधारणीकरण में व्यक्ति-वैचित्र्य अस्वाभाविक भी माना गया है। कारण होते हुए भी सुधा का चरित्र लेखक ने कुछ नहीं दिया है। चंदर सूर्य है, जिसमें सुधा चाँदनी की भाँति चमक रही है। (चाँदै कहाँ जोत औं करा। सूरज के जोत चाँद निरमरा—जायसी) और उसके व्यक्ति की छाया लेकर वह बहुत सशक्त हो गई है; पर सुधा की छाया चंदर पर ग्रहण बनकर रह जाती है, वह उसे ठीक से ले नहीं पाया है, गड़बड़ा गया है। (395)। चंदर है बड़ा अहंवादी, अपनी आत्मतुष्टि, अपनी धारणााओं के लिए सुधा की बलि चढ़ा देता है। यहाँ उसे ऐसा भावुक विश्वास है, जिसका कारण वह स्वयं नहीं जानता—"पता नहीं कौन-सा विश्वास है जो कहता है; नहीं, सुधा अपने को सँभालना जानती है, अपने मन को संतुलित करना जानती है और सुधा सचमुच ही त्याग में ज़्यादा गौरवमयी हो सकती है।" (177) यह ठीक है कि इसकी व्यक्तिवादिता श्री इलाचंद्र जोशी के नंदकिशोर (संन्यासी) की अहंवादिता से पृथक है। इसमें कल्पना है, भावुकता है और अपने त्याग के बल पर देवता बनने का जोश है। वहाँ नंदकिशोर की अहम्मन्यता—जो स्वयं आत्महीनत्व का शिकार है—अपहरण-प्रवृत्ति का केंद्र है। वह दूसरे के व्यक्तित्व के अपहरण की भूखी है।

अपने से संबद्ध प्रत्येक व्यक्ति द्वारा आत्मसमर्पण चाहती है। एक बार विनती को अपने से तना देखकर चंदर के मन में भी एक क्षण को यही भूखा शेर जागा था। अजीब-सा आदमी है यह चंदर; वह अपने प्यार से पहले खेलता है, उसमें डूब जाता है, लय हो जाता है। किंतु जीवन में उसे परीक्षण करना प्रिय है, इसलिए शौकिया परीक्षण के लिए वह अपने प्यार के आधार को दूर करके अपनी अवस्था देखना चाहता है और यहीं वह धोखा खाता है; सुधा के जीवन से खेलता है और हाथ, धो बैठता है। वह नहीं जानता कि उसका प्यार, विश्वास, उसकी आत्मा है, जिसके बिना वह शरीर ही शरीर रह जाएगा। यह परीक्षण और असफलता सबसे कमज़ोर हिस्सा है चंदर के व्यक्तित्व का—उपन्यास का।

यहीं उसके सहोदर दूसरे पात्रों की याद आती है। 'अंचल' चढ़ती धूप का मोहन और ममता, या चाँद और मंज़ु (उल्का) को हम आसानी से चंदर और सुधा में पा सकते हैं। मोहन भी एक भीषण परीक्षण कर डालता है। यदि चंदर सुधा में रम गया है, एक हो गया है, यदि उसकी साँस-साँस में सुधा है, यदि उसकी आत्मा सुधा है, तो मोहन का प्राण भी ममता ही है, वही उसके हृदय का स्पंदन है—मानस की प्रतिमा है। यदि चंदर को इस बात का गर्व है कि उसने सुधा को स्वर्ग से भी ऊँचा प्यार दिया है, सुधा के कौमार्य को उसने अपनी साँसों में सुरक्षित रखा है, सुधा की आँखों की पवित्रता उसी की साधना की देन है, तो मोहन ने भी कुशल कारीगर की भाँति ममता (यहाँ चाँद-मंजु भी) को बड़ी साधना से गढ़ा है। अपने प्राणों के रस से सींच-सींचकर बड़ा किया है, उसके विश्वासों की सतरंगी किरणें सदा ममता के मुख पर मंगल खील-सी बिखेरती रही हैं।

'अंचल' को मुझसे शिकायत है कि मैंने उनके ममता-मोहन, चाँद-मंजु की अलौकिक मधुरिमा, अपार्थिव सुकुमारता और दिव्य-शुचिता की हृदयंगम (एप्रिशियेट) नहीं किया—लेकिन मैंने उसे अस्वीकार भी नहीं किया और मानने में शायद किसी को भी झिझक नहीं होगी कि वह सब महान् हो सकता है—लेकिन दुर्लभ भी है—हो सकता है अस्वाभाविक भी। 'अंचल' और भारती के प्रेम की गरिमा एक स्तर की होते हुए भी 'अंचल' उसकी घनिष्ठता को इतनी कुशलता और कलापूर्ण ढंग से नहीं रख पाए जितना भारती ने रखा है। अत्यधिक कहकर भी 'अंचल' उसे ठीक से अभिव्यक्त नहीं कर पाए। 'अंचल' के प्रेम में एक विचित्र उलझी हुई अस्पष्ट गंभीरता चलती है। इसलिए नदी किनारे ममता मोहन पर जब धूल डालती है तो विचित्र-सा लगता है; किंतु वही पवित्र उच्छृंखलता और मधुर उन्मुक्तता भारती की कला का सबसे अधिक सशक्त पहलू है। जहाँ चंदर और सुधा, गेसू और सुधा के प्रारंभिक वार्तालाप, रूठना, झगड़ना है वहाँ भारती की कला अपने उत्कृष्टतम रूप में हमारे सामने है। ऐसा स्वाभाविक, सजीव वर्णन शायद ही कहीं मिले। प्रेमचंद के समय से हमारे उपन्यास जैसे असमय ही प्रौढ़ता से भर गए थे। जैनेन्द्र, भगवतीचरण वर्मा, प्रतापनारायण श्रीवास्तव, भगवतीप्रसाद वाजपेयी ने इन्हीं मेज़-कुर्सियों और कालेज के चुलबुले शहर के अंग्रेज़ी और हिंदुस्तानी (एंग्लोइंडियन !)

वातावरण में प्रेम प्रणय इत्यादि न जाने किन बातों पर बहसें की थीं; किंतु वे केवल बहसें थीं, लगता था जैसे युवकों के कपड़ों में प्रौढ़ मस्तिष्क बैठे तर्क कर रहे हैं–दार्शनिकों और चिंतकों की भाषा में बोल रहे हैं–इसका आधार हो सकता है गोरा की दार्शनिकता हो, कमल 'शेष प्रश्न' की तार्किकता हो, राजलक्ष्मी, सतीश इत्यादि की भावुक लापरवाही या डॉक्टर सव्यसाची के क्रांतिकारी विचार हों; किंतु इतना निश्चित है उन सबमें युवकोचित, स्वाभाविक अल्हड़ता, मस्ती नहीं है, न एक निश्चिंतता और स्वाभाविक प्रवाह–जंगल की उन्मुक्त नदी-सा ! वह मिला यशपाल में, रांगेय राघव, अंचल और वृजेन्द्र गौड़ में। और फिर अपनी स्वच्छंद गति से 'गुनाहों का देवता' में।

तो कह मैं यह रहा था कि चंदर दुर्बल है और मोहन सशक्त। सारे उपन्यास में वह प्यार और विश्वास ही माँगता रहता है। मूल रूप से न तो उसे अपने ऊपर विश्वास है न सुधा के प्यार की दृढ़ता पर। वह परीक्षण करता है, फिर उन्हीं प्रेम-प्यार की समस्याओं में उलझा है, बाहर देखता ही नहीं; न उसे जीवन का कोई और काम है। लेकिन मोहन उससे भिन्न है : केवल आत्मविश्लेषण और आत्मव्याख्या के लिए उसका जन्म नहीं हुआ, वह समाज के प्रति भी अपना उत्तरदायित्व समझता है। कछुए की तरह अपने हाथ-पाँव सिकोड़कर अपने व्यक्तित्व और अहं की ढाल के नीचे छिप जाना उसे पसंद नहीं है। जिस धरती पर वह चलता है, उसका भी उसे खयाल है और उसके जीवन का उद्देश्य अपनी वैयक्तिकता से उठकर समाज का बन जाने में है (हो सकता है उसके मार्ग से लोग सहमत न हों)–ममता उसका सहारा बनती है, उसे उठाती है। इसके विपरीत यही परीक्षण चंदर की कमर तोड़ देता है, वह डूबता है–गुनाहों में।

यहीं प्रेम और विश्वास से वंचित (और प्रवंचित भी) कुछ और डूबते हुए लोगों की याद आती है। शेखर का व्यक्तित्व इन सबसे अलग है; ऐसी बातें उसकी दार्शनिकता और समझ तो बढ़ाती हैं किंतु गति में किसी प्रकार का अंतर नहीं उत्पन्न कर पातीं। ऐसे लोग दो तरह के हैं। एक वे जो डूबे तो फिर डूबते ही चले गए–उबरे नहीं। दूसरे जो डूबे और खूब डूबे, लेकिन यह तूफ़ान, निराशा की वह आँधी उनके पंख नहीं तोड़ पाई–वे फिर उबरे। पहले प्रकार के लोगों का मूल है शरत् का 'देवदास', कुंडलीचक्र का अजित, राजा राधिकारमण के 'नारी और पुरुष' का अजित, जोशीजी के 'निर्वासित' का महीप। दूसरे प्रकार के पात्रों में भगवतीचरण वर्मा के 'तीन वर्ष' का रमेश और यह चंदर। चंदर और रमेश में काफ़ी समानता है, अंतर केवल इतना है कि रमेश जान-बूझकर अपने को नष्ट किए दे रहा है। यह ठीक है कि चंदर ने तो "ऊबकर अपना दुख भुलाने के लिए शराब नहीं पी, अपने को बहलाने के लिए गुनाह में नहीं डूबा, आत्महत्या नहीं की" (257) लेकिन उस समय उसकी आत्मा की पवित्रता, उसके देवत्व की महानता गुनाहों की राख में जैसे ढँक गई है। हाँ, उसका उठना रमेश की आकस्मिकता से अधिक वैज्ञानिक है, उसके पतन में भी उसकी आत्मा की छटपटाहट सुनाई दे जाती है जो कहती है–"चंदर, तुमने मेरी गर्दन घोंट दी।" लेकिन उसके पतन से अधिक वैज्ञानिक है 'निर्वासित' के महीप का पतन। कहीं-कहीं वह और महीप एक ही स्तर पर खड़े हैं :

"चंदर सिर से पैर तक ग्लानि से कुंठित हो उठा। सचमुच वह कितना अभागा है। किसी को भी तो संतुष्ट नहीं रख पाया। उसके जीवन में सुधा आई और पम्मी भी। एक को उसके पुण्य ने उससे छीन लिया, दूसरे को उसका गुनाह उससे छीने लिए जा रहा है। (356—'गुनाहों का देवता')। 'जिन दो नारियों की आत्मीयता तुमने किसी हद तक प्राप्त की थी उन्हें भी तुमने अपने स्वभाव की अनिश्चयात्मकता और असामंजस्य के कारण अलग कर दिया। (442 'निर्वासित'।)

इस तुलना और विवेचन से यह न समझना चाहिए कि वह इनमें किसी की छाया लेकर चलता है। भारती ने उसे स्वतंत्र और बड़े कौशल से गढ़ा है। वे अपने सभी पात्रों और कथानक के प्रति समान रूप से सचेत हैं। सिवा बिसरिया के कोई चरित्र (पात्र) व्यर्थ नहीं लगता—सब कुछ संयत, खूब सधा और कटा-छँटा है।

दो छोटी भूलों पर भी दृष्टि पड़ी। एक : सुधा अपने पिता से विवाह के लिए मना करती है—"बस हम पढ़ेंगे एफ.ए. कर लें, फिर बी.ए." (66) फिर चंदर बिसरिया से परिचय कराता है—"यही है आपकी शिष्या श्री सुधा शुक्ला, इस साल बी.ए. फ़ाइनल का इम्तहान देंगी" (80) दूसरी : ससुराल से सुधा ने अपने पत्र में चंदर को उसकी अनुपस्थिति में एक महीने में दस-बारह थीसिस लिखने का उपालंभ दिया है, और महीने-भर बाद आकर अपनी विनती को ज्यों-का-त्यों लेने का उसका विचार है; पर फिर आगे लेखक उसी अवधि को तीन-महीने का बताता है।

हाँ, तो उपन्यास की रसात्मकता की बात अधूरी रह जाएगी यदि उसकी भाषा और शैली पर कुछ न कहा जाए। 'गुनाहों का देवता' छायावादी भाषा शैली का बहुत सुंदर उदाहरण है, जैसे कवित्व और कल्पना का सौंदर्य-सागर एक-एक शब्द से छलका पड़ता है। उपन्यास की रसात्मकता का 70 प्रतिशत श्रेय उनकी भाषा और शैली को ही है। सारा उपन्यास जैसे एक स्वप्नमयी मधुर कविता है। भाषा भावना के दूधिया तारे कदम-कदम पर छिटकाती चलती है। 'प्रगतिवाद : एक समीक्षा' के 'तरुणों से' वाले अध्याय में भारती की शैली जितनी ओजस्विनी, शक्तिशाली और तीखी है, यहाँ वह उतनी ही कवित्वपूर्ण, मधुर और मीठी है। चाँदनी के फूल जैसे सारे उपन्यास में गमक रहे हैं, कुछ पंखुरियाँ देखिए :

"बड़ी उदास शाम थी, क्षितिज की लाली के होंठ भी स्याह पड़ गए थे" (58) विनती और सुधा का रूप दर्शन जिसे लेखक ने पहले परिच्छेद में बताया कि अधिक सुंदर नहीं, पर फिर सभी सुंदरता उसको दे दी है।

"सुधा थी बड़ी प्यारी। बड़ी खूबसूरत। ख़ासतौर से उसकी पलकें तो अपराजिता के फूलों को मात करती थीं। और थी इतनी गुदकारी कि कहीं पर दबा दो तो फूल खिल जाएँ। मूँगिया होंठों पर न जाने कैसा अछूत गुलाब मुस्कराता था, और बाँहें तो जैसे बेले की पंखुरियों की बनी हों।" (68)

"और चन्दर का हाथ तैश में उठा और एक भरपूर तमाचा सुधा के गाल पर पड़ा। सुधा के गाल पर नीली उँगलियाँ उमट आईं। वह स्तब्ध। जैसे पत्थर बन गई हो। आँख

में आँसू जम गए, पलकों में निगाहें जम गईं, होंठ में आवाज़ें जम गईं और सीने में सिसकियाँ जम गईं।'' (163)

पम्मी के ''चेहरे पर सोना और केसर, चंपा और हरसिंगार घुलमिल गए थे'', ''एक बड़ा-सा टीका था और चेहरे पर स्वर्ग के मुर्झाये फूलों की घुलती हुई उदासी, जैसे किसी ने चाँदनी पर हरसिंगार के पीले छींटे दिए हों...

''हलकी चाँदनी मैले कफ़न की तरह लहरों की लाश पर पड़ी हुई थी।'' (446)

भारती को फूलों से बड़ा प्रेम है। भाषा और भाव वे बड़े 'रेशमी-रेशमी' लाते हैं। कुछ स्थल तो अच्छे-खासे गद्य-काव्य हैं। गद्य में कविता करने का नशा 'अंचल' को भी है। फिर भी भारती के यह गद्य-काव्य 'अंचल' से अधिक संयत हैं, कोमल और कमनीय हैं। सूक्ष्म कल्पनाओं, बिंब ग्रहण करानेवाले प्रतीक और शुद्ध मालाओं को चुनने में 'अंचल' ने उतनी सावधानी नहीं दिखाई है ! उनमें व्यर्थ की लफ़्फ़ाजी है, शब्दाडम्बर है। वैसे भाषा-शैली के इस क्षेत्र में दोनों को रांगेय राघव के 'मुर्दों का टीला' से बहुत कुछ सीखना है। उग्र ने एक बार कहा था, शराब का—या सामान्यतः नशा इसलिए बुरा है कि वह एक क्षण स्वर्गिक चमक-दमक दिखाकर उतर जाता है और फिर विकृत यथार्थ आ जाता है। काश ! यह नशा उतरता ही न ! यही बात कविता के नशे की भी है। जहाँ वह नशे का बहाना मात्र रह जाती है, वहाँ उसका खालीपन अखरने लगता है। मासूम धर्मवीर भारती की क्वाँरी कलम को आसमानी परदों की तनहाइयों और गहराइयों में चहकनेवाली मासूम (और क्वाँरी भी) तबस्सुम और आफ़ताब के लबों से उलझनेवाली खुशनुमा, मासूम क्वाँरी नसीम बहुत पसंद है और इसी तूफ़ानी तरन्नुम में वे पंत, प्रसाद, महादेवी और माखनलाल चतुर्वेदी द्वारा उठाई जानेवाली डोली में (अर्थी नहीं) 'कृश्नचन्दर' को बैठाकर इन बरसते तारों और 'नैस्टर्शियम' के फूलों में स्वर्ग-भ्रष्ट देवता की भाँति पवित्र निरपेक्षता से तमाशा देखा करते हैं। इसके अलावा होड़ बदकर एक-दूसरे के चरण छूते हुए तथा बात-बात में रो पड़ते हुए 'देवताओं' को देखकर आप कुछ खिन्न हो उठें तो यह आपकी ही ग़लती है !

फिर भी मानने में कोई आपत्ति नहीं है कि नए लेखकों में रांगेय राघव के बाद धर्मवीर भारती की शैली बड़ी सुंदर और छलकती हुई-सी है जैसे उफनाता बरसाती नाला। किंतु उसी नाले के बहाव में आपको बड़े अजीब-अजीब पत्थरों से टकराना पड़ेगा, इनमें कुछ तो इंग्लिश चैनल में डुबकी लगाकर लाए गए हैं (यद्यपि बाद में कम हो गए हैं) कुछ हिंदी और उर्दू के ही विचित्र और अद्भुत जन्तु उछल-कूद मचाते मिल जाएँगे।

तो सीधी साफ़ बात यह है कि 'शैली के राजकुमार' बनने की झोंक में भारतीजी कहीं-कहीं अपने में ही उलझ गए हैं।

''लेकिन फिर भी चंदर के दिन कैसे कट रहे थे, यह नहीं जानता था, लेकिन अगर अकबर के महल में जलते हुए दीपक को देखकर अगर किसी ने जाड़े की रात जमुना के घुटनों-घुटनों पानी में खड़े होकर काट दी तो चन्दर अगर सुधा के प्यारे-प्यारे ख़तों

के सहारे समय काट रहा था तो कोई ताज्जुब नहीं।" (241) बस वाक्य में एकाध 'मगर' की कसर रह गई ! भाषा की एकरूपता की ओर ध्यान दिया जाता तो अच्छा था। कहीं 'परेशान' लिखा है, कहीं 'परीशान'। 'अपनत्व' के लिए 'अपनायत' है। शायद भारतीजी ने 'कृष्णचंद्र' (वही कृश्नचन्दर) के 'सरगम' में निकलनेवाले नए उपन्यास 'तूफान की कलियाँ' का 'पानियाँ' (पानी का बहुवचन) नहीं पढ़ा।

इस बात में वास्तव में कुछ-न-कुछ तथ्य तो है ही कि छायावाद के पास अपनी शैली है, भाषा है; बड़ी मधुर, बड़ी दुलारी; लेकिन कोई स्वस्थ जीवन-दर्शन वह नहीं दे सका; और उधर प्रगतिवाद के पास जीवन-दर्शन है, लेकिन वह अपने को उन्मुक्तता और सुंदरता से अभिव्यक्ति नहीं दे सका। वह संकीर्णता में बँध गया।

और अंत में भारतीजी से एक बात : उपन्यास वास्तव में उन्होंने सुंदर लिखा है—बड़ा प्यारा। यदि आगरे से पाँच-छः वर्ष पूर्व एक धूमकेतु (रांगेय राघव) ने उदित होकर सारे हिंदी साहित्य को अपनी प्रतिभा से चकाचौंध कर दिया था, जिसने छायावादी शैली और प्रगतिवादी जीवन-दर्शन का समन्वय किया था तो इलाहाबाद से उठनेवाले इस शुक्र से हम आशा करते हैं, वह आनेवाले प्रभात के स्वागत में अपनी मृदुल किरणें बिछा देगा।

—**प्रवाह**, अगस्त, 1951

सूरज का सातवाँ घोड़ा

(धर्मवीर भारती)

श्री धर्मवीर भारती का नया उपन्यास 'सूरज का सातवाँ घोड़ा' शीर्षक से आया है। इस पर लिखा हुआ है 'एक नवीन कथा प्रयोग' अतः सबसे पहले इन दोनों चीज़ों के बारे में इस पुस्तक से ही दो उद्धरण देने ज़रूरी हैं :

"तुम लोग कहानी सुनने आए हो या शीर्षक सुनने ? या मैं उन कहानी-लेखकों में से हूँ जो आकर्षक विषय-वस्तु के अभाव में आकर्षक शीर्षक देकर पत्रों के संपादकों और पाठकों का ध्यान खींचा करते हैं ?" (पृ. 60)

"टैकनीक ! हाँ टैकनीक पर ज़्यादा ज़ोर वही देता है जो कहीं-न-कहीं अपरिपक्व होता है; जो अभ्यास कर रहा है, जिसे उचित माध्यम नहीं मिल पाया। लेकिन फिर भी टैकनीक पर ध्यान देना बहुत स्वस्थ प्रवृत्ति है बशर्ते वह अनुपात से अधिक न हो जाए !" (पृष्ठ 95)

सच बात तो यह है कि विभिन्न रूपों में लेखक ने अपनी इस पुस्तक के विषय में इतना कुछ कह दिया है कि किसी दूसरे को कहने की जगह ही नहीं है। इस उपन्यास पर जो-जो संभावित प्रश्न, शंका या राय हो सकती थीं, सभी लेखक के ध्यान में हैं और उसने स्वयं ही सब कुछ कहकर दूसरों को इस कष्ट से बचा लिया है; यदि कोई रिमार्क इस पुस्तक में नहीं है तो बस अपनी ही पुस्तक पर सब कुछ लिख देने, प्रशंसा करने पर। पता नहीं यह बात लेखक के ध्यान में थी भी या नहीं।

उपन्यास खोलते ही सबसे पहले मूल कथा शुरू होने से भी पहले–प्रकाशकीय, परिचय, लेखक का 'निवेदन' और श्री अज्ञेयजी की 'भूमिका' में यह बात इतनी बार दुहराई गई है कि (यह 'प्रयोग कौतुक' नहीं है) पाठक चौंक उठता है : कहीं यही तो इस उपन्यास की सबसे बड़ी कमज़ोरी नहीं है जहाँ सबका हाथ पड़ रहा है–या जहाँ सबका हाथ बचा रहा है। लेखक स्वयं इस विषय में कितना शंकित (कौन्शस्) है यह स्थान-स्थान पर आए वाक्यों और ऊपर के उद्धरणों से जाना जा सकता है, और क्योंकि यह बात भी लेखक ने एक से अधिक बार कही है कि ये क़िस्से माणिक मुल्ला ने कहे हैं और इनका केवल इतना ही श्रेय उसे है कि उसने इन्हें लिपिबद्ध किया। अतः कथा को यह रूप देने का सारा उत्तरदायित्व 'माणिक मुल्ला' पर है। लेखक से माणिक मुल्ला का कोई संबंध जोड़ा जाए–चाहे वह कृति और कर्ता का ही क्यों न हो–यह 'प्रचलित

मूर्खता' करने की आज्ञा अज्ञेयजी देते नहीं हैं। अतएव यह मानकर ही संतोष करना चाहिए कि यह सबकुछ 'किया-धरा' माणिक मुल्ला का ही है।

इस उपन्यास में धर्मवीर भारती की सबसे बड़ी सफलता ही यह है कि उन्होंने अपने आपको बड़ी कुशलता से माणिक मुल्ला से अलग किया है, अतः वे अपनी कहानियों में एक अत्यंत सफल कलाकार की तरह तटस्थ और अनासक्त रह सके हैं !

शायद सन् '45 की बात है। श्री गंगाप्रसाद मिश्र ने बताया था कि 'ट्यूशन' नाम से वे एक ऐसा उपन्यास लिखने का विचार कर रहे हैं, जिसका प्रत्येक अध्याय कला की दृष्टि से एक स्वतंत्र कहानी हो और सब मिलकर एक सफल उपन्यास भी हो। पता नहीं वह उनका प्रयोग कैसा रहा। एक-एक कहानी पत्रिकाओं में छपती चली जाए, इस आवश्यकता ने बहुतों के दिमाग़ में ऐसा उपन्यास लिखने की बात पैदा की होगी, लेकिन सबसे अधिक सफल प्रयोग इस दिशा में श्री सत्येन्द्र शरत् के माने जा सकते हैं (एक पात्र द्वारा गूँथी हुई विभिन्न कहानियों को मिलाकर यदि वाक़ई उनका विचार एक उपन्यास बना देने का है तो)। प्रस्तुत उपन्यास भी पाँच या चार—ऐसी ही कहानियों का संकलन है। लेकिन अपनी बात प्रस्तुत करने के ढंग में भारती इन सबसे अधिक कुशल और चतुर हैं, इसलिए इस दिशा में कोई उन पर सफलता-असफलता का फ़तवा दे, यह चक्कर उन्होंने छोड़ा ही नहीं है। उनके माणिक-मुल्ला ने अपनी कहानी की अलग ही व्याख्या और वाद बना लिए हैं। और उन्होंने मूर्ति पर इतने फूल चढ़ाए हैं, इतने फूल चढ़ाए हैं कि मूर्ति बेचारी दबकर रह गई है; अर्थात् कहानी पर टैकनीक के इतने पलस्तर हैं कि कहानी दब-दुबककर रह गई है और मैं यह स्वीकार किए लेता हूँ कि वे पलस्तर इतने कुशल हाथों से किए गए हैं कि कहानी और टैकनीक—दोनों पर कुछ कहना ख़तरे और विवाद से खाली भी नहीं है।

यह पाँचों कहानियाँ एक ही मुहल्ले—या समाज के विभिन्न स्तरों और रूपों के चित्र हैं। एक-दूसरे में जुड़े इसलिए लगते हैं कि एक ही आदमी ने इनका वर्णन किया है, जो एक कहानी के किसी भी छोटे-बड़े पात्र को लेकर दूसरी कहानी शुरू कर देता है। पहली कहानी है—जमुना की; अर्थात् जमुना के रूप में उन 90 प्रतिशत लड़कियों की कहानी है जो जमुना की ही परिस्थिति में हैं। वह बेचारी क्या करे—तन्ना (उसके प्रेमी) से उसकी शादी हो नहीं पाई। उसका बाप दहेज जुटा नहीं पाया। शिक्षा और मन-बहलाव के नाम पर उसे मिली, 'मीठी कहानियाँ', 'सच्ची कहानियाँ' और 'रसभरी कहानियाँ' तो वह बेचारी और कर ही क्या सकती थी !

दूसरी कहानी इस पहली कहानी का ही दूसरा भाग है अर्थात् बूढ़े से ब्याह दी जानेवाली जमुना की कहानी है जो शीघ्र ही विधवा बन जाती है और रामधन इक्केवाले के साथ रहने लगती है।

तीसरी कहानी तन्ना—जमुना के प्रेमी की कहानी है और उस एक साधारण लड़के की कहानी है जो बचपन में सौतेली माँ की आँख का काँटा रहा है और बड़ा होकर हज़ारों उत्तरदायित्वों के बीच क्लर्की करते-करते मर जाता है।

और इस तन्ना से जिसका भाग्य फूटा है वह है—लीला। इंटर में पढ़नेवाली, सपनों और रोमांस में रहनेवाली, रो-पीटकर जिसकी शादी ज़बर्दस्ती इससे हो जाती है।

चौथी कहानी इन सबसे अलग चली गई है और वह सिर्फ़ महेसर दलाल और माणिक मुल्ला से बँधी है। सत्ती की कहानी को यों जोड़ तो दिया ही गया है, लेकिन वह जोड़ ठीक बैठा नहीं है; काफ़ी बड़ी संध रह गई है। इस तरह यह सभी कहानियाँ अपने एक-एक हाथ से एक-दूसरे को पकड़े हुए हैं और दूसरे हाथों से उस मोटे रस्से को जिसमें यह सब लटकी हैं—अर्थात् माणिक मुल्ला। इन सभी कहानियों से माणिक मुल्ला का संबंध प्रेम का संबंध है, क्योंकि यह संबंध उन्हें कहानियों में अपने आपको एक प्रमुख पात्र बना देने के अलावा, पाठकों के सामने इन कहानियों को सबसे अधिक प्रभावशाली और रोचक ढंग से रखने का काम भी करता है। माणिक मुल्ला ने प्रेम कहानियाँ ही क्यों सुनाईं ? उन्होंने 'सबसे पहले प्रेम कहानियाँ इसलिए सुनाईं कि यह रूमानी विभ्रम हम लोगों के दिमाग़ पर कुछ इस तरह छाया हुआ है कि इसके सिवा हम लोग कुछ भी सुनने को तैयार न होते।' वर्ना यह प्रेम कहानियाँ नहीं, 'उस ज़िंदगी का चित्रण करती हैं जिसे आज का निम्न-मध्य वर्ग जी रहा है। उसमें प्रेम से कहीं ज़्यादा महत्त्वपूर्ण हो गया है आज का आर्थिक संघर्ष, नैतिक विशृंखलता और इतना अनाचार, निराशा, कटुता और अँधेरा मध्यवर्ग पर छा गया है' (पृष्ठ 125) और "यह उस ज़िंदगी का चित्रण करती हैं जो ऊपर-ऊपर से चाहे जैसी हलकी लगती हो, लेकिन जिसकी ज़रा-सी पर्त उखाड़कर देखो तो हर तरफ़ इतनी गंदगी और कीचड़ छिपा हुआ है कि सचमुच उस पर रोना आता है।" इस रूप में माणिक मुल्ला हमारा ध्यान पतली बर्फ़ की पर्त के नीचे उस अथाह पानी की ओर दिला रहे हैं, "जहाँ मौत है, अँधेरा है, कीचड़ है। या तो दूसरा रास्ता बनाओ, नहीं तो डूब जाओगे। लेकिन आधी इंच जमी बर्फ़ कुछ काम न देगी (अर्थात् शिवम् का आग्रह कि समाज में चाहे जितनी गंदगी हो, कलाकार को तो सिर्फ़ शिवम् का चित्रण करना चाहिए)। एक ओर नए लोगों का यह रोमानी दृष्टिकोण, यह भावुकता, दूसरी ओर बूढ़ों का यह थोथा आदर्श और झूठी अवैज्ञानिक मर्यादा सिर्फ़ आधी-इंच बर्फ़ है जिसने पानी की खूँखार गहराई को छिपा रखा है।" (पृष्ठ 52)

इस तरह यह विभिन्न कोणों से एक ही समाज की कहानी और एक समाज के माध्यम से हमारे निम्नमध्यवर्गीय जीवन या युग की कहानी है। हम सभी के भीतर घर कर गई वह भीषण सचाई है जिसने हमें खोखला, निस्सत्व और निराश बना दिया है। एक कोढ़ और एक दुर्गंध की तरह हमें मानसिक जड़ता से भर दिया है। और इस प्रकार इन सवा-सौ पृष्ठों में भारती ने सवा-हज़ार पन्नों की बात कही है—यह उनकी कला का सबसे बड़ा कमाल है—क्योंकि इसी भारती ने—'गुनाहों का देवता' के चार-सौ पन्नों में केवल चार पन्नों की बात कही थी; यह उसका व्यक्तित्व—(जिसे साहित्यिक भाषा में शैली कहते हैं) है कि वे चार-सौ पन्ने भी 'बोर' नहीं थे। इतनी छोटी भूमि पर इतना बड़ा चित्र दे सकने का एकमात्र रहस्य है—उसकी यथार्थ की पकड़, जिस सामाजिक जीवन को उसने लिया है उससे उसका निकटतम संबंध, परिचय और पैंठ; यही कारण

है कि वे चित्र इतने स्वाभाविक भी हैं, इतने सच्चे हैं कि मुहल्ले, गली, पड़ौस सभी जगह मिल जाएँगे—अतः इसी अनुपात में प्रभावशाली भी हैं। सत्ती को छोड़कर ऐसी कौन-सी कहानी है जिसे हम और आप रात-दिन न देखते रहते हों ?—निस्सन्देह सत्ती को भी देखते हैं, पर कभी-कभी। सत्ती की कहानी न तो 'टाइप' बन पाई है न पहली की तरह स्वाभाविक—वह काफ़ी जल्दी में लिखी गई है और एक ख़ानापूरी मात्र है। शुरू की भाषा-शैली भी वहाँ तक पहुँचते-पहुँचते बोल गई है।

सबसे बड़ी बात है भारती का अपनी कहानी पर अधिकार। उसकी जब जैसी इच्छा होती है कहानी को चलाता है, मोड़ता है और झटके देता है। कभी-कभी तो यह दिखाकर पाठकों को चमत्कृत कर देने के लिए ही वह यह 'ट्रिक' अपनाता है। पहली और दूसरी दोपहर में चाहे जहाँ से कहानी शुरू कर देना, चाहे जहाँ अपने वार्तालाप और क़िस्से डालकर समाप्त कर देना इसका उदाहरण है। जैसे दूसरी दोपहर में जमुना की कहानी को ख़त्म करके फिर शुरू करना, छठी दोपहर में 'चेख़व' का उदाहरण देकर उसकी तरह काले बैंट के चाकू को एक कहानी का केंद्र बिंदु बना डालना। विचित्र निष्कर्ष निकालकर पाठकों को चमत्कृत कर देना या हँसा देना।

हाँ, हँसा देना भारती के इस उपन्यास की एक और सबसे बड़ी विशेषता है। यह हँसाना इसलिए नहीं है कि विचित्र और अप्रत्याशित निष्कर्ष देखकर आप सिर्फ़ हँसकर चल दें। यह हँसी 'आइरूनी' की हँसी है, एक निर्मम व्यंग्यकार की ज़हर और कड़वाहट में बुझी तीखी हँसी है, जिसके साथ आप हँसते हैं। 'खाओ, बदन बनाओ' जिस कहानी का निष्कर्ष है क्या वह माणिक मुल्ला के रुदन की गूँज नहीं है ? इसी तरह जमुना की कहानी का पहला निष्कर्ष माणिक मुल्ला के हृदय को कचोटती कटुता, निराशा और कठोर वास्तविकता का पर्याय नहीं है, ऊपर से वह चाहे जितना भी हलका क्यों न लगे ? 'घोड़े की नाल' के निष्कर्ष की यह पंक्तियाँ : "इतनी बड़ी कोठी थी। अकेले रहना एक विधवा महिला के लिए अनुचित था, अतः उसने रामधन को भी एक कोठरी दे दी और पवित्रता से जीवन व्यतीत करने लगी।... एक दिन कहीं रेल-सफ़र में माणिक मुल्ला को रामधन मिला। सिल्क का कुर्ता, पान का डब्बा, बड़े ठाट थे उसके।" क्या विधवा-जीवन की तथाकथित पवित्रता की खिल्ली नहीं है ? यह दूसरी बात है कि इन निष्कर्षवादी कहानियों के निष्कर्षों की यह व्याख्यात्मक सफलता, पहली तीन कहानियों तक ही सीमित है। निस्संदेह वे खोदा पहाड़ और निकली चुहिया का आनंद देने के अलावा अपने उद्देश्य में भी खूब सफल हैं।

अपनी परिहास-वृत्ति का यह गंभीर और सफल उपयोग करने के साथ चलते-चलते इधर-उधर छींटाकशी करते चलना भारती के व्यंग्य का दूसरा रूप है (इस दिशा में वे अपने पहले उपन्यास से अधिक सफल हैं)। कहीं-कहीं तो वह काफ़ी सटीक और गहरा है, जैसे श्याम कहता है ! "भाई, हमारे चारों ओर दुर्भाग्य से 90 प्रतिशत लोग तो जमुना और रामधन की तरह के होते हैं। पर इससे क्या। कहानीकार को 'शिवम्' का चित्रण करना चाहिए। चाहे वह 'शिवम्' उस 'गाइड' की अधूरी सूचना की तरह धोखा

देना ही क्यों न हो, जो अथाह पानीवाली झील के किनारे खड़ा है और झील पर सिर्फ़ आधा-इंच बर्फ़ जमी है लेकिन उस पर से आनेवाले को बर्फ़ की बात तो वह बताता है, पर नीचे के अथाह पानी की सूचना वह नहीं देता।''

इसी तरह, ''तन्ना और माणिक मुल्ला से प्यार करनेवाली जमुना की शादी जब एक वृद्ध तिहाजू वर से हो गई और जमुना ने जब उसे देखा तो बहुत रोई—ज़ेवर चढ़ा तो बहुत खुश हुई।''

''पिछली रात उसने (प्रकाश के) मार्क्सवाद के सवाल पर मुझे नीचा दिखाया था और सच्चे संकीर्ण मार्क्सवादियों की तरह मैं झल्ला उठा था और मैंने तय कर लिया था कि वह सही बात भी कहेगा तो उसका विरोध करूँगा।''

इसी तरह के चुहल और विनोद से पूरी कहानी की रोचकता में वृद्धि हुई है इसमें संदेह नहीं है। लेकिन यह हास्य एक ऐसी चीज़ है जिससे आप सर्जन के चाकू का काम ले सकते हैं, कार्टूनिस्ट की तूलिका का काम ले सकते हैं और पाठकों को गुदगुदाकर हँसानेवाली उँगलियों का काम ले सकते हैं। फिर भी यह पालतू बंदर की तरह है जो आपके कंधे पर चढ़ेगा-उतरेगा, अपनी क्रियाओं और मुद्राओं से आपको और दर्शकों को हँसाएगा, लेकिन हो सकता है वह कभी आपका टोपी-चश्मा उतारकर फेंक दे, मुँह नोंच ले या ऐसी ही कोई अन्य हरकत करने लगे जो लोगों को हँसा तो देती है, लेकिन उसमें आपका बंदर ही नहीं, आप भी हँसी के पात्र होते हैं। उस समय आपकी अपनी स्थिति ठीक वह होती है जो अपने करतबों से काफ़ी हँसाने के बीच में ही कभी भूल-चूक से ज़मीन पर गिरकर चोट खा जानेवाले सरकस के 'जोकर' की होती है। यों दर्शक उसे भी उसका कोई 'करतब' समझकर जी-खोलकर हँसते ही हैं और वह स्वयं दिखाता भी यही है। बिलकुल ऐसा ही हास्य—(या स्थिति) पैदा किया है भारती ने मार्क्सवाद पर अपनी क़लम चलाकर। यों उन्होंने भूमिका में मार्क्सवाद को पूरा समझ डालने का काफ़ी ज़ोर से दावा किया है। मार्क्सवाद को समझ जाननेवाला, छज्जे पर खड़े होकर अपने आपको सबसे अलग, विचित्र और ऊपर समझकर नीचे से गुज़रनेवालों को हिक़ारत की नज़र से देखता हुआ दूसरों के कपड़े-लत्तों, बोल-चाल के ढंग और अन्य बातों का यों मज़ाक़ नहीं उड़ाता।

फिर भी हास्य और व्यंग्य इस कहानी की बहुत बड़ी सफलता और शक्तियाँ हैं; जो इस कुरूप ज़िंदगी की विकृतियों और सड़ाँध में दब-पिसकर मर जाने या भावुक लोगों की तरह रो-धोकर चुप रह जाने की बजाए हमें सामर्थ्य देती हैं कि हम इन सब पर जी-खोलकर हँसना सीख लें और एक दिन हँसते-हँसते इस ज़िंदगी को बदल भी डालें। (पृष्ठ 41)

लेखक कहानी पर कभी-कभी अपना अधिकार जताने के लिए ही कहानी को इधर-उधर झटके भी देता है। अधिकार न होता तो वह इतने सारे विषय, बातें (जिन्हें मैं बाद में गिनाऊँगा) सवा सौ-पन्नों में कैसे भर देता ? सत्ती को मर जाते और फिर कथा-क्षेत्र में आ जाते देखकर (जैसा कि जल जाने के बाद 'तराना' फ़िल्म में मधुबाला

के साथ या 'आन' में प्रेमनाथ के साथ हुआ है) ख़ासतौर से और वैसे सामान्यतः इस कहानी को पढ़ते-पढ़ते बार-बार मुझे प्रसिद्ध जादूगर गोगियापाशा की याद आती रही। ढाई-तीन घंटे के 'शो' में वह एक-से-एक अजब काम दिखाता है (जिसमें सामने से ही लड़के को उड़ाकर फिर ला-देना भी है)। उसके मेस्मेरिज़्म के काम, हाथ की सफ़ाई के कमाल, सभी को देखकर दर्शक स्तब्ध रह जाते हैं। वैसे उन पर इस प्रभाव और रौब का एक बहुत बड़ा कारण वे तमाम रंगबिरंगे चौड़े पर्दे, रोशनियाँ, क़ीमती [कान्स्ट्यूम्स] पोशाकें और दुनिया भर के तामझाम थे, जिन्हें वह हर ज़रा-सा खेल दिखाने के लिए बदलता था–उसकी स्वयं अपनी अरब देशों के किसी अलिफ़लैलाई जादूगर की तरह तड़क-भड़कवाली ढीली-ढाली पोशाक; दाढ़ी, चमकदार आँखें–जो ख़ाँमख़ाँ ही रहस्यमय आवरण से उसे लाद देती थीं। हरेक 'शो' के पहले बड़े रोचक ढंग से अंग्रेज़ी और हिंदी में उसका परिचय देना, फ्रांस, अमेरिका, इंग्लैंड, सब जगह घूम आने का उसका इतिहास; अपने खेलों के विचित्र-विचित्र नाम देना; ज़रा भी बोलना हो तो दो नौकर मेज़ को उठाए चले आ रहे हैं, एक सुंदर लड़की आकर्षक पोशाक में पानी का गिलास या सिगरेट लिए सामने खड़ी है। अपने खेलों को ऐसा मनोवैज्ञानिक क्रम देना, यही उसकी सफलता का रहस्य था। कुछ यही कला इसमें भारतीजी ने अपनाई है। अज्ञेयजी के शब्दों में ढंग ज़रूर भारती ने उसे अलिफ़लैला, पंचतंत्र का दिया है। लेकिन उतना आसान यह उपन्यास कभी नहीं है (टैकनीक की दृष्टि से)। लेखक ने इसमें सभी मज़े दिए हैं, दुखांत चाहनेवाले दुखांत का आनंद लें, सुखांत चाहनेवाले सुखांत का; (पृष्ठ 124) कविता पसंद छायावादी भाषा में, कहानी पढ़नेवाले मालवा की युवराज्ञी की कहानी पढ़ें (वैसे भारतीजी को सिर्फ़ कविता-पसंद लोगों के लिए भी इसमें कोई जगह निकाल ही लेनी चाहिए थी, कुछ नहीं तो एक बंगला और एकाध अंग्रेज़ी की कविता–अच्छा होता 'लारेन्स' की–तो वे दे ही सकते थे यथार्थवाद पर मरनेवाली जमुना की; रहस्य-रोमांच के प्रेमी सत्ती की कहानी पढ़कर आनंद लें, 'फ़ायड' के भक्त लेखक के सपनों का विश्लेषण करें और पिकासो के चाहक इनमें दिए गए चित्रों के जोड़-तोड़ मिलाएँ, गर्भांक या अंकावतर पर लट्टू अनध्यायों को पढ़ें। इसी तरह शैलियों के भी नमूने कई हैं। सीधी-साधी सरलतम (और सर्वश्रेष्ठ भी) शैली, व्यंग्य-पूर्ण और पुर-मज़ाक शैली, सपनों, फूलों, और इंद्रधनुष की शैली, नाटक या रेडियो, रूपक के उपयुक्त वार्तालाप की शैली और उमस और घुटन की मंद-मंथर शैली, उत्तम पुरुष की शैली, अन्य पुरुष की शैली और सबके ऊपर मध्यम पुरुष की शैली। शीर्षकों के भी आठ-दस मॉडल। ग़रज़ यह कि आप कैसी भी रुचि के हों, भारती ने इसमें आपके लिए सब कुछ रखा है। और रखना ही पड़ता है। इधर सिंधी-पंजाबियों में यह कला अपने चरम पर दिखाई दी है; काठ की छोटी-सी दुकान होगी, लेकिन क्या मज़ाल जो साधारण-से-साधारण और ऊँचा-से-ऊँचा ग्राहक वहाँ से लौट जाए। तारीफ़ करनी पड़ती है। इस छोटी-सी जगह में इन सब चीज़ों को सजाने और क्रम से बैठाने के ढंग में भारती अपूर्व है, अद्वितीय और वैज्ञानिक है। उसकी प्रभाकर माचवे के 'परंतु' से कोई तुलना नहीं, जहाँ ज़िंदगी-भर का उनका देखा-सुना,

पढ़ा-लिखा ज्ञान, गोदाम या कबाड़खाने की तरह भोंडे ढंग से भर दिया गया है।

लेकिन सब कुछ होते हुए भी ध्यान बार-बार ऊपर के उद्धरण पर अर्थात् माणिक मुल्ला के टैकनीक विषयक कथन पर जाता है कि आख़िर वह कौन-सी कमज़ोरी है जिसे पाठक न पकड़ लें; इसलिए टैकनीक की इतनी कलाबाज़ियाँ दिखाई गई हैं ? जैसा मैंने लिखा है, भारती का प्रस्तुत करने का ढंग कमाल का है, सामाजिक यथार्थ को समझने की शक्ति या पीठ खूब है; अपने चरित्रों का मनोवैज्ञानिक अध्ययन आश्चर्यजनक है; हास्य और व्यंग्य के सधे हुए हथियार उसके पास हैं, जब जैसी चाहता है वैसी ही भाषा उसके अधिकार में है और संक्षेप में वह सब उसके पास है जो इसी भूमि पर बैठकर लिखे गए 'संघर्षों के बीच' उपन्यास के लेखक श्री गंगाप्रसाद मिश्र के पास नहीं था—था अवश्य; फिर वह कौन-सी दल-दल है जहाँ उसके उद्देश्य का 'सातवाँ घोड़ा' बुरी तरह फँसकर रह गया है और पूरा उपन्यास टेढ़ी-मेढ़ी रेखाओंवाले उस चक्रव्यूह की तरह बन गया है जिसमें बिना किसी लाइन को काटे बीच के केंद्र तक पहुँचने में बुद्धि और धैर्य की पूरी परीक्षा हो जाती है।

हाँ, यह कमज़ोरी है उपन्यास का शीर्षक—अर्थात् 'सूरज का सातवाँ घोड़ा' और यही माणिक मुल्ला का पहला उद्धरण फिर याद कीजिए। पूरी कहानी को छः-सात भागों में इसीलिए विभक्त किया गया है कि सूरज को सात घोड़े खींचते हैं—सूरज, जो हमारी आशा, भविष्य और नए सबेरे का आधार है। उसके छः घोड़ों ने कंधे डाल दिए हैं अर्थात् "हुआ यह है कि हमारे वर्ग विगलित, अनैतिक, भ्रष्ट और अँधेरे जीवन की गलियों में चलने से सूर्य का रथ काफ़ी टूट-फूट गया है और बेचारे घोड़ों की तो यह हालत है कि किसी की दुम कट गई है, किसी का पैर उखड़ गया है, कोई सूखकर ठठरी हो गया है, तो किसी के खुर घायल हो गए हैं। अब बचा है, सिर्फ़ एक घोड़ा जिसके पंख अब भी साबित हैं, जो सीना ताने, गर्दन उठाए आगे चल रहा है भविष्य का घोड़ा, तन्ना, जमुना और सत्ती के नन्हें निष्पाप बच्चों का घोड़ा, जिनकी ज़िंदगी हमारी ज़िंदगी से ज़्यादा अमन-चैन की होगी।" इत्यादि (पृष्ठ 126)

निस्संदेह भाव (सूझ या आइडिया) अच्छा है, काफ़ी शक्तिशाली शब्दों में रखा गया है और पुस्तक में सबसे पहले छपी एँजेलो सिकेलियानो की कविता इस भाव का आधार है—लेकिन उपन्यास की सबसे बड़ी कमज़ोरी यह है कि सातवें घोड़े की कल्पना पूरी कहानी से उभरकर नहीं आती। यह अचानक ऊपर से जोड़ी गई-सी लगती है। जिस समाज की, जिन लोगों की कहानी लेखक ने कही है उसमें कोई ऐसा संकेत या इशारा नहीं है जो इस सातवें घोड़े अर्थात् जमुना, सत्ती और तन्ना के बच्चों के उज्ज्वल भविष्य का आभास देता हो। इस कहानी की घुटन, सड़न और लेखक के ही शब्दों में उस सामाजिक जीवन "जहाँ मौत है, अँधेरा है कीचड़ है, गंदगी है" (पृष्ठ 52) में लेखक ने इन बीजों का आभास—चाहे वह कितना ही क्षीण हो कहाँ दिया है जो इस साँतवें घोड़े को खींचकर लाएँगे ? यह ठीक है कि हमें विश्वास होना ही चाहिए कि हमारे घिनौने जीवन के मुक़ाबले हमारे बच्चों का जीवन निश्चय ही सुखद और आनंदपूर्ण होगा—यही

विश्वास तो हमारी जीवन-शक्ति है, हमें इन अँधेरे ग़ारों, घुटन में जीवित रखता आया है; यह प्रत्येक युग का अपने बच्चों पर होता आया है; हमारे बाप-दादाओं का हमारे लिए था, हमारा अपने आगे आनेवालों के लिए। यह दूसरी बात है कि हमारे पुरखों का यह विश्वास हमारे बाप-दादाओं के लिए सच नहीं हुआ और हमारे बाप-दादाओं का हमारे लिए सच नहीं हुआ ! ज़िंदगी बद-से-बदतर होती गई और हमने इस बोझ को फिर आनेवाली पीढ़ी पर डाल दिया है। अब हम फिर आशा-भरी निगाहों से अपने आगेवालों को देख रहे हैं। क्या इसका सीधा अर्थ यह नहीं है कि प्राकृतिक होते हुए भी हमारे इस विश्वास के आधार में कहीं कमज़ोरी है ? मैं पूछता हूँ हमारे ऊपरवाले विश्वासों से भारती के इस विश्वास में कौन-सी विशेषता है ? या इस विश्वास को बल देनेवाली वे कौन-सी शक्तियाँ हैं जिन्हें भारती ने पहचान लिया है ? वे शक्तियाँ जिन्हें हमारे बाप-दादा नहीं पहचान पाए थे और उनका यह विश्वास महज़ एक अंधविश्वास बनकर रह गया था। क्या भारती का विश्वास सुंदर शब्दावली और सशक्त सूझ के बावजूद एक निरा अंधविश्वास ही नहीं है, जिसकी जड़ें वे अपनी कहानी के समाज में नहीं खोज पाए और उनका यह निष्कर्ष एक ज़बर्दस्ती थोपा गया निष्कर्ष हो गया ? और अगर भारतीजी क्षमा करें तो मैं कहूँ कि यदि उन्होंने मार्क्सवाद समझ लिया होता या उसका आधार लिया होता तो निरंतर उनके कानों में गूँजनेवाली ये पगध्वनियाँ* इतनी अनजान, इतनी अपरिचित और इतनी विरानी नहीं लगतीं। निश्चित रूप से वे शक्ति-तत्त्व भी इस तमाम ज़िंदगी में से वे ख़ोज ही लाते, क्योंकि उनकी निगाह, सूझ और निडर ईमानदारी पर हमें विश्वास है। (व्यक्तिगत रूप से चाहे जिस राजनैतिक दल में वे बँधे हों।)

और इस प्रकार निष्कर्षवादी कहानियाँ कहने की ज़िद में उन्होंने (क्योंकि यह कमज़ोरी है इसलिए माणिक मुल्ला की नहीं हो सकती) इन छः घोड़ों की संपूर्ण कहानी का निष्कर्ष सातवें घोड़ेवाली कल्पना निकाल डाली है। फ़र्क इतना है कि पिछली कहानियों के निष्कर्ष निकालते समय माणिक मुल्ला बहुत जागरूक, सचेत और सचेष्ट रहे हैं कि वे अप्रत्याशित हों, हलके हों और व्यंग्य हों, अतः वे यहाँ सफल हैं। और अगर वे यह कहते भी कि इस बड़े निष्कर्ष को निकालते समय भी उन्होंने अपनी पिछली परंपरा का ही निर्वाह किया है तो क्या इसे भी दूसरे निष्कर्षों की तरह 'सटायर' या व्यंग्य (व्यंजना नहीं) समझा जाए ? वैसे, जैसा मैंने शुरू में ही कहा था इसका जवाब देने के लिए भी उन्होंने किसी दूसरे की राह नहीं देखी, खुद ही दे दिया है :

"हिंदी में बहुत से कहानीकार इसलिए प्रसिद्ध हो गए हैं कि उनकी कहानी में कथानक चाहे लँगड़ाता हो, पात्र चाहे पिलपिले हों, लेकिन सामाजिक तथा राजनैतिक निष्कर्ष अद्भुत होते हैं।" (पृष्ठ 21)

—**अजन्ता**, नवम्बर-दिसम्बर '52

---

* कवि और अनजान पगध्वनियाँ—भारती की एक कविता

'गर्म-राख' और औपन्यासिक यथार्थवाद

(उपेन्द्रनाथ अश्क)

'ईसप्' की कहानियों में एक मेढ़क की कहानी आती है। उसे जब अपने एक चर द्वारा बैल का आकार बताया गया तो उसने अपना पेट फुलाकर पूछा; 'क्या बैल इतना बड़ा था ?' चर ने सिर हिलाया; 'नहीं, इससे बड़ा।' उसने फिर फुलाया और चर नकारात्मक सिर हिलाता रहा।

अश्कजी ने अपने दोनों उपन्यासों—'गिरती दीवारें' और 'गर्म-राख' के प्रारंभ में आलोचकों को जिस ढंग से याद किया है उसे देखकर बरबस इस कहानी की याद आ जाती है। जैसे वह हर बार अपना आकार बदलकर आलोचकों से कहलवाना चाहते हैं कि अब तो मुझे महान् मानोगे ! इसलिए उन्हें 'पटख़नियाँ' (अश्कजी का शब्द है) खिलाने में वे ऐसा ही आनंद अनुभव करते हैं जैसा खिलाड़ी बिल्ली चूहे को। फिर भी 'गर्म-राख' के विषय में आश्चर्य हुए बिना नहीं रहता। कहना पड़ता है कि 'गर्म-राख' के प्रति आवश्यकता से अधिक अपेक्षा दिखाई गई है। उपेक्षा इसलिए नहीं कि वह कोई ऐसा चकाचौंध उत्पन्न कर देनेवाला उपन्यास निकला था कि लोगों ने क्यों नहीं उसे हिंदी का अकेला उपन्यास घोषित कर दिया। और न उपेक्षा इसलिए कि उस पर बोलने की आवश्यकता अनुभव करते हुए भी, लोगों ने 'चुप-चुप' कहकर उसके साथ वही व्यवहार किया जो 'घेरे के बाहर' के साथ हुआ। हो सकता है कि 'गर्म-राख' उतना महान् उपन्यास न हो, जितना लेखक का दावा है कि पाठक उसे साल में दो बार रामायण की तरह पढ़ें। और यह भी हो सकता है वह इतना निर्दोष भी न हो कि 'कटखना' आलोचक मज़े में कड़े बादाम की तरह अपने दाँत आजमाता ही रह जाए। लेकिन यह निस्संदेह कहा जा सकता है कि 'गर्म-राख' में अपनी एक मौलिकता है और यह हिंदी की वर्तमान उपन्यास-परंपरा से इतनी अधिक अलग है (बचाव के लिए फिलहाल चाहे आगे उसे न कहें) कि सहसा ध्यान आकर्षित किए बिना नहीं रहती। जब हम इस मौलिकता का गंभीरतापूर्वक विश्लेषण करते हैं तो कह सकते हैं कि 'गर्म-राख' चाहे हिंदी की नई उपन्यास परंपरा का एकदम निर्दोष सर्वश्रेष्ठ उदाहरण तो नहीं, हाँ उपन्यास के एक नए मोड़ का प्रतीक अवश्य है। उस पर उचित ध्यान दिया जाना चाहिए था। ख़ास तौर पर इसलिए कि 'गर्म-राख' की मौलिकता, विषय-वस्तु या रूप का ऐसा कोई प्रयोग-कौतुक नहीं है कि अचानक पाठक को चौंका दे और वह मानने को

विवश हो कि ऐसा उपन्यास पहले नहीं लिखा गया; बल्कि उसकी मौलिकता ही यह है कि वह वस्तु और रूप दोनों में इतना साधारण है कि हिंदी में उतनी सादगी देखने में नहीं आई। यह दूसरी बात है कि जब सादगी सिद्धांत का आधार लेकर आती है, वह आकर्षक होती है, प्रभुविष्णु होती है; लेकिन जहाँ वह विवशता या 'सीमा' है वह दया और करुणा, कभी-कभी आलोचना का भी विषय हो जाती है।

'गर्म-राख' का यथार्थवाद ही वह सबसे बड़ा तत्त्व है जो उसे हिंदी की उपन्यास-परंपरा से अलग और विवेच्य बना देता है। इस यथार्थवाद को समझने के लिए हमें सबसे पहले देखनी होगी 'गर्म-राख' की कहानी। यह अत्यंत ही साधारण लोगों की कहानी है जिसमें से कुछ साहित्यिक जीव होते हुए भी असाधारण अथवा अपसाधारण नहीं है, असामान्य अवश्य हो सकते हैं। और चूँकि यह मध्य-वर्ग का बुद्धिजीवी-वर्ग है, अतः ऐसी असामान्यता क्षम्य है। इसके साथ ही यह बहुत ही साधारण ढंग से कही गई है।

'चातकजी' ऐसे रसिक-हृदय कवि हैं जो हर नई युवती की तस्वीर देखकर नई कविता बना डालते हैं, और उसे वे अपने हृदय की संपूर्ण अनुरक्ति प्रदान करने में नहीं हिचकिचाते। इस प्रकार के शत-प्रतिशत कवियों की तरह उनके पारिवारिक जीवन और 'बायरन' जैसे इस रोमानी जीवन में कहीं कोई संगति नहीं बैठती, इसलिए अपने घर से वे सदैव कतराते हैं। अपने मित्र गोपालदास के यहाँ 'मालती' में सत्याजी की तस्वीर देखकर एक कविता बना डालते हैं। 'संस्कृति-समाज' की कल्पना उनके दिमाग़ में आती है। जिसके द्वारा वे इस मृगनयनी के संपर्क में आ सकते हैं। 'संस्कृति-समाज' के चपरासीनुमा सैक्रेटरी के लिए याद किया जाता है—जगमोहन। जगमोहन उपन्यास का नायक है। 'संस्कृति-समाज' का काम शुरू होता है और जगमोहन सत्याजी से पहली बार मिलता है। जैसा कि इस अवस्था के किसी भी युवक के लिए असंभव नहीं है, वह आकृष्ट होता है सत्याजी की ओर, और परिणाम-स्वरूप दो-चार बार उसके घर लस्सी पीकर जब सत्याजी उसके आकर्षण को निमंत्रण देने लगती हैं तो वह ठंडा पड़ जाता है। कम-से-कम उतनी तत्परता नहीं दिखाता जितनी प्रारंभ में थी। उसके सपनों का केंद्र हो जाती है—दुरो। फिर भी सत्याजी और जगमोहन की घनिष्ठता बढ़ती जाती है। आगे पढ़ने के लिए वे उसकी आर्थिक कठिनाई भी हल करती है। प्रत्यक्ष और अप्रत्यक्ष रूप से उसकी मदद करती हैं और एक-दो बार ऐसी भी परिस्थितियाँ आती हैं जब सत्याजी और जगमोहन निकटतम आते हैं। लेकिन लगता ऐसा है कि शरीर की पुकार उसे सत्याजी की तरफ लाती है और सपनों की रोशनी उसे दुरो की ओर खींचती है। दुरो प्रेम करती है हरीश से। हरीश एक सामाजिक कार्यकर्त्ता है और साम्यवाद में विश्वास रखता है। जीवन को देखने का उसका दृष्टिकोण इतना साफ़, कटा-छँटा और इतना युक्ति-संगत है कि जगमोहन उसे अपना प्रतिद्वंद्वी नहीं मान पाता; उलटे श्रद्धा ही करता है। सच पूछा जाए तो प्रतिद्वंद्विता की बात भी उसके मन में नहीं आती। हरीश का व्यक्तित्व शुरू से ही उसे इस प्रकार ढँक देता है कि उसके सामने; अपनी असहायता पर सिवा एक गहरी साँस लेने के वह कुछ नहीं कर पाता और मन-ही-मन दुरो के प्यार को सँजोए रखता

है। उसकी भाभी के द्वारा सत्याजी की शादी के प्रस्ताव उसके सामने आते हैं जिन्हें वह स्वीकार नहीं करता और अंत में जब वह उसकी छाती से लगी स्पष्ट विवाह का प्रस्ताव करती हैं तो एक पत्र लिखकर मना कर देता है। फिर जैसे उसे चिढ़ाने के लिए वे अपनी रजामंदी अफ्रीका में रहनेवाले सज्जन को दे देती हैं। उसे विवाह में निमंत्रित करती हैं, और फिर कोशिश करती हैं कि जगमोहन पिघल जाए; लेकिन जगमोहन नहीं पिघलता। वह अफ्रीका चली जाती हैं तब कहीं जगमोहन उसके प्रति एक करुणा से अभिभूत हो उठता है। उस समय वह अपनी स्थिति का विश्लेषण करता है तो पाता है कि उसके प्रेम का यह आख्यान भर्तृहरि के इस श्लोक की व्याख्या-मात्र बनकर रह गया है :

> यां चिंतयामि सततं मयिसा विरक्ता।
> साप्यमन्यमिच्छति जनं, सा जनापिन्योनरक्त ॥
> अस्मत्कृते च परितुष्यति काचिदन्या।
> धिकृतां चं तंच मंदनं च इमां च मांच ॥

और तब उसे उसी प्रकार की विरक्ति घेर लेती है जैसी कभी कवि भर्तृहरि ने अनुभव की थी। लेकिन उसके इस बीमार प्रेम की तुलना में चलता है हरीश का प्रेम; जो प्रेम का एक स्वस्थ रूप सामने रखता है। यह प्रेम से विरक्त होकर उसकी प्रतिक्रिया को रोकता है और 'फ़ैज़' की ये पंक्तियाँ :

> और भी तो दुःख है ज़माने में मुहब्बत के सिवा।
> राहतें और भी हैं वस्ल की राहत के सिवा।।

उसकी मानसिकता को एक स्वस्थ दिशा में ढालने का संकेत करती हैं। यहीं उपन्यास का अंत है।

लेकिन अश्क हिंदी का पहला उपन्यासकार है (निश्चित रूप से मैं 'सितारों के खेल' के उपन्यासकार को नहीं ले रहा) जो कभी भी अपने उपन्यासों की कहानी को वर्ग-समाज और तत्कालीन परिस्थितियों से एकदम काटकर अपने पात्रों में उनके ड्राइंग-रूमों, कमरों या रेल के डिब्बों में होते हुए भी केवल उन तक सीमित नहीं रखना जानता। दिल्ली के प्लेटफ़ार्म पर एक-दूसरे को विदा देते हुए रेखा और भुवन जैसा वाटर-टाइट खोल आपको अश्क में नहीं मिलेगा। वह हर समय आपको अनुभव कराता रहेगा कि ये ऐसे लोगों की कहानी है जो आदमियों के बीच में रहते हैं; जिनके कुछ सामाजिक संबंध और संपर्क हैं, स्तर हैं और स्थितियाँ हैं और उनका जीवन 'नदी के द्वीप' का जीवन नहीं है, जहाँ क्रूसो और गुड फ्राइडे के अलावा और कोई हो ही न। एक शहर अपनी अधिकतम विशेषताओं के साथ किसी भी उपन्यास में अभी तक शायद ही इतना मुखर हुआ हो जितना लाहौर 'गर्म-राख' में हुआ है। यह इसलिए नहीं कि अश्क ने लाहौर की पूरी टॉपोग्राफ़ी या नक़्शा बयान कर दिया है। नहीं, वहाँ की भीड़-भाड़, वहाँ की धूल-धक्कड़, क़हक़हे, गंदगी, भैंसों की पूँछों से उछलती हुई कीचड़, स्त्री-पुरुष,

पंजाबी गालियाँ और संबोधन सब कुछ इतने सजीव और उभरकर आए हैं कि जब आप उपन्यास समाप्त करते हैं तब लगता है जैसे लाहौर के उसी वातावरण में रहकर आ रहे हों। यही वजह है कि प्रस्तुत उपन्यास में जगमोहन के साथ शुक्लाजी, कवि चातक, हरीश, बसंत, प्रोफ़ेसर धर्मदेव शास्त्री से लेकर दर्जनों छोटे-मोटे चरित्र अपनी विशेषताओं सहित आए हैं, जो कहानी के वातावरण में आवश्यकतानुसार रंग भर जाते हैं। ये पताका और प्रकरियाँ हमें प्रेमचंद की उपन्यास-शैली की याद दिला देती हैं—जहाँ एक से अधिक कथाओं को एक साथ चलाने का प्रयत्न किया गया है—ख़ास तौर से हरीश और दुरो की कहानी जो केवल जगमोहन के बीमार और 'छिपकली'-से प्रेम की तुलना में लाई गई हैं।

बहुत काफ़ी और कहीं-कहीं अत्यंत साधारण अंतर होते हुए भी सामान्य पाठक 'गर्म-राख' और 'गिरती दीवारों' की कहानी में अधिक अंतर नहीं कर पाता; कभी-कभी तो लगता है कि वह केवल ज़रा-सा परिवर्तन करके एक ही कहानी सुने जा रहा है। उसके कुछ मुख्य कारण ये हैं :

'गर्म-राख' कहानी उसी वर्ग के लोगों की और लगभग उसी ढंग से कही गई कहानी है जिस प्रकार की 'गिरती दीवारें'; दोनों में स्थान अर्थात् लाहौर की ज़िंदगी भी उसी ढंग से प्रस्तुत की गई है।

दोनों का काल भी लगभग एक ही दशक में आता है, जबकि उस वर्ग या स्थान की मौलिक या बाह्य परिस्थितियों में कोई विशेष परिवर्तन नहीं दिखाई देता।

दोनों के पात्र—प्रमुख पात्र—सामाजिक, पारिवारिक, व्यक्तिगत, रुचि और मानसिक बनावट के लिहाज़ से अधिक दूर के नहीं लगते। चेतन की शुभेच्छा नीला को खा गई और जगमोहन की महत्त्वाकांक्षा सत्या को। फलतः एक रंगून भेज दी गई और दूसरी अफ़्रीका चली गई। कहानी के इस परिवर्तन के अलावा जगमोहन के चरित्र को मानसिक रूप से लेखक स्वयं भी चेतन से अलग नहीं कर पाया है। यह प्रकाशक और लेखक की सावधानी के बावजूद जगमोहन के बदले में प्रयुक्त किए गए पृष्ठ 48 पर 'चेतन' शब्द से जाना जा सकता है। प्रोफ़ेसर स्वरूप और कवि रामदास का शोषण इत्यादि कई ऐसी बातें हैं जो बार-बार याद दिला देती हैं कि इन दोनों का लेखक एक ही है।

यों 'गर्म-राख' और 'गिरती दीवारें' दोनों पर कोई राय देना ख़तरे से खाली नहीं है, क्योंकि दोनों अभी अधूरे हैं। जगमोहन तो व्यक्तिगत स्तर से उठकर कर्मक्षेत्र के उस किनारे पर आया ही है जहाँ से जीवन का असली रूप प्रारंभ होता है। इस तरह उसे 'ह्यू वाल्पोल' के उपन्यास 'प्रैल्यूड टू एडवेंचर' (अभियान की भूमिका) की तरह किसी विशाल उपन्यास की भूमिका ही स्वीकार किया जा सकता है। (जो उसने कभी नहीं लिखा)

तो 'गिरती दीवारों' से 'गर्म-राख' साधारण पाठक की दृष्टि में एक होते हुए भी, कई बातों में आगे है और कई में पीछे।

'गर्म-राख' के प्रमुख पात्र तीन हैं—जगमोहन, सत्या और हरीश। जगमोहन एक ऐसा पात्र है जिसके लिए लेखक ने भरसक कोशिश की है वह ज़रा भी असाधारण न

बने, वह तत्कालीन निम्न-मध्यवर्गीय युवकों के चरित्र का प्रतिनिधि या टाइप रहे। वह साधारण मध्यवर्ग की घुटन-भरी परिस्थितियों में बढ़ा पला है–वही परिस्थितियाँ, वही संस्कार, वही छाप, कमज़ोरी और विशेषताएँ लिए हुए* जिनमें ऊँचे स्वप्न और साधन स्वल्प रहते हैं। फलतः वह मानसिक विकृतियों और ग्रंथियों का शिकार है। जीवन के संघर्ष तथा आर्थिक प्रतियोगिता या सामाजिक रुकावटों ने जिसकी हर महत्त्वाकांक्षा के आगे एक प्रश्न-चिह्न लगा दिया है। वह खुलकर हँस नहीं सकता, रो नहीं सकता, जो उसकी प्रतिभा; व्यक्तिगत रुचि सभी को दिन-रात कुचलती रहती है। ऐसी एक मानसिक घुटन उसके दिमाग़ में घर कर गई है और जिसने उसके अत्यंत स्वाभाविक संबंध, प्रेम को भी एक अपराध या पाप की तरह स्वीकार करने को विवश कर दिया है। राधा और कृष्ण का प्रेम, शकुंतला और दुष्यंत का प्रेम, नल-दमयंती का प्रेम उसके लिए स्वप्न और स्पृहा की वस्तु बनकर रह गई हैं। बचपन में सब कुछ भूलकर खेलना और जवानी में सब कुछ भूलकर प्रेम करना भी वह नहीं जान पाया है। वह एक निहायत कमज़ोर आदमी की तरह सोचता ही रह जाता है : कैसा था 'ब्रांस्की' का प्रेम जिसने 'अन्ना' के लिए सब कुछ छोड़ दिया। और अन्ना ? जो अपने देवता जैसे पति और कलेजे के टुकड़े को छोड़कर चली आई, किस प्रेम में अंधी थी ? कैसा था नेख़्लीदोव के हृदय का ज्वार जिसने साधारण नर्तकी नटाशा के लिए साइबेरिया जाना स्वीकार कर लिया ? यह सब आज क्यों नहीं हो पाता ? वह क्यों आज बीर-बहूटी की तरह छूते ही अपने में सिमट जाता है, अपने ही अंदर घुटन पैदा करता है और हमेशा सिर झुकाकर चलता है, दबा-सिमिटा-सा रहता है। भरी सभा में बढ़कर जयमाला डाल देनेवाली प्रीति या लड़ाई के मैदानों में तलवारों की छाया में किलककर हरण करने और हो जाने का उन्माद–यह सब आख़िर गया कहाँ ? आज तो–

छिपकली सी यह मुहब्बत
आज के युग की लजीली।–भीरु
अपने नाम से जो सिमट जाए
तिमिर के आछन्न कोनों
और अँतरों से सरककर झाँकती है।

प्रस्तुत से वह समझौता नहीं कर पाता और अप्रस्तुत उसे मिल नहीं पाता। यह उसके प्रेम की ट्रेजेडी है क्योंकि प्रस्तुत को वह झुठला नहीं पाता। दुरो उससे बहुत दूर थी, पर सत्या जो नितांत निकट थी, और अपनी निकटता की याद वह उसे दिलाए रखना चाहती थी (पृष्ठ 210) ! उसके न जाने क्यों यह भ्रम हो गया है कि यह नारी

---

* जगमोहन मध्यवर्ग के उन लाखों युवकों में से एक था जो बचपन में बच्चे और जवानी में युवक नहीं होते; बचपन से ही जिन पर प्रौढ़ता का रंग चढ़ जाता है; जो एक कदम आगे रखते हैं तो दो बार सोचते हैं फिर पीछे रख लेते हैं। और कई बार इसी आगा-पीछा में ज़िंदगी के दिन पूरे कर देते हैं। जिनके बचपन में न खिलवाड़ीपन होता है न जवानी में अल्हड़पन।–पृष्ठ 119

जो इतने दिनों से उसके गिर्द मकड़ी का जाला बुने जा रही है, उसकी सारी प्रतिभा का रक्त चूस जाएगी। एक अनचाहे संग को निभाने के लिए वह बाध्य हो जाएगा और उसे जीवन भर बाध्य रहना पड़ेगा। (पृ. 508) इसीलिए शायद उनके लिए उसके हृदय में प्रेम न था। होता भी तो विवाह करने की उसकी स्थिति न थी। (पृष्ठ 323) वह साफ़ अपने पत्र में सत्याजी को लिख देता है : 'मुझे यदि आपसे प्रेम होता तो मैं इतना परेशान न होता। पर मुझे आपसे प्रेम नहीं है। शायद आप समझें चूँकि आपने आत्मसमर्पण कर दिया; इसलिए आप मेरी नज़र में गिर गई हैं और मैं आपसे घृणा करने लगा हूँ। मैं आपसे घृणा नहीं करता', (पृ. 453) और यही नहीं कि उसके अपने प्यार का ज्वार सदैव उतार पर रहा, चढ़ाव उसने देखा ही कहाँ है। (पृष्ठ 501) वह कभी-कभी सोचने लगता है 'यह कैसा प्रेम है जो आदमी को सबकुछ भुलाकर अपने में तल्लीन कर लेता है। उसके प्रति सत्या का और हरीश के प्रति दुरो का प्रेम भी क्या वैसा ही नहीं है ? स्वयं उसे क्या वैसा प्रेम नहीं होता ? दुरो से उसे प्रेम ही सही, पर क्या वह उसी प्रकार अंधा है, उन्मादी है, जैसा किट्टी के प्रति लेविन का और ब्रांस्की के प्रति अन्ना का ?' (पृ. 500) और इसी उलझन में उपन्यास को गति मिलती है। जगमोहन कवि है; लेकिन जीवन के हर पहलू की तरह कविता के प्रति भी वह ईमानदार नहीं है। प्रेम के विषय में उसका कहना है : 'वास्तव में समाज की वर्तमान-व्यवस्था में प्रेम करते हुए भी उसे निबाहना बड़ा कठिन है। मानव की सबसे पहली आवश्यकता पेट की भूख है। भरे पेट और फ़ालतू समयवाला वह निधड़क और बेधड़क प्रेम कहाँ ? हमारे निम्न-मध्यवर्ग में तो और भी नहीं—भूख के बाद प्रेम का नंबर आता है। (पृष्ठ 208) ऐसी स्थिति में कविता उसके लिए एक नशे की चीज़ है—हृदय की पुकार नहीं।' जिस प्रकार आदमी चिंताओं से मुक्त होने के लिए नशा सेवन करने लगता है, मैं कविता ले बैठता हूँ। मस्तिष्क एकाग्र होकर चिंता-मुक्त हो जाता है (पृष्ठ 230)

और उसके बीमार प्रेम की नायिका हैं—सत्याजी; जो मकड़ी के जाले की तरह उसे चारों तरफ से उसे बाँधती हैं : वह उनके जोंक-सरीखे प्रेम से हर समय भागता है। उनमें धैर्य है—जल्दी किसी काम में नहीं करना नहीं चाहतीं, अधीर होकर भाग उठना उनकी प्रकृति के विरुद्ध है। बस, कभी आवश्यकता पड़ने पर ज़रा तेज़-तेज़ चल लेती हैं, कभी जमाव और घुटन आ जाते हैं, तो उन्हें पिघलने देना चाहती हैं। उनकी कोई महत्त्वाकांक्षा नहीं है। अंत में यह रहस्योद्घाटन कि वे एक कुमारी के गर्भ से उत्पन्न हैं; जगमोहन को उसी स्वप्न-भंग की अवस्था में छोड़ जाता है जिसमें गोरा अपने आपको पाता है, जिस क्षण वह जान लेता है कि जीवन-भर भारतीय संस्कृति, भारतीय-दर्शन और भारतीयता की हर बात का पुजारी वह स्वयं एक अंग्रेज़ माँ-बाप की संतान है। जहाँ गोरा अपने आपको निर्वस्त्र-मनुष्य के धरातल पर पाता है, वहाँ जगमोहन की उनके प्रति तटस्थता, इस घटना के बाद एक करुणा में बदल जाती है। और वह निर्णयात्मक कदम उठाता है कि सत्याजी से शादी नहीं करेगा।

कहानी कहने की उत्सुकता रांगेय राघव की कला को खा जाती है और अपने

उपन्यास में आनेवाली हर नई कहानी को वे बड़ी निष्ठा से बयान करने लगते हैं। पिछले परिच्छेद की कहानी चरित्र छूटकर कहाँ गए, क्या हो गए, उसका उन्हें ध्यान नहीं रहता, काफी देर बाद ध्यान आया भी तो पात्र, काल, स्थान, नाम एक होते हुए भी सब कुछ बिलकुल नया अपरिचित होकर सामने आता है : वही कुछ ढंग अपने चरित्रों के प्रति अश्क का है। अच्छाई यह है कि एक के बाद एक नए पात्र का परिचय कराते हुए भी अश्क को अपने हर नए पात्र की विशेषता का ध्यान रहता है। चातकजी आते हैं तो लगता है कि लेखक चातकजी को ही उपन्यास का नायक बना रहा है, लेकिन चातकजी पाठक को पहुँचा देते हैं जगमोहन तक; जगमोहन जाता है हरीश तक और लेखक के अनुसार उपन्यास समाप्त करके हम देखते हैं कि हरीश और दुरो उपन्यास के नायक-नायिका हैं।

हरीश को लेखक ने भगवान बुद्ध का अवतार बनाकर प्रस्तुत किया है। एक रात उन्हें जैसे बोध हुआ कि यह सारी व्यवस्था कैसी है—उन्हें पता चल गया कि उनके पिता कैसे रुपया कमाते हैं ? और सहसा उन्हें उस सारी-की-सारी व्यवस्था से घृणा हो आई। उन्होंने फ़ैसला कर लिया कि वे उसका अंग नहीं बनेंगे। फिर तो हर जगह वे विश्व-कोश की तरह सामने आते हैं, हर प्रश्न का सही और स्वस्थ दृष्टिकोण से उत्तर उनके पास है। उनके जीवन का हर पहलू जैसे निश्चित है कि किस समय वे क्या करेंगे ? ज़रा प्रेम हृदय में आया तो पीठ थपथपा देंगे, नहीं तो लेक्चर झाड़ देंगे। अश्क ने 'गिरती दीवारें' की भूमिका में लिखा था—''बड़े-बड़े दार्शनिकों ने जीवन की भट्टी में तपकर जो निष्कर्ष निकाले हैं उन्हें बटोरकर उपन्यास के इस या उस पात्र के मुँह में भर देना कठिन नहीं है; पर मैंने यही अच्छा समझा कि अपने सामाजिक जीवन के जिस कूड़े-कचरे की सफ़ाई मैं चाहता हूँ अथवा जिसकी ओर पाठकों का ध्यान आकर्षित करना मुझे अभीष्ट है, उसको यथार्थता के साथ व्यक्त कर दूँ और पाठकों को निष्कर्ष निकालने के लिए स्वतंत्र छोड़ दूँ।'' ('गिरती दीवारें' पृष्ठ 13) काश, ये वाक्य उन्हें 'गर्म-राख' लिखते समय भी याद रहते ! इस उपन्यास में जैसे वे बहुत काफ़ी अधीर हो उठे हैं।

हरीश ही क्यों, 'गर्म-राख' का हरेक पात्र एक सेट चरित्र लेकर आया है, विकास किसी का नहीं होता। जगमोहन, सत्या, दुरो, हरीश, चातक सबके बने-बनाए चरित्र हैं, जिनसे वे ज़रा भी इधर-उधर नहीं हटते। इस लिहाज से 'गिरती दीवारें' अधिक सफल है। 'गर्म-राख' की तरह हर चीज़ उसके पात्रों के दिमाग़ में तय नहीं है। जगमोहन ही का उदाहरण लें तो उसके चरित्र की सबसे बड़ी कमज़ोरी या असफलता यह है कि उसके हृदय में कुछ महत्त्वाकांक्षाएँ ही नहीं हैं—वह कुछ नहीं करना चाहता। उसने तो 'जीवन को जाड़े की रात के भीगे कंबल की तरह लिया है, न जिसे छोड़ते बनता है न रखते।' 'चेतन' जैसे कवि, चित्रकार, लेखक, संत, संगीतज्ञ सब कुछ बनना चाहता है, जगमोहन कुछ भी नहीं। उसके कुछ ऐसे सपने भी नहीं है जो सदैव उसके आगे-आगे भागते रहे हों और उन्हें पकड़ने के लिए वह समाज से संघर्ष करता रहा हो—कम-से-कम छटपटाता तो रहा ही हो। इस लिहाज से चेतन की असफलताएँ, चेतन का शोषण, चेतन की मस्ती,

सपने, नीला का विवश बलिदान--सबकुछ अधिक मानवीय है, अधिक हृदय को छूता है और उसी के अभाव में 'गर्म-राख' का हर एक पात्र जैसे बुझा-बुझा कठपुतली-सा लगता है।

अश्क के दोनों पात्रों--हरीश और जगमोहन को (इसमें भी पहले को अधिक) किन्हीं अंशों में असफल पात्र कहा जा सकता है। हरीश के चरित्र में तो अश्क के ऊपर इतना अधिक आदर्श सवार हो गया है कि 'गिरती दीवारें' में स्वीकार किए गए अच्छे सिद्धांत को वे भूल गए हैं।

दूसरी ओर जगमोहन को साधारण बनाने के चक्कर में उसकी उसी तरह हत्या कर डाली है जिसके लिए रेल्फ़ फ़ॉक्स ने संकेत किया है—'आज के उपन्यासकार ने अत्यंत सामान्य लोगों को अत्यंत सामान्य परिस्थितियों में दिखाने की धुन में नायक के व्यक्तित्व का निर्माण करना ही छोड़ दिया है और इसी तरह जीवन और यथार्थ दोनों को उसने तिलांजलि दे दी है।'*

जगमोहन अधिक जानदार पात्र होता या हरीश थोड़ा अधिक सामान्य होता तो शायद 'गर्म-राख' हिंदी के दो-तीन उपन्यासों में से एक होता। इस समय तो एक गले से नीचे नहीं उतरता--दूसरा याद ही नहीं रहता। हरीश के चरित्र में वे गुण थे कि वह सच्चे अर्थों में आज के समय की माँग के अनुरूप 'हीरो' बन सकता। वह गुण है—समय की माँग की पहचान।

समय की माँग को पहचानना या ऐतिहासिक आवश्यकता को अनुभव करना एक ऐसा उत्तरदायित्व है जिसे पिछले बहुत कम उपन्यासकारों ने समझा है। यदि समझा भी है तो केवल कुछ हद तक। पूँजीवाद का उत्थानकाल वह काल था जब व्यक्ति-स्वातंत्र्य के महत्त्व को प्रतिपादित करना या 'व्यक्ति की चेतना से संसार को देखना' एक अत्यंत ही क्रांतिकारी और प्रगतिशील कदम माना जाता था। लेकिन हर समय उन्हीं आधारों पर व्यक्ति-स्वातंत्र्य की रट या व्यक्तित्व-निर्माण के नाम पर व्यक्तिवादी नायकों को महिमान्वित नहीं किया जा सकता। फ़ॉक्स ने इस संबंध में बहुत स्पष्ट कह दिया है कि व्यक्ति-स्वातंत्र्य की पहली और महान् घोषणा हमारे समय में व्यक्ति की पवित्रता के नाम पर व्यक्ति की मृत्यु से बढ़कर कुछ भी नहीं है।' वह उन्नीसवीं सदी के उन उपन्यासकारों को घोर ग़ैर-जिम्मेदार मानता है कि उन्होंने पूँजीवादी उत्थानकाल में व्यक्ति-स्वातंत्र्य की आवाज़ तो बुलंद की; लेकिन उसके उत्तरदायित्वों और कर्त्तव्यों को वे न तो समझ पाए, न निभा पाए। समय की आवाज़ से आँखें फेरकर, उन्होंने वेश्याओं, नर्तकियों और आवारों के चरित्रों को तो लिया, उन्हें सही ठहराया; लेकिन किसी वैज्ञानिक, किसी इंजीनियर, किसी अच्छे व्यापारी को वे अपना नायक नहीं बना पाए जो उस समय का एक क्रांतिकारी कदम होता। उन्होंने अपनी कारयित्री प्रतिभा और

---

* The Modern novelist, abondoning the creation of personality of a hero, for the minor task of rendering ordinary people in ordinary circumstances, has thereby abondoned both realism, and life itself. Novel & the people, Page 10

रचनात्मक कल्पनाशक्ति द्वारा समय की माँग को पहचानकर एक प्रतिनिधि नायक के निर्माण से मुँह फेर लिया था। आज का उपन्यासकार यदि सही और सच्चे अर्थों में मानव-आत्मा का शिल्पी बनना चाहता है तो उसे उसी काम को हाथ में लेना होगा और उस ग़लती से भरसक बचना होगा जो शरत्चंद्र के हाथों से महिमान्वित होती रही—व्यक्ति की कुंठाओं से प्यार ! आज के यथार्थवाद की माँग है कि नायक केवल सिद्धांतों की 'रिफ़रेन्स बुक' की तरह ही सामने न आए—और न ही ऐसे व्यक्ति के रूप में आए जो व्यर्थ और अनावश्यक संघर्षों में अपनी शक्ति का क्षय करता दिखाया जाए; बल्कि अपनी परिस्थितियों को बदलने में तत्पर, जीवित और सक्रिय इंसान की तरह, स्वयं अपने भाग्य का निर्माण करने में प्रयत्नशील इंसान की तरह आए। जीवित रहने का अर्थ यह नहीं है कि वह अपनी निर्बलता और कमज़ोरियों में ही संतुष्ट और फँसा हो। वह इतिहास के दौर से मेल खाता हुआ हो। फ़ॉक्स ने इस समय की माँग को भी बिलकुल साफ़ बताया है कि 'संसार को देखने और जीवन को समझने के दृष्टिकोण के अभाव में ऐसे व्यक्तित्व की पूर्ण और स्वतंत्र अभिव्यक्ति ज़रा भी संभव नहीं है। सच बात तो यह है कि सही दृष्टिकोण के बिना आज का उपन्यासकार न तो नए जीवन को पा सकता है—और न मानवता का ही उत्थान कर सकता है।' और इसे बड़े-से-बड़े कलावादी ने भी स्वीकार किया है कि आज वह सही दृष्टिकोण है द्वंद्वात्मक भौतिकवादी दृष्टिकोण; चाहे इस भौतिकवाद में थोड़ी आध्यात्मिकता का छौंक लगाकर ही वे उसे स्वीकार करने की बात बार-बार क्यों न कहते रहे हों। केंचुली के मोह में वे बँधे और विवश हैं। यह द्वंद्वात्मक भौतिकवाद ही कला के क्षेत्र में समाजवादी यथार्थवाद के रूप में आता है।*

मूल-समस्या—अश्क के यथार्थवाद की कमज़ोरी—पर आने से पहले एक और समस्या पर थोड़ी बातचीत आवश्यक है : क्योंकि अश्क ने अपने यथार्थवाद को वही रूप दिया है—अर्थात् आज के निम्न-मध्य वर्ग में प्रेम की स्थिति—और उसी के विभिन्न रूप लेखक ने दिये हैं। कवि 'चातक' का घर में बीबी होते हुए भी हर नारी के लिए उत्पन्न हो उठनेवाला साहित्यिक-प्रेम जो उनसे कविताएँ लिखवाता है, रावण को आदर्श प्रेमी बताता है जिसने प्रेम के लिए सब कुछ निछावर कर दिया; उमर ख़ैयाम के अनूठे प्रेम की आकांक्षा करता है, जिसमें उसने एकांत पेड़ की डाली के नीचे एक रोटी, कविता पुस्तक, शराब, और नागिन-सी जुल्फ़ोंवाली साक़ी की माँग की है :

Here with a loaf of bread beneath the Bough. Flask of Wine—a Book of verse and Thou; Beside me singing in the wilderness—And Wilderness is paradise a now.

दूसरा प्रेम है, शुक्लाजी का जो हर नारी को देखकर खैनी के रस की तरह उमड़ा पड़ता है और वे उसे बड़ी मुश्किल से सँभाल पाते हैं। तीसरा जगमोहन और सत्याजी

* The Novel cannot find new life, humanism cannot be reborn, until such an outlook has been attained, That outlook today can only be the outlook of dialectical Materialism, giving birth in art to a new Socialist Realism.—Novel & the people.

का प्रेम—बीमार प्रेम, जोंक और छिपकिली-सा प्रेम जिसका आधार मात्र शरीर है, चौथा जगमोहन और दुरो का एकांगी और अफ़लातूनी प्रेम, पाँचवाँ पंडित दाताराम की बेटी के संबोधन और उम्रवाली सत्या के प्रति जो एक लिजलिजी वासना बनकर आँखों में झाँका करता है और वे कामातुर हाँफते कुत्ते की तरह जीभ निकाले धूप में घंटों बैठे ताकते रह सकते हैं। फिर सबसे अधिक स्वस्थ है हरीश और दुरोवाला प्रेम—जो कार्य-क्षेत्र की ओर प्रेरणा देनेवाला प्रेम है—प्रेमी को बाँधकर नहीं रखता।

मात्र प्रेम की ऊपरी दृष्टि से 'गर्म-राख' को देखना न केवल एकांगी होगा, वरन् लेखक के साथ अन्याय होगा जो समाज का एक संश्लिष्ट चित्र देने की कोशिश करता है—और अब हम पुनः उसी प्रश्न पर उतरते हैं कि अश्क के उपन्यासों में चित्रित यथार्थवाद विशेषकर 'गर्म-राख' में—वास्तविक सही और वांछनीय है ? ऐसा यथार्थवाद है जिसे हम समाजवादी यथार्थवाद या सामाजिक यथार्थवाद कह सकें ? उसमें जो आदर्श हैं, उसे पात्र स्वतः यथार्थ की भूमि से खोदकर पाते हैं या लेखक खुद आदर्श के फल तोड़-तोड़कर उनके हाथ में दे देता है। वह जड़ और फ़ोटोग्राफिक यथार्थ है या जीवित और गतिशील ?

'गर्म-राख' के यथार्थवाद के संबंध में कुछ शिकायतें इस प्रकार की जा सकती हैं :

हिंदी के कम ही उपन्यासकारों के पास शायद ही वह चीज़ है जो अश्क के पास है—चरित्र और अनुभवों की विशदता और विविधता। जिस चरित्र या जीवन के क्षेत्र का भी वह वर्णन करने लगता है, मालूम होता है कि उसके विषय में वह काफ़ी जानता है। अतः कहीं कतराने या झिझकने की उसे आवश्यकता अनुभव नहीं होती। फिर भी अश्क वह चीज़ नहीं दे सका जिसकी उम्मीद की जाती थी। इसका पहला कारण है—उसका अपनी क़लम पर अनियंत्रण। एक चरित्र पर जब उसकी क़लम चल जाती है तो उसके बाप-दादे, नाते-रिश्तेदार, सात पीढ़ियों का वर्णन देने लगता है—वह एक ही उपन्यास में सबकुछ वर्णन करने का मोह नहीं छोड़ पाता। शायद कहानी और नाटक में बँधे-बँधे और सधे-सधे चलने की यह प्रतिक्रिया है। 'गर्म-राख' में कई जगह आपको ऐसा मिलेगा कि कथा में चलते-चलते एक नया पात्र आया, अश्कजी ने उसकी सूरत दिखाई, चैप्टर बंद किया और नए चैप्टर में उसकी जन्म-पत्री शुरू कर दी; फिर महाभारत में 'जनमेजय उवाच' की तरह दो अध्यायों के बाद मूल कथा पर आए। इस तरह पूरा उपन्यास 'अलिफ़लैला' या 'कथासरित-सागर' की बरगदी जड़ों जैसा कहानियों का ऐसा जाल लगता है जिसकी एक मुख्य धारा ही मुश्किल से मिले।

दूसरी बात यह है कि जीवन और समाज जैसा है उसे ज्यों-का-त्यों चित्रण कर देने की धुन में वर्णन-स्थितियाँ और विषयांतर इतने अधिक हैं और इतने यथातथ्य हैं कि उनमें गतिशीलता नहीं आ पाती। उनकी सचाई और स्वाभाविकता अद्वितीय और बेजोड़ हो सकती है...लेकिन उनमें सब मिलाकर वह प्रवाह और रोचकता नहीं आ पाती जो कथा के लिए आवश्यक है। कहा जा सकता है कि अश्क बहुत ही अच्छा फ़ोटोग्राफर है और 'गर्म-राख' एक अत्यंत कुशल फ़ोटोग्राफर द्वारा लिए गए ऐसे चल-चित्रों का

एलबम* है जिसमें महीन-से-महीन झुर्रियाँ, रोएँ, सभी कुछ दिखाई दे जाता है—लेकिन यहीं उपन्यास का यथार्थ समाप्त हो गया है। कला का सत्य, दृश्य के सत्य के साथ-साथ भाव का भी सत्य है। नृत्य के एक फ़ोटो और चित्र में क्या अंतर है ? बाह्य दृष्टि से एक बिलकुल वही है; उसका महीन-से-महीन विवरण प्रस्तुत करते हुए यथातथ्य प्रतिकृति है—दूसरा उस स्थिति की ऐसी अनुकृति जो नृत्य में अपनी पहली स्थिति (मुद्रा) से इस वर्तमान स्थिति तक की गति और दोनों स्थितियों के संबंध की सूचक है, साथ ही अपनी मुद्रा से अगली आनेवाली स्थिति को भी व्यंजित करती है। इस तरह वास्तविकता के अत्यंत निकट जाकर भी फ़ोटोग्राफी गति को पकड़कर स्थिर कर देती है—जड़ बना देती है, कला जड़ को पकड़कर उसमें गति और जीवन का भ्रम उत्पन्न कर देती है।

वस्तुस्थिति को एक यथार्थ कोण से रखा जाए, यहाँ तक तो प्रेमचंद के बाद अपने समकालीन अधिकांश उपन्यासकारों से अश्क आगे हैं—लेकिन इस यथार्थ में भी चुनाव की आवश्यकता है, क़लम साधकर लिखने की ज़रूरत है—यह उसने अभी नहीं समझा। इस चुनाव के बिना ही यथार्थ प्रकृतिवाद रह जाता है—फ़ोटोग्राफी बन जाता है—फलतः प्रतिनिधि या टाइप नहीं बन पाता। यथार्थ टाइप न हो—यह उसकी अकलात्मकता का पहला प्रमाण है। साथ ही यह कमज़ोरी उसकी गति और रोचकता में भी बाधक होती है। इस भेद को माओ ने अपने एक भाषण में बड़ी अच्छी तरह स्पष्ट किया है :

'प्रकृति (यथातथ्यता) साहित्य की आधारभूत सामग्री प्रदान करती है और कला उसे अंतिम रूप देती और सँवारती है। हालाँकि यह (आधार-भूत सामग्री) कला की अपेक्षा विषय-वस्तु के लिहाज से कहीं अधिक उत्कृष्ट—कहीं अधिक समृद्ध होती है; फिर भी लोग प्रकृति-मात्र से संतुष्ट नहीं होते—कला की माँग करते हैं। क्यों ? इसलिए कि सुंदरता में दोनों समान होते हुए भी साहित्य के रचनात्मक रूप और कला-प्रकृति को कहीं अधिक पीछे छोड़ देते हैं—क्योंकि यह अधिक युक्तिसंगत होते हैं, अधिक संक्षिप्त, अधिक प्रतिनिधि और वांछनीय (आइडियल) होते हैं—इसीलिए अधिक सार्वभौमिक होते हैं।'

अश्क की इसी प्रवृत्ति के कारण 'गिरती दीवारें' के एकाध आलोचक ने अश्क को प्रकृतिवादी माना है और मैं समझता हूँ कि वे सत्य से अधिक दूर नहीं रहे। यह चुनाव क्या है ? प्रकृतिवाद यथार्थवाद से कैसे भिन्न है ?

अश्क को प्रकृतिवादी कहनेवालों ने कभी चिंतन नहीं किया कि वे ज़रा खुलकर बतायें क्यों वे उन्हें प्रकृतिवादी मानते हैं और आख़िर उनकी दृष्टि में प्रकृतिवाद और

---

* उनकी (प्रेमचंद) की कला उस फ़ोटोग्राफर के लैंस की तरह नहीं है, जिसमें बाह्य जगत के चित्रण इधर-उधर बिखरे हुए एक असंबद्ध रूप में सामने आते हैं...बिना संबद्धता का विचार किए जो साहित्यकार यथार्थवाद के नाम पर सामाजिक क्रियाओं या व्यक्तियों का असंबद्ध चित्रण करेगा उसका चित्रण ऊपर से देखते हुए भी अवास्तविक होगा।

—रामविलास शर्मा 'प्रगति और परंपरा', पृष्ठ 208

यथार्थवाद में क्या अंतर है ? प्रकृतिवाद शब्द मनुष्य की सभी मौलिक प्रवृत्तियों—काम, भूख इत्यादि को ज्यों-का-त्यों पशुता के स्तर तक स्वीकार करने तथा उनका पक्ष लेकर उन्हें प्रतिष्ठित कराने के अर्थ में हिंदी में आया है और 'सुररियलिज़्म' के अर्थ में भी प्रयुक्त हुआ है। लेकिन जब प्रकृतिवाद को यथार्थवाद के साथ या तुलना में प्रयुक्त किया जाता है तब उसका एक विशेष अर्थ होता है जो 'एक्यचुअलिज़्म' का पर्याय है।

वस्तु का पूर्ण यथातथ्य चित्र देने के लिए क्या आवश्यक है कि उसके हर पक्ष और विवरण या वर्णन को दिया जाए ?—या वास्तविकता पर आधारित उन बिंबों और कल्पना-चित्रों (इमेजों) के द्वारा उस वस्तु को प्रस्तुत किया जाए जो भौगोलिक, ऐतिहासिक या अन्य वैज्ञानिक दृष्टि से (चाहे पूर्ण न हों—भाव की दृष्टि से) ऐसे हों कि यथार्थ की संपूर्णता की छाप मन पर छोड़ जाते हों। 'वैलन्तिन एज़्मस' के अनुसार यथार्थवादी कला द्वारा जीवन के सच्चे चित्रण का अर्थ ही यह है कि यह यथार्थवादी कला-कृति—और भी स्पष्ट कहें तो ये यथार्थवादी कल्पना-चित्र, वास्तविक जीवन की छाप या भ्रांति का सृजन करें। कोरे जीवन का चित्रण करना कोई मानी नहीं रखता। जीवन और यथार्थ को प्रस्तुत करने के लिए कलाकार को उनमें से बड़ी सावधानी से उन बिंबों-कल्पना-चित्रों और आवश्यक अंशों को छाँटना पड़ेगा जो उनकी जान हैं। तभी अनावश्यक अंशों को छोड़कर केवल प्रमुख और आवश्यक अंगों द्वारा ही वह एक संपूर्ण यथार्थ के उद्देश्य को प्राप्त कर सकेगा। यह चुनाव या विवेक ही प्रकृतिवाद को यथार्थवाद से पृथक करता है। एज़्मस के शब्दों में इसे यों समझें :

'किसी भी वस्तु के सभी पक्षों और अंगों (फ़ीचर्स) को ज्यों-का-त्यों उतार देने मात्र से यथार्थ का भाव नहीं प्रगट किया जा सकता; बल्कि वह भाव तो (वस्तु के) उन (मौलिक) पक्षों के चित्रण करने से पैदा होता है जो यथार्थ के मूल तत्त्व को बनाते हैं...और इन दोनों का अंतर यह है कि यथार्थवादी कला का अपूर्ण चित्र भी किसी वस्तु के मूल-भूत पक्षों का प्रतिबिंब होता है और (इसके विपरीत) चूँकि प्रकृतिवादी कला में वस्तु की व्याख्या सहित संपूर्णता को चित्रित करने का प्रयत्न रहता है इसलिए उस चित्र में मूल-भूत पक्षों के अलावा अन्य अर्थात् अनावश्यक पक्षों का भी चित्रण हो जाता है।'

इसका परिणाम यह होता है कि प्रकृतिवादी हर विवरण और विशेषता के व्याख्या-सहित वर्णन में ही अपने आपको सीमित बना लेता है और उसे सबकी नहीं, केवल कुछ की चीज़ बना डालता है। प्रतिनिधि या टाइप नहीं, विशेष। यथार्थवादी कला में उतने ही विवरण को स्वीकार किया जा सकता है जो संपूर्ण के सार को प्रस्तुत कर सके। इस चुनाव या छाँट न करने का परिणाम बिलकुल उलटा ही निकलता है। लेखक को परिश्रम पूरा करना पड़ता है और सारभूत तत्त्वों से उलझे हुए और कहीं-कहीं उन्हें छिपाए हुए ये अनावश्यक वर्णन, गौणतत्त्व पाठक के ध्यान को लेखक के अभीष्ट चरित्र, स्थिति या दृश्य को उतनी उत्कट तीव्रता से तो ग्रहण करने ही नहीं देते—उसे अस्पष्ट, अरोचक और पहेली जैसा बना देते हैं। ज़रा-सी ग़लती से लेखक के परिश्रम के इस नाश को टॉल्सटाय ने अपने हाथ से अपनी मूर्ति को तोड़ देना बताया है। हो सकता है ये

ग़ैर-ज़रूरी-तत्त्व उसके मूल भाव (Basic Idea) को नष्ट न भी करें फिर भी किसी चीज़ का लगातार वर्णन दिये जाना खुद उस प्रभाव को नष्ट कर देता है।[1]

प्रकृतिवाद का चित्रण स्वयं इस बात का सूचक है कि लेखक उस कच्चे माल में से यथार्थवादी कला के तत्त्वों को छाँटने या चुनने के परिश्रम से बचा है। यही कारण है कि 'हावर्ड फ़ास्ट' जैसे लेखक प्रकृतिवाद को यथार्थवाद से पलायन मानते हैं। उसके अनुसार 'कोई लेखक चाहे जितना कुशल हो, अनावश्यक और गौण तत्त्वों को आवश्यक और नाटकीय तथ्यों से छानकर ही यथार्थ को ऊँचा उठाने की प्रक्रिया की ओर बढ़ पाता है।' ('साहित्य और यथार्थ', पृ. 17)

तो एक बार फिर दुहरा दिया जाए कि यह चुनाव की प्रकृति ही एक ऐसा तत्त्व है जो प्रकृतिवाद को यथार्थवाद से अलग करता है। कलाकार वैज्ञानिक की तरह एक वस्तु को हर पक्ष (डाइमेंशन) से नहीं दिखा सकता। यह असंभव भी है और अनावश्यक भी। छोटी-से-छोटी कहावत, किंवदंती से लेकर बड़े-से-बड़े महाकाव्य तक में साहित्यिक कल्पना-चित्रों[2] द्वारा प्रस्तुत किया जानेवाला जीवन, कलाकार के अपनी क़लम पर नियंत्रण और चुनाव का ही परिणाम है। लेकिन इस चुनाव और विविधता का परिणाम यह न हो कि यथार्थ खण्ड-खण्ड में इतस्ततः बिखर-बिखर जाए। जीवन की संपूर्णता दिखाने के लिए उसके विभिन्न पक्ष और विविधता दिखानेवाले उपन्यासों के विषय में डॉ. रामविलास ने 'संस्कृति और साहित्य' में इसी डर की ओर संकेत किया है :

'बड़े-बड़े उपन्यास लिखने में यह ख़तरा रहता है कि जीवन की विविधता दिखाते हुए उसकी संबद्धता का ही लोप न हो जाए।'

हमें यह मानना होगा कि अश्क में यह चुनाव कम है। क्रासवर्ड भरनेवाले सरदारजी हों या हरीश का खानदान, प्रोफ़ेसर स्वरूप का घर हो या मिसेज वर्मा का फ़्लैट, नूरू या चोपड़ा—जहाँ वह वर्णन करने पर उतर आता है वहाँ रुकना ही नहीं जानता। मैं पूछता हूँ जैसे बसंत ने क्रासवर्ड भरनेवाले सरदारजी का क़िस्सा सुनाया; उसी तरह सत्याजी जगमोहन के वक्ष पर लेटकर अपनी उत्पत्ति की पचास पृष्ठों की कहानी नहीं सुना सकती थीं ? या जिस 'गिरती दीवारें' में पूरी अनारकली उद्धृत की गई है; क्या उसी तरह रेनॉल्ड का पूरा 'लंदन-रहस्य' या 'एनसाइक्लोपीडिया' नहीं उद्धृत किया जा सकता था जिनसे चेतन या जगमोहन समय-समय पर प्रभावित और नाराज़ होते रहे हों ? यदि यही ढंग रहा तो कोई शक नहीं कि 'गिरती दीवारें' नौ क्या, नौ-सौ भागों में भी चल सकता है और 'गर्म-राख' पाँच क्या, पाँच हज़ार पन्नों का भी हो सकता है।

---

1. 'To say too much is the same as to give a composite statue a push and make it fall apart, or to take the lamp out of the magic lantern. The attention of the reader or onlooker is distracted and the reader sees the author, the audience sees the actor, the illusion vanishes. To restore an illusion is sometimes impossible.

—Tolstoy's dairy : Quoted by Azmus.

2. It is not the art image, that gives birth to life but life that gives to art and its images.

—Azmus

अनावश्यक तत्त्वों को आवश्यक से छानकर जीवन के यथार्थवादी वर्णन की दृष्टि से 'रात, चोर और चाँद' को अत्यंत ही सफल उपन्यास माना जा सकता है। अभी तक फ़ोटोग्राफर और कलाकार के अंतर की बात थी; लेकिन अब कलाकार को परखने की आवश्यकता आती है। 'रात, चोर और चाँद'—यथार्थवाद के प्रतिनिधि तत्त्वों को पहचानने, और चुनाव की दृष्टि से यथार्थवादी कलाकृति का उत्कृष्ट उदाहरण है। लेकिन वह यथार्थवाद अधूरा है और अगली समस्या को जन्म देता है : समय और काल से परे कलाकार कोरा शाश्वतवादी कलाकार हो या समय की धड़कनों और काल की गति को पहचाननेवाला सचेत क्रांतद्रष्टा ? यहाँ तक तो कलाकार सत्य में से सुंदर संप्रेषणीय, साधारण और ग्राह्य छाँटता रहा था, लेकिन क्या 'शिव' उसकी सीमा से परे है—और क्या हर समय का 'शिव' एक ही है; समय-समय का 'शिव' अलग नहीं है ?

दूसरा प्रश्न यों है—क्या मात्र चुनाव और प्रतिनिधि चुनाव[1] ही सबकुछ हैं ? शास्त्रीय शब्दावली लें, तो प्रकृति को ऐसे यथार्थवादी ढंग से रखना कि वह सबके लिए संप्रेषणीय और साधारणीकरण योग्य हो जाए—ही सबकुछ है ? पूर्णतया प्रकृतिवादी मैं अश्क को नहीं मानता। उनका झुकाव यथार्थवादी है। कह सकते हैं कि उनकी 'एप्रोच' यथार्थवादी है और वर्णन प्रकृतिवादी। हावी प्रकृतिवाद इतना हो गया है कि वह उनके यथार्थवाद के प्रभाव को बड़ा अस्पष्ट कर देता है और कहना पड़ता है कि मूलतः कृष्णचंद्र के रोमांटिक यथार्थवाद और इस नेचुरलिस्टिक यथार्थवाद में कोई विशेष अंतर नहीं है। अंतर है तो इतना कि एक हवा में उड़ता है, दूसरा धूल रेंगता है।[2] अश्क के आदर्श और यथार्थवाद में जो चौड़ी खाई दिखाई देती है उसका मूल कारण भी यही प्रश्न है कि उनके यथार्थवाद में और क्या ऐसी कमज़ोरी रह गई है कि आदर्श को अलग से लाकर उन्हें वह आदर्शोन्मुख यथार्थवादी रूप देना पड़ा, जिससे ऊबकर प्रेमचंदजी अपने अंतिम उपन्यासों में पीछा छुड़ाते दिखाई देते हैं।

इस प्रश्न को सुलझाने का भी वही तरीक़ा है जो चुनाव के बावज़ूद कलाकृति को फ़ोटोग्राफी से बचाने का तरीका है। किसी वस्तु के प्रमुख पक्षों के चुने-चुनाये फ़ोटो ही क्या उसका वास्तविक चित्र देने में समर्थ हैं—विशेषतः जबकि वह चीज़ जीवन जैसी गतिमान हो ? इसका भी सिद्धांत वही है जो एक सैकेंड में सोलह बार कटे होने पर भी सिनेमा की रील की संबद्धता का सिद्धांत है। अर्थात् वास्तविकता का ऐसा गत्यात्मक चित्र जो पिछली गति से तो उसकी कड़ी को जोड़ता ही हो, अगली गति का भी सूचक हो। एज़्मस ने इसका भी विश्लेषण किया है—'वास्तविक जीवन के वर्णन के साथ-साथ

---

1. जैसा एंगिल्स ने मिस हॉकिस को लिखा था—"मेरे विचार से तथ्यों के विवरण के साथ-साथ यथार्थवाद प्रतिनिधि चरित्रों का प्रतिनिधि परिस्थितियों में सच्चा चित्रण करता है।"

—साहित्य और कला; : मार्क्स ऐंगेना

2. The romanticists of 19th century carried their readers away to the mountains tops. The naturalists wanted to cast them down into a life deep underground.

यह कला एक दूसरा कार्य भी पूरा करती है। अर्थात् वह नवीन के जन्म को, दूसरे शब्दों में भविष्य की उस अनिवार्य तात्कालिकता को, जो संभव है अस्तित्व में न हो, भी चित्रित करती है...'*

अस्तित्व में न होने से एज़्मस का अर्थ काल्पनिक और हवाई से कभी नहीं है—उसने अनिवार्य तात्कालिकता शब्द से अपनी बात को साफ़ किया है। इसके लिए आवश्यकता है कि यथार्थ के विकास की प्रवृत्ति को समझा जाए तभी कलाकार भविष्य की उस अनिवार्य तात्कालिकता या इतिहास की माँग को यथार्थ में ही खोज पाएगा। कभी-कभी ऐसा होता है कि भविष्य की यह अनिवार्य तात्कालिकता, वर्तमान की विभीषिका में गुम हो जाती है, चारों ओर से रास्ते बंद लगते हैं, सामने अँधेरे की एक दुर्भेद्य दीवार जैसी खड़ी दिखाई देती है। एक जड़ता—गतिरोध जीवन और साहित्य में आ जाता है।—या कभी-कभी यह अनिवार्य भविष्य इतना धुँधला और अस्पष्ट होता है कि पहचानना मुश्किल होता है।

साधारण घटनाओं की पर्तों में छिपे हुए सत्य की जड़ तक पहुँचने या यथार्थ से उभरती अदृश्य या अस्पष्ट दिखाई देती भविष्य की अनिवार्य तात्कालिकता को बड़ा (Magnify) करके देखने और दिखाने के लिए एक अत्यंत ही समर्थ कल्पना-शक्ति की आवश्यकता है और ऐसा सशक्त-कल्पना-शील यथार्थवादी कलाकार प्रकृतिवादी की तरह निर्जीव, 'नक़लची' (शब्द एज्मस के हैं) नहीं होता, बल्कि सच्चे अर्थों में मानव—आत्मा का शिल्पी होता है—क्योंकि वह यथार्थ की गति और प्रकृति-प्रगति को पहचानता है।

हाँ, तो यहीं हमें इस बात का जवाब मिलता है कि क्यों अश्क एकदम गर्म और एकदम ठंडा पानी साथ पीने को पाठक को देता है और जब स्वस्थ पाठक उसे पीने से इनकार कर दे तो उसकी समझ को लेकर ही संदेह करता है। रूपक की भाषा छोड़ दें तो जीवन के ग़लीज, वीभत्स, विकृत और भ्रष्ट चित्रों के साथ (क्या सुंदर से दुश्मनी यथार्थ की कोई शर्त है ?) देवताओं के चरित्र उसी वातावरण में जब किसी पाठक की समझ में नहीं आते तो क्यों वही दोषी है ? लेखक स्वयं ही आदर्श को पचाने का धैर्य नहीं रख पाता।

अश्क के यथार्थवाद की सबसे बड़ी कमज़ोरी है उसका कैमराईपन; अर्थात् सतहीपन, जो अपने साथ दो अनिवार्य परिणामों को लेकर आया है। आवश्यक और अनावश्यक के भेद की कमज़ोरी; पात्रों-परिस्थितियों के भीतर देखने की दृष्टि की कमज़ोरी या यथार्थ की अंतर्धारा का अपरिचय; परिणामतः उस भविष्य के अनिवार्य की पहचान की कमज़ोरी।

अभी तक के विश्लेषण से यह कभी न समझना चाहिए कि कुशल कैमरामैन होता ही बुरा है—या प्रकृतिवाद कोई ऐसी अवांछनीय वस्तु है। प्रकृतिवाद या फ़ोटोग्राफ़ी में

---

* Whilst depicting actual life, this art at the same time performs another function, it depicts the birth of the new, in another wonds, the inevitable future of that which may not yet exist.
—Azmus.

सबसे बड़ा दोष ही यह है कि उसके द्वारा जो जितना विकसित है आप उसे ही दिखा सकते हैं—आपके सारे वर्णन और व्याख्याएँ—जो जितना है उतने तक ही सीमित है। विकास की संभावनाएँ और दिशाएँ आप उसमें से उभरती नहीं दिखा सकते* क्योंकि उसका यथार्थ गतिशील नहीं होता। यदि इतनी क़ीमत चुकाने पर लेखक प्रकृतिवाद को स्वीकार करता है, तो करे।

यही वजह है कि परिस्थितियों की तरह 'गर्म-राख' का हर पात्र सेट मनोविज्ञान लेकर आता है, विकास किसी का नहीं होता। वह पाता और छोड़ता कुछ भी नहीं है। उपन्यासों में शोक चरित्र भी लाए जाते हैं और एक निश्चित मनोविज्ञान के चरित्र बहुत से उपन्यासों में आए हैं, लेकिन कुशल कथाकारों ने उस स्थिति में एकरसता या उस दोष से बचने के लिए उनके आसपास या तो इतने गतिशील पात्र रखे हैं या ऐसी विभिन्न परिस्थितियों में उन्हें घुमाया है कि उनका यह दोष अखरने नहीं पाता और उनकी यह कमज़ोरी पकड़ में नहीं आती। डिकेंस ने 'डेविड कॉपरफील्ड' में 'मिकाबर' या बैटसी इत्यादि सेट और स्थिर मनोविज्ञान के कई चरित्र दिए हैं; लेकिन स्वयं डेविड का चरित्र इतना विकासशील है कि सब चरित्र गतिशील प्रतीत होते हैं, उसी तरह जैसे रेल में चढ़े आदमी को पेड़ों की लाइनें गतिशील और क्रमबद्ध दिखाई देती हैं। दूसरी तरह का उदाहरण है अन्ना का पति अलैक्जैंड्री अलैक्जैंड्रोविच। उसे भी टाल्सटाय ने बिलकुल सेट मनोविज्ञानवाले व्यक्ति की तरह चित्रित किया है—जिसका विकास नहीं होता, लेकिन लेखक उसे इतनी विभिन्न परिस्थितियों और स्थानों पर दिखाता है कि वह उबाता नहीं--कभी वकील के यहाँ, कभी लेविन के घर, कभी क्लब में, कभी गाड़ी पर, कभी अध्ययन कक्ष में, या कभी बहन-बहनोई के साथ। 'नदी के द्वीप' का भुवन भी शिवदान सिंह चौहान के शब्दों में एक 'साँचे में ढला व्यक्ति है', लेकिन उसके साथवाले पात्र इतने अधिक सजीव और समर्थ हैं कि यह पता भी नहीं लगता।

असल में अश्क मूलतः नाटककार है। वह बाह्य प्रकृति को जितना अच्छा चित्रित कर पाता है; अंतःप्रकृति को नहीं। स्त्री पात्र तो उसके बिलकुल ही निर्जीव हैं; न उनका व्यक्तित्व है न वैसे गठे हैं। मैं मानता हूँ कि अश्क उन कथाकारों में से है जो निरंतर विकास का प्रयत्न करते आ रहे हैं—वह अपनी प्रगति से संतुष्ट नहीं है—वह भगवतीचरण वर्मा और जैनेंद्र जैसे हिंदी के उन 'जीनियसों' जैसा नहीं है जो विकास के प्रयत्न को जीनियस की सबसे बड़ी पराजय मानते हैं। आप इन जीनियसों की प्रथम और अंतिम रचना में अधिक अंतर नहीं पा सकते—कम-से-कम उत्थान नहीं मिलेगा। यह ठीक है कि अश्क मानवमन के उस स्तर पर नहीं उतरा जिस पर और बड़े लेखक उतरे हैं, लेकिन उसमें मनुष्य की बाह्य प्रकृति से उसके अंतर्जगत की ओर बढ़ने के प्रयास स्पष्ट दिखाई

---

* Naturalism is contemplative, retrospective and limited to the depiction of only that which is fully developed. Neturalism is an earth-bund idealess theory, incapable soaring to any hight, and the art of neturalism does not in any way differ from its theory.''
—Azmus.

देते हैं।

केवल बाह्य-प्रकृति की ही बात ली जाए तो यह निस्संकोच कहा जा सकता है कि कहीं-कहीं तो वे बहुत ही सच्चे और सफल हैं—जैसे वार्तालाप के क्षेत्र में 'इनडाइरेक्ट' फ़ार्म में आए हुए वर्णन, व्यंग्य। और ये इतने अधिक हैं कि उपन्यास की रोचकता का प्रमुख आधार भी इन्हें ही कहा जा सकता है। इसके अतिरिक्त लेखक को इनका इतनी अधिक संख्या में ज्ञान है कि वह चलते-चलते अत्यंत निस्पृह भाव से इन्हें बिखराता चलता है। लोगों की कही हुई बात को या चेष्टा को पुनः प्रस्तुत करने की व्याख्या करने में तो अश्क को कमाल हासिल है और इस जोड़ का कोई दूसरा लेखक नज़र नहीं आता; जैसे गालियों के अर्थ देना, पहेली का सही अर्थ कर डालनेवाले सरदार की गालीभरी घोषणा या नूरे की शेख़ियाँ या 'गिरती दीवारें' में चंगड़ मुहल्ले का वार्तालाप। यही हाल शारीरिक चेष्टाओं का है। शुक्लाजी का मुँह में खैनी भरकर बातें करना, कवि चातक का एक टाँग से दूसरी को खुजलाना और बालों की लटें ठीक करना या सहगल साहब का दाँत दिखाकर हँसना। हाँ, जब ये चेष्टाएँ आंतरिक स्थितियों की सूचक न रहकर मात्र आदत बन जाती हैं तो अपना उद्देश्य तो पूरा कर देती हैं; लेकिन उनका महत्त्व नाटक में अभिनेता की उस लत से बढ़कर कुछ नहीं होता जिसे 'मैनरिज़्म' कहते हैं।

अक्सर अश्क के ऊपर व्यक्तिगत रूप से यह आक्षेप किया जाता रहा है कि 'गर्म-राख' के कुछ पात्रों के प्रति लेखक की कुछ विचित्र-सी धारणाएँ और पूर्वग्रह हैं—जिन्हें वह जगमोहन के माध्यम से तथा कहीं-कहीं किसी और बहाने से व्यक्त करता है। असल में यह भी बाह्य-प्रकृति तक रह जाने का एक उदाहरण है। क्योंकि कुछ पात्रों को जगमोहन अपनी दृष्टि से देखता है, कुछ को लेखक की दृष्टि से। यह भेद—हरीश तथा अन्य पात्रों—जैसे चातक, शुक्ला, सहगल, शान्ताजी इत्यादि के प्रति लेखक और जगमोहन के दृष्टिकोणों की तुलना करने पर स्पष्ट हो जाएगा। इसके जवाब में यशपाल के 'पार्टी-कामरेड' को लिया जा सकता है। जिस कथा-भूमि को यशपाल ने लिया है उसमें सभी अन्य चरित्रों को एक गुंडा कैसे देखता है—और उसका दृष्टिकोण क्रमशः कैसे बदलता जाता है—ध्यान देने योग्य है। इसी चीज़ को न समझ पाने के कारण कुछ उग्र* आलोचकों ने उसे ग़लत और हानिकारी चित्रण का फतवा दिया है। लेकिन सच पूछा जाए तो ग़लत और भोंड़ा चित्रण तब होता जब अपनी कथा के पात्रों को लेखक कुछ गुंडे की तरह देखता और कुछ को लेखक की तरह। एक लड़की चाहे जितने ही अच्छे और ऊँचे सिद्धांतों से अनुप्रेरित हो, लेकिन बिना उसके संपर्क-प्रभाव में एक आये गुंडे का दृष्टिकोण उसके लिए एक ही है और लेखक को कोई अधिकार नहीं है कि एक ओर तो उसका चित्रण गुंडे के दृष्टिकोण से करे, दूसरी ओर लड़की का वकील बनकर सीधे पाठक से बात करे। घटनाओं का विकास सब कुछ बताएगा। 'बाराबास' के लेखक 'पारला-गेरविस्ट' ने ईसामसीह की फाँसी तक को एक साधारण—अत्यंत साधारण—आदमी

---

* प्रगतिशील साहित्य की समस्याएँ—रामविलास शर्मा

की फाँसी के रूप में पूरे उपन्यास में लिया है, क्योंकि उस समय उसका पात्र–'बाराबास', जिसकी आँखों से वह यह सब दृश्य देखता है–एक भयंकर और अनास्थावान डाकू है।

यों अश्क एक यथार्थवादी उपन्यासकार है। मात्र यथार्थ को चित्रण करना उसने सीखा है–उसे गति देनेवाली आंतरिक धाराओं को उसने पढ़ा-भर है, घटनाओं, पात्रों के माध्यम से देखा या समझा नहीं है।

भाषा के विषय में उससे किसी को ही शायद शिकायत हो–वह बहुत सरल, प्रवाहपूर्ण और सजीव है।

बात अधूरी रह जाएगी यदि अश्क के कैमरे की कला का एक और उदाहरण न दे दूँ। अध्यायों और उनमें वर्णित घटनाओं का विभाजन भी उसने फ़िल्म की कट और फ़्लैश-बैक शैली में किया है। सिनेमा से इतने मिलते-जुलते ढंग के फ़्लैश-बैक देने में तो शायद वही पहला लेखक है।

कविता के संबंध में स्थान-स्थान पर आए हुए विवाद सुंदर और आवश्यक हैं। कवि चातक जैसे पेशेवर कवियों का कैरीकेचर सफल है।

भारतीय राजनीति के संबंध में भगतसिंह की लाश के साथ गद्दारी करने की बात कहना या उस युग में अपने को गाँधीवादी कहकर जेल से छूट जाना असंगत है।

'गर्म-राख' नाम का क्या महत्त्व है, इनकी खोज इसलिए व्यर्थ है कि उपन्यास पूरा नहीं है। जान-बूझकर वही ग़लती क्यों की जाए जिसका अश्क ने 'गिरती दीवारें' की भूमिका में मज़ाक उड़ाया है–कि हर आलोचक ने उसमें कोई-न-कोई दीवार गिरती दिखाई है; किसी भी भले आदमी ने नहीं सोचा कि अपनी राय उपन्यास के पूरे हो जाने पर ही कायम करते। इस उपन्यास में भी 'गर्म-राख' के कई अर्थ लग जाते हैं–राख जैसी जड़ ज़िंदगी में आदर्श की यह गर्मी–यह मुख्य पात्रों की ओर संकेत है। राख जैसी बुझी हुई भावनाओं और उम्र में वासना की यह गर्मी–यह चातक इत्यादि अन्य पात्रों की ओर संकेत है।

अभी तक अश्क की या तो प्रशंसा की गई है या उसे चिढ़ाया गया है, उसके उन प्रयत्नों का जिनमें वह सफल या असफल, ईमानदार रहा है–सही ढंग से जाँचा नहीं गया। कभी-कभी तो यह प्रशंसा और चिढ़ाने का काम एक ही आलोचक द्वारा हुआ है। यही कारण है कि उसका दृष्टिकोण आलोचकों की ओर कुछ इस तरह का हो गया है कि उसे अपने हर उपन्यास में उनके लिए कुछ-न-कुछ लिखना पड़ता है।

–**अवंतिका**, मार्च, 1952

'परती-परिकथा' की ताजमनी

(फणीश्वरनाथ 'रेणु')

मैंने कहा : ''माफ़ कीजिए ताजमनी दीदी, आपसे कुछ बातें पूछनी थीं, इसीलिए तकलीफ़ दी। पढ़ा तो आपके बारे में बहुत कुछ है, लेकिन बहुत-सी बातें साफ़ नहीं हैं। आप अगर थोड़ी-सी मदद कर देतीं...''

सामने खड़ी ताम्र-मूर्ति जैसी ताजमनी ने पल्ला सिर पर ले लिया—पवित्र, सुंदरता की साकार प्रतिमा, हुबहू जापानी गुड़िया। जितेन्द्रनाथ को भी तो ताजमनी का पहरावा देखकर जापानी गुड़िया की ही याद हो आती थी। माथे पर सींकी की रंग-बिरंगे फूलों की डाली, गले में तावीज़, चंपई रंग और बालिकासुलभ चेहरा। असली उम्र न पता हो तो सोलह की लगे, लेकिन सोलह से बीस साल बड़ी—मेघवर्ण कुंचित-केश-पाश। सुडौल शरीर और सुघड़ बनावट। आँखों में परिपूर्ण-प्राण की गंभीर छाया। मेरी बात सुनकर ताम्र-मूर्ति के चेहरे पर वक्र मुसकराहट अंकित हो गई, ताजू की मुसकराहट। बोली, ''परानपुर हवेली के बाहर जिससे पूछिए, वही मेरे बारे में बता देगा। और नहीं तो नट्टिन-टोली चले जाइए जहाँ मेरा घर है...गैंदाबाई, हिरिया; सोलकन्ह टोली की सामबत्ती-पीसी...कौन नहीं है जिसके पास ताजमनी की जन्म-पत्री न हो...''

मैंने चतुर पत्रकार की तरह पूछा, ''ताजू दी, देखिए पत्रकारिता में हमें ख़बर और अफ़वाह में भेद करना सिखाया जाता है। अफ़वाहें तो आपके बारे में जितनी हैं, वे छिपी नहीं हैं; लेकिन मैं तो अपनी कुछ शंकाओं का जवाब आपसे ही...''

''माँगो। मैं क्या कहूँ अपने मुँह से ? पढ़ी-लिखी भी ख़ास नहीं हूँ। कोसी-कैंप की इरावती-दाय से पूछते तो एक बात भी थी।'' ताजमनी लजा गई, ''बताने में तो मुझे कोई एतराज नहीं है, लेकिन कभी...''

''यही तो मेरी भी शिकायत है ताजू दी कि आपको बोलने नहीं दिया गया।'' मैं जल्दी से बोला, ''आपके साथ न्याय नहीं किया गया। शरद् की अच्छी-से-अच्छी पात्री की स्निग्ध सरलता, मधुर अभिभावकत्व भरा वात्सल्य, नारी-सुलभ गरिमा और मोहनी आपको दी गई; लेकिन आपको कुछ भी बोलने का अवसर नहीं दिया गया। आपके मन की शुभ्र गहराइयों और हिमानी ऊँचाइयों की सूचना-भर है और जहाँ भी इनसे परिचय की बात आई है, आपको फ़ौरन वहाँ से हटा लिया गया...आपके स्रष्टा ने...''

ताजमनी ने बात काट दी; ''ओह, तो आप स्रष्टा की बात में हस्तक्षेप कर रहे

हैं...'' सहज व्यंग्य से ताजू दी फिर मुसकराईं—वही लगाम से कसी मुसकराहट ! ''अपने अस्तित्व की जवाबदेही मुझ पर क्यों हो ? जैसी हूँ, हूँ।''

उनकी इस बात ने पहले तो मुझे सहसा हतप्रभ कर दिया, लेकिन शीघ्र ही अपने को समेटकर फिर बोला, ''ताजू दी, मैं जानता हूँ आप एक हलकी-सी मुसकराहट में ही मुझे स्थगित और हतप्रभ कर सकती हैं, लेकिन आपके साथ सचमुच अत्याचार हुआ है, यह आप क्यों नहीं मानतीं ? 'रेणु' ने आपका उपयोग अपनी कहानी में ठीक उसी तरह किया है, जैसे लोग सब्ज़ी में छौंक लगाते हैं। मैं जानता हूँ आप कहेंगी, 'उखड़े हुए लोग'* में पद्मा का भी तो यही उपयोग है। लेकिन पद्मा एक बहुत बड़ी वैयक्तिक और सामाजिक समस्या बनकर आई है। काले पटल पर खींची गई, एक सुनहरी सजल रेखा-भर वह नहीं है। लेकिन आपके हृदय की गुरु-गंभीर उदारता, आपका पूजा-मंडित व्यक्तित्व, माँ तारा के प्रति आपकी एकांत भक्ति, आपके सौम्य-शालीन रूप की अलग-अलग कोणों से छवियाँ और यह सब एक नट्टिन में है, इसलिए आपके प्रति एक स्वाभाविक सहानुभूति, महानता के प्रति श्रद्धा; पंच-चक्रों का रहस्य छिपाये आपने मालकिन माँ को कुछ वचन दिए हैं, इससे आपके लिए एक उत्सुक-जिज्ञासा, जित्तन और आपके संबंधों के बीच एक विचित्रताजन्य-कुतूहल, क्या यह सबकुछ इस तरह चित्रित नहीं किया गया, जैसे अलग-अलग कोणों से आपकी तसवीरें खींचकर यहाँ-वहाँ लगा दी गई हों ? मैं मानता हूँ, छाया-प्रकाश का ऐसा अद्भुत संतुलन, प्रतिनिधि कोणों का ऐसा दक्ष चुनाव और मनोभावों के सूक्ष्म-से-सूक्ष्म प्रतिबिंबों का ऐसा कुशल अंकन—इससे अधिक सधे ढंग से मैंने नहीं देखा। लेकिन चित्र आख़िर चित्र हैं। वहाँ तो चेहरे पर आई झलक को ही दिखाया जा सकता है, अंतर के विभिन्न स्तरों, उतार-चढ़ावों में उतर पाना तो वहाँ संभव नहीं है। और इतनी सुंदर छवियों को देख-देखकर तो आदमी की प्यास और भी बढ़ जाती है कि काश, इनके मन प्रदेश पर भी 'प्रवेश-निषेध' की पट्टियाँ न लगी होतीं।''

ताजमनी चुपचाप सुनती रहीं, और फिर इस तरह मुसकरा दीं, मानो इसमें भी कहीं उनकी सार्थकता हो, ''अपने स्रष्टा की ओर से एक बात कहने की अनुमति देंगे ? इसे आप उपन्यास की इस विशेष शैली की मज़बूरी नहीं मानेंगे ? जो शैली रेणुजी ने अपनाई है, उसमें मेरे लिए ही क्या, किसी भी पात्र के मन में उतरने की गुंजाइश नहीं है।''

''मगर यह शैली की कमज़ोरी है न ? सिनेरियो लेखन और काग़ज़ पर फ़िल्म बनाने की कतर-ब्योंत में अगर रेणुजी न पड़े होते तो सचमुच कितनी सुंदर चीज़ हो जाती यह...तब शायद इस शिक़ायत का भी मौक़ा न आता कि कैमरे का व्यू-फाइंडर कथा-कलक्टर भवेशनाथ की आँख नहीं, फणीश्वरनाथ 'रेणु' की अपनी आँख है, असली आँख है।''

''देखिए, मैं ज़्यादा तो नहीं समझती, लेकिन जिसकी बात आप कह रहे हैं वह ठहरे

---

* राजेन्द्र यादव का उपन्यास

हुए यथार्थ के चित्रण में तो शायद संभव है, लेकिन जहाँ हर चीज़ रोज़ बदलती हो वहाँ यह रिपोर्ताज शैली...'' बात अधूरी छोड़कर सहसा ताजमनी सचेत हो गईं। उन्हें लगा जैसे वे किसी की रटाई बातें बोल रही हैं। बात बदलकर कहा, ''रही आपकी शिकायत, सो इससे मुक्ति तो शायद ही किसी लेखक को मिले...किसी रचना में क्या नहीं है और अगर वह होता तो कैसा और क्या-क्या होता, इन सवालों को लेकर आप लोग जितनी माथा-पच्ची करते हैं, उसका एक चौथाई भी यदि इस बात पर विचार कर डालते कि रचना में जो है वह कैसा है तो रचनाकारों का कल्याण होता...''

इस बार मैं मुसकराया। ताजू दी बड़ी वाक्पटु हैं। जैसी कुशलता से जितेन से अपनी बात कहती थीं, ठीक उसी ढंग से मुझे सुझा रही हैं कि इधर-उधर न बहककर मैं जैसी हूँ उस बारे में जो जानना चाहते हो जानो। मैं काग़ज़-पेंसिल लेकर सँभल गया; ''अच्छा तो जो हैं; उसी संबंध में दो-एक बातें हों...''

''एक बात पूछूँ ?'' ताजमनी ने अप्रतिहत भाव से कहा, ''सुन्नरि नैका और दन्ता राकसवाली रग्घू रामायनी की सारंगी के साथ गूँजती वह चित्रात्मक लोक-कथा, पूर्णमासी की खिलखिलाती रात में वह लोक-संगीत और नृत्य की गंगा-जमुनी हिलोरें, मेरे और मलारी के कंठों का जादू, आनन्दोल्लास में विस्मृत-निर्तित कुमारियों के दलों की प्रतियोगिताएँ, हिमालय के शिखरों से उतरते पक्षियों की किलकारियाँ, पूजा का श्यामा-संकीर्तन और बसंत-पंचमी का शरदोत्सव...इन सबको आप परती पर बने हुए पंच-चक्रों से अलग करके देखेंगे ? लोक-जीवन पर कुहासे की तरह छाई परती के इन जीवित पंच-चक्रों का रूपक आपको स्वीकार नहीं है ?''

मैं थोड़ी देर ताजमनी के तेज को मुग्ध-भाव से देखता रहा। बिलकुल वही मुद्रा थी जब उन्होंने जाकर जित्तन से कहा था, ''जिद्दा, तुम्हारी जिमीदारी में क्या होता है तुम्हें क्या मालूम ? ऐसा कुकर्म न मालकिन माँ के समय हुआ न उनसे पहले।''...सहसा सचेत होकर मैं बोला, ''लेकिन ताजमनी दी, आपका और उपन्यास के बड़े कैनवास को दिए गए इस रूपक का ऐसा अभिन्न संबंध तो नहीं है ?''

ताजमनी के चेहरे पर बड़प्पन की चाँदनी-धुली मुसकराती गंभीरता झलक आई। नाक की कील का पत्थर झलमलाया। वे मौन पूजा में उतर गईं : ''हाँऽऽ, अभिन्न संबंध तो नहीं है...शायद नहीं ही है...बस एक पिटारी दी थी मालकिन माँ ने, सो बारह साल तक उसे कलेजे से सटाकर अपने जिद्दा की मंगल-कामना करती रही...सपनों में पंडुकी की तरह उसे जगाती रही...उठ जितू... ! सींक की बनी हुई छोटी-सी पिटारी थी...उसके अंदर भोज-पत्र पर एक मंत्र लिखा था...दूसरे पत्र पर पाँच चक्र अंकित थे : श्रीचक्र 1, श्रीचक 2... एक गोमुखी रुद्राक्ष का दाना, सिंदूर की डिबिया में। और चाँदी का एक सिक्का जिस पर टेढ़ी-मेढ़ी अरबी लिपि में लिखा था—अलिफ़...लाम...मीम...मालकिन माँ की पिटारी उसके बेटे को सौंपने गई थी मैं...पहली बार चरण छुए थे अपने जिद्दा के, सत तोड़कर। घुप्प अँधेरा था। तुलसी-चौरा के पास माथा टेके-टेके आँखें बरस पड़ी थीं। झड़ी शुरू हो गई थी...सावन-भादों की। तुलसी-चौरा सूख गया था, कोई दीपक

जलानेवाला नहीं था। लगा, जैसे अपनी कोठरी में बैठी मालकिन माँ रोज़ की तरह रामायण-महाभारत पढ़ रही हैं। खटके से चौंकीं—कौन ? तू ? तू आई है ताजू ? दे आ पिटारी पहले जित्तन को...फिर आकर मेरे पास बैठना। पिटारी लेकर जित्तन ने अपने सिर से छुला ली थी—माँ का विश्वास, निर्मल गंगाजल। मन-ही-मन दुर्गे-दुर्गे कहकर मालकिन-माँ के शब्द दुहरा दिए थे मैंने—'कहना, इसे जादू-टोना नहीं समझें। हँसी-खेल में न उड़ावें। बड़े पढ़-लिखकर विद्यासागर हो गए हैं। आप भोज-पत्र पर लिखे पंच-चक्र श्री-चक्रों के पास लिखे मंत्रों का अर्थ निकालिए, यही कुलगुरु ने कहा है। देख ताजू, दिल को बाँधकर मेरी तरह कहना। समझी... ? बाप ने उसका मतलब नहीं समझा। बड़े-बड़े जतन किए। मुझे भरोसा है, मेरा बेटा इसका कोई सही अर्थ निकाल लेगा... ढूँढ़कर। और उसी दिन मिश्रवंश की पाँच पीढ़ियों के प्यासे पितरों को पहली बार पानी मिलेगा, मेरे बेटे के हाथ से'—सुनकर जिद्दा को लगा जैसे मेरे मुँह से मालकिन माँ ही बोल रही हैं—वही मुद्रा, वही ठुड्डी में गड्ढा...जित्तन की परती में मधवा-जंगल को देखकर नील-अमलतास के पागल डा. रायचौधरी उच्छ्वसित हो उठे थे : तुमी पारबे जित्तन, तुमी पारबे। सचमुच, चक्रों के अर्थ कर रहा था जित्तन...परती साध रहा था मालकिन माँ का बेटा...पिता. शिवेन्द्र मिश्र ने ब्रह्मपिशाच को जीतकर डेढ़-डेढ़-सौ एकड़ के पाँच चक्र लिए थे, उसी अधूरी कहानी का सपना देखता, पण्डुकी का, सोया जित्तू उठ गया था..."

ताजमनी ने ज़रा-सी साँस ली तो मैंने टोका, "इस सबसे आपकी जित्तन और मिश्र-ख़ानदान के प्रति भक्ति ज़रूर प्रकट होती है लेकिन..."

"सिर्फ़ भक्ति ? यह विराट रूपक और परिकल्पना सिर्फ़ एक श्रद्धा-भर है ?" ताजमनी ने सीधे मेरी आँखों में देखकर पूछा; "जिस दिन इस तिलिस्म की कुंजी, वह पिटारी मैंने जिद्दा को सौंपी थी, उसी दिन तो अपना सत तोड़ा था। अपने जित्तन को शरीर-स्पर्श दिया था, बारह साल बाद...उस दिन क्या रत्नों से भरी परती को ही सार्थकता मिली, ताजमनी का परती जीवन सार्थक नहीं हुआ ?...आपको 'कछुआ-पीठ' परती के एक ओर बहती कोसी, और दूसरी ओर जाती दुलारीराय दो निर्जीव नदियाँ ही लगती हैं ? लोक-कथा में जीवित नारियों, बहनों की तरह न जाने कब से अनियंत्रित बहती उपेक्षिता नारीत्व की वन्ध्या धारा नहीं ? अपने मुँह से ही कहूँ ? ऐसा नहीं लगता जैसे उन दो नदियों को मेरे और मोची-कन्या मलारी के रूप में नई दिशा दी गई है... बाँध बाँधे गए हैं...और जन-मानस की 'कछुआ-पीठ' धरती नई-नई वनस्पतियों से लहलहाने को आतुर हो उठी है ? भटकते नए पंखोंवाले पंछियों को सहारा मिला है। सपनों की रानी को पाने के लिए धरती को बदलने की अधूरी कहानी को पूरा करने के लिए दन्ताराकस का बेटा फिर से विज्ञान का सिंघा उठाके फूँक रहा है..."

"ताजन दी" मैंने कुछ अधीरता से कहा, "मैं रूपक की विराटता से इनकार नहीं करता और न ही जिन अनगिनत महीन लय-पूर्ण रेखाओं से इसे सजीव रंग दिए गए हैं, उनके चुनाव और प्रयोग के महत्त्व को कम कर रहा हूँ; लेकिन इस सारी भावात्मक अरूपता के अतिरिक्त आपका अपना भी तो कुछ जीवन और व्यक्तित्व है न ? मैं उसी

की बात कर...''

''वह जीवन...?'' मुझे लगा जैसे ताजमनी अपने उस पक्ष को बचा रही थीं, अब हलके दर्द से बोलीं; ''एक नट्टिन-पुत्री का जीवन ? आप खुद कल्पना कीजिए न...लोगों से, पास-पड़ौस से क्या-क्या नहीं सुनना पड़ा ? हवेली में आने के बाद मैंने औरों को सलाह दी—मेले में कमाई करने मत जाओ। क्या-क्या नहीं सुनना पड़ा उस पर ? मुहल्ले के सिर पर खड़े होकर गालियाँ सुनाई हैं चुनचुन बाई ने—'बड़ी आई जात की सरदारिन बनने। चुराकर नथिया उतरवाई। नट्टिन-टोली के परेवा-पंखी तक को नहीं मालूम ! हम मेला में कमाकर नहीं खाएँगी तो कहाँ खाएँगी ? डिब्बा की मिठाई और सुडावाटर हमें भी मिले तब तो ! हवेली का डर दिखाती है'।'' ताजमनी ने फिर कृतज्ञ-भाव से गहरी साँस लेकर कहा, ''अदालत में सुचित-मड़र ने ज़िद करके पूछा था—'ताजमनी आपकी कौन लगती हैं; एँऽएँऽ ?' वह तो कहिए मेरे जिद्दा ने मुसकरा कर कहा था—'ताजमनी मेरी रक्षिता है। इसकी माँ मेरे पिताजी के गुरुभाई की रक्षिता थी...' ''

मैंने पूछा, ''जित्तन बाबू, आपको बहुत प्यार करते हैं न ? दंगों के तूफ़ान में बहकर आई हुई इरावती से आपको ईर्ष्या नहीं हुई ?''

''जी हाँ, जब कोसी प्रोजैक्ट की दस नंबर की पार्टी के साथ जित्तन बाबू की पुरानी परिचिता इरावती आई थी तो शोर हो गया था कि अब हवेली की मालकिन कम्पू की मेम होगी...बेचारी ताजमनी न घर की रही न घाट की; दोनों तरफ़ से गई। लेकिन आपको पता है, मैं अपने जिद्दा को कब से जानती हूँ ? जब से वह मेरे भांजे सुघना के बराबर था...रेशमी कुर्ता और लाल धोती पहने सम्पनी गाड़ी पर बैठकर मेरी ओर देख रहा था मेले में। मैं भी बच्ची थी। माँ ने पहली बार रंगीन घाघरीवाला कुर्ता ख़रीद दिया था...मैं अपनी सम्पनी गाड़ी में गई थी...बैलगाड़ियों की दौड़ में मेरे बैल जीत गए, तो जीत रोने लगा था। मैं हँस पड़ी थी : 'इतना बड़ा होकर रोता है ? बैलों को कुछ खिलाया-पिलाया करो।' फ़ौरन रामपखारन सिंह ने मिठाई लाकर दी तो अपने हाथ से बैलों को खिलाया। फिर मैंने जान-बूझकर अपनी गाड़ी हार जाने दी। गाड़ीवान कारूमियाँ ने कहा था—'दुलहा पसंद आया ?' मैंने माँ से शिकायत कर दी—'मेले में रोनेवाले लड़के को मेरा दुलहा कहता है कारूमियाँ...' तब से जानती हूँ मैं इन्हें। यह भी जानती हूँ कि कितने ज़िद्दी हैं ये। कुबेरसिंह ने उन दिनों जादू कर दिया था। शिक्षा पूरी करके आए थे। घर छोड़कर जाने की हठ करने लगे। माँ ने बहुत समझाया, उनके साथ चुपचाप खड़ी थी मैं। जब माँ रोने लगी तो मेरे भी होंठ फड़कने लगे। अँधेरी रात के तीसरे पहर मैंने उनके दरवाज़े पर धक्का दिया। उस दिन पहली बार माँ की सौगंध काटकर मिलने पहुँची थी एकान्त में। मैंने माँ के पाँव छूकर सत किया था, जिद्दा से कभी एकांत में नहीं मिलूँगी, कभी आँखें चार नहीं करूँगी, नज़र उठाकर उनको देखूँगी भी नहीं। लेकिन उस दिन सत से बेसत हुई थी। मुझे देखकर जित्तन जल उठे थे। माँ ने इस लड़की की बुद्धि हर ली है। बोले; 'देखो ताजू, माँ को समझाओ। मैं कल ही जाऊँगा।' नाराज़ हो जाते हैं आज भी, तो फलाहार करते हैं। मालकिन माँ को देखने

को आख़िरी वक़्त तक नहीं आ पाए थे, क्योंकि माफ़ी माँगकर छूट आना मंजूर नहीं था। काशी में माँ कहती रही; 'ताजू बेटी, नहीं आया न ? मैं जानती थी। अब क्या देखती है ? चंद्रवान व्रत का ओरियावन करो...' " मैंने देखा मालकिन माँ की बातें करते-करते ताजमनी की आँखों से आँसू बहने लगे।

मैं थोड़ी देर चुपचाप सोचता रहा, फिर बोला, "ताजमनी दीदी, ग़लत मत समझना। जित्तन बाबू में आपने अपने को जितना समा दिया है, भक्ति का जो समर्पण आपका उनके प्रति है, उसने सचमुच मुझे गहराई तक भिगोया है। बचपन में आप जो माँ-श्यामा के सामने कीर्तन मुग्ध-भाव से गाती थीं, वह आज भी जित्तन बाबू के रोम-रोम में बजता होगा। आपकी गुनगुनाहट के साथ-साथ खोल और मंजीरा की ध्वनि भी जित्तन के मन में गूँजने लगती है आपके कंठ की तन्मय-माधुरी में बड़े-बूढ़े डूब जाते हैं, जितेद्र भीग-भीग उठता है। जितना 'कारन' आप देती हैं, जित्तन उतना ही पीता है, दुश्मनों से घिरकर माँ की याद आती है तो आपकी छाया में ही सांत्वना पाता है वह, लेकिन..."

"यहाँ कोई लेकिन मत लगाइए..." ताजमनी विवश-विनती से करुण होकर बोलीं।

"नहीं ताजू दी, यही 'लेकिन' सबसे बड़ा है।" मैं दृढ़ता से बोला, "आपने कभी क्यों शंका नहीं की कि आपके स्रष्टा ने आपको क्यों भावुकता और भक्ति ही थोक में दी, क्यों उसने तर्क़ और विवेक से हर जगह बचाया, सोचा है आपने कभी ? सुनिए, क्योंकि उसने आपकी इतनी सुंदर प्रतिमा का उपयोग जालसाज़, डकैत, चरित्रहीन पतनीदार शिवेन्द्र मिश्र के शराबी-कवाबी, सनकी अधपगले बेटे की चँवर डुलानेवाली दासी के रूप में किया है। आप शायद इसे अपना सौभाग्य मानें, कृतार्थ हों कि जितेन्द्र ने भरी अदालत में आपको अपनी रखैल घोषित कर दिया, नट्टिन-टोले से उठाकर ख़ानदानी हवेली के भण्डारघर की चाबी और तुलसी-चौरे पर दीपक जलाने का काम सौंप दिया। वह कीर्तन सुनता और आपकी गोद में सिर रखकर देवी के निमित्त दी जानेवाली शराब, 'कारन' पीता रहा। ताजू दी, मैं पूछता हूँ कि शरद्चन्द्र की राजलक्ष्मी और चन्द्रमुखी से अलग आप किस अर्थ में हैं ? इसी अर्थ में न कि जित्तन, श्रीकान्त और देवदास की तरह आवारा नहीं ? निकम्मा नहीं है ? मन-ही-मन सब उसको पूजते हैं या उस पर आपकी भावना, माँ-श्यामा की श्रद्धा-भक्ति का मुलम्मा चढ़ा दिया गया है ? लेकिन आपने यह भी कभी सोचा कि बाक़ी सारी जनता को परती और जित्तन को पंखिराज घोड़े पर चढ़कर अमृतघट लानेवाला राजकुमार बनाकर लेखक इतिहास को किधर मोड़ रहा है ? किस वर्ग को प्रतिष्ठित करने के लिए आपको खाद की तरह इस्तेमाल कर रहा है ? आपके इस प्रकार के निर्माण के प्रति उसकी कौन-सी ज़हनियत है ? और ताज़ू दी, यह भी मत भूलिए कि एक को सही बताने के लिए उसने हर विचारधारा को खोखला बताया है। वह भगवतीचरण वर्मा के 'टेढ़े-मेढ़े रास्ते' के राजा तिवारीजी से किस प्रकार अलग चरित्र का वारिस है ?..."

ताजमनी विस्फारित नेत्रों से व्यथित-सी देखती रहीं। कठिनाई से बोलीं, "मेरी जिह्वा को कुछ मत कहिए..."

मैं उठ खड़ा हुआ—"ताजू दी, मैं जानता हूँ आप यह सब नहीं सुन सकेंगी, क्योंकि आप जित्तन को ही नहीं उसकी हर बुराई को प्यार करती हैं। हर तरह उसे देवता मनवा देना चाहती हैं। दीदी, अंग्रेज़ी में एक कहावत है—'मुझे प्यार करो, मेरे कुत्ते को प्यार करो।' सो आप जित्तन को ही नहीं, उसके कुत्ते मीत को उससे ज़्यादा प्यार करती थीं। वह तो मर गया, वर्ना इस वक्त सारी हवेली उसकी 'बॉख़-बॉख़' की अंग्रेज़ी भोंक से गूँजती होती और उसे गोद में बिठाकर आप या तो उसकी कंघी करती होतीं या खीर खिला रही होतीं..."

और अपनी बात अधूरी छोड़कर मैं बाहर चला आया। उस समय ताजमनी दीदी रो रही थीं...पता नहीं, जित्तन के प्रति मेरे प्रहार से घायल होकर, मालकिन माँ को याद करके, मीत की मृत देह का ध्यान करके या अपने स्रष्टा की नीयत और अपनी मजबूर-बेज़बानी पर...

—**कल्पना**, मार्च, '59

धूपछाँही रंग

(गिरीश अस्थाना)

हर लेखन का एक विशेष समय-संदर्भ होता है। किन्हीं रचनाओं में वह कथ्य के भीतर तक संक्रमित हो जाता है, और किन्हीं में केवल रचनाकार तक ही रह जाता है—लेकिन रचना कभी भी उससे अछूती नहीं रह पाती। उसके माध्यम से उभरनेवाली दुनिया इतनी अधिक परिचित, समयबद्ध और कालांकित होती है कि उसका सर्जन किन्हीं विशेष परिस्थितियों के तनाव और द्वंद्व में ही संभव है। ये रचनाएँ, (विशेष रूप से उपन्यास) अपने समय या उसकी मानसिकता के दस्तावेज़ कहलाने के हक़दार हैं। वे ऐतिहासिक नहीं होते, लेकिन अपने समय का सीधा साक्षात्कार करने, वर्तमान के तनाव और टकराहटों को झेलने की शक्ति के कारण ऐतिहासिक महत्त्व ज़रूर पा लेते हैं। 'नदी के द्वीप' में संस्कारों, आकांक्षाओं या व्यवहार के माध्यम से समय को देखा ज़रूर जा सकता है, मगर मोटे रूप में वह द्वितीय महायुद्ध या स्वतंत्रता से दस-बीस साल पहले या बाद में कभी भी लिखा जा सकता था, जबकि 'अंधा-युग' केवल और केवल इन घटनाओं के बाद के भारत में साँस लेते हुए ही लिखा जा सकता है। कभी-कभी मुझे लगता है कि इतिहास या पुराण जैसी कोई चीज़ नहीं होती; होता है केवल अपना ही वर्तमान। और इसी वर्तमान के विभिन्न दबाव, तनाव रचना में प्रत्यक्ष-अप्रत्यक्ष अभिव्यक्ति पाते हैं। विवरण, चरित्र और चौखटे हम किसी भी काल या देश-खंड के ले-लें, लिखते अपने समय का और अपना ही इतिहास हैं। समय, इतिहास और कोण के चुनाव में कहीं अपने संदर्भ ही पीछे काम करते हैं। बाण के बहाने अपनी ही आत्म-कथा लिखने का मोह न होता तो क्या श्री हजारीप्रसाद द्विवेदी 'बाणभट्ट की आत्मकथा' को इतने प्रामाणिक और कलात्मक स्तर पर अपनी रचनात्मक उष्मा दे पाते ?

मैं नहीं कहता कि आपसी संबंधों, विशेषकर नारी-पुरुष के संबंधों के बीच समय यों सीधे बैठा रहता है कि बिना सामाजिक घटनाओं और ब्यौरों का हाशिया दिए उन्हें समझा ही न जा सके। नहीं, वहाँ समय से ऊपर और अलग बने रहने का भ्रम भले ही बना रहे, मगर रचनाकार की पूरी दृष्टि को निर्धारित और अनुकूलित करने में कहीं-न-कहीं समय रहता ज़रूर है। काफ़्का की अधिकांश कहानियों में समय न होने का भ्रम है, मगर वे काफ़्का के अपने व्यक्तित्व से गुज़रते हुए एक विशेष समय की ही रचनाएँ निश्चय हैं। 'चित्र-लेखा' की पाप-पुण्य की समस्या, द्वितीय महायुद्ध से पहले के युवक की

नैतिक-अनैतिक मान्यताओं के द्वंद्व और पुनर्परीक्षण की समस्या है—बीजगुप्त और कुमारगिरि तो वहाँ निहायत ही अप्रसांगिक हो जाते हैं। 'सुनीता' का हरिप्रसन्न क्रांतिकारी होता या न होता, लेकिन उपन्यास का मूल कथ्य सुनीता और हरिप्रसन्न के संबंध, केवल युद्ध से पहले के भारतीय मध्यवर्गीय समाज की ही उपज थे और आज प्रयत्न करने पर भी 'सुनीता' नहीं लिखी जा सकती। आज 'दूसरी बार' (श्रीकांत वर्मा) और 'एक पति के नोट्स' (महेन्द्र भल्ला) ही लिखे जा सकते हैं।

नेमिचन्द्र जैन की तरह 'साक्षात्कार' शब्द को जादू की छड़ी बना सकना मेरे लिए कठिन है। कब मूड और पसंद के हिसाब से उन्हें किसी रचना में 'साक्षात्कार' हो जाता है और कब वह अधूरा रह जाता है, इसका पता सिर्फ़ उन्हें ही होता है। चूँकि उनके कथा-संस्कार मूलतः रोमानी और छायावादी हैं, इसलिए उनका साक्षात्कार प्रायः नारी-पुरुष के संबंधों की तरल गहराइयों और ज़रीदार भाषा में ही संभव हुआ है। ज़िंदगी और परिवेश की सच्चाइयों से सीधे जुड़ी रचनाएँ उन्हें प्रायः ही 'सतही' लगती हैं। कभी प्रगतिवाद से संबद्ध होने का प्रायश्चित उन्हें प्रायः हर उस रचना को सतही कहने को मजबूर कर देता है जो अपने समय का सीधा साक्षात्कार करती हैं। कवि, अमूर्तताओं में जाकर केवल पीड़ा और दर्द पर कविता लिख सकता है, लेकिन कथाकार क्या करे, जिसे इस पीड़ा के साथ-साथ उसे पैदा करनेवाले सारे विस्तार और संदर्भों की संगति या उसके संकेत भी चाहिए ? अपनी और परिवेश की जिन सच्चाइयों को वह भोगता है, वहीं से उसके सरोकार और लगाव की यात्रा शुरू होती है।

और इसी दृष्टि से मुझे गिरीश अस्थाना का 'धूपछाँही रंग' इन दो दशकों में छठा महत्त्वपूर्ण उपन्यास लगता है। बिना किसी छद्म विनम्रता के, संयोग से शेष पाँच उपन्यासों में सबसे पहला उपन्यास मेरा अपना ही है—'उखड़े हुए लोग'। नई और पुरानी पीढ़ी के समानान्तर संघर्ष के बीच उसमें जिस एम.पी. का चित्रण है, वह व्यक्ति इन पंद्रह वर्षों में भारतीय समाज का निरंतर शक्तिशाली और महत्त्वपूर्ण चरित्र होता गया है। जटिल और ढोंगी वह तब भी था, लेकिन आज शायद और भी धूर्त, संश्लिष्ट और प्रभावशाली हो गया है। 'उखड़े हुए लोग' के देशबंधु का दानवीय व्यक्तित्व भारतीय जनतंत्र पर और भी बड़ा, भारी और आक्रामक होकर छा गया है। शस्य-श्यामला-भारत-माता के ग्रामांचल को विस्तार और संवेदना के साथ 'मैला-आँचल' में ही पहली बार रखा गया था और एक उजड़ते हुए शहर-लाहौर और एक बसते हुए शहर दिल्ली की यातनाओं को ईमानदारी से पकड़ने की कोशिश 'झूठा-सच' में की गई थी गोकि वह अपने अख़बारी विस्तार में भटक ज़रूर गया है जगह-जगह। 'आधा-गाँव' या 'कालाजल' और 'राग-दरबारी' अपने-अपने भावनात्मक और लगाव-भरे क्षोभ के साथ—आस-पास के यथार्थ को सामने रखते हैं और इसी क्रम में हैं—'धूपछाँही रंग'।

यहाँ फिर मैं ज़ोर देकर कहना चाहूँगा कि ये वे उपन्यास हैं जो केवल आज के स्वतंत्र भारत में ही लिखे जा सकते थे। गहरी सम्पृक्ति और यातना के साथ भाषा और शिल्प के संतुलित अधिकार के बिना इनकी रचना शायद संभव नहीं थी और यह सब

लिखते हुए मेरे सामने वे सारे 'अद्वितीय' उपन्यास हैं जो तीस-तीस साल के लेखनाभ्यासी धाकड़ों ने लिखे हैं और जिन्हें अकादमी और दूसरे पुरस्कारों की दयनीयताएँ प्राप्त हैं, 'राग दरबारी' को छोड़कर इनमें से किसी को भी यह सरकारी सनद पाने का फ़ख्र हासिल नहीं है। क़ायदे से होना 'राग दरबारी' को भी नहीं चाहिए...। अकादमी की उदारता शायद 'धूपछाँही रंग' को भी समेटे...। बहरहाल इस प्रकार की प्रशस्तियाँ हमेशा साहित्येतर होती हैं। ये उपन्यास तो केवल अपनी भीतरी शक्ति से ही जीवित रहे हैं।

जैसा कि मैंने ऊपर कहा, अपना निजी व्यक्तित्व हुए बिना विश्व-व्यक्तित्व जैसी कोई चीज़ नहीं होती, उसी तरह बिना अपने समय को पकड़े, समय से ऊपर उठने की संभावना कभी कहीं नहीं रही। उपन्यास के भीतर से उभरनेवाली दुनिया ही 'धूपछाँही रंग' को विशिष्ट, महत्त्वपूर्ण, सार्थक और समकालीन बनाती है। वह अपने औपन्यासिक रूप में ऐसे भारत की तस्वीर है जो स्वतंत्र होने से पहले, चाहने-न-चाहने के बावजूद एक भयानक महायुद्ध में झोंक दिया गया था और उसके बाद राजनीति और व्यवसाय के बड़े-बड़े गिद्धों ने उसे लपक लिया। यों उसका एक हिस्सा तब भी स्वतंत्रता के संघर्ष में लगा था, जैसे आज प्रजातंत्र और समाजवाद लाने में लगा है। मगर उस समय निर्णायक शक्तियाँ सरकार के हाथों में थीं, आज वे उद्योगपतियों के हाथों में हैं। चौथे और पाँचवें दशक की अधिकांश नई पीढ़ी, मन में गुलामी के प्रति आक्रोश रखते हुए भी द्वितीय महायुद्ध की लपेट में आ गई थी। मुझे याद है उस समय उत्तर-प्रदेश के गाँव-गाँव में भरती हुआ करती थी और जिस गाँव के लोग रंगरूटों का अपना कोटा नहीं दे पाते थे, उनकी ज़मीनें, फ़सलें, क़ुर्क हो जाती थीं। विद्यार्थी-जीवन में 'स्वतंत्रता' करनेवाले नौजवान पढ़-लिखकर भरती के दफ़्तरों की तरफ़ भागते थे। बारह और पंद्रह रुपए पानेवाले मास्टर का लड़का सैकिंड-लैफ़्टिनेंट होकर ढाई-सौ रुपए लाता था...सारा मध्यवर्ग तब मलेशिया, मारकीन और राशन पर उतर आया था। चीनी, कपड़ा और मिट्टी के तेल की जुगाड़ सारे अस्तित्व पर हावी हो गई थी। खादीवालों से अलग तब देसी नवयुवक ने पहली बार ख़ाकी बुश्शर्टें, पेराशूट की कमीज़ें, मुक्त-हस्त लुटाते अमरीकनों के पैसे और अंग्रेज़ी फ़िल्में देखी थीं। तब हर गाँव और हर मुहल्ले का कोई-न-कोई नौजवान किसी-न-किसी मोर्चे पर लड़ने को मज़बूर था। यूरोप और जापान में लड़े जानेवाले इस युद्ध के क़िस्से तो बहुत आए, लेकिन बाहर जाकर युद्ध के मोर्चे पर इस नौजवान के साथ क्या बीत रही थी, इसका एकमात्र उपन्यास मैंने बारेन बसु का 'रंगरूट' पढ़ा था।

इसलिए 'धूपछाँही रंग' को ही शायद इस बात का श्रेय है कि 'उसने कहा था' कहानी के बाद यह हिंदी कथा-साहित्य में, मध्य-एशिया और यूरोप की सरहदों पर लड़े जानेवाले युद्ध का वृहद् और प्रामाणिक चित्र हमारे सामने रखता है। प्रमुख रूप से है मैडिट्रेनियन-सागर के आस-पास का युद्ध-क्षेत्र। अंग्रेज़ों और देसी अफ़सरों के द्वंद्व, लड़ाई की व्यर्थता, चापलूसी और तटस्थता, संत्रास और जिजीविषा—कहीं दूर पीछे जुड़ा या छूटा हुआ घर, शहनाज़ का प्यार और साथ आए मृणाल की बाँसुरी यानी भीतर

कलाकार होने का सपना, युद्ध की कठिनाइयाँ और अपमान...रेगिस्तानों और सागर तट के पहाड़ी लैंड-स्केप, टैंक और गोले...

चित्रकार सुकांत के माध्यम से कहा गया यह (आत्मकथात्मक) साढ़े-सात सौ बड़े पन्नों का उपन्यास दो तरह की लड़ाइयों में आधा-आधा बाँटा है। एक लड़ाई जो सुकांत को भूमध्य-सागर के आस-पास लड़नी पड़ी और दूसरी लड़ाई कलकत्ते के एक व्यावसायिक-प्रतिष्ठान की मंज़िल-दर-मंज़िल इमारत में हुई। यहाँ खाइयाँ और तंबू, जीपें और ट्रक नहीं थे, यहाँ थे एयरकंडीशंड चैंबर्स, होटलों के बूफ़े और ड्रिंक पार्टियाँ, फ़ाइलें और अख़बारी संवाददाता...चित्रकार बनने के सपने देखनेवाला सुकांत लड़ाई में चला गया, लौटकर आया तो शादी कर ली। चित्रकारी का शौक़ चलता रहा। जोड़-तोड़ करके एक प्रदर्शनी की, और यहाँ परिचय हुआ श्री जौहरी से। जौहरी अपने प्रतिष्ठान की पब्लिसिटी और पब्लिक-रिलेशन्स के लिए उसे कलकत्ते ले गए। फिर एक-दिन उस मोर्चे से भी वह लौट आया। कहानी बहुत छोटी है, महत्त्वपूर्ण भी नहीं है। महत्त्वपूर्ण है वह दुनिया और परिवेश जो कथा के माध्यम से सुकांत के आस-पास उभर आता है। या जिसमें रहने को वह मज़बूर है, लेकिन हिस्सा नहीं बन पाता। देश का भाग्य-नियंत्रण करनेवाले इन व्यावसायिक प्रतिष्ठानों के भीतरी पैंतरे, डायरेक्टरों और अफ़सरों की गला-काट होड़, दफ़्तरी षड्यंत्र...आज की ज़िंदगी का वह पक्ष भी अपने उसी विस्तार से 'धूपछाँही रंग' में है, जितने विस्तार से युद्ध-क्षेत्र का वर्णन...और यह भी 'शायद हिंदी में पहली बार।'

कहना बहुत ज़रूरी है कि 'हिंदी में पहली बार' के नाम पर किन्हीं अनजाने, अनखोजे प्रदेशों और सभ्यता और भूगोल का वर्णन ही सबसे बड़ी तुरुप नहीं होती, देखना यह भी है कि वह सब हमारी अपनी ज़िंदगी की कितनी बड़ी सच्चाई है और वह कहाँ-कैसे हमारी स्थितियों और नियतियों का नियंत्रण करती है। यह श्रेय तो गिरीश अस्थाना को देना ही होगा कि उन्होंने एक बहुत ही परिचित परिवेश के अनछुए भाग को साधिकार प्रस्तुत किया है।

उपन्यास लेखक, विशेषकर इस प्रकार के डबल-डैकर उपन्यास के लेखक के सामने दो उत्तरदायित्वों की चुनौती होती हैं। एक ओर तो उसे इस प्रकार के अपरिचित लगनेवाले जीवन-खण्डों को हमारे लिए परिचित कराना होता है; और दूसरी ओर परिचित क्षेत्रों के अपरिचित अनुभव-स्तरों, कोणों की खोज करनी पड़ती है। यह दूसरा कार्य अधिक कठिन और गहरी रचनात्मक क्षमता की अपेक्षा करता है। प्रस्तुत उपन्यास मुख्य-रूप से पहली प्रकार का है। लेकिन अपरिचित जीवन-खंडों के नाम पर अनजाने लोगों और भूगोल-इतिहास के 'उपेक्षित' क्षेत्रों की जानकारी देने की विमलमित्रीय बेगार और भूगोल-इतिहास के 'उपेक्षित' क्षेत्रों की जानकारी देने की व्यावसायिकता अस्थाना ने नहीं ढोई है। यह सही है कि कई जगहों पर सूचनात्मक विस्तार में जाने का मोह गिरीश अस्थाना में भी है, लेकिन इसका कारण सारे अनुभवों का एक ही रचना में समेट लेने की अधीरता अधिक है। वैसे ये क्षेत्र हमारी चेतना या परिवेश के तात्कालिक अंग

हैं और यही उनकी सबसे बड़ी औपन्यासिक उपलब्धि है। इन क्षेत्रों पर लेखक का प्रामाणिक अधिकार है। वह उसका भोगा हुआ यथार्थ है। शायद यही इन छहों उपन्यासों की सामान्य विशेषता भी है।

'भोगा हुआ यथार्थ' और 'विषय पर अधिकार' बड़ी ही रपटीली ज़मीन हैं और 'नियति के खिलौने' गढ़नेवाले या त्रिकालज्ञ बाबाओं के चमत्कार दिखानेवाले या बंगाली अतिनाटकीयता के फ़ार्मूले ढालनेवाले सारे लेखक 'विषय पर अधिकार' का दावा ठोंक सकते हैं। लेकिन 'धूपछाँही रंग' के लेखक का विषय पर अधिकार उपन्यास को एक तीसरे स्तर पर विशिष्ट बनाता है—वह है कसाव, संतुलन और योजना-बद्धता। इतने वृहद उपन्यास में बिखराव जैसी कोई चीज़ नहीं है। बिखराव किसी रचना का दोष बिलकुल नहीं है, बशर्ते कि उसके पीछे भी एक दृष्टि हो। ज़िंदगी ऐसी सधी, सुथरी और सुनियोजित है भी कहाँ ? लेकिन अपने फ़ैलाव को समेट न पाने का बिखराव हिंदी-सिनेमा की स्थिति पैदा करता है : किसी को मारो, किसी को पागल करो, किसी को विदेश भेज दो और किसी का हृदय-परिवर्तन करके ठिकाने बैठा दो। कसाव, संतुलन और सफ़ाई, प्रयोगधर्मा साहित्य की विशेषताएँ नहीं हैं; वे परंपरा की परिणति और परिसमाप्ति के लक्षण हैं। गिरीश अस्थाना के इस उपन्यास को परंपराबद्ध उपन्यास की उत्कृष्ट परिणति के रूप में लिया जा सकता है।

शायद यही कारण है कि गिरीश अस्थाना की यह स्थिति उन्हें लेखक के रूप में एक अजीब-सी ठंडी योजना-बद्धता और आत्मविश्वास देती है। उन्हें मालूम है कि कोई बात किस तरह कहनी है और कहाँ तक कहनी है। न कहीं सुकांत में भटकाव है, न लेखक में। 'लेखक और नायक के सैनिक, अनुशासन का ही यह प्रशिक्षण रहा होगा कि उन्हें अपने-अपने युद्ध-क्षेत्रों का पता है। यों सुकान्त अपनी पड़ोसिन शहनाज़ से प्रेम भी करता है, चित्रकार की छटपटाहट भी अपने भीतर पाता है, बेकार भी रहता है और कलकत्ते के जंगलों में भी छोड़ दिया जाता है—मगर उसकी सारी निर्माण-दृष्टि एक सैनिक की सधी और अनुशासित दृष्टि है। कहीं कुछ भी उसे डगमगाता या मजबूर नहीं करता—वह केवल धैर्यपूर्वक अपने निर्णय स्थगित करता जाता है। इसलिए हमेशा यह अहसास बना रहता है कि घटनाएँ उसकी ज़िंदगी में नहीं, उसके आस-पास होती हैं; भीतर नहीं, बाहर ही घटती रहती हैं, और यहीं उपन्यास की सबसे बड़ी कमज़ोरी का स्रोत है। सुकांत की कहानी संबंधों की नहीं, संदर्भों की कहानी है। उसकी प्रेमिका शहनाज़, दोस्त जॉन, फिर मृणाल, पत्नी चपला, बेटा बबलू, नौकरियाँ और सारा परिवेश, सभी कुछ हैं, लेकिन सुकांत उनका नहीं है, सिर्फ़ उनके बीच है—ये सब उनकी परिधियाँ हैं। वह चित्रकार भी है, लेकिन कलाकार की आत्म-केंद्रितता का उसमें अभाव है। वह व्यवहार-कुशल, बुद्धिमान, मिलनसार और चतुर आदमी है। उसमें हिस्सेदार होने की उष्मा और टकराहट नहीं, एक तटस्थ और दर्शक का ठंडापन है। निरपेक्ष और अनासक्त कहकर मैं उसकी इस कमज़ोरी को महिमान्वित नहीं करूँगा। यह उसी अनुशासित दृष्टि का दोष है जो उपन्यास को कटा-छँटा, साफ़-सुथरा ज़रूर बना देती है, लेकिन हर पात्र

की सीमाएँ और गतियाँ भी निर्धारित कर देती है। गिरीश अस्थाना के पास निर्मल वर्मा जैसी भाषा और संवेदना का वह ऐश्वर्य भी नहीं है, जो दर्शक और अजनबी होने के बावजूद सहभोक्ता का सायास भ्रम दे सके। यह अनुशासन उनकी भाषा तक को छाए हुए है। वह किसी हद तक सुथरी और सपाट भाषा है—व्याकरण-सम्मत, कोशानुमोदित, लेकिन इकहरी और ठस—अश्क और राकेश की तरह।

'धूपछाँही रंग' का हर पक्ष शास्त्रीय दृष्टि से मुक़म्मल और निर्दोष है और अनुभूति की नहीं, अनुभव क्षेत्रों की अनुपेक्षणीय नवीनता और ताज़गी न होती तो मैं कह देता कि वह प्रेमचंद-दीक्षित पुराने पाठकों का सर्वश्रेष्ठ उपन्यास है। यही मर्यादा उपन्यास का सबसे बड़ा बंधन भी है। बंगाल-दिल्ली से लेकर भूमध्यसागर के आस-पास फैले इस उपन्यास में रचनात्मक खुलाव का वैसा ही अभाव है जैसा सुनियोजित, सुविचारित और सुगठित उपन्यासों में होता है। यानी मॉम, जॉन मास्टर्स जैसों के उपन्यास जिस अभ्यास-जन्य सुथरेपन का आभास देते हैं, वह 'धूपछाँही रंग' में भी है। चूँकि हमारे यहाँ ऐसे कटे-छँटे उपन्यास भी नहीं हैं, इसलिए इसे स्पृहणीय ही माना जा सकता है। अनुभव समृद्धि और निर्दोष-गठन के लिए 'धूपछाँही रंग' निश्चय ही हिंदी के गिने-चुने 'वैल-रिटन' उपन्यासों में से है। अपने को पूरी तरह उँडेल देने का मुक्त अहसास चाहे यह न कराए; लेकिन बहुत कुछ कह डालने का संतोष ज़रूर देता है। और इसके लिए आवश्यक कलात्मक स्पर्श गिरीश अस्थाना के पास है। शहनाज़ का किशोर-प्यार और अपनी चित्रकारी का शौक़, सुकान्त को लड़ाई के मैदान में भी संवेदनशील बनाए रखते हैं—वहाँ साथ है मृणाल की बाँसुरी...एक-दिन बाँसुरी चुप हो जाती है, शहनाज़ पाकिस्तान के तूफ़ान में खो जाती है और जीते हुए युद्ध के हारे हुए सिपाही, सुकान्त और शरीफ़ुद्दीन ...या बचपन में साथ-साथ भटकने, कब्रिस्तान में भाँग पीनेवाला, विवेकानंद और गांधी का शैदाई भारतीय इंग्लोइंडियन जॉन एक दिन महसूस करता है कि यह जगह उसके लिए नहीं है—यहाँ उसका कोई भविष्य नहीं है। उसे इंग्लैंड चले जाना चाहिए, और अपने अतीत को कटा हुआ हाथ सौंपकर जॉन सपरिवार प्लेन में जा-बैठता है—शरीफ़ुद्दीन, सुकान्त और जॉन तीनों लगभग यही महसूस करते हैं कि यह जगह उनके लिए नहीं है। शरीफ़ुद्दीन ने बेटी खोयी, जॉन ने हाथ खोया...पाया केवल सुकान्त ने एक नया विश्वास, कहीं और जाने का। उसका यह विश्वास आरोपित है और इसलिए वह नक़ली लगता है। देश के जिस भी भाग में सुकान्त जाएगा, क्या वहाँ की दुनिया बहुत अलग होगी ? इसलिए सारे आशावाद के बावजूद सुकान्त अकेला रह जाता है—चमक-दमक, झूठ-फ़रेब, जालसाज़ी के सागर में चपला-बबलू के साथ, अपनी आशा और आस्था के तख़्ते को सीने से चिपकाये...

गिरीश अस्थाना की यथार्थपरक निगाह की तारीफ़ किए बिना बात अधूरी रह जाएगी। चाहे वे देश-विदेश के लैंडस्कैप्स हों या जौहरी और डंडास्वामी की एक-एक हरकत, चाहे काले-गोरे अफ़सर हों या भारतीय कंपनियों के डायरेक्टर, अपने साथी, पत्रकार और विदेशों से आए डैलिगेशन—उनकी निगाह से छूटता कुछ नहीं है और यहीं

सुकांत का चित्रकार होना सार्थक है, वरना वह चित्रकार न भी होता तो कोई फ़र्क नहीं पड़ता। बल्कि चित्रकार की अपेक्षा उसका फ़ोटोग्राफ़र होना अधिक सोद्देश्य होता। जिस तरह उपन्यास में संबंध नहीं, संदर्भ हैं, उसी तरह इसमें औरतें अनेक हैं, नारी एक भी नहीं—रूमानी शहनाज़ और छायावादी चपला को छोड़कर। सुगठित, सुनियोजित उपन्यासों की परंपरा को विदाई के साथ-साथ 'अंतिम दीपशिखोदय' इस उपन्यास का स्वागत...

—**आलोचना**, 28-8-70,

कालेजल में खोया एक स्वप्न-द्वीप : शांग्रीला

(शानी)

'कालाजल' इसलिए क़तई महत्त्वपूर्ण उपन्यास नहीं है कि वह एक पिछड़े हुए इलाक़े के दो मुस्लिम परिवारों की कहानी है और हमारे सामने उस समाज की तस्वीर रखता है, जिसके बारे में हम बहुत कम जानते हैं। हालाँकि उसे इस समाज का 'पहला प्रामाणिक' उपन्यास होने का श्रेय दिया जाता रहा है।

मैं सोचता हूँ : इस उपन्यास का नाम 'कालाजल' न होकर 'काला-पानी' होता तो शायद ज़्यादा सार्थक हो गया होता...यह सुझाव उपन्यास में शानी ने ही दिया है : "सचमुच द्वीपों के जीवन से तब बस्तर का जीवन किस तरह भिन्न और अलग था... कमरों में बंद लोग किवाड़ खोल-खोलकर द्वीप के लहर भीगे तटों तक दौड़ जाते हैं और उनकी उत्सुक आँखें देखती हैं, हिलती हुई सफ़ेद पाल, यहाँ से वहाँ तक लहराती हुई नीली धाराओं का अनंत फैलाव...जगदपुर से बाहरी दुनिया की भौगोलिक दूरी सौ-मील से कभी नहीं घटी..."

यह तस्वीर अंडमान के दंड-द्वीपों में निर्वासित लोगों के सज़ा भोगते-दिनों की याद दिलाती है...सिवार, चीला, लद्दी, पुरानी कीचड़ तथा मछली-गंध वाले काले-जल की अजीब मिली-जुली और दम-घोंट दुर्गंध, यानी मोती-तालाब के किनारे बसे एक परिवार, एक गाँव, या पूरे देश की अंतहीन सज़ा काटने की कहानी; 'कालाजल' तीन पीढ़ियों के निरंतर टूटते और ढहते जाने की त्रासदी है...बार-बार सवाल उठता है : आख़िर इस परिवार, या जिन परिवारों के माध्यम से यह कथा मूर्त हुई है—उनका अपराध और अभिशाप क्या है कि टूटना और ढहना ही उनकी नियति हो गई है...?

शानी ने इस प्रश्न का न तो जवाब दिया है, न तलाशने की कोशिश की है; यह उसका लक्ष्य भी नहीं था। उसने तो शव-बारात का 'फ़ातिहा' पढ़ने के धार्मिक कर्मकांड का, इस कहानी के विभिन्न व्यक्तियों और कोणों के उठाने के लिए बेहद ही खूबसूरत, कलात्मक और सार्थक उपयोग किया है। हिंदुओं के श्राद्ध या पिंडदान की तरह मुसलमानों में 'फ़ातिहा' पढ़ा जाता है जहाँ एक-एक पितर, या मृतात्मा के लिए भोग लगाया जाता है। लेखक एक-एक रूह के लिए रोटियाँ बदलता जाता है और उस व्यक्ति के प्रेत को अपने भीतर जगाता जाता है। बहुत बड़ा ख़तरा था कि इस टैकनीक में

'कालाजल' सिर्फ़ प्रेत-साधना की तांत्रिक कहानी होकर रह जाती ! मगर ठहरे और बहते पानी के परिप्रेक्ष्य ने सारी कथा को प्रवाह दे दिया है। तीन पीढ़ियोंवाला यह उपन्यास तीन खंडों में बाँटा गया है : 'लौटती लहरें' 'भटकाव' और 'ठहराव'...अजीब बात है, फूफी का मकान भले ही मोती-तालाब के पड़ौस में हो, मगर सारी कहानी जहाँ-जहाँ घटित होती है, वहाँ पास ही कोई-न-कोई कल-कल करती नदी बहती है। ताज्जुब ही है कि शालवनों के घने हाथियों और तेज़ बहाववाली साफ़-शफ़्फ़ाक नदियों को अनदेखा करके क्यों कथाकार आग्रह-पूर्वक मोती-तालाब के घुटे काले-जल पर ही मँडराता रहता है...

'कालाजल' पढ़ते हुए मुझे बार-बार सत्यजित राय की फ़िल्म 'अशनि-संकेत' का ख़याल आता रहा। सन् '63 के 'बंगाल के अकाल' के प्रारंभिक दिनों का शहर से निकट छोटा-सा गाँव। कहानी एक परिवार और गाँव की ही है; चावल-चीनी, मिट्टी का तेल इत्यादि चीज़ें ग़ायब होने लगी हैं। बेकारी और भुखमरी की छायाएँ गहराने लगी हैं... लेकिन फ़िल्म का निर्देशक है कि बार-बार लहलहाते खेतों, मीलों फैले हरे-भरे जंगलों, नदियों, फूलों, बौरों और सुबह की खिलती धूप, साँझ के सिंदूरी-साँवले आसमान को ही चटख़ गहरे रंगों में दिखाए चला जाता है। पूरी फ़िल्म में कैमरा बार-बार एक ही सवाल पूछता है : इस अथाह और अपार प्राकृतिक समृद्धि-संपदा के बीच अकाल ? जैसे अपने आप ही उत्तर भी उजागर हो रहा है : यह अकाल नहीं, षड्यंत्र है...

अद्भुत और बारीक़ निगाह है शानी के पास बस्तर की प्राकृतिक खूबसूरती जंगल, पेड़, पहाड़, नदी-मैदान, धूप, फूल, खुशबुओं, बारिश, ठंड और प्रकृति के बदलते हुए 'मूड्स' को पकड़ने की...कहीं वह इस सबको तस्वीर के आकर्षक चौखटे और दीवार की तरह इस्तेमाल करता है तो कभी अपने पात्रों की स्थितियों, मनःस्थितियों को प्रभाव और अर्थ देने के लिए। जिस सूक्ष्म-सधाव और कलात्मक, सांकेतिकता के साथ उसने इस प्रकृति का इस्तेमाल किया है, स्वयं लेखक के नाते मुझे वह दंग और स्तब्ध कर देता है। विभूतिभूषण वन्द्योपाध्याय के 'आरण्यक' को अगर प्रकृति का काव्यमय-संगीत कहा जा सके तो 'कालाजल' भी प्रकृति के सौंदर्य और सुषमा की अनमोल छवियों से भरा है। फिर शानी के पास विलक्षण संवेदनशील, संतुलित तराशी हुई भाषा है—शेर कहने जैसी सधी और सशक्त...

अंतर्विरोध ही कहा जाएगा कि 'कालाजल' में बाहरी प्रकृति इतनी उन्मुक्त, इतनी मोहक और इतनी आत्मीय है; मगर मनुष्य की अपनी प्रकृति हर जगह, घुटी, अवरुद्ध, दिशाहीन और आत्महंता है। उसे कहीं भी रास्ता नहीं मिलता। वह हर जगह सामाजिक रूढ़ियों, अंध-विश्वासों और मर्यादाओं के हाथों कुचली जाती है, और बदले में पलटकर खुद मनुष्य को डस लेती है...यहीं 'कालाजल' का प्रतीक अपना अर्थ प्राप्त करता है। यहाँ सवाल पूछा जा सकता है कि आख़िर इस काले-जल को खँगालकर बब्बन को मिला क्या ? मिर्ज़ा करामत बेग़ से लेकर रज्जू मियाँ, रोशन मियाँ और फिर हारा-थका, पस्त टूटा हुआ मोहसिन, या बीदरोगिन, फूफी, मालती, सल्लो के अंत ? ताज़ियों के

आगे-पीछे चलनेवालों का एक जुलूस है जो एक बीती हुई लड़ाई के लिए आज भी उसी 'उत्साह' से मातम कर रहा है...ज़ंजीरों में छोटी-छोटी छुरियाँ बाँधे पीठ और छातियाँ लहू-लुहान किए ले रहा है, अपनी खुशियों और ग़मों में लीन। मुझे लगता है मिर्ज़ा करामत बेग़ का वंश भी किसी बीती हुई अनदेखी महानता को एक धार्मिक विश्वास की तरह सँजोये हुए है और हर अगली पीढ़ी में और भी बौना होता चला जाता है। यहाँ कोई भी, किसी भी क्षेत्र में न पहल-क़दमी करता है न कोई लीक छोड़ने की जोखिम उठाता है। जो ऐसा करता है उसे या तो बहुत अजनबी निगाहों से देखा जाता है, या फिर कुचल दिया जाता है। नयी पीढ़ी ही इस अवरोध को थोड़ा-बहुत तोड़ने या झकझोरने की कोशिश करती है, मगर शीघ्र ही अकेली पड़कर चुक जाती है। उपन्यास के सबसे शक्तिशाली पात्र हैं—मोहसिन और सल्लो आपा,..दोनों अपने-अपने भटकावों में, लीक छोड़कर अलग रास्ते अपनाना चाहते हैं : सल्लो आपा मार दी जाती है और मोहसिन...? सब ओर से थक-हारकर उसके लिए अब एक ही रास्ता बचा है—पाकिस्तान ! एक स्वप्न-द्वीप : शांग्रीला की तरह, जहाँ सारी समस्याओं का हल है ! अपने को निष्क्रिय भाव से 'कालाजल' को समर्पित करके वह इसी सपने को फुलाता जाता है !

प्रकृति के खूबसूरत प्रभावों के बाद 'कालाजल' की जो चीज़ें अभी दिमाग़ पर छायी हैं वे हैं ताज़ियों और मुहर्रम के विवरण और सल्लो आपा, (सल्लो आपा हिंदी-उपन्यास के कुछ अविस्मरणीय चरित्रों में से एक है) या 'मैं' के किशोर सैक्स की अभिव्यक्तियाँ ...मगर 'मैं' यानी कथा-वाचक, यानी बब्बन कमज़ोर चरित्र है, पहले वह मोहसिन के प्रभाव से आतंकित-आच्छन्न रहता है, फिर सल्लो आपा के मुग्ध-प्यार में...

इन्द्रा नदी के किनारे बसे, क़स्बे में अपने आपमें ही सीमित मोती-तालाब की ही बात की जाए तो शिकायत हो सकती है कि चाहे 'कालाजल' हो या 'आधा-गाँव', इन सबके समाज अपने आपमें ही इतने सिमटे या संपूर्ण क्यों हैं ? आभास भी नहीं होता कि कहीं कुछ और लोग भी रहते हैं...(त्रिवेदी काका और नायडू को छोड़कर) बड़ी बी और मालती तो उसी समाज के हिस्से हैं शायद भारतीय समाज कुछ बड़े महानगरों को छोड़कर इतना इकहरा नहीं है ! वहाँ व्यावसायिक संबंधों के अलावा सामाजिक रिश्ते एक-दूसरे वर्ग की ज़िंदगियों को प्रभावित करते रहते हैं। वैसे भी 'कालाजल' पढ़कर एक बात का मुझे नए सिरे से व्यक्तिगत अहसास हुआ : न जाने कब से हम समाज-शास्त्र का सिद्धांत पढ़ते आए हैं, 'एक समय के समाज के भाषा, धर्म और प्रांतीय लगाव अलग-अलग हो सकते हैं, मगर संस्कृति (कल्चरल इथोस) एक ही होती है।' 'कालाजल' के सामाजिक आचार-व्यवहार, रूढ़ियाँ-रीतियाँ, भय और अंधविश्वास, पारिवारिक बुनावट, आपसी रिश्ते और प्रतिक्रियाएँ-निरपवाद रूप से सारे वहीं हैं जो किसी भी दूसरे भारतीय हिस्से के होंगे। बड़ी आसानी से इस सारी कहानी को बंगाल या केरल में भी रक्खा जा सकता है, और उतनी ही आसानी से सारे मुस्लिम नाम बदलकर हिंदू किए जा सकते हैं, और तो और रूहों के लिए 'फ़ातिहा' के रूप में आत्माओं को शरीर देना, यानी पुनर्जन्म तक। मुझे नहीं लगता कि कहीं भी कोई अंतर आएगा। (अंतर केवल यही होगा

कि शेष भारतीय समाज के पास कोई 'शांग्रीला' नहीं है) मुहर्रम के जुलूस की जगह पुरी की 'रथ-यात्रा' रखी जा सकती है, जहाँ लोग खुशी-खुशी जगन्नाथी-रथ के पहियों को अपने शरीर पर से निकलवाते हैं। वहीं साँसों के अधिकार, झगड़े, ताने, वही घुटती हुई बहुएँ, छीजती हुई कुमारियाँ, बेचैन किशोर और फ़ालतू बुड्ढे—विकृत और चिड़चिड़े—वही लिहाज़ मुलाहिजे यानी सब मिलाकर वही सामाजिक, पारिवारिक और व्यक्तिगत 'रेस्पोन्सेज़' (प्रतिक्रियाएँ) रवैये इस अर्थ में अपने इकहरेपन के बावज़ूद 'कालाजल' शुद्ध-भारतीय उपन्यास है...

और जैसा कि मैंने कहा : इस इकहरेपन और आत्म-निर्वासन को अपने-अपने धरातल पर तोड़ने की तड़प सिर्फ़ दो पात्रों में है, मोहसिन और सल्लो आपा में...सल्लो घर की चहारदीवारियों से बाहर आना चाहती है—निषिद्ध को अपनाकर, यानी अश्लील पुस्तकें देखकर, लड़कों के कपड़े पहनकर, उनकी आदतें और अदाएँ अपनाकर...और उसकी इस मासूम, स्वाभाविक छटपटाहट को जिसका अगला रूप रशीदा में है, (संभवतः) गर्भपात के प्रयास समाप्त कर दिया जाता है...दूसरी तड़प मोहसिन में है जो अपने आपसे बाहर निकलकर कभी अपने से बड़े, गुंडे लड़कों की संगत में रहता है, कभी नायडू के बहाने वृहत्तर राष्ट्रीय आंदोलन से जुड़ता है, वाणी-विलास के माध्यम से जागृति लाने की कोशिश करता है, 'कर्बला' में पर्चे बँटवाता है...मगर जड़ों से काटकर अलग फेंक दिया जाता है। उसका सपना चाहे पाकिस्तान चले जाने का हो, मगर अपने को फलाँग सकने की, कहीं और से जुड़ने की बेचैनी ही उसकी शक्ति है...

हो सकता है, अपनी सामाजिक स्थितियों और व्यक्तिगत मानसिकता को ही अपनी नियति माननेवाले इन सारे चरित्रों की यह गाथा एक अवसाद या डिप्रैशन का ही प्रभाव छोड़ जाती हो—मगर इसमें शक नहीं कि शानी पाठक को एक-से-एक जीवंत चरित्रों के संपर्क में लाता हो। अपनी भाषा, विवरणों और वर्णनों की बारीक़ियों और सब मिलाकर क्लासिकीय औपन्यासिक तेवर के लिए 'कालाजल' हिंदी के कुछ सर्वश्रेष्ठ स्वातंत्र्योत्तर उपन्यासों में से एक है। कहीं कोई रेखा ऐसी नहीं है जिसे कच्चा या फ़ालतू कहा जा सके। उसने अपने कथ्य को बेहद घनिष्ठ आत्मविश्वास और अधिकार के साथ विकसित किया है; बहुत अंतरंग हिस्सा होकर, लेकिन उतनी ही तटस्थता के साथ...न कहीं नरेश मेहताई गदलाशु बंगला भावुकता है, न बलवंतसिंह और जगदीशचंद्र की पंजाबी अक्खड़ता...हालाँकि दोनों की भरपूर गुजायशें उपन्यास में हैं। इसकी तुलना बेहिचक मैं किसी भी भारतीय उपन्यास से करना चाहूँगा। मगर ऐसी संभावनाओंवाले लेखक के लिए 'कालाजल' उसके 'सर्वश्रेष्ठ' की भूमिका ही है...

हाँ, हमारी पीढ़ी की अजब ट्रैजेडी है कि हम सभी भूमिकाओं और प्रस्तावनाओं में ही रुक जाते हैं—प्रायः मूल-पाठ के पृष्ठों में वयस्क होने की आशाएँ पाले हुए...

4 जनवरी, 1981

तमस : रचनात्मक दबावों की खोज

(भीष्म साहनी)

नत्थू ने रात-भर की उठा-पटक के बाद सूअर को मार दिया। वह उसके शरीर में छुरा मारता था; लेकिन छुरा सिर्फ़ चर्बी में धँसकर रह जाता। रात-भर उस गंदी, बदबूदार और घुटी कोठरी में वह सूअर से कुश्ती लड़ता रहा, उसके हाथ-पाँव लहू-लुहान हो गए, साँस उखड़ गई और जब तक सूअर मरा, वह खुद घायल और लस्त-पस्त होकर ढह गया।...लेकिन सूअर मरा नहीं था, वह मस्जिद की सीढ़ियों पर जाकर फिर से ज़िंदा हो गया था...अपने पूरे पशुत्व और सारे प्रतिशोध के साथ। फिर पाँच दिनों तक यह सूअर बेगुनाहों को मारता रहा, मुहल्ले और मँडिया जलाता रहा, गाँव लूटता रहा और कत्ल-हत्याएँ करता रहा। अपनी समझ में भीष्म ने इसी सूअर के मरने की कहानी अपने उपन्यास 'तमस' में कही है—यह भूलकर कि सूअर आज तक नहीं मरा है और ऐसी कौन-सी अमरौती खाकर आया है कि रक्त-बीज की तरह हर जगह और भी बड़ा होकर हमले करता है...

क्योंकि सूअर पशु नहीं है : षड्यंत्र है। पानी में घोला गया वह ज़हर है जो मरीज़ का इलाज करने से नहीं ख़त्म होता। पानी की धारा के साथ-साथ उसके स्रोत तक जाना होगा। डिप्टी-कमिश्नर रिचर्ड के माध्यम से भीष्म ने सिर्फ़ उस धारा के रखवालों पर कैमरा टिकाया है। मूलतः 'तमस' सांप्रदायिक विस्फोट के कार्य-कारण का समानान्तर अध्ययन है। शहर से दूर, सुरक्षित बंगले में बैठा रिचर्ड सूत्रधार है और हिंदू-मुसलमान या सामान्य-नागरिक कठपुतलों की तरह लड़ते-कराहते, मरते-मारते हैं। रिचर्ड के सामने बिलकुल स्पष्ट है कि दोनों मिल जाएँगे तो मुझे मारेंगे। मुझे, यानी अंग्रेज़, यानी तब तक के शासक को...रिचर्ड व्यक्ति नहीं प्रतिनिधि है, प्रतीक है। वह सारी स्थिति को उसी तटस्थ ठंडेपन से देखता है जैसे तक्षशिला के खँडहरों और मूर्तियों को। वह खँडहरों को ज़िंदा करना चाहता है और आस-पास की ज़िंदगी को खँडहरों में बदल देना चाहता है। उसके लिए, पत्नी लिज़ा भी मेज़ पर केंद्रित-रोशनी में झलमलाती बुद्ध के बुत जैसी ही एक मूर्ति है। रिचर्ड दो-ढाई-सौ सालों के अंग्रेज़ दृष्टिकोण का मिश्रण और समाहार है। उसका एक पक्ष क्लाइव-किपलिंग-मैकाले से लेकर जॉन-मास्टर्स जैसे लोगों से बना है तो दूसरा ऐनी-बेसेंट, बीडेन पावेल, फॉर्स्टर, समरसैट मॉम जैसों से; यानी वर्तमान को ठंडे, सख़्त हाथों से शासित और अनुशासित रखना और भारतीय अतीत-गरिमा की खोज

द्वारा प्रजा के नैतिक-बल को बनाए रखना...एक संपूर्ण उपनिवेशवादी दृष्टिकोण...लेकिन दुहरे धरातल पर अपने में ही खोये इस व्यक्ति के साथ लिज़ा का दम घुटता है, वह बोर होती है और उसका चेतन-अचेतन इस सबसे विद्रोह करता है। सारे दिन बीयर पीने के बाद अनजाने या बेहोशी में उसका सोफ़े पर पेशाब कर देना उसके शारीरिक नियंत्रण का क्षय नहीं है; अचेतन विद्रोह है। इस सोफ़े पर पहले भी अनेक बार ऐसा हुआ है। हो सकता है, लिज़ा रिचर्ड की ही घुटती-छटपटाती आत्मा हो, जो खँडहर जैसी कोठी में निरुद्देश्य भटकती है...सार्थकता की तलाश में...

सब मिलाकर 'तमस' एक योजना-बद्ध उपन्यास है; इसलिए स्थितियाँ यहाँ विकसित नहीं होतीं, सिर्फ़ उद्घाटित होती हैं—कुछ-कुछ जासूसी उपन्यास की तरह। पाँच रुपयों के लालच में नत्थू चमार सूअर को मार रहा है—पहले अध्याय में नत्थू और सूअर का यह मल्ल-युद्ध हिंदी कथा-साहित्य के कुछ न भूले जा सकनेवाले दृश्यों में से एक है। दूसरे अध्याय में हम पाते हैं कि इस काम को करानेवाला है—मुराद अली जो मरे सूअर को मस्जिद की सीढ़ियों पर फेंक आता है—और दंगा शुरू हो जाता है। लेकिन मुराद अली से यह सब करानेवाला है—रिचर्ड, जो पाँच दिन दंगों की आग का मज़ा लेकर अमन और शांति का झंडा फहराता सामने आ जाता है। जिस तरह आग भड़काता है और उसे बुझाने से इनकार कर देता है, उसी योजना से हवाई जहाज़ घुमाकर सब कुछ शांत करा देता है। चूँकि भीष्म के सामने अपने कथ्य की सारी रूप-रेखा इतनी स्पष्ट है कि वे कहीं भी किसी बात या स्थिति को भटकने नहीं देते, तुरंत योजना का दूसरा पक्ष सँभालने लगते हैं। दंगों की वह सारी स्थिति एक सुविचारित, पूर्व-नियोजित षड्यंत्र या योजना थी—यह धारणा उपन्यास के रूप-बंध को भी एक योजना के रूप में ही निर्धारित कर देती है। शायद यही कारण है कि उपन्यास में कथा नहीं, उस मूल-नक़्शे को उजागर करनेवाली कथात्मक-झलकियाँ हैं और रिचर्ड की ही तरह सारी असलियत को समझनेवाले भीष्म, किसी एक स्थान, स्थिति या व्यक्ति पर न टिककर सर्वद्रष्टा की तरह सबकुछ देखते हैं। यहीं हम उपन्यास-लेखन की उस मूल-भूत समस्या से दो-चार होते हैं कि समय और उपन्यास का रिश्ता क्या हो, या वे कौन-से रचनात्मक दबाव हैं जो कथाकार को पीछे की घटनाओं को देखने के लिए प्रेरित करते हैं ?

भीष्म ने इस ऐतिहासिक घटना और लेखन के बीच काफ़ी लंबा अंतराल दिया है, ताकि व्यापकतर परिप्रेक्ष्य में उसे देखा जा सके। इस दूरी ने संपूर्ण को देखने की दृष्टि ज़रूर दी है; लेकिन कथा-वस्तु और लेखन के बीच एक ऐसी तटस्थता भी दे दी है कि चीज़ें अक्सर सपाट और सामान्य हो गई हैं। यानी अनुभव के वे खुरदुरे कोने और अनगढ़ किनारे जो उसे अद्वितीयता देते हैं—घटना और अनुभव की दूरी में प्रायः निराकार, अमूर्त (एब्स्ट्रैक्ट) होते चले जाते हैं और उसे सामान्यता दे देते हैं। विराट होने के साथ-साथ, विभाजन की वह सारी घटना वर्तमान इतिहास का एक अनिवार्य हिस्सा है, यह अहसास ही उपन्यास के योजना-बद्ध होने के लिए ज़िम्मेदार है। कोई भी रचनाकार इतिहास नहीं लिखता, लिख ही नहीं सकता...चाहे फिर वह कितनी ही

नाटकीय घटनाओं और मानवीय त्रासदी का ज्वलंत दस्तावेज़ क्यों न हो। वह अपनी चेतना और सामयिक दबावों का 'वर्तमान' लिखता है...इतिहास का इस्तेमाल करते हुए। इसलिए वह अक्सर इतिहास को रूपक या प्रतीक-कथा बना डालता है। और कुछ नहीं तो कम-से-कम सामयिक-संदर्भ में, यानी अपने वर्तमान अनुभव के समानांतर इतिहास को परिभाषित तो कर ही डालता है। स्पष्ट है कि भीष्म के लिए विभाजन वैसा सुदूर इतिहास नहीं है कि उसे वर्तमान के संदर्भ में परिभाषित किया जा सके। वह उनके अपने—यानी व्यक्ति के अनुभव का ही एक ऐसा हिस्सा है जिसे वे इतिहास मानते हैं। यानी भूचाल की तरह वह घटना हुई और समाप्त हो गई। कम-से-कम इस उपन्यास में उनकी धारणा यही है। यहीं वास्तविकता का अंतर्विरोध सामने आता है। समय के हिसाब से वह घटना हमसे तीस साल पीछे भले ही छूट गई हो; लेकिन न वह तब शुरू हुई थी और न आज तक समाप्त हुई है। प्रकृति-कोप की तरह अचानक होकर ख़त्म हो जानेवाली स्थिति वह नहीं है। शायद यही कारण है कि भीष्म के सारे लेखकीय कौशल के बावज़ूद उपन्यास में उस लगाव और रचाव से पैदा होनेवाली भावनात्मक ऊष्मा का अभाव है जो घटना में हिस्सेदारी से आती है। दूसरी ओर वह इतिहास-दृष्टि भी नहीं है जो घटना की निरंतरता से जुड़े वास्तविकता-बोध से पैदा होती है। शायद इसीलिए 'तमस', प्रकृति-कोप जैसी एक दुर्घटना का सटीक दस्तावेज है। और इसे भीष्म ने अपनी प्रौढ़ क़लम, गहरे निरीक्षण और व्यक्तिगत अनुभवों से काफ़ी जानदार बना दिया है। उपन्यास में नया कुछ भी न होते हुए एक अजीब तरह की ताज़गी है। यह ताज़गी, एक बहुत बड़ी तस्वीर के किसी विशेष-हिस्से को एनलार्ज कर देने की ताज़गी भी हो सकती है।

बहुत बड़ी तस्वीर की बात करते ही ध्यान 'झूठा-सच' की तरफ़ जाता है। वैसे भी 'तमस' और 'झूठा-सच' की तुलना न हो, यह असंभव है। तमाम पत्रकारिता के आरोपों के बावज़ूद 'झूठा-सच' सचमुच एक बड़ी तस्वीर है—एक 'एपिक' परिकल्पना। 'तमस' जैसा सुगठित चाहे न हो, लेकिन अव्यवस्थित 'झूठा-सच' भी नहीं है। उजड़ते हुए शहर लाहौर और बसते हुए शहर दिल्ली, दोनों की यातनाओं को यशपाल ने गहरी मानवीय अंतर्दृष्टि के साथ विस्तार से आँका है। दो शहरों की यह कहानी, जिन व्यक्तियों के माध्यम से कही गयी है, वह सारी भटकन और विस्तार के बावज़ूद, बेहद-सूक्ष्म धरातलों पर जाकर उस विराट-ट्रैजेडी को पकड़ने की विश्वसनीय कोशिश है, जिसकी हम कथाकार से अपेक्षा करते हैं। बलवंतसिंह ने अपने उपन्यास 'काले-कोस' में विरसासिंह जैसे हत्यारे-डकैत का, विभाजन के बीच जो क्रमशः कायाकल्प दिखाया है, वह अपनी आदर्शवादिता के बावज़ूद मुझे अधिक संभावना-पूर्ण लगता है। और कुर्रतुलएन हैदर का 'आग का दरिया' सबसे अधिक सांस्कृतिक, व्यक्तिगत यातना से आया है। इस दृष्टि से 'तमस' की स्थितियाँ, चरित्र ज़्यादा स्टॉक या थोक हैं। करतारसिंह दुग्गल, कृश्नचंदर, रामानंद सागर, खुशवन्तसिंह, अब्बास—यानी उस घटना पर लिखनेवाले प्रायः हर कथाकार में वे मिल जाएँगे। 'अमृतसर आ गया है' में भीष्म ने जिस अन्वेषकीय-सूक्ष्मता

का परिचय दिया था, वैसे स्थल प्रायः 'तमस' में दो-एक ही हैं। शायद भीष्म उस घटना की ट्रैजिक-भयावहता से यहाँ खुद इतने ज़्यादा आक्रांत और आश्वस्त थे कि बहुत अधिक अन्वेषण की उन्होंने ज़रूरत नहीं समझी। मेरी व्यक्तिगत धारणा है कि 'तमस' के सबसे अधिक स्मरणीय और प्रभावशाली अंश वे ही हैं, जिन्हें भीष्म ने खुद देखा या सुना नहीं है, बल्कि लेखन के दौरान अपनी संपूर्ण लेखकीय जागरूकता और क्षमता से जिनका रचनात्मक-आविष्कार किया है। मैं उपन्यास के पहले—नत्थू द्वारा सूअर मारनेवाले—अध्याय को दोस्तायव्स्की या काफ़्का के दुःस्वप्न जैसे (नाइटमेयरिश) प्रभाव की तरह भूल नहीं पाता। इसी तरह गुरुद्वारे में महिलाओं की सामूहिक आत्महत्या, अमृता शेरगिल के 'उदास-चित्र' की तरह चेतना में जड़ी-सी लगती है; और बन्तो-हरनाम सिंह का भागना अपने साथ गुज़रे किसी अनुभव का हिस्सा लगता है; या आर्यवीर रणवीर की दीक्षा और किशोर-उत्तेजना। नत्थू का यह जानना कि सूअर मुरादअली द्वारा रचे षड्यंत्र का हिस्सा था, वही मुरादअली अब उसे पहचानने से इनकार कर देता है, और इस भ्रम-भंग का क्रमशः (शहर में होनेवाली सारी हत्या, लूटपाट के लिए) अपने आपको ज़िम्मेदार मानते हुए अपराध-बोध में बदलते चले जाना, पत्नी की बाँहों में समाते हुए भी अकेले पड़ते चले जाना, भीष्म ने बेहद मनोवैज्ञानिक गहराई से पकड़ा है। या शहनवाज़ का रघुनाथ के यहाँ ज़ेवरों का डिब्बा लेने जाना, अकेले घर में ज़ेवर लेकर निकलते हुए मिलखी की चोटी, मस्जिद का जमावड़ा या पिछले तीन दिनों से घुलते विष की तासीर में गुस्से से लात मारकर मिलखी की पीठ तोड़ देना और लाखों रुपए के ज़ेवर जाकर रघुनाथ की पत्नी को दे आना—यह सारी स्थिति 'अमृतसर आ गया है' वाले भीष्म की याद दिला देती है।

निश्चय ही और घटनाओं की तरह इन कुछ बातों की तरफ़, जो उपन्यास में द्वीपों जैसी लगती हैं, भीष्म भी उतने अधिक सचेत और आश्वस्त नहीं थे, इसलिए वहाँ उनका 'लेखक' मदद को उठ खड़ा हुआ है। सारे माहौल की चेतना के साथ भीष्म ने इन स्थितियों को रचा है, क़लम-बद्ध नहीं किया। जो जैसा हुआ है, उससे अधिक प्रामाणिक और विश्वसनीय दूसरा क्या होगा, इस बात का अतिरिक्त विश्वास प्रायः घटनाओं को विवरण के धरातल पर स्टॉक और रचनात्मक अनुभव के धरातल पर सपाट बना देता है। उस समय क़लम लेखक के हाथ में नहीं, रिपोर्ताज-लेखक के हाथ में होती है। कहानी उस समय और भी ठस हो जाती है जब किसी दर्शन से प्रतिबद्धता भी एक ख़ास तरह के आदर्शवाद के लिए मज़बूर कर रही हो। भीष्म भी इस ख़तरे से नहीं बचे हैं।

बचाव के लिए कहा जा सकता है कि भीष्म का उद्देश्य 'तमस' में उस समय के लोगों की कहानी कहना नहीं, आतंक के उस माहौल को पुनर्जीवित करना है जो सारी ज़िंदगी को छिन्न-भिन्न किए दे रहा था, सारे मानवीय-मूल्यों के परख़च्चे उड़ाए दे रहा था। लेकिन यहीं मैं एक दूसरी बात उठाना चाहूँगा : हो सकता है कि लेखक ने अपने को समझा लिया हो कि विभाजन के समय जो कुछ हुआ वह ऐसी दुर्घटना थी जो आज इतिहास बनकर समाप्त हो गई है। आज पच्चीस-तीस साल की दूरी से उसे देखना एक

तटस्थ परिपार्श्व दे सकता है, इसलिए बिना लेखकीय ख़तरों में उतरे वह आतंक के उस माहौल का पुनर्निर्माण कर सकता है। लेकिन जैसा कि मैंने कहा, भीष्म उस सबसे सिर्फ़ तटस्थ हुए हैं, उनके लिए वह ऐसी ऐतिहासिक घटना नहीं बना जहाँ लेखकीय छूट लेकर उसे पुनर्भासित किया जा सके। उस आतंक का भी वे पुनर्सृजन नहीं, सिर्फ़ पुनर्स्मरण ही कर पाए हैं--एक प्रौढ़ और सिद्ध लेखक के कौशल के साथ। दूसरे महायुद्ध के बाद के अनेक पश्चिमी लेखक हमारे सामने हैं जिन्होंने तत्कालीन आतंक को कथ्य बनाकर मानवीय व्यवहार का अध्ययन किया है। अनेक अस्तित्ववादी लेखकों के साथ-साथ मैं 'डायरी ऑफ़ एन फ्रेंक' और मोराविया की 'दो औरतें' जैसी रचनाओं को नहीं भूल पाता। गिरफ़्तारियों, हमलों और बमबारी के दौरान इन रचनाओं में जिस व्यक्तिगत यातना और मनोवैज्ञानिक 'कायाकल्प' या बदलते रिश्तों का चित्रण किया गया है, वही तत्कालीन आतंक को संवेदनात्मक धरातल पर हमारे भीतर साकार ही नहीं करता, झकझोर डालता है।

अपने मूल-भूत रूप में 'आतंक' शायद एक ऐसा नीर-क्षीर विवेकी तत्त्व (कैटेलैटिक-एजेंट) है जो सारे संस्कारों 'मानवता के शाश्वत; मूल्यों' मानसिक अंकुशों, रिश्तों और लिहाज़ों या सभ्यता और संस्कृति के सारे आवरणों को काटकर भीतरी 'आदिम-पशु' को बाहर खींच लाता है। बचाव-हीन आतंक के नीचे इस प्रक्रिया का अध्ययन अनेक कथाकारों को आकर्षित करता रहा है। इसी प्रक्रिया का नाटकीय अध्ययन हमें कामू के 'प्लेग' से लेकर सार्त्र की 'दीवार' कहानी तक में जिस तटस्थता से मिलता है वह निश्चय ही दिल दहला देनेवाला है। आसन्न और अनिवार्य मृत्यु को भोगते मानवीय-व्यवहार का अध्ययन, अस्तित्व के उन पक्षों का अध्ययन भी है जो क्रमशः मनुष्य को अमानवीकृत, (डिस्यूमनाइज़) करते जाते हैं। बल्कि डिस्यूमनाइज़ेशन की यह प्रक्रिया ही शायद आतंक को ठोस और साकार रूप देती है। लेकिन भीष्म जैसी नरम मानवीय-संवेदना के लोग निश्चय ही आतंक के इस स्तर को बर्दाश्त नहीं कर पाते। शायद इसमें विश्वास भी नहीं करते। उनकी सहज करुणा शीघ्र ही मनुष्य में उज्ज्वल-आस्था तलाश कर लेती है। वे तो बन्तो की छूटी हुई मैना की तरह अखिल-विश्व के लिए यही कामना करते हैं : "बन्तो, रब्ब राखा, सरबद्ध दा रब्ब राखा" या "सर्वे भवन्तु सुखिनः, सर्वे सन्तु निरामया..."

भीष्म के सरल-मन से निकली मानव-कल्याण की यह ऋषि-वाणी इस सारे 'तमस' में आश्वस्ति और तरल-विश्वास ज़रूर जागती है, मगर उस लेखकीय माँग को पूरा नहीं कर पाती जो इस तरह के कथ्य को अपनी आंतरिक चुनौती हैं। नेमिचंद्र जैन के नारे में 'साक्ष्यात्कार अधूरा ही रह जाता है' मानव-इतिहास की सबसे बड़ी दुर्घटना के प्रति मेरा रवैया बहुत हृदयहीन और क्रूर लग सकता है, लेकिन इस उपन्यास के संदर्भ में मैं यह कहने के लिए मज़बूर हूँ कि अपने स्वरूपात्मक बिखराव के कारण यह न तो तत्कालीन संवेदना की पुनर्सृष्टि कर पाता है, न अपनी योजना-बद्धता के कारण उस आतंक के दबाव की। ऐसा शायद तभी संभव था जब इसे बिखरी-बिखरी कथाओं के

संकलन के स्थान पर किसी एक व्यक्ति या परिवार के आत्मीय-चित्रण के रूप में लिखा जाता (स्वरूपात्मक बिखराव की तकनीक के बीच हरनामसिंह के सारे परिवार को एक परिणति तक पहुँचाना—लड़की का गुरुद्वारे में आत्महत्या करना, लड़के इक़बाल का मुसलमान होना—एक अज़ीब अविश्वसनीयता ही देता है) यानी कुल मिलाकर महान् रचना की सारी संभावनाओं के बावज़ूद 'तमस' एक बहुत सुथरा और अच्छा उपन्यास बनकर रह गया है। भीष्म की लेखन-शक्ति के प्रति श्रद्धा की हद तक आस्था रखते हुए ही मैं सोचता हूँ कि कार्य-कारण साथ-साथ देने का प्रेमचंदीय शिल्प अगर उन्होंने न अपनाया होता और 'आज सारी स्थिति का षड्यंत्र हमारे सामने बहुत साफ़ है', का इतना मुखर आभास न दिया होता तो शायद ज़्यादा अच्छा था।

भारतीय-इतिहास की भीषणतम ट्रैजेडी के हम व्यक्तिगत रूप से गवाह रहे है, यह मज़बूरी या सचाई हमें बार-बार विभाजन की तरफ़ धकेलती है। किसी भी हत्या, बलात्कार या दुर्घटना को व्यक्तिगत रूप से देखकर हम उसे भूल नहीं सकते, उसे शायद अपने तक रख भी नहीं सकते। उसे किसी-न-किसी रूप में दूसरों से कहने की मज़बूरी को हम सब जानते हैं। फिर हम, जिनकी व्यक्तिगत-पारिवारिक-सामाजिक ज़िंदगी को विभाजन की जिस घटना ने जड़ से बदल डाला; हम जिन्होंने इतनी बड़ी बात को खुद अपनी आँखों देखा-भोगा उस पर बिना लिखे कैसे रह सकते हैं ? इतनी बड़ी घटना का एक चश्मदीद, प्रामाणिक और ऐतिहासिक दस्तावेज छोड़ जाने का भीतरी दबाव, लेखकीय दायित्व के प्रति अपना कर्त्तव्य-बोध—या ऋण परिशोध—शायद यही सब कारण हमें विभाजन पर लिखने के लिए प्रेरित करते रहे हैं। लेकिन सचाई यह है कि उत्तर-भारत के उस क्षेत्र से संबद्ध लेखकों के कुछ संस्मरणात्मक उर्दू, पंजाबी और हिंदी लेखन ही हमारे सामने हैं—और ये सब रचनात्मक लेखन नहीं ही बन पाए हैं। अज्ञेय के 'शरणार्थी' में उस रचनात्मकता का आभास ज़रूर कहीं-कहीं मिलता है। लेकिन हिंदी-प्रदेश से आए लेखकों ने तो शायद वह भी नहीं किया।

जैसा कि मैंने ऊपर कहा, इसके दो कारण हैं; एक तो यह कि प्रकृति-कोप की तरह विभाजन को भी ज़िंदगी की एक अविस्मरणीय घटना मानकर हम उस ओर से उपराम हो गए हैं; सांप्रदायिकता की वह समस्या आज भी उतनी ही जीवित और भड़क उठनेवाली है, इस निरंतरता से कतराते हैं—यह जानते हुए भी कि भिवानी, राँची में अभी भी, 46-47 के दिन सिर उठाने लगते हैं। दूसरा और इससे जुड़ा कारण यह कि गवाह होने और भोगने के स्तर पर ट्रैजेडी के जिस पक्ष से हम जुड़े हैं उसका व्यक्तिगत अनुभव हमें सांप्रदायिक हो जाने के ख़तरे में धकेल देता है। ख़तरा इसलिए कि हम जानते हैं; समस्या आज भी है और उतनी ही नाज़ुक है। स्थिति का यह अंतर्विरोध (डाइकोयेमी) हमें दोनों पक्षों को तोलकर बराबर-बराबर चित्रण करने को मजबूर करता है। इसलिए लेखकीय धरातल पर हम एक सर्वज्ञ का रवैया अपनाने को मजबूर हो जाते हैं—यानी एक हिंदू के साथ एक मुसलमान मरता हुआ दिखाना पड़ता है, या मानवीय करुणा का बराबर बँटवारा करना पड़ता है—हर पल यह जताते हुए कि यह सब एक विराट-बेवकूफ़ी

या गहरी साज़िश थी और इसमें नुकसान दोनों पक्षों का ही हुआ, बेगुनाह जनता दोनों तरफ़ मारी गई। इससे ज़्यादा साफ़ स्थिति हिंद-पाक युद्ध में है—क्योंकि वहाँ दुश्मन बहुत साफ़ है—हालाँकि उस पर भी मंटो ने 'टिथवाल का कुत्ता' या 'आख़िरी सलाम' जैसी खूबसूरत कहानियाँ लिखी हैं। बहरहाल, मैं दोस्त और दुश्मन तय कर लेने पर ज़ोर नहीं दे रहा; लेकिन इतना ज़रूर मानता हूँ कि घटना या उसके अनुभव के प्रति किसी भी लेखकीय-कोण का तय न होना या कहिए द्विधा और धुंध (एम्बिग्विटी) एक ओर रचना की आंतरिक-शक्ति के लिए बाधा बनती है तो घटना की अति-निकटता उसे शुद्ध कथात्मक-स्तर पर ग्रहण कर सकने में आड़े आती है। वस्तुतः जिन्होंने यह खेल खेला वे सामने नहीं थे, भुस में आग लगाकर चलते बने थे और जिनके बीच यह खेल हुआ उनके प्रति हमारा मन और रवैया आज तक तय नहीं है : भीतर से हम उन्हें भाई नहीं मान पाते और ऊपर से दुश्मन नहीं कह पाते—या कहिए, हर बार वैचारिक और भावनात्मक स्तर पर अपने को आश्वस्त करते रहते हैं कि वे भाई ही हैं, दुश्मन नहीं हैं। यह सारी स्थिति हमें कुछ थोक स्थितियों (स्टॉक-सिचुएसन्स) में ही घूमने को बाध्य करती हैं। यहाँ बिलकुल स्पष्ट हो जाना चाहिए कि सांप्रदायिक हो जाना, अनुभव के प्रति लेखकीय रवैये का तय हो जाना नहीं है। क्योंकि अगर ऐसा होता तो गुरुदत्त जैसे सांप्रदायिक लेखकों की रचनाएँ ज़्यादा सशक्त होतीं, जिन्हें आज मैं लेखक मानने को ही तैयार नहीं हूँ। इस विशिष्ट समस्या के संदर्भ में मनुष्य मात्र में गहरी आस्था ही इस लेखकीय रवैये को तय कर सकती है और इस दृष्टि से विभाजन पर आज भी मैं सर्वश्रेष्ठ लेखन मंटो की रचनाओं को मानता हूँ—जिसकी 'खोल दो' जैसी कहानी, बौद्धिक सावधानी से लिखे गए बड़े-बड़े उपन्यासों पर भारी पड़ती है।

बहुत कुछ खोकर सबकुछ पा जानेवाले प्रायः ज़िंदगी की दुर्घटनाओं के प्रति उदासीन और लापरवाह हो जाते हैं; लेकिन बहुत कुछ पा जाने की आशा में सब कुछ खोते चले जानेवाले, ज़िंदगी को मोड़ देनेवाली दुर्घटना को मन से कभी नहीं निकाल पाते; इसलिए मुझे इस बात में सचाई लगती है कि विभाजन की याद जितनी ताज़ा मुस्लिम लेखन में है, उतनी हिंदू-लेखन में नहीं हो सकती है; कहीं अचेतन रूप से विभाजन और उसके बाद आज तक की अपनी अवस्था के लिए खुद को ज़िम्मेदार मानने का यह अपराध-बोध हो, या पाकिस्तानी लेखन के संदर्भ में अपनी सांस्कृतिक जड़ें तलाश करने का नॉस्टैल्जिया—विभाजन और उसकी परिणतियाँ हिंदुस्तान-पाकिस्तान दोनों के मुस्लिम-लेखन में आज भी जीवित है—चाहे वह मंटो, जोश, से लेकर ख़दीजा मस्तूर और अब्दुल्ला हुसैन हों या इधर अब्बास, रज़िया, कुर्रतुल ऐन हैदर से लेकर शानी, राही मासूम रज़ा या बदीउज्ज़मा...बल्कि यहाँ के मुसलमान की ट्रैजेडी काफ़ी इकहरी यानी रिश्तेदारों के बंट जाने की ट्रैजेडी है, यहाँ आउट-साइडर होने या मुख्य धारा में हिस्सेदार न हो पाने की और भावनात्मक रूप से बिखरे होने की ट्रैजेडी है, लेकिन उधर के मुसलमान की ट्रैजेडी इस सबके साथ-साथ ज़्यादा गहरी है—उसके साहित्य, संगीत, स्थापत्य, शौक और सब मिलाकर हज़ार साल की ज़मीन वहाँ है जो कभी उसकी

'अपनी' थी—जिसे बनाने और विकसित करने में उसने अपना खून-पसीना दिया था। इस तकलीफ़ को जोश की 'आत्मकथा' के हर अक्षर में देखा जा सकता है।

मैं समझता हूँ कि हिंदी-लेखकों को इस पर और गहराई से सोचना चाहिए कि विभाजन जैसी घटना उनके लेखन में क्यों अपने सही रूप में नहीं आ पा रही ! हिंदी में न सही, मुझे तो बंगला की भी कोई रचना याद नहीं आ रही। दक्षिणी भाषाओं ने तो इसे सिर्फ़ सुना-भर है...'ए बैंड इन गैंजिज़' जैसी रचनाएँ देखकर तो यही लगता है कि अंग्रेज़ी में लिखनेवाले भारतीय लेखकों को तो उस हिंदुस्तान को समझने में अभी एकाध सदी और लगेगी—जहाँ लाहौर-क्षेत्र में रहनेवाले गाड़ीवान का नाम तुकाराम है, और वहाँ का मुख्य-भोजन चावल है—वे लोग इस ट्रैजेडी को किस स्तर पर पकड़ेंगे ?

—साक्षात्कार, सितंबर, '76

जुगलबंदी : समय-संदर्भ

(गिरिराज किशोर)

ज़िंदगी जीने के दौरान हम जिन सार्थक स्थितियों से गुज़रते हैं, वही हमारे यथार्थ-बोध को ढालती हैं, यानी इन स्थितियों से टूट या छूटकर जो कुछ हमारे पास बचा रहता है, वह है उसका अनुभव, यानी जब बाहरी सचाई समाप्त हो जाती है तो अनुभव का जन्म होता है। बाहरी वास्तविकता को साथ लेकर हम सिर्फ़ जीवन जी सकते हैं, उसे रचनात्मक अनुभव नहीं बना सकते। सचाई के संपर्क से पैदा होनेवाली प्रतिक्रियाएँ या अनुभूतियाँ, अनुभव नहीं—अनुभव का कच्चा माल है। बाहरी वास्तविकता से मुक्त होते हुए जब हम उसके और उससे पैदा होनेवाली आंतरिक प्रतिक्रियाओं के अर्थ खोजते हैं, उनके कोण और परिणतियों को जाँचते हैं तो बोध (अवेयरनैस) की प्रक्रिया शुरू होती है। जो कुछ बाहर होता है उसे अपने भीतर से गुज़रते हुए देखना—अपने को अलग खड़े आदमी की निगाह से ढलते हुए पाना, (शायद इसी को रजनीश साक्षी-भाव कहते हैं) लेखकीय जीवन के सबसे अधिक रोमांचक और समृद्ध क्षण हैं। अर्थात् लेखन—यानी अनुभव की अभिव्यक्ति किसी-न-किसी स्तर पर जिये हुए का पुनरावलोकन और पुनर्सृजन ही है। अनुभव और उसे रूप देनेवाली सचाई का बिंदु बहुत-बहुत सँकरा और गतिशील है। यह निरंतर चलते रहनेवाली प्रक्रिया है। कुछ सचाइयों से हम व्यक्ति की हैसियत से गुज़रते हैं, कुछ से जाति या कम्युनिटी की हैसियत से—दोनों से प्राप्त होनेवाले अनुभव हमारे अपने अनुभव हैं। अनुभव की प्रामाणिकतावाली कहानियों में जब अचानक सांकेतिकता और प्रतीक उभरने लगते थे, तब कुछ ने उन्हें सिर्फ़ शिल्प का चमत्कार माना था। लेकिन आज यह बात साफ़ है कि वह व्यक्ति और समाज के दो स्तरों को एक ही बिंदु पर पकड़ने का प्रयास था। यानी अनुभव की व्यक्तिगत प्रामाणिकता के साथ-साथ, अपने बिंबों और प्रतीकों से वे कहानियाँ जो दूसरा अर्थ ध्वनित करती थीं वह था—सामाजिक अनुभव...

सन् '70 से '73 तक इधर निकले कुछ उपन्यास इस बुनियादी सवाल को फिर से जाँचने की मजबूरी पैदा करते हैं कि बाहरी सचाई और अनुभव के बीच की दूरी क्या हो ? समय का तात्कालिक दबाव अनुभव को जो तीखापन और धार देता है, क्या समय की दूरी उसे मार नहीं देती ? दूरी किसी भी लैंडस्केप को देखने की संपूर्णता और दृश्य-विस्तार ज़रूर देती है, लेकिन उस ज़मीन से गुज़रते हुए क़दम-क़दम पर हमने जो

कुछ भोगा है उस सबको अविकृत संपूर्णता से फिर जिया जा सकता है ? क्या यह दूरी उस क्षण-क्षण व्यक्तिगत भोगने को सामान्य और साधारण नहीं बना डालती ? लेकिन यहाँ फिर वही सवाल उठता है कि क्या तात्कालिक प्रतिक्रियाएँ ही अनुभव हैं और अपने समय से प्रतिबद्ध लेखक 'अभी और यहीं' के खाँचे में फ़िट होकर ही लेखकीय ईमानदारी या व्यक्तिगत मौलिकता का निर्वाह कर सकता है ? महेंद्र भल्ला का 'एक पति के नोट्स' या रवींद्र कालिया की अधिकांश कहानियाँ अपनी सारी ताज़गी के बावजूद क्या वह सवाल नहीं उठातीं कि तात्कालिक संवेगों को अनुभव तक पकने का अवसर नहीं दिया गया ? और क्या सचमुच 'अभी और यहीं' के बिंदु पर सिमटकर लिख सकना संभव है ? अनुभव की बनावटवाली ऊपर की बहस को छोड़ भी दें तो क्या लिखना मात्र अपने आपमें बीते हुए का पुनरावलोकन नहीं है ? चाहे फिर वह क्षण अभी-अभी ही क्यों न बीता हो। अगर यह सच है तो क्या यह बहुत महत्त्वपूर्ण है कि बीती हुई बात एक क्षण पहले की है या दस साल पहले की ? और भी आगे बढ़कर यह भी कहा जा सकता है कि यह दूरी दस-बीस और पचास साल ही क्यों हो, सौ-दो-सौ और हज़ार साल की क्यों न हो ? मैं जानता हूँ, यह एक ख़तरनाक ज़मीन है और अनजाने ही ऐतिहासिक कथा-लेखन के उस दल-दल में धकेल देती है जिसकी अनुपस्थिति को मैं आधुनिक हिंदी कथा-साहित्य की सबसे बड़ी शक्ति मानता रहा हूँ। शायद अपने समय का ही यह दबाव और लगाव है जो हिंदी कथा-साहित्य को, बंगला और मराठी के तथाकथित ऐतिहासिक लेखन की व्यावसायिकता और पलायन से बचाए हुए है।

इस बहस को उठाना फ़िज़ूल है कि समय की निरंतरता में वर्तमान किस सीमा पर जाकर इतिहास बन जाता है ? एक दशक, एक आदमी की ज़िंदगी, बड़ी घटनाएँ या ऐसी ही कुछ बातें जो न एकांतिक हैं और न आत्यंतिक—इस सीमा को तय नहीं कर सकतीं। शायद इसीलिए मैं मानता हूँ कि लेखक के लिए इतिहास कुछ नहीं होता, होता है सिर्फ़ अपना वर्तमान। और इसी वर्तमान के तनाव या दबाव ही हैं जो बीते हुए से चुनने, उन्हें अर्थ देने की प्रेरणा देते हैं। ऐतिहासिक लगनेवाली हर सार्थक कथा-रचना के पीछे के इस वर्तमान को पकड़ा जा सकता है : बंकिम से लेकर वृंदावनलाल वर्मा या कन्हैयालाल मुंशी तक में।

बात फिर वहीं आकर ठहरती है कि बीते हुए क्षण की दूरी महत्त्वपूर्ण नहीं है : महत्त्वपूर्ण है समय की निरंतरता में अनुभव की निरंतरता को तलाश करना...हमारी अधिकांश इतिहास-कथाओं की ट्रैजेडी यह रही है कि उनमें अतीत को दृष्टांत की तरह इस्तेमाल किया गया है, वे वर्तमान को सुधारने के अहंकार से आक्रांत हैं। अतीत हमें अपने वर्तमान का कोई हल नहीं दे सकता, वह तो सिर्फ़ अपने अनुभव के क्षितिज को वृहत्तर करने की दिशा में समानांतर ही दे सकता है। पार लागरविस्ट का 'बाराबास' या हावर्ड फ़ास्ट का 'स्पार्टाकस', या धर्मवीर भारती का 'अंधा-युग' या गिरीश कारनाड का 'तुग़लक'—हमें इतिहास या ऐतिहासिक जानकारी नहीं देते, वे सिर्फ़ हमारे वर्तमान अनुभव को वृहत्तर आयाम और गहनता देते हैं। अतीत को पूजने, उससे मनोरंजन

करने, या उसमें नई खोजें जोड़ने और वहाँ से समाधान खोजने के सारे प्रयत्न उसे फ़ालतू और अप्रासंगिक बनाते रहे हैं। अपने समय और अनुभव को सार्थकता देने के लिए अतीत जो कुछ भी हमें देता है, वही हमारे वर्तमान का हिस्सा है, वही हमारा परिवेश है...

शायद यही कारण है कि मैं अमृतलाल नागर के 'मानस का हंस' को आधुनिक रचना नहीं मान पाता—वह तुलसीदास के प्रति श्रद्धार्पण का औपन्यासिक प्रयास है, और अगर तुलसीदास, हनुमान की मार्फ़त 'विनय-पत्रिका' देकर अपने रोग-शोक का परिहार चाहते हैं तो नागरजी भी अपने समय का इलाज तुलसीदास के भव्य-व्यक्तित्व से ही कराना। कुछ ऊपरी समानताएँ दिखाकर। सुना है, मराठी कथाकार आज भी अपना समाधान शिवाजी के व्यक्तित्व में देख रहा है। लेकिन वह हमारा वर्तमान इसलिए नहीं है कि हमने तो बड़े-बड़े व्यक्तित्वों का खंड-खंड होकर ढहना और धसकना भोगा है; ये क्षण-क्षण अतिरंजनाओं से विराट होते चले जाते व्यक्तित्व, हमारे अनुभव और विश्वास में कहाँ समा पाएँगे ? द्रोणाचार्य की बिकी हुई प्रतिभा का द्वंद्व हमारा अपना हो सकता है, तुलसीदास के राम और काम का संघर्ष सचमुच इतिहास की ही शोभा है। विश्वामित्र की नियति हमारी अपनी ही यातना को एक ऐतिहासिक परिप्रेक्ष्य या विस्तार देती है, हम उस चरित्र में अपने को तलाश नहीं करते—अपने भीतर द्रोणाचार्य और विश्वामित्र को पाते हैं। उनकी मदद से हम अपने से मुक्त होकर अपने आपको पहचानते हैं। अपने आप या अपने वर्तमान को अतीत में खोजना या प्रक्षेपित करना पलायन है, आरोप या अहंकार है : अपने भीतर जीवंत अतीत को पाना हमारा संस्कार—अपने आपको पिता में खोजना और पिता को अपने संस्कारों में पाना दो अलग बातें हैं, दो अलग दृष्टियाँ हैं। मेरे पिता बहुत महान् व्यक्ति हो सकते हैं; लेकिन मेरे लिए उनकी प्रासंगिकता सिर्फ़ उतनी ही है, जितना मैं उन्हें अपने साथ और अपने भीतर पाता हूँ—बाक़ी सब गौरव-वृद्धि है और अंततः मेरे किसी काम का नहीं है। आजकल तो ड्राइंगरूम की दीवारों पर भी आधुनिक चित्रकला चढ़ आई है और विक्टोरियन-युग की भारी सुनहले फ्रेमोंवाली भव्य तस्वीरें पिछवाड़े के किसी कमरे में चली गई हैं।

ये सारे सवाल गिरिराज किशोर का वृहद उपन्यास 'जुगलबंदी' पढ़ते हुए मेरे मन में आते रहे हैं और मुझे लगा कि उस उपन्यास से शिकायत यह नहीं हो सकती कि उसकी कहानी आज की है या नहीं : यह सवाल बचकाना है। शिकायत यह हो सकती है कि उसका दृष्टिकोण आज का क्यों नहीं है ? अंग्रेज़ों की सरपरस्ती में अपना दबदबा और रौब बनाए रखनेवाले ज़मींदार और ताल्लुक़ेदार हो सकता है हमारा तात्कालिक वर्तमान बनाते हों, लेकिन भगवतीचरण वर्मा के 'टेढ़े मेढ़े रास्ते' और गिरिराज किशोर के 'जुगलबंदी' के पूरे रवैये में अंतर क्यों नहीं है ? यानी यह कहानी बीरू बाबू और चतरसिंह के कोण से क्यों नहीं लिखी गई ? शायद इस दृष्टि से आज के भूतनाथ के कोण से लिखी गई कहानी 'साहब, बीबी, गुलाम' ज़्यादा सही होने का आश्वासन देती

है। मैं यह स्वीकार करता हूँ कि गिरिराज किशोर के पास भाषा, संवेदना और गहराई को पकड़ने की क्षमता भगवतीबाबू या विमल मित्र से कई गुना अधिक है, आधुनिक है। मगर निश्चय ही यह अपने बाप की महानता, गौरव और व्यक्तित्व के ठहराव से आतंकित और अभिभूत बेटे के कोण से लिखी गई कहानी है—अपने समय को पीठ देकर उनको निहारनेवाले बेटे के कोण से, अपनी ज़िंदगी जीनेवाले बेटे की नहीं। इसीलिए यह आकस्मिक नहीं है कि बाबू और कुँवर शिवचरण, रईस और ताल्लुकेदार अपनी पूरी ड्रैस में बाइज़्ज़त-बामुलाहिज़ा के बिना कभी स्टेज पर नहीं आते...दूसरे ही नहीं, लेखक खुद बिना बाबू और कुँवर लगाए ज़बान पर उनका नाम लाने की जुर्रत नहीं कर पाता और हर कदम पर भय से थरथराता रहता है : इतना बड़ा और महान व्यक्ति उसकी क़लम पर उतर आया है, कहीं कोई बद-इख़लाक़ी न हो जाए—जैसे उपन्यास में जेलर, कमिश्नर और होम-सेक्रेटरी मार्श तक उनके दर्शन करके कृतार्थ होते हैं। शिवचरण की महानता, रईसी और दबदबे के वर्णनों और 'बाबू' इत्यादि की छंटाई करने पर न सिर्फ़ उपन्यास के काफ़ी पृष्ठ कम किए जा सकते हैं, शायद इस 'शाही-गूदड़' के हटाकर व्यक्ति शिवचरण को भी तलाश किया जा सकता है। मैं यह नहीं कहता कि ये लोग इन सारी स्तुतियों और प्रशस्तियों के लायक़ नहीं थे, या ये उन्हें मिलती नहीं थी—लेकिन हमें यह नहीं भूलना होगा कि हम आज जहाँ खड़े हैं, वहाँ से वे कैसे दिखाई देते हैं ? उन्हें सहानुभूति देने के नाम पर हम कहीं इतिहास को दोषी और अपराधी तो नहीं ठहरा रहे कि वह क्यों उन्हें खा गया ? या जिन लोगों के माध्यम से इतिहास ने उन्हें मिटाया वे ही कौन दूध के धुले थे ? वे भी तो टुच्चे, पंगु और दोग़ले घटिया लोग थे ? यह इतिहास के क्रूर तर्क पर वैसा ही नैतिक-निर्णय देना है जैसे कोई कहे कि मुग़ल-साम्राज्य को जर्जर करनेवाले मराठे कहाँ के देवता थे ? यह ठीक वैसा ही दृष्टिकोण है जैसा 'मौत की सराय' उपन्यास में भिक्खु जैसे लेखकों ने प्रस्तुत किया है और फ्रांस के राजघराने को सहानुभूतिपूर्वक देखने या मानवीय-समझ देने के नाम पर पूरी फ्रेंच-क्रांति की व्यर्थता और नृशंसता ही उजागर की है। 'जिन मूल्यों और आदर्शों के नाम पर क्रांतियाँ होती हैं, क्रांति के दौरान सबसे पहली बलि उन्हीं मूल्यों और आदर्शों की होती है' की बात अपनी जगह सही है; लेकिन हम यह क्यों भूल जाते हैं कि परिवर्तन अपने आपमें एक निरपेक्ष प्रक्रिया और हृदयहीन मूल्य है और वह घोषित या आरोपित आदर्शों या हमारे नैतिक मूल्यों से निर्देशित नहीं होता। हाँ, प्रश्न यह ज़रूर उठाया जा सकता है कि परिवर्तन हो तो अच्छे के लिए ही हो, वर्ना उसकी ज़रूरत ही क्या है ? इसका जवाब समय के ही पास है और उससे ही पूछा जा सकता है कि 'अच्छे और बुरे' की हमारी परिभाषा क्यों उसे स्वीकार नहीं है ?

फिर भी 'जुगलबंदी' को इतनी आसानी से बरख़ास्त नहीं किया जा सकता क्योंकि वह सचमुच गांभीर्य और गरिमा के साथ लिखा गया उपन्यास है। एक दबंग व्यक्ति के तिल-तिल टूटने और आत्महत्या करने तक की यात्रा गिरिराज किशोर ने बेहद ही धैर्य—यानी पाठकों के धैर्य की परीक्षा लेते हुए—आत्मीयता और तकलीफ़ के साथ तय

की है। कुँवर शिवचरण का व्यक्तित्व ही सारे उपन्यास पर हावी है, बाक़ी सब बौने और छोटे लोग हैं। वे एक शाही हाथी के चलने का माहौल पैदा करते हैं, हर जगह ठहरे हुए और अविचल ! टुच्ची या ओछी बात को सिर्फ़ आँख उठाकर देखते हैं और करने या कहनेवाला व्यक्ति सिटपिटा जाता है। कहना चाहिए, अपनी उपस्थिति से वे बाक़ी सबको अनुपस्थित या ग़लत कर देते हैं। हाँ, मुँह से कहने के बावजूद इस वास्तविकता को मन से स्वीकार नहीं कर पाते कि उनकी गरिमा उनकी अपनी नहीं, अंग्रेज़ों की दी हुई है—और अंग्रेज़ उन जैसे वफ़ादार आदमी को मँझधार में छोड़कर जा रहे हैं—घटिया और टुच्चे लोगों के हाथों सौंपकर...

साधारण और भावुकतापूर्ण कहानी में सस्पेंस और नाटकीयता पैदा करने का कौशल बंगला कथाकारों की विशेषता है। उसी भावुकता को बौद्धिक-धरातल पर विश्लेषण करते हुए दर्शनशास्त्र की किसी गुत्थी की तरह सुलझाते चले जाना और उसे अपना कथ्य बनाकर कहानी कहना जर्मन कथाकार का अपना अंदाज़ है। हिंदी कथा-शैली शायद इन दोनों के बीच चलती है। न तो वह वैसी रोमानी और भावुकता पूर्ण होती है और न बहुत दार्शनिक—वह इन दोनों का मिश्रण है। शायद वह अधिक यथार्थवादी भी है। स्वतंत्रता से पहले यानी दूसरे महायुद्ध के दौरान दो दबावों में जीनेवाले लोगों की ऐतिहासिक वास्तविकता को गिरिराज बहुत अच्छी तरह समझते हैं। अंग्रेज़ों ने अपनी लड़ाई को किस तरह राजा-नवाबों के सिर डाल दिया था, किस तरह वार-फंड और मदद के नाम पर अनाप-शनाप धन और रंगरूटों की भरती की गई थी और इतना सबकुछ करने के बदले इनाम और सम्मान की उम्मीद में मुँह खोले इन रईसों और ज़मींदारों को धता बताकर, 'कमीनों' और 'नीचों' के हाथों देश की बागडोर सौंपकर वे किस तरह बोरिया-बिस्तर बाँध गए थे—इस सबको लेखक ने विशद रूप से प्रस्तुत किया है। दोनों तरफ़ से काट दिए गए इन त्रिशंकुओं की यातना निस्संदेह बेहद आकर्षक विषय है और गिरिराज किशोर ने इस जोखिम को उठाया है : काश वे अपने आपको इन लोगों के दबदबे और आतंक से भी मुक्त कर पाते। ठीक इन्हीं लोगों और इसी दुनिया को वे अपने 'लोग' उपन्यास में दिखा चुके थे और कहीं 'जुगलबंदी' ठीक उसी उपन्यास का विस्तार लगता है। एक तरह से 'लोग' सही उपन्यास इस अर्थ में भी था कि वह बीरू और चतरसिंह की पीढ़ी की निगाह से लिखी गई रचना थी। यहाँ स्थिति उलट गई है। हो सकता है, शिवचरण जैसों की पीढ़ी या तो ला-वल्द रह गई हो या उन की संतानें पंगु, नपुंसक और दोग़ली रही हों—लेकिन शिवचरण के बाद की सारी पीढ़ी की सचाई सिर्फ़ इतनी नहीं है। सारे नए लोगों की टाँगें अंग्रेज़ों की वफ़ादारी और लड़ाई ने ही नहीं काटी, न ही सब लोग रातोंरात खद्दर पहनकर दूसरों की टाँगों पर चल रहे थे। कुछ और भी थे जो समय के साथ अपने ही पैरों चलने की कोशिश कर रहे थे : वैसे भी टाँगें बेकार होने के इस रूपक का गिरिराज ने सच्चे अर्थों में कचूमर निकाल डाला है : बूढ़ी माँ से लेकर नवीनतम पीढ़ी की टाँगें बेकार हैं—कम-से-कम छः-सात लोगों की।

शिवचरण की तुलना में बाक़ी लोग कितने मक्क़ार, ओछे, टुच्चे, झूठ और बेकार थे—यह दिखाने की कुंठा गिरिराज को अनेक अवांतर प्रसंगों में ले गई है और उन्होंने इन प्रसंगों को इतना खींचा है कि या तो वे उपन्यास की गठन को खाते हैं या ऊब पैदा करते हैं। भिखारी औरत पर अंग्रेज़ और ऐंग्लोइंडियन सिपाहियों का बलात्कार और उसे देखकर बीरू-बाबू का पंगु होते जाना पूरे उपन्यास को झूठा और आरोपित बनाता जाता है। उपन्यास मुख्यतः शिवचरण को केंद्र बनाकर लिखा गया है—वे उपस्थित हों या अनुपस्थित, मौजूद हर जगह हैं और इस दृष्टि से जेल के सौ पन्ने अलग से जोड़ दिए गए लगते हैं। उनकी संगति सिर्फ़ यही है कि शिवचरण वहाँ अपने अवैध-पुत्र चतरसिंह को देखने जाते हैं—उद्देश्य है यह दिखाना कि जेलों की शोभा बढ़ानेवाले भावी-शासक वास्तव में कितने खोखले और सतही लोग थे। गांधीवाद और समाजवाद की जड़ें कितनी घुन खाई और सड़ी हुई थीं, यह अपने आपमें अलग कथा-विषय हो सकता है; लेकिन इसे शिवचरण की महानता के बरअक्स रखना पूरी औपन्यासिक नीयत में शक पैदा करता है और ध्वनि यही निकलती है कि जेलों में 'सी' और 'बी' क्लास की सुविधाओं पर कुत्ता-झपट्टी करनेवाले बौने और ढोंगी नहीं; शासन शिवचरण जैसी वज़ादारी के ही लोग कर सकते थे। लेकिन हाय, समय और भाग्य उन्हें आत्महत्या के लिए मजबूर कर रहे हैं। यह सारे परिपार्श्व और पर्स्पैक्टिव को समझनेवाले कथाकार का स्वर नहीं, बड़े मालिक के अहसानों से दबे नमकहलाल गंगा की आवाज़ हो सकती है।

यही ऐतिहासिक विसंगति है जिसने खुद शिवचरण के चरित्र में एक अजीब नक़लीपन पैदा कर दिया है। वे अपने अस्तित्व और व्यक्तित्व को लेकर ही इतने ज़्यादा परेशान हैं कि बाक़ी सारे संबंध मशीनी हो उठे हैं और यह बात सबसे ज़्यादा स्पष्ट होती है इसी तरह के दूसरे रईस अमीरसिंह की विधवा बहूजी के संदर्भ में—जिनके साथ शिवचरण के कभी अवैध संबंध थे और परिणाम था—चतरसिंह। भाई और बेटे के लिए ठंडा यह आदमी वहाँ भी बेहद मशीनी है और अक्सर एक ही बात दुहराता है, 'बहूजी, हमने कहीं ग़लत कर दिया है' अपने अस्तित्व की व्यर्थता की भयानक कचोट से मारे हुए शिवचरण के एकांत क्षणों को गिरिराज ने जिस पैनी और अंतर्दर्शी क़लम से लिखा है; उसकी निश्चय ही दाद दी जानी चाहिए। इसे हिंदी-उपन्यास की उपलब्धि कहने में भी मुझे कोई आपत्ति नहीं है। मुझे शिकायत यह भी नहीं है कि क्यों शिवचरण सिर्फ़ अपने ही बारे में सोचता है; क्यों सिर्फ़ अपने बारे में ही डायरी लिखता है या क्यों सिर्फ़ अपने ही भीतर जीता या मरता है। यह उसकी स्थिति की मजबूरी है। लेकिन बहूजी और शिवनाथ सभी अपनी स्थिति की व्याख्या ठीक शिवचरण के मुहावरे में करते हैं : यह ज़रूर आपत्तिजनक है।

मोटे रूप में 'जुगलबंदी' आत्मधिक्कार का उपन्यास है; शिवचरण, शिवनाथ, बीरू, बीरू की बहू, छोटे-मोटे नौकर और यहाँ तक की माँजी और बुआजी तक सभी; 'हम बेकार हैं, हम अपना कर्तव्य नहीं कर पा रहे हैं, हम सभी ग़लत समय में रह रहे हैं' जैसे वाक्यों में बोलते हैं, इसलिए प्रायः सभी लुंज-पुंज और टूटे हुए लोग हैं। मुझे यह देखकर

आश्चर्य नहीं हुआ कि बड़े आकार के सवा चार-सौ पन्नों के उपन्यास में एक भी जवान और स्वस्थ आदमी-औरत नहीं है—चतरसिंह को छोड़कर। यानी जो सक्रिय और कर्मठ हैं वे टुच्चे, स्वार्थी, अवसरवादी और ढोंगी हैं; और इन्हें गिरिराज ने शिवचरण की नज़रों से देखा है, 'मैं सबकी असलियतें जानता हूँ' के भाव से...मगर मैं इस बात से भी इनकार नहीं कर सकता कि जुगलबंदी महत्त्वपूर्ण समय और लोगों के बारे में महत्त्वपूर्ण उपन्यास है। अपने साथियों में गिरिराज ही ऐसा लेखक है जिसने अपने समय और अनुभव-सीमाओं को विस्तार देने की कोशिश की है।

'जुगलबंदी' की चर्चा बिना उसकी भाषा पर बात किए समाप्त नहीं की जा सकती। छोटी-छोटी अनुभूतियों को बिंबों—विज़ुअल्स—और बिंबों को भाषा की सांकेतिकता में व्यक्त करने की शैली शायद अकेले गिरिराज किशोर के पास है। लेकिन मुझे लगता है यह उनका मैनरिज़्म बन गया है; छाया और प्रकाश के हर कोण को जीवंत कैमरे से देखने की कला का गिरिराज ने बेहद खूबसूरत और प्रभावशाली उपयोग किया है—कुछ स्थानों पर स्थितियों के चैलेंज में बच निकलने और कतरा जाने के लिए भी। क़ालीन और झाड़ के हर रोयें-रेशे की उन्हें जानकारी है, कहाँ दबने से वहाँ कैसी छाप छूटती है, यह भी उन्हें पता है कि किसकी उपस्थिति वातावरण को भर और ख़ाली कर देती है—वस्तुओं और अनुभूतियों के आपसी संबंधों की सूक्ष्मता को गिरिराज की तरह पकड़ सकना सबके लिए संभव नहीं है। मगर इधर उनके कमरे कुछ ज़्यादा ही तिकौने-चौकोर होकर छोटे-बड़े होने या ऊपर-नीचे धँसने-उठने लगे हैं। यहाँ कई स्थानों पर वे सार्थक भी लगते हैं; लेकिन 'यात्राएँ' जैसे उपन्यास में तो केवल कथ्य की अनुपस्थिति को छिपाने के काम लाए गए हैं और खीझ पैदा करते हैं। सूक्ष्मता की यह झोंक उन्हें अनावश्यक रूप से दुरूह और क्लिष्ट बनाती चली जा रही है। फिर भी स्वरों और ध्वनियों को 'देखने' की शैली उनकी नितांत निजी है और बाक़ी सबसे अलग करती है। उर्दू और अंग्रेज़ी के ग़लत हिज्जों से उन्हें सावधान रहने की ज़रूरत है, जैसे शब्द 'अद्सरेनों' नहीं अज़सरेनो है, इख़लाख़ नहीं, इख़लाक़ है, या वज़हदारी नहीं, वज़ादारी है और बीरू ने जिसके साथ बलात्कार देखा था वह बैगरविमेन नहीं, बैगरवुमन थी।

यहाँ लगभग उसी काल-खंड पर लिखा गया भीष्म साहनी का उपन्यास 'तमस', 'जुगलबंदी' के एक बहुत बड़े और मूलभूत अंतर्विरोध को सामने लाता है। जुगलबंदी का समय स्वतंत्रता से साल-छः महीने पहले का है और 'तमस' का उसके तत्काल बाद सांप्रदायिक दंगों का : 'तमस' न केवल बीते हुए के प्रति ज़्यादा सही और तटस्थ दृष्टि से लिखी गई रचना है बल्कि उस समय की उथल-पुथल को ज़्यादा गतिशील ढंग से प्रस्तुत करती है। गिरिराज के उपन्यास को देखकर समय जितना ठहरा और रुँधा हुआ लगता है, स्थिति वास्तव में वैसी नहीं थी। चीज़ें और नक़्शे जिस तेज़ी से बदल रहे थे, जिस उठा-पटक से सारा देश गुज़र रहा था उसकी कोई जानकारी 'जुगलबंदी' से नहीं लग सकती। 'तमस' में न स्थितियों को महिमान्वित करने का भाव है, न उनके प्रति कटुता और तिरस्कार का—वह एक अधिक प्रौढ़ क़लम और दृष्टि से उस सारे माहौल,

उसे बनाने और भोगनेवाले कारणों की खोज है; यह 'समय' की कहानी है; युद्ध के मैदान में बैठकर मैग्नीफ़ाइंग-ग्लास लेकर किसी धूल-अटी पोर्टेट के रग-रेशों का अध्ययन नहीं...

मुझे ऐसा लगता है गिरिराज अपने समय के प्रतिनिधि व्यक्ति को नहीं पकड़ पाए हैं और सारा लेखन-कौशल उन्होंने एक ऐसे व्यक्तित्व पर हठपूर्वक ज़ाया किया है जो अपने आपसे ही जोंक की तरह चिपका है। इसी के साथ हताश साँस लेकर लेखक भी जैसे कहना चाहता है : 'ये थे इंटैग्रिटी के लोग'।

–आलोचना

रंगरूट

(बरेन बसु)

सामयिकता और साहित्य का प्रश्न वास्तव में ऐसा प्रश्न है, जिसका नपा-तुला उत्तर देना कठिन है, ख़तरे से खाली भी नहीं है; न उसका कोई निश्चित परिमाण ही बताया जा सकता है कि साहित्य में इतनी 'सामयिकता' होनी चाहिए और इतनी 'शाश्वतता'। क्या साहित्य रोज़मर्रा की घटनाओं का अख़बार बनकर रह जाए जिसकी दूसरे दिन कोई क़ीमत ही न रहे—या मानव जीवन से ऊपर, इतना अधिक शाश्वत, हो कि हवाई बनकर जिए ? किताब, 'पढ़ाकुओं' की आल्मारी में सजी रहे और जब उनकी इच्छा हो, मन उचटे, 'मूड' आए तो वे शराब के पैग की तरह दो-एक अध्याय पढ़ लें और आनंद-विभोर होकर तारीफ़ करते हुए रख दें और युगों तक यही क्रम चलता रहे—साहित्य की सार्थकता इसमें है या एक तूफ़ान की तरह हलचल, बवंडर उठाकर दूसरे दिन समाप्त हो जाए, इसमें ? रूसो और गोर्की की रचनाएँ हमारा आदर्श हों या प्रसाद की 'कामायनी' और टैगोर की 'गीतांजलि' ?

अगर सच ही पूछा जाए तो यह झगड़ा केवल शब्दों का है। जब साहित्य हमारे जीवन का प्रतिबिंब है तो उसमें उठनेवाली हलचलों, परिवर्तनों, सुख-दुःखों से बचकर वह कैसे रह सकता है, और अगर वह जीवन में 'शिवम्' के लिए हथियार बनता है तो 'अमरत्व' तो उसके पास है ही। अमर न भी रहे; एक बहुत प्रसिद्ध आप्त वाक्य हमारे साथ है—'मुहूर्त ज्वलितं श्रेयं, न धूमायतें चिरम्'। यह एक क्षण की ज्वाला बुझ चाहे तत्काल जाए, चमकती सदैव रहती है। इस सत्य को शब्दों की अपेक्षा रचनाओं से देखना अधिक अच्छा है।

बरेन बसु का 'रंगरूट' एक सामयिक घटना पर लिखा गया उपन्यास है—दूसरे महायुद्ध की घटना। लेकिन क्या यह वहीं तक सीमित है ? नहीं, इस समाज-व्यवस्था में जब तक युद्ध है, जब तक फ़ौजें युद्धों का ईंधन हैं, जब तक मनुष्य-मनुष्य नहीं है, तब तक वह उपन्यास सत्य है, सामयिक है। वह पुराना नहीं हो सकता। सामयिकता किसी चीज़ को हलका या गंभीर नहीं बनाती, हलका या गंभीर बनाता है वह दृष्टिकोण, और लेखक की वह दृष्टि जो या तो उस सामाजिक घटना या समस्या को वैज्ञानिक क्रम में देखती है—या भावुकता में। बंगाल का काल और सांप्रदायिक दंगों पर लिखी गई हज़ारों चीज़ें क्यों तभी मर गईं और 'महाकाल' (अमृतलाल नागर) 'कजली' (सो मैनी हंगर्स—भवानी

भट्टाचार्य) या और 'इंसान मर गया' क्यों आज भी हमें आकृष्ट करती हैं ? इसका कारण है सामयिकता को रखने और परखने का दृष्टिकोण।

बंगाल की एक ही सामयिक घटना पर तीन लेखकों के तीन पक्षों से तीन उपन्यास हैं, द्वितीय महायुद्ध और फ़ौजों की आंतरिक स्थिति पर बरेन बसु का 'रंगरूट', द्वितीय महायुद्ध और सामाजिक शहरी ह्रासोन्मुख मध्यवर्ग के जीवन पर ताराशंकर बन्ध्योपाध्याय का 'मन्वन्तर' और युद्ध और गाँवों की समस्या और शहर की स्थिति को लेकर अकाल पर भवानी भट्टाचार्य का 'कजली !' तीनों एक ही काल, एक ही स्थान के जीवन के तीन पहलू देते हैं और जिस तरह देते हैं शायद संसार का कोई इतिहास उस रूप को खड़ा नहीं कर पाता। बंगाली-जीवन और संस्कृति का शायद ही कोई हिस्सा हो जो इनसे बचा हो—क्या इस सबसे भी अलग अमरता कोई चीज़ है ? यह बिलकुल एक अलग बात है कि उपन्यास-कला की दृष्टि से 'मन्वन्तर' अनूठा है, 'कजली' में कोई नई बात नहीं है और 'रंगरूट' का लेखक जैसे अपनी विषयवस्तु के आगे विवश हो गया है।

'रंगरूट' के विस्तृत अध्ययन से यह चीज़ और भी साफ़ हो जाती है।

सबसे पहली बात तो यह है कि 'रंगरूट' एक ऐसे जीवन के विषय में लिखा गया है जो हमारे देश का एक बहुत ही महत्त्वपूर्ण अंग रहा है, लेकिन उस विषय पर लिखने की किसी ने कोई आवश्यकता नहीं समझी थी। सैनिक-जीवन हमारे लिए हमेशा ही एक डर, रहस्य और आतंक का जीवन रहा है। हमारे बड़े-से-बड़े नेता ने उसे कभी भी भीतर से देखने की कोशिश नहीं की। राहुलजी के साथ एक बार का वार्तालाप याद आ रहा है। उन्होंने कहा था—"हमारे—ख़ास तौर से हिंदी के—लेखकों में यह एक 'मेनिया' रहा है कि जहाँ ज़रा भी उन्होंने क़लम पकड़नी सीखी; फ़ौरन ही ह्रासोन्मुख मध्यवर्ग की घिसी-पिटी आदर्शवादी प्रेमकथाएँ बयान करनी शुरू कर दीं। विविधता तो है ही नहीं। कितना लंबा जीवन और देश हमारे सामने पड़ा है इसकी ओर कोई देखता ही नहीं। इतनी अच्छी औपन्यासिक प्रतिभा लेकर इलाचंद्र जोशी आए; काश ! वह अपने देश या पहाड़ी-जीवन पर ही उपन्यास लिखते तो हिंदी उपन्यासों को नई देन होती—लेकिन उन्होंने भी वही रोना रोया। कथा-साहित्य में हम अपने देश की संस्कृति को तभी प्रतिफलित कर सकेंगे जब हमारा हर लेखक देश के उस भाग की सभ्यता, संस्कृति को सही दृष्टिकोण से सामने लाएगा जिसके वह अत्यंत निकट संपर्क में रहता है।'

सभ्यता और संस्कृति को सही दृष्टिकोण से सामने लाना आसान नहीं है। जहाँ तक इस कार्य को प्रारंभ करने का सवाल है वहीं तक बात ठीक है; वर्ना इस कार्य में हमारे आज के बड़े-से-बड़े लेखक भी डगमगा गए हैं। शरत् को हम छोड़ देते हैं, महान् प्रतिभाशाली होते हुए भी वे एक स्वप्नमयी उच्छृंखलता और व्यक्तिवादी क्रांति के भावुक, रोमांटिक कलाकार थे। केवल उनकी रचनाएँ पढ़कर यदि हम सोचें कि बंगाल में प्रेम साकार हो गया है, सौंदर्य बिखरा पड़ा है, वहाँ की रमणियाँ अपने प्रेमियों की देख-भाल किसी भी घर की समझदार बड़ी-बूढ़ी से कम नहीं करतीं—सच पूछा जाए तो केवल चौके में बैठकर अपने प्रेमियों से खाना बनाते हुए प्रेमालाप करने के अतिरिक्त

उन्हें कोई काम ही नहीं है–तो क्या हम ऐसा सोचने में ग़लती नहीं करते ? सबसे अधिक प्रगतिशील लेखक कृष्णचंद्र यदि अपने साहित्य के द्वारा काश्मीर को ऐंद्रजालिक मोहिनी से भर दें तो क्या उसे सही दृष्टिकोण कहा जाएगा ? उनका सारा साहित्य पढ़कर ऐसा लगता है जैसे काश्मीर किसी स्वर्ग का नाम है; जहाँ प्राकृतिक सौंदर्य तो है ही, उससे तो इनकार ही कैसे किया जा सकता है, हर चश्मे के किनारे पूरे चाँद की रात में कोई सुंदरी युवती अपने प्रेमी की राह देख रही है। हर व्यक्ति कम-से-कम प्रेम करने के लिए तो स्वतंत्र है ही, और वहाँ परदेसियों से मुहब्बत करने के लिए हर लड़की क्वाँरी बैठी है। शरत् और कृष्णचंद्र के रोमानी दृष्टिकोण में कोई अंतर नहीं है–अंतर है अपने-अपने प्रांतों की रुचि, स्वभाव और सामर्थ्य का; एक ने घर की चहारदीवारी को चुना; दूसरे ने खुले मैदान, फैले खेत, गाते झरने और दौड़ते दरिया।

बंगाली जीवन और इस दृष्टि से 'रंगरूट' भारतीय साहित्य को एक महत्त्वपूर्ण देन है। हम 'रंगरूट' के ज़रिए मिलिट्री की भरती, गठन, कमज़ोरियों, विवशताओं और उन विशेषताओं से परिचित होते हैं जो इस उपन्यास की रोचकता का अपने आपमें एक स्वतंत्र कारण है। इसके साथ ही वह उस समय के फ़ौजी जीवन का गतिमान चित्र है। फ़ौज अपनी सारी विशेषताओं और वरदानों के साथ हमारे सामने आती है–अर्थात् द्वितीय महायुद्ध के वे दिन जब युद्ध अपने चरम पर था। ऐसी गतिमान स्थिति में हर आवश्यक चीज़ को एक सधे दृष्टिकोण से सामने लाते जाना बहुत ही कुशल कैमरामैन का काम था।

'रंगरूट' के फ़ौजी जीवन को दिखाने का माध्यम लेखक ने 'अमल' को रखा है जो नौकरी न मिलने पर घर की परिस्थितियों से ऊबकर फ़ौज में भर्ती हो जाता है। वह बी.ए. पास है। इसलिए हर चीज़ को नए दृष्टिकोण से देखता है। बड़ी आसानी से 'अमल' के क़िस्से अर्थात् उपन्यास के कथानक को चार भागों में बाँटा जा सकता है :

एक : जब बी.ए. पास करके अमल इधर-उधर भटकता है और नौकरी न मिलने पर फ़ौज में भर्ती हो जाता है।

दो : जब वह फ़ौज के जीवन के निकट संपर्क में आता है और हर नई चीज़ उसके आत्म-सम्मान को ठेस पहुँचाती है, हर फ़ौजी व्यवहार को वह आश्चर्य, क्षोभ से देखता है। सिविलियन जीवन के संस्कार उसमें हैं और हर क्षण वे उसके वर्तमान जीवन की तुलना में आते हैं।

तीन : जब मिलिट्री जीवन के चर्खे में वह अपने आपको पूरी तरह ढाल लेता है। इस स्थान पर लेखक ने जैसे अमल के जीवन को छोड़कर मिलिट्री जीवन और सिविलियन जीवन के अंतर, साधारण सिपाही और अफ़सरों के अंतर दिखाए हैं।

चार : जब लड़ाई निकट आती जाती है, सिपाही लड़ाई की मुहिम की ओर चले जाते हैं, लेकिन इस ज़िंदगी से वे इस बुरी तरह ऊब गए हैं कि उनमें आपस में विरोध जागता है, जो चीज़ धीरे-धीरे घुटती जाती है, वह फूटने लगी है–वे हर अनुचित बात का विरोध करने लगे हैं। उनमें अपने अधिकारों की रक्षा के संघर्ष की भावना जाग रही

है। एक ही विवशता में रहते हुए वे अनजान रूप से एक-दूसरे के निकट आ गए हैं और अत्याचार के ख़िलाफ़ बग़ावत कर देते हैं।

इस उपन्यास की सबसे बड़ी विशेषता यह है कि यद्यपि लेखक ने अमल को कथा का आधार बनाया है, लेकिन कहीं भी कहानी व्यक्ति 'अमल' तक सीमित नहीं रह गई है। कुछ अंशों में उपन्यास की मुख्य कमज़ोरी भी यही है कि फ़ौजी जीवन में आने से पहले तो लेखक दिखाता है कि अमल की कुछ व्यक्तिगत भावनाएँ—आकांक्षाएँ थीं; लेकिन जैसे ही वह फ़ौज में आया—यह सब कुछ समाप्त हो गया है। बाद में 'अमल' कभी नहीं आता—आता है एक सिपाही जो अपने जैसे काठ के हज़ारों सिपाहियों से ज़रा भी अलग नहीं है। लेखक की कला की यह सबसे बड़ी विशेषता है कि उसने अपने पात्र को कहीं भी विशेष या असाधारण नहीं बनने दिया; वह हर जगह सामान्य है; साधारण है। इसलिए सच्चे अर्थों में फ़ौज के हज़ारों-लाखों आदमियों का प्रतिनिधि है—एक शब्द में 'टाइप' चरित्रों का सर्वश्रेष्ठ उदाहरण है। लेखक ने भरसक प्रयत्न किया है कि अमल को इतना अधिक महत्त्व न मिल जाए कि पाठक उसके आस-पास के वातावरण, संगी-साथियों को भुला दे—या उसे नदी में द्वीप बना दे। इस तरह बड़ी सफलता से बरेन बसु ने पूरी फ़ौज को फ़ोकस में रखा है—और कोशिश की है कि फ़ौज की सारी विशेषताएँ सामने आएँ : साधारण सिपाही कैसे खाते हैं, रहते हैं, मनोरंजन करते हैं, उनकी बातों का विषय, यहाँ तक कि मुहावरे और भाषा तक क्या होते हैं; वे किस तरह ऊँच-नीच में बँटे होते हैं, कैसे उनमें आपस में भेद डाला जाता है, ज़रा-ज़रा-सी बात पर उनके साथ कैसा दुर्व्यवहार किया जाता है, एकांत के क्षणों में वे क्या सोचते हैं; कैसे घर और पुराना जीवन उनके सपनों में आता है; जब वे साधारण क़स्बों में जाते हैं तो क्या व्यवहार करते हैं या किया जाता है। साथ ही अफ़सर और सिपाहियों का भेद, अंग्रेज़ और अमेरिकनों का भेद; फिर मिलिट्री में चलनेवाले व्यभिचार, दुराचार और भ्रष्टाचार। मतलब; मिलिट्री जीवन का शायद ही कोई ऐसा पहलू हो जिस पर लेखक की दृष्टि न गई हो—महीन-से-महीन, छोटी-से-छोटी बात को उसने पकड़ा है।

जब इतनी गहरी दृष्टि से लेखक ने यह सब देखा समझा है; सारे अंतर्विरोधों को पहचाना है; तभी वह एक सही रूप में उमस और घुटन से फूटती दिशा की ओर इंगित कर सका है। इसमें सबसे बड़ी सफलता यह है कि इसके लिए उसे पूरे उपन्यास में कहीं भी लेक्चरबाज़ी नहीं करनी पड़ी; कहीं भी दो-दो चार-चार पृष्ठों में उसने क्रांति का अर्थ, समाज की स्थिति और गति, संसार की राजनीति पर बहस नहीं की। जो कुछ जैसा आया है बड़ा स्वाभाविक और क़ाबिले मक़बूल होकर आया है। उपन्यास को ज़बर्दस्ती 'क्रांतिकारी' बनाने के फेर में घटनाओं को तोड़ा-मरोड़ा नहीं गया। इसका बहुत बड़ा कारण लेखक का निजी अनुभव है; वर्ना शायद कोई दर्शक-लेखक इस सबकी कल्पना भी नहीं कर सकता था। वे लोग बुरे हैं, दुराचारी हैं, औरत और शराब को किसी भी

क़ीमत पर वे प्राप्त करना चाहते हैं; आपस में उनमें बड़ा भेद है ! वे लोग कायर हैं; अफ़सरों के सामने लाख क्रुद्ध और क्षुब्ध होते हुए भी वे लोग एक शब्द भी नहीं बोल सकते, भेड़ की तरह चुप रहते हैं, काठ के पुतलों की तरह आज्ञा पालन करते हैं, मिलिट्री के अनुशासन ने उन्हें पीस डाला है, उसके ख़िलाफ़ वे ज़बान नहीं हिला सकते; वे लोग बहुत डरपोक हैं, देश की सामाजिक, राजनैतिक स्थिति से उन्हें कोई मतलब नहीं है, उनमें से हर आदमी किसी भी तरह की पहल-क़दमी करने से डरता है; लेकिन फिर भी वे कौन-सी सामान्य स्थितियाँ हैं जहाँ वे सब अपने-आपको एक अनुभव करते हैं, जहाँ उन सबकी मानवीय भावनाएँ एक ही वेग और आवेग से उठती हैं--जहाँ वे हर विरोध और संघर्ष में एक हैं--बस इसकी पहचान ही लेखक की वह सबसे बड़ी विशेषता है जो उपन्यास को सही क्रांतिकारी उपन्यास बना देती है और उस साहित्य के साथ उसे रखती है जो नई ज़िंदगी के लिए लड़ रहा है।

यों तो इस सामान्य भूमि के उदाहरण क़दम-क़दम पर मिलते हैं। दो स्थान तो वास्तव में याद रखने लायक हैं। अमल जब क़ैद स्वीकार कर लेता है और बाहर उसको छुड़ाने आए हुए साथियों से कहता है : "इसके अलावा कोई दूसरा रास्ता भी नहीं था, सादिक।" सादिक नाराज़ होकर कहता है : "रास्ता नहीं था इसका क्या मतलब ? हमारे ऊपर आपने क्यों नहीं भरोसा किया ? क्या हम कुछ भी नहीं कर सकते थे ?" और उसे देखकर अमल ने अपनी आँखें नीची कर लीं। दूसरा स्थल वह जहाँ है सुनील, जो रहमान के ऊपर अत्याचार होने की ख़बर पाकर सब सिपाहियों को उसका विरोध करते हुए देखकर कहता है : "क्या ज़रूरत है खगेन, इन सब झमेलों में फँसने की ? घर लौटने के दिन तो नज़दीक हैं, अब ये चंद दिन क्या मुँह बंद करके काट देना ही अच्छा नहीं होगा ?" वही सुनील रहमान को गोल-पोस्ट पर लटकाए जाते देखकर कहता है : "नहीं, बैठे-बैठे यह सब देखा नहीं जाता।"

इन संपूर्ण परिस्थितियों और वातावरण के अलावा लेखक ने पूरी फ़ौज को समय के साथ भी रखा है, युद्ध के नक़्शे किस तरह तेज़ी से बदल रहे थे, हर घटना को सिपाहियों के सामने किस तरह रखा जाता था, उसका उन पर क्या प्रभाव पड़ता था, अमेरिका किस तरह अंग्रेज़ी फ़ौज में हावी हो रहा था, फ़ौजी ज़िंदगी के साथ-साथ हर जगह की सामाजिक और नागरिक ज़िंदगी कैसे पारस्परिक रूप में प्रभावित हो रही थी, फ़ौज के बारे में साधारण आदमियों के विचार क्या थे--ये सब बातें हैं जिन्होंने उपन्यास को नया रूप दिया है। जब पाठक उपन्यास समाप्त करके चुकता है तो ऐसा लगता है जैसे कम-से-कम वह दो साल फ़ौज की कठिन ज़िंदगी बिताकर आया है।

लेकिन साथ ही एक कमी भी मुझे दिखाई दी : जहाँ सन् बयालीस के आंदोलन के प्रति लेखक की पूरी सहानुभूति है, वहीं एक बहुत बड़ी घटना को उसने नज़रअंदाज़ कर दिया है। यह एक प्रचारित, सर्वमान्य सत्य साधारण जनता में मान लिया गया है कि जिन दिनों और जिन स्थानों का श्री बरेन बसु ने चित्रण किया है, उन्हीं जगहों पर जापानियों के साथ हिंदुस्तानी फ़ौज सुभाष बोस अधिनायकत्व में लड़ रही थी, जगह-जगह

अंग्रेज़ों की तरफ़ से लड़नेवाली फ़ौजों ने भी उनका साथ दिया था—वह उनमें जाकर मिल गई थीं। इस उपन्यास में इस सबका कोई ज़िक्र भी नहीं है; यही नहीं जापानियों को फ़ासिस्ट-प्रतीक बनाकर एक-आध जगह तो परोक्ष रूप से अंग्रेज़ों के युद्ध का समर्थन भी किया गया है—क्या यह एक ऐसी बात नहीं है जो लेखक को अंतर्राष्ट्रीयता के पक्ष में राष्ट्रीयता के प्रति संदिग्ध बना देती है ?

ऐसा अनजाने हुआ है, यह बात गले के नीचे नहीं उतरती, क्योंकि पाठक हर क्षण महसूस करता है कि लेखक बड़ा ही सचेत है, सैकड़ों बिछी रेल की पटरियों में इधर-उधर न भूलकर वह सधी गति से अपनी लाइन पर निर्द्वंद्व बढ़ा चला जा रहा है—अपना लक्ष्य, अपनी स्थिति, अपना सामर्थ्य, साधन और गति सबको वह खूब अच्छी तरह जानता है। जो लेखक कम-से-कम पंक्तियों में पूरा युद्ध, भारतीय सिपाहियों की स्थिति ऐसे शक्तिशाली रूप में रख सकता है उसके लिए क्या कठिन है ?

'सिपाही पहाड़ियों पर चढ़ रहे हैं, रास्ते में युद्ध के और टूटे-फूटे सामानों के अलावा उनकी निगाह एक आदमी के हड्डियों के ढाँचे पर पड़ती है—

सुनील ने कहा : 'बताओ तो यह कंकाल, जापानी का है या अंग्रेज़ का ?'

कुछ सिपाही वहाँ पर झुककर लंबाई-चौड़ाई नापने लगे—एक ने गंभीर होकर कहा : 'मालूम पड़ता है किसी अंग्रेज़ का है।'

दूसरे ने कहा : 'अंग्रेज़ का होता तो क्या यहाँ ऐसे ही पड़ा रहता ? ज़रूर किसी जापानी का है।' (मतलब अंग्रेज़ का होता तो सुंदर क़ब्र बनी होती, फूल-पौधे खिले होते, क़ब्र पर कुछ आकर्षक वाक्य खुदे होते—वीरता का बख़ान होता)

रबीन ने कहा : 'जापानी का होता तो कलकत्ते में ले जाकर कर्ज़न पार्क में दिखाया जाता (अंग्रेज़ फ़ौज की वीरता की घोषणा के लिए) यह ज़रूर हमारी तरह किसी कंगाल का है।'

जो हो उपन्यास, साधारण पाठकों या हज़ारों की संख्या में फ़ौज में पिसनेवालों को एक नई चेतना देगा, उन्हें नई कथा, नई भूमि, नया वातावरण, नये पात्र देगा जो उनके इतने पास थे फिर भी वे उन्हें देख नहीं पाए थे; साथ ही हिंदी के उन लेखकों को एक नई दिशा देगा जो घिसी-पिटी कथाओं को ही लेकर चलते हैं; समाज और देश के प्रति जिनका कोई कर्त्तव्य नहीं है।

भाषा कहीं-कहीं बंगाल का मोह नहीं छोड़ पाई है, लेकिन कुछ अच्छे मुहावरे हैं जो हिंदी की शक्ति ही बढ़ाएँगे; जैसे—माँ से मौसी का दर्द अधिक है—मुद्दई सुस्त गवाह चुस्त दिखाई दे रहे हैं—गाय मारकर जूता दान करना।

—**अजन्ता**, अक्तूबर, '53

लोलिता

(नाबोकोव)

खगोल-मंडल में फेंके गए स्पूलिकों ने विज्ञान को क्या दिशा दी है, ये तो वे ही जानें; लेकिन उपन्यास के आकाश में दो रूसियों द्वारा फेंके गए स्पूत्लिकों ने संसार को जिस तरह झकझोर डाला है, उतने दुर्दान्त रूप से तहलका शायद ही किन्हीं दो उपन्यासों ने मचाया हो। 'डा. ज़िवागो' के लेखक बौरिस पास्तरनाक की तरह 'लोलिता' (लगता है जैसे 'ललिता' का बंगाली उच्चारण हो) के ब्लादीमीर नाबोकोव, सोवियत रूस में चाहे न रहते हों; लेकिन अपने जन्म, शिक्षा-दीक्षा और लेखन, सभी में वे रूसी हैं। अपना यह आठवाँ उपन्यास उन्होंने अंग्रेज़ी में लिखा है, और हो सकता है उनकी अपनी बात भी सही हो कि 'मेरे किसी भी अमेरिकन मित्र ने मेरी रूसी किताबें नहीं पढ़ीं, इसीलिए अंग्रेजी की किताबों के आधार पर की गई मेरी हर तारीफ़ ग़लत, सतही और लक्ष्य-भ्रष्ट है।'

सच बात तो यह है कि 'डा. ज़िवागो' और 'लोलिता' दोनों उपन्यासों ने साहित्य के दो मूल-भूत प्रश्नों को इतने धमाके के साथ रखा है कि अभी तक हम उन प्रश्नों के वास्तविक स्वरूप को समझ ही नहीं पा रहे। 'दुनिया की सबसे अधिक विवादग्रस्त पुस्तकें' और 'संसार की सबसे ज़्यादा बिकनेवाली किताबें' के घटाटोप ने अभी हमें न तो उनका कलात्मक मूल्यांकन करने का अवसर दिया है, न उनके द्वारा उठाये गए प्रश्नों के सही रूप देखने का संतुलन। फिर भी दोनों उपन्यासों में कुछ विस्फोटक अवश्य होगा—तभी तो एक अभी तक अपनी मौलिक भाषा में ही नहीं छप पाया है, और दूसरे को एकाधिक देशों के कस्टम-विभाग में महीनों लंगर डाले राह देखनी पड़ी है। पिछले साल से दोनों ही 'बेस्ट-सेलर' हैं। लेकिन एक शब्द में कहूँ तो 'डॉ. ज़िवागो' के पीछे वर्तमान शीतयुद्ध के प्रमुख हथियार 'नोवेल-पुरस्कार' का स्टेट, यानी राजनीति और 'लोलिता' पर अश्लीलता का आरोप इस सारी सनसनी के आधार हैं। 'ज़िवागो' की कवित्त्वपूर्ण, चित्रात्मक, सूक्ष्म और लचीली ज़बान और आदि से अंत तक छाई प्रतीकात्मकता, किसी भी राजनैतिक-दर्शन का बोझ सँभालने में तो एकदम असमर्थ है ही, डॉ. यूरी ज़िवागो जैसे अराजकता प्रेमी, पलायनवादी मनोवृत्ति के कुंठित व्यक्ति के माध्यम से 'राजनीति' को समझना भी ज़्यादती ही है। हाँ, उपन्यास के प्रतीकों के अर्थ बताते हुए जो दूर की कौड़ियों लाई गई हैं—वे ज़रूर देखने लायक हैं। दूसरी ओर 'लोलिता' की

'अकृष्ट-पच्य' घुमावदार, ऊबड़-खाबड़, और लंबे-लंबे हाँफते वाक्योंवाली निहायत अस्वाभाविक भाषा, खुद नाबोकोव के अनुसार 'हलके और अश्लील उपन्यासों के पाठकों के लिए ख़ासा सिरदर्द है।' यहाँ नाबोकोव का यह कथन भी उसकी मदद नहीं करता कि "मुझे अपने स्वाभाविक मुहावरे और बेहद सहज-सरल, समृद्ध और उन्मुक्त रूसी भाषा की जगह निहायत फटीचर ज़बान, यानी अंग्रेज़ी का प्रयोग करना पड़ा है..."

'राजनीति' और 'अश्लीलता' उपन्यास के या कहें, साहित्य के दो पुराने 'हौवे' हैं। अर्थात् हर यथार्थजीवी साहित्यकार को 'युगधर्म' और 'नैतिकता' के प्रश्नों से जूझना पड़ा है और जिस कथाकार ने अपने मानसिक संघर्ष को जितने ही तीखे प्रश्नों का रूप दिया है उसे उतने ही प्रखर कोप का शिकार भी होना पड़ा है। 'डा. ज़िवागो' और उससे भी अधिक उसके लेखक को अवांतर विवाद का केंद्र बनाकर बहुत कुछ लिखा गया है—और 'ठंडे-युद्ध' की यह ट्रम्प-चाल अभी काफ़ी दिनों ठंडी होने को नहीं है। मैं यहाँ सिर्फ़ 'लोलिता' की बात करूँगा।

यह इसलिए कि पास्तरनाक के दावे उतने बड़े और ऊँचे नहीं हैं, जितने नाबोकोव के। युग के प्रश्नों का सीधा सामना करनेवाले लेखकों से उसे घृणा है और वह संयोग से 'उन लेखकों में है जो किताब लिखना शुरू कर देने पर उसे जैसे-तैसे ख़त्म करके पीछा छुड़ा लेने' के सिवा अपने सामने कोई 'उद्देश्य' नहीं रखते। 'मैं उद्देश्य-प्रधान साहित्य का न तो पाठक हूँ न लेखक—मैं किसी भी रचना को उसी हद तक कथा-साहित्य की कृति मानता हूँ जहाँ तक कि वह मुझे, बेलाग होकर कहूँ तो, रागात्मक आनंद दे पाए...इस तरह की कृतियाँ बहुत नहीं हैं। बाक़ी या तो चलतू और सामाजिक बाज़ारू कचरा हैं या वह जिसे 'भावुकता का साहित्य' कहते हैं।' और नाबोकोव के ख़याल से 'चलतू-कचरा' एक युग के बाद दूसरे युग को सावधानी से उस समय तक सौंपा जाता रहेगा जब तक 'कोई कुल्हाड़ा लेकर इन बालज़ाक, गोर्की और मॉन की अच्छी तरह ख़बर नहीं लेता। काश, शॉ जैसे ये फ़तवे नाबोकोव की मदद कर पाते।'

मैं यह सब इसलिए नहीं कह रहा कि 'लोलिता' मुझे 'अश्लील' और 'नग्न साहित्य' की कृति लगता है, बल्कि इसे पढ़कर तो आश्चर्य ही होता है कि वह क्या चीज़ थी जिसके कारण अनेक देशों में इसका प्रवेश वर्जित रहा—'पाइटन प्लेस'* के देश में भी; और न ही मुझे उसकी कलात्मक उपलब्धियों से इनकार है। स्थितियों और मनस्थितियों का जैसा सूक्ष्म चित्रण लेखक ने किया है उसे देखकर तो जगह-जगह दंग रह जाना पड़ता है। लेकिन सब मिलाकर 'लोलिता' उपन्यास कम और सुरुचि-घातक मनोवैज्ञानिक-केस अधिक है, जो (भूमिका लेखक और उपन्यास के एक पात्र) जॉन रे; पी-एच.डी. के अनुसार, 'मनोविश्लेषण शास्त्र की दुनिया में निस्संदेह अमर हो जाएगा।'

उपन्यास पर बात करने के लिए संक्षेप में उसकी कथा जान लेने की परंपरा का

---

* ग्रेस मैटेलियस का अमेरिकन बैस्ट-सैलर।

पालन आवश्यक है। कहानी हम्बर-हम्बर नाम के चालीसवर्षीय व्यक्ति की मृत्यु-दंड से पहले, आत्म-स्वीकृति के रूप में है। बचपन में अन्नाबेल नाम की लड़की के साथ का अधूरा, अतृप्त शरीर-धर्मी प्रेम उसके मस्तिष्क में ज़िंदगी भर इस तरह छाया रहा कि चालीस वर्ष की उम्र में 'परीज़ादों' (निम्फ़ेट) के पीछे पागल रहा। इस 'परीज़ाद-प्रेम' को उसने सिद्धांत का रूप दिया। उसके अनुसार 'नौ से चौदह साल की लड़की' (शास्त्रों के अनुसार 'गौरी कन्या') ही 'परीज़ाद' होती है। लेकिन इस उम्र की हर किशोरी 'परीज़ाद' नहीं होती। इस उम्र की किशोरियों में परीज़ाद को पहचानने के लिए 'आँख' चाहिए, यानी ज़रूरी है कि आप, कलाकार हों, विक्षिप्त हों, बेहद ग़मग़ीन क़िस्म के प्राणी हों, और आपकी बोटियों में उबलता ज़हर उफन रहा हो और प्रचंड-वासना की अबुझ लपट आपकी सुषम्ना में निरंतर जलती-जगमगाती रहती हो...निश्चय ही हम्बर-हम्बर में ये सारे गुण थे। वैलेरिया से उसने इसीलिए शादी की कि पच्चीस साल से ऊपर होने पर भी वह 'छोटी-सी लड़की का भ्रम देती थी।' मगर शीघ्र ही उसे एक टैक्सीवाला रूसी भगा ले गया, और उससे लड़-मरने के स्थान पर 'मि. टैक्सोविच' को याद कर करके हम्बर-हम्बर साहब आनंद लेते रहे। 'परीज़ाद' की खोज जारी रही। दो-एक बार पागलख़ाने भी जाना पड़ा और अंत में वह 'परीज़ाद' मिली चार्लोट हेज़ की बारहवर्षीय कन्या 'लोलिता हेज़' के रूप में। लोलिता ने, 'लेखक' यानी प्रमुख-पात्र की निहायत निजी चिरंतन-वासना को बुरी तरह भड़का दिया, प्राप्ति की तिकड़में शुरू हुईं और इसके लिए हम्बर-हम्बर ने चार्लोट हेज़, यानी माँ के प्रेम को तुरंत स्वीकार कर लिया, और विवाह के बाद वह पुत्री हेज़ या 'लोलिता' का अभिभावक और 'बाप' बन गया। उसने रास्ते का काँटा साफ़ करने के लिए चार्लोट को डुबाने का भी असफल प्रयत्न किया, लेकिन फिर उसके सौभाग्य से एक दिन चार्लोट ने उसकी दराज़ में बंद, हम्बर-हम्बर की वह डायरी पढ़ ली जिसमें 'बेटी' के बारे में 'बाप' के सारे उद्‌गार लिखे थे। इससे वह इतनी अव्यवस्थित हो गई कि सड़क पार करते हुए मोटर से टकराकर मर गई। अब 'परीज़ाद' नायक की थी।

उसे स्कूल से निकालकर अपनी वासना-पूर्ति के लिए वह किस तरह होटल-होटल घुमाता और कार पर सारे अमेरिका के चक्कर लगाता रहा, यह एक लंबी और रूखी कहानी है। वासनांध व्यक्ति के इस विस्तारपूर्वक चित्रण में दो चीज़ें बहुत ही कलात्मक बन पड़ी हैं। एक, उन्मत्त सावधानी से नायक किस तरह 'लोलिता' को दुनिया की निगाहों से बचाकर रखता है और हर समय उसकी चौकसी करता है; दूसरी, किसी और से बोलते या अपनी और ध्यान न देते देखकर कैसी विकट ईर्ष्या उसके मन को भूनने लगती है। यह परियों की कहानी के राक्षस की तरह उसे क़ैद किए है। लेकिन बीमार होकर एक दिन लोलिता ग़ायब हो जाती है। हम्बर-हम्बर पागल-सा होकर रोता और कविताएँ करता है। फिर रीता से शादी कर डालता है।

एक दिन उसे 'डैडी' के नाम लिखा गया 'लोलिता' का पत्र मिला। उसने डिक से शादी कर ली थी और अब एक बच्चे की माँ होनेवाली थी। उसे रुपयों की आवश्यकता

थी। वह चाहती थी कि उसकी चीज़ों को बेचकर रुपए उसे भेज दिए जाएँ। गैराज़ से फिर कन्वर्टिबिल गाड़ी निकली और पता खोजता-खोजता हम्बर-हम्बर उसके घर जा-पहुँचा। उसने लोलिता के बहुत हाथ-पाँव जोड़े कि इस टोंटे डिक का साथ छोड़कर उसके साथ चली चले—वह उसे पलकों पर रखेगा। लेकिन लोलिता ने साफ़ इनकार कर दिया। यहाँ लोलिता के मुँह से उसने उसके ग़ायब होने का रहस्य जाना। हम्बर-हम्बर के 'समान-धर्मा' नाटककार 'क्लू', क्लेयर क्विंटी ने लोलिता को आश्वासन दिया था कि वह उसे हॉलीवुड में अभिनेत्री बना देगा, लेकिन उससे काम कराना चाहा 'ब्लू-फ़िल्म' में। इनकार करने पर उसे धक्के देकर निकाल दिया। कई जगह टक्करें खाकर लोलिता ने डिक से शादी कर ली। असफल प्रार्थनाओं और अनुरोधों के बाद लोलिता को काफ़ी बड़ी रक़म देकर हम्बर-हम्बर वहाँ से चला आया। सबसे पहले उसने 'क्लू' की हत्या की और फिर पागलों की तरह जो सामने आया उसे कुचल डाला।

स्पष्ट ही यह सारी कहानी एक ऐसे पैशाचिक कामांध की मनोवैज्ञानिक-विकृति के आधार पर बुनी गई है जिसने एक अबोध बालिका के सारे जीवन को तोड़ दिया (उसके ही शब्दों में—'क्विंटी ने सिर्फ़ मेरा दिल तोड़ा, तुमने तो मेरे सारे जीवन का सत्यानाश कर डाला') और जो लोलिता का बाप होने लायक़ ही नहीं, 'बाप' ही था। फिर भी दो-एक स्थलों को छोड़कर उपन्यास में ऐसे स्थल प्रायः नहीं ही हैं, जिन्हें 'अश्लील' या 'नग्न' कहा जा सके—यों उस बालिका पर पहले बलात्कार से लेकर बाद के उन्मत्त संभोगों तक सभी का ज़िक्र है। और शायद अपने इसी लेखन-संयम पर नाबोकोव का सगर्व-आग्रह है कि उसे नग्न या अश्लील साहित्य में न रक्खा जाए। 'अश्लीलता पिटी-पिटाई लीक पकड़ने को मज़बूर है, क्योंकि वहाँ तो कैसे भी रागात्मक आनंद के स्थान पर उलटे-सीधे, अत्यंत सामान्य यौन-उद्दीपन रखने पड़ते हैं, और इन यौन-उद्दीपनों का 'मरीज़' पर सीधा असर पड़े, इसके लिए घिसे-पिटे परंपराबद्ध शब्दों के सहारे की आवश्यकता पड़ती है...ऐसे उपन्यासों में एक के बाद एक उत्तेजक यौन-दृश्य आते ही रहने चाहिए..."

नाबोकोव की अश्लीलता की यह परिभाषा, लगभग छब्बीस साल पहले डिस्ट्रिक्ट जज जॉन वूल्सी द्वारा 'यूलिसीज़' पर दिए गए फ़ैसले की याद दिलाती है। उनका कहना है कि 'अदालत की क़ानूनी परिभाषा के अनुसार 'अश्लीलता' का अर्थ होता है—यौन-भावनाओं को आंदोलित कर सकनेवाली या कामुक, अपवित्र और वासना-पूर्ण विचारों को बढ़ावा देनेवाली' कृति। चूँकि इस प्रकार की कसौटी पर कसने के लिए पुस्तक को आदि से अंत तक पढ़ना आवश्यक है, इसलिए संपूर्ण यूलिसीज़ को पढ़ चुकने पर अपने दोस्तों के साथ-साथ जज वूल्सी ने भी पाया कि 'पुस्तक यौन भावनाओं या वासनापूर्ण विचारों को नहीं भड़काती...'

यह सही है कि उपर्युक्त दोनों परिभाषाओं के अनुसार 'लोलिता' को न तो 'नग्न-साहित्य' में रखा जा सकता है, न 'अश्लील' ही कहा जा सकता है, लेकिन संपूर्ण उपन्यास की थीम निश्चित रूप से निहायत विकृत, अस्वस्थ, लिजलिजी और आपत्तिजनक

है। और यह भी सही है कि इस सारी कहानी को लेखक ने एक अजब तटस्थ, व्यंगात्मक शैली में लिखा है। मानो खुद उस विकृति का मज़ाक बना रहा हो (नायक के नाम हम्बर-हम्बर पर ध्यान दीजिए) लेकिन फिर भी स्थिति का बचाव नहीं होता। नायक के ये तर्क भी हमारी मदद नहीं करते कि 'मैंने अपने को उस सभ्यता में पलते और पकते हुए पाया जो बीस साल के पुरुष को सोलह साल की लड़की से तो प्रेम करने की आज्ञा दे देती है, लेकिन बारह साल की लड़की से नहीं देती।' या जेम्स प्रथम के ज़माने के विवादग्रस्त लेखक हफ़ ब्राउटन ने सिद्ध कर दिया है कि 'रहाब दस साल की उम्र में ही वेश्या थी' या 'भारत के अनेक प्रांतों में किशोरावस्था के पूर्व ही विवाह और संभोग आज भी कम नहीं होते' और ये साहित्यिक उदाहरण कि 'अस्सी साल का लेपचा आठ साल की बालिकाओं के साथ संभोग करे तो किसी को आपत्ति नहीं होती। दाँते बियट्रिस के प्यार में जब पागल हुआ था तब वह कुल नौ साल की छोकरी थी...और जब पेट्रार्क ने लॉरीन के पीछे अपने होश खोये थे तब वह बारह वर्ष की खूबसूरत बालोंवाली परीज़ाद ही तो थी...।' ये सारे साहित्यिक उदाहरण हम्बर-हम्बर का केस मज़बूत करने की अपेक्षा 'पैरिस का कुबड़ा' (ह्यूगों) उपन्यास के उस हिस्से की याद दिलाते हैं जब कवि ग्रिगोयरे गुंडों के चक्कर में फँस जाते हैं। सरदार का हुक्म होता है कि अगर कविजी गुंडे नहीं हैं तो उसके राज्य में आ-जाने पर बच नहीं सकते। कवि फ़रमाते हैं : 'मेरी समझ में नहीं आता कि कवियों को आवारों और गुंडों की कोटि में क्यों नहीं रखा जाना चाहिए ?—ईसप आवारा था, होमर भिखारी था और मर्करी चोर था...' ख़ैर चाहे दोस्तायव्स्की द्वारा छोटी-सी लड़की के साथ बलात्कार करने की गर्वोक्ति हो, (सुनते हैं अपने 'पज़ैस्ड' उपन्यास में उसने उस घटना को लिखा भी था, लेकिन यह अंश निकलवा दिया गया) चाहे 'मुग्ध-शिकारी' होटल में हम्बर-हम्बर और लोलिता के संभोग का निहायत ही कलापूर्ण वर्णन हो, ये घटनाएँ स्वस्थ मन में भयानक जुगुप्सा ही पैदा करती हैं।

फिर भी मैं लोलिता की थीम को 'अश्लील' के स्थान पर 'आपत्तिजनक' कहना ज़्यादा सही समझता हूँ। यों 'आपत्तिजनक' शब्द को लेकर भी औचित्य-अनौचित्य के नीतिशास्त्रीय सिद्धांत पर उतनी ही लंबी बहस की जा सकती है जितनी श्लील-अश्लील पर। पर उसे यहाँ छोड़ ही दें।

इस 'आपत्तिजनक' की कोटि में दो प्रकार की कृतियाँ रखी जा सकती हैं : एक वे जिनकी थीम और कथानक की मूलभूत परिकल्पना बड़ी सशक्त, स्वस्थ, सूक्ष्म और साहसिक है, लेकिन निर्वाह (ट्रीटमेंट) में लेखक ने स्वीकृत सौंदर्य और सुरुचि की सीमाओं का अतिक्रमण किया है, जैसे लॉरेंस की 'लेडी चैटर्लीज़', 'लवर' और सार्त्र की 'इंटीमेसी'। दूसरे प्रकार में वे कृतियाँ हैं जिनमें इस तरह के किसी अश्लील अंश को तो शायद ही रेखांकित किया जा सके लेकिन संपूर्ण थीम एक विकृत मस्तिष्क का प्रतिफलन अवश्य करती है—इस कोटि में ज़ीद के 'इम्मॉरलिस्ट' और नाबोकोव की 'लोलिता' भी रखा जा सकता है। (या मार्क्विसन्द-साद की रचनाएँ)

निश्चय ही ज़ीद, नाबोकोव की अपेक्षा अधिक समर्थ और सशक्त कलाकार है।

वह प्रतीक और सांकेतिकता का अकेला उस्ताद है, जबकि नाबोकोव को, उसके अपने ही शब्दों में रूपकों और प्रतीक-बाज़ी से घृणा है। इसलिए 'इम्मॉरलिस्ट' में कथा के सभी आवश्यक उपादान आ गए हैं जबकि 'लोलिता' मनोवैज्ञानिक ट्रीटाइज़ या केस-हिस्ट्री की तरह व्यक्ति का अध्ययन-भर बनकर रह गई हैं।

'इम्मॉरलिस्ट' में माइकेल की लंबी बीमारी का मृत-नैतिकता और रूढ़ियों द्वारा आत्मा पर घातक प्रभाव के रूप में प्रतीकात्मक वर्णन, फिर खेतों की जुताई को नई मान्यताओं के लिए ज़मीन तैयार करने और गोड़ने का अर्थ देना, अंत में मार्सलोन का ब्रिस्को में आकर मरना—सभी कुछ उपन्यास के अंतिम निष्कर्ष के लिए अत्यंत सशक्त और सावधान, सूक्ष्म भूमिका की तरह काम करते हैं। माइकेल शरीर बेचनेवाली लड़की के भाई के साथ रहता है और उपन्यास के अंत में कहता है : 'लेकिन जब भी मैं उस लड़की से मिलता हूँ, वह हँसती है। कहती है कि 'मेरी अपेक्षा आपको लड़का (उसका भाई) अधिक पसंद है।' वह समझती है कि लड़के की ही वजह से मैं यहाँ बँधा हूँ। शायद उसकी बात एकदम झूठ भी नहीं है...'

ऑस्कर वाइल्ड के उस युग में 'इम्मॉरलिस्ट' ने कितना शोर मचाया, मुझे नहीं मालूम, लेकिन आज तो पुरुष-पुरुष के अप्राकृतिक संबंधों पर लिखी रचनाएँ हौवा नहीं मानी जातीं। रॉबर्ट एंडर्सन ने तो अपने प्रसिद्ध नाटक 'टी एंड सिम्पैथी' में इस समस्या को जिस मानवीय और सामाजिक धरातल पर साहस और सहानुभूतिपूर्वक उठाया है वह कम-से-कम हम लोगों के लिए अकल्पनीय है। नाबोकोव को भी सुझाया गया था कि लोलिता को लड़का बना दिया जाए। हो सकता है 'लोलिता' की वर्तमान थीम भी आगे जाकर टैबू या हौवा न रह जाए, लेकिन आज तो उसे पचा पाना आसान नहीं है।

और सच पूछा जाए तो नाबोकोव ने अपनी थीम को ज़ीद की तरह साहसपूर्वक रखा भी नहीं है। 'अश्लील' और 'नग्न' तथा 'बूढ़े योरुप द्वारा युवा अमेरिका को भ्रष्ट करने' या 'युवा अमेरिका द्वारा बूढ़े योरुप को भ्रष्ट करने' के आरोपों ने उसे और भी बौखला दिया है। शायद यही साहस-हीनता या अपराध-भावना है जिसके कारण उसे हम्बर-हम्बर को मानसिक रूप से 'असंतुलित, कई बार पागलख़ानों में रहा हुआ, तलाक़शुदा' व्यक्ति बनाना पड़ा है—और जो अपनी आत्मा के बोझ को यह कहकर हलका करना चाहता है कि 'लोलिता के साथ बलात्कार करनेवाला वह पहला व्यक्ति नहीं है।' इससे पहले कैम्प-फ़ायर की रात वह सब कुछ सीख चुकी है—या यों कहें कि उस रात का क़िस्सा सुनाकर वही अपनी ओर से हम्बर-हम्बर को आमंत्रित करती है।

बहरहाल, इस साहस-हीनता या अपराध-भावना ने ही सारी कहानी को पाप और पश्चात्ताप या (फ्रायडीय-मनोविज्ञान की शब्दावली में 'लिबिडो' और ईगो-सुपर-ईगो) के समानांतर चलते, एक-दूसरे को उकसाते द्वंद्व की अद्‌भुत और रोचक कहानी बना दिया है; और मृत्यु-दंड से पहले नायक के आत्मस्वीकृति के रूप में यह सारी कहानी 'अपनी जान बचाने के लिए नहीं, बल्कि अपनी आत्मा के उद्धार के लिए' लिखनी पड़ती है।

उसने साफ़ कहा है, "मैं इन सारी बातों का वर्णन इसलिए नहीं कर रहा कि अपने वर्तमान असीम दुख में उन सबको फिर से जीना चाहता हूँ, बल्कि इस तरह मैं उस असामान्य कुत्सित, उन्मादक दुनिया, अर्थात् परीज़ाद-प्रेम के स्वर्ग और नरकवाले हिस्सों को अलग-अलग छाँट लेना चाहता हूँ।'

जहाँ तक लोलिता के प्रति हम्बर-हम्बर के प्रेम, समर्पण, त्याग और पूजा की बात है, वह सचमुच जान तक देने को तैयार है, और मध्यकालीन मजनुओं को भी इस दिशा में मात करता है। वह लोलिता को पाने के लिए इस हद तक पागल है कि सिर्फ़ उसकी ख़ातिर वह उसकी माँ से शादी करके (एक तरह) उसे मार देता है, और अंत में क्विटी की तो सचमुच ही हत्या कर डालता है। उसे यह सह्य नहीं है कि लोलिता उसके सिवा किसी से बात भी करे, वह भेड़िए की तरह हर वक्त उसे घेरे रहता है। यही नहीं, जब लोलिता कहती है कि वह पुलिस में रिपोर्ट कर देगी कि इस नकली डैडी ने उसके साथ बलात्कार किया है तो वह भविष्य के उसके अनाथ जीवन के डरावने चित्र दिखा-दिखाकर उसे मानसिक रूप से पंगु बनाए रखना चाहता है। उसकी अतृप्त वासना तो यहाँ तक चाहती है कि 'सन् 50 के आस-पास जब यह लोलिता 'परीज़ाद' नहीं रह जाएगी, तब हो सकता है अपने धैर्य और भाग्य के ज़ोर से वह इसके पेट से दूसरी लोलिता पा सके, जो आगे जाकर खुद एक परीज़ाद हो जाएगी, और उसकी खूबसूरत नसों में मेरा (नायक का) ही खून दौड़ता होगा' उस समय वह केवल पचास साल का ही तो होगा।

लेकिन इस सान्निपातिक आसक्ति के साथ-ही-साथ एक पश्चात्ताप और आत्मग्लानि की आग भी है जो उसे निरंतर जलाती रहती है कि उसने "भोली लोलिता के भीतर की किसी अत्यंत नाज़ुक चीज़ को तोड़कर चिथड़े-चिथड़े कर दिया है।" वह देखता है कि लोलिता को "तैरने से अधिक अभिनय पसंद था, और टैनिस से अधिक तैरना। लेकिन फिर भी मेरा विश्वास है कि अगर मैंने उसके भीतर की किसी चीज़ को न तोड़ दिया होता तो वह...सचमुच गर्ल-चैंपियन हो गई होती।" एक साँस में वह सोचता है कि "एक परीज़ाद को गोद में बैठाकर प्यार करने जैसा आनंद इस धरती पर नहीं है।" फिर साथ ही उसे ध्यान आता है; "इस स्वर्ग के आसमानों का रंग दोज़ख की लपटों जैसा था।" वह अपने को अनेक तरह सांत्वना देने की कोशिश करता है, 'मैंने प्रकृति का अनुसरण भर ही तो किया है। मैं तो माँ प्रकृति का स्वामिभक्त आज्ञाकारी कुत्ता हूँ। फिर यह कैसी दहशत है कि मैं इसे झटककर फेंक नहीं पाता ? क्या मैंने उससे उसकी बहारें नहीं छीन लीं...?' इससे भी पहले चार्लोट के जीवित रहते हुए जब वह सबसे पहले अपनी दबी-ढँकी काम-चेष्टा में असफल हो जाता है तो मन-ही-मन उसे बड़ी मुक्ति मिलती है। वह कहता है, "मेरी सचमुच नीयत थी कि अपनी सारी दूर-दृष्टि और संपूर्ण-शक्ति से उस बारहवर्षीय बच्ची की पवित्रता की रक्षा कर सकूँ।"

और शायद यही ग्लानि या पाप-चेतना है कि वह अपने मन और 'मूडों', सूक्ष्म-से-सूक्ष्म स्थितियों का चित्रण इतनी ईमानदारी और तटस्थ व्यंगात्मकता से कर सका है। कैसी भी विकट, आवेशपूर्ण या तन्मय स्थिति हो, हम्बर-हम्बर अपने को एकदम तटस्थ

और निरपेक्ष-भाव से देख सकता है, मानो इस सबकी गंभीरता के प्रति उसे क़तई विश्वास नहीं है—और दूर खड़ा होकर वह उन बेवकूफ़ियों पर ठहाका लगाकर हँस सकता है। नाजुक और गंभीर स्थितियों के प्रति यह निरपेक्षता और व्यंग्य मुझे अग्रणी 'एंग्री यंगमैन' किंग्ज़ले एमीस के सिवा कम ही देखने को मिले। अपनी इस चुहल के द्वारा दोनों ही लेखक, मानो पाठक का ध्यान परिस्थिति की गंभीरता से हटा देना चाहते हैं, हालाँकि परिस्थिति को इतना अ-गंभीर खुद नहीं मानते।

लेकिन नाबाकोव की भाषा अपनी सारी सफ़ाई और ध्वन्यार्थों के बावजूद ऊपर की स्थितियों में एमीस की तरह उसका साथ नहीं देती। बीच-बीच में आए फ्रेंच इत्यादि के वाक्यांशों के बारे में मैं लोलिता का ही हम्बर-हम्बर के लिए कहा गया एक वाक्य उद्धृत करूँगा : "लेकिन अपनी इस बहुत ज़्यादा फ्रेंच की टाँग तोड़ने की तरफ़ भी तो ध्यान दीजिए। इससे सभी को झल्लाहट होती है।"

ख़ैर, लोलिता को लेकर चाहे जितना तहलक़ा और शोर मच रहा हो—फ्रेंच साहित्य की परंपरा में पले हुए नाबोकोव ने तस्वीर का सिर्फ़ दूसरा पहलू ही रक्खा है। उसे दोष क्यों दिया जाए ? उसका अपराध यही तो है कि उसने सारा उपन्यास 'हम्बर-हम्बर' को केंद्र वनाकर लिखा है—अपराध-स्वीकृति के रूप में ? मान लीजिए वह 'लोलिता' को केंद्र बनाकर उसकी 'हम्बर-हम्बर' के प्रति किशोर-अनुरक्ति की कहानी लिखता तो ? 'दो महाद्वीपों की किशोरी उपन्यास-सम्राज्ञी' फ्रेंन्स्वा सागाँ ने अपने 'बैस्ट-सैलरों' 'बांज्योर त्रिस्तेस' 'सर्टेन स्माइल' इत्यादि उपन्यासों में किशोरी 'लोलिता' के हम्बर-हम्बर के प्रति भावों को ही तो वाणी दी है। उसके उपन्यासों की नायिकाएँ किशोरी हैं जो प्रौढ़ नायकों के प्रति अनुरक्त हैं। दोनों मिलकर तस्वीर को पूरा ही तो करते हैं।

वस्तुतः चाहे नाबोकोव द्वारा प्रौढ़ पुरुष की किशोरी कन्या के प्रति आसक्ति का चित्रण हो या फ्रेन्स्वा सागाँ द्वारा दिखाई गई षोडषी की प्रौढ़ पुरुष के प्रति मुग्ध अनुरक्ति, दोनों ही आज के एक विकट मानसिक और आध्यात्मिक संकट की ओर इशारा करते हैं। बूढ़े किशोरियों से प्रेम करें, और किशोरियाँ बूढ़ों की वासना शांत करें, दूसरी ओर युवक आपस में अप्राकृतिक संबंध रखें, मौक़े-बेमौक़े छुरे और पिस्तौलें लेकर टूट पड़ें, क्या 'फ्री-वर्ल्ड' की यही नैतिकता रह गई है ?

लुप्त-मूल्यों और विघटित आध्यात्मिक शक्तियोंवाले दिशा-हारा समाज के मानस का प्रतिबिंब 'लोलिता', सभ्य और संस्कृत मनुष्य के विकसित सौंदर्य-बोध और सुरुचि के लिए एक चुनौती और प्रश्न-चिह्न दोनों हैं।

—**ज्ञानोदय,** सितंबर, 1959

'शह और मात' :
मेरा अपना दृष्टिकोण

(राजेन्द्र यादव)

अपनी कविताओं पर भाषण देने के साथ-साथ जब से कुछ नए कवियों ने कहानियों और उपन्यासों पर भी अपने विचार और प्रवचन देने प्रारंभ कर दिए हैं तब से कथा-नाटक लेखकों का कार्य काफ़ी आसान हो गया है। अतः अपनी ओर से अपनी कृति पर बोलने की कोई ज़रूरत तो नहीं रह जाती; लेकिन साथ-साथ यह भी लगने लगा है कि इन कवि-आलोचकों का 'मात्र्याचार' (मदरिंग) अत्याचार की सीमा पर आ गया है—क्योंकि कविता के युद्ध से लौटे हुए इन जीनियसों ने सारे कथा-साहित्य का मूल्यांकन भी शब्दों और उनके अर्थों तथा प्रयोगों के आधार पर करना शुरू कर दिया है। किसी कथा-कृति का मूल्यांकन जब दृष्टिकोण, विचार, कथ्य, परिप्रेक्ष्य, व्यक्तित्व, परिवेश इत्यादि के आधार पर न होकर, कविता की तरह इस कसौटी पर हो कि "अमुक कृति में लेखक ने 'प्रेम में टूटना' शब्दों का प्रयोग किया है। अब हे पाठको ! आप स्वयं देखें कि यह 'टूटना' शब्द हिंदी का नहीं है, और वह जहाँ का है, वहाँ भी तीन वर्ष, चार महीने, दो सप्ताह और साढ़े-ग्यारह घंटे पुराना हो चुका है"—तब लेखक के सामने इसके सिवा और चारा भी क्या है कि वह कहावत के मुर्ग़े के शब्दों में कहे कि "ख़ाला-जान, मुझे बख़्शो ! मैं बिना पूँछ का ही सुखी हूँ।"

पहले मैं केवल सुना करता था कि आलोचक वे-वे बातें रचनाओं के बारे में कहा करते हैं जो लेखक ने सात-जन्मों में भी न सोची हों। 'शह और मात' की दर्जन-भर आलोचनाओं से बुज़ुर्गों की इस कहावत पर विश्वास हो गया। कलाकार अनचीन्हा और अनजाना रह जाए, उसके लिखे को लोग कूड़ा बता दें, और उसकी सारी 'साधना' को बकवास कह दें—शायद यह बहुत बड़े दुख का कारण नहीं है (कम-से-कम मुझे इससे कभी दुख नहीं हुआ) लेकिन उसके लिए मौत से भी अधिक यातना का कारण होता है जब 'अरसिक को कवित्त निवेदन करना पड़े' और 'अ-समझदार सराहना शुरू कर दें।' मसलन उपन्यास की नायिका गुस्से, प्यार, ऊब, झुँझलाहट या उत्तेजना में यदि नायक 'से' या 'के लिए' कहती है "तुम झूठे, मक्कार, कुरूप, बौने, हीन-भावग्रस्त और नर्वस प्राणी हो।" और एक दिन आप पाएँ कि समीक्षक साहब ने इनको ही चरम-सत्य मानकर उपन्यास की निर्णायात्मक आलोचना कर डाली है तो कैसा लगेगा ?

मगर ऐसा हर जगह हो, यही नहीं है। अक्सर समीक्षाएँ सचमुच अपने आपको समझने और खोजने में सहायता देती हैं। मुझे तो प्रायः अपनी हर आलोचना ने आत्म-विश्लेषण के लिए प्रेरित किया है।

'शह और मात' मेरी समझ में, उदय की, और केवल उदय की, मानसिक उलझन की कहानी है। न वह अपर्णा की है, न सुजाता की। सच पूछा जाए तो उसमें दूसरा कोई आता ही नहीं। बाक़ी सब निमित-भर हैं। उदय लेखक है, साथ ही व्यक्ति भी। उपन्यास व्यक्ति और लेखक का द्वंद्व, अर्थात् 'कर्ता' और 'द्रष्टा' के आपसी संबंधों और संघर्षों का रूपक है, जिसे आज की भाषा में विषय-निष्ठता और पात्र-निष्ठता की समस्या कहेंगे। और इसे ही उदय ने अपनी डायरी के अस्त-व्यस्त पन्नों में बताने की कोशिश भी की है। व्यक्ति उदय सुजाता को प्यार करता है और लेखक उदय उसे अपने प्रयोग का माध्यम बनाता है—इस प्रयोग में वह उतना ही निर्दय और निस्संग है जितना कोई भी वैज्ञानिक अपने चूहों या ख़रगोशों के लिए होता है। हमारे लिए दूध पिलाती गाय या कुतिया वात्सल्य और त्याग की ममतामयी माँ का आदर्श भले ही रखती हो—वैज्ञानिक के लिए तो वह एक प्राकृतिक क्रिया भर है—और उसमें उसके लिए 'दिव्य' और 'अनोखा' या 'ममता' और 'वात्सल्य' जैसा कुछ भी नहीं होता। उदय मानता है कि—जो व्यक्ति के लिए प्यार और भावनाओं के कोमलतम आत्मीय-क्षण हैं, वह 'लेखक' के लिए 'मसाला' भर हैं। और जब एक ही आदमी को दोनों कर्म साथ करने हों तो 'ट्रैजिडी' कैसी भयंकर हो जाती है, मेरा ख़याल है कि इसे हर लेखक अनुभव करता है। मैंने इस स्थिति को शतरंज की चालों जैसा माना है।

इन दोनों के बीच में ही अपर्णा—अर्थात् शीशे की दीवार। उदय की बहन और प्रिंसेस अपर्णा दोनों दो अलग प्राणी जैसे लगें और अंत में जासूसी कहानियों की तरह रहस्योद्घाटन होकर सार (क्लाइमेक्स) आए—यह न मैंने चाहा है और न ही ज़रा ध्यान से पढ़नेवाले के लिए उसमें ऐसा कुछ है। अगर यही चाहता तो मैं आसानी से एक ही अपर्णा के लिए दो नामों का उपयोग कर सकता था। मैंने तो जान-बूझकर पर्याप्त प्रमाण दिया है कि शुरू से ही दोनों को एक समझा जाए। उदय ने लिखा भी है, 'और इसके लिए छूट भी देता गया कि वह चाहे तो मेरी बहन अपर्णा और प्रिंसेस अपर्णा को एक ही समझ ले...'' जैसा कि कहा, मैंने तो उसे हलके-से व्यवधान के लिए—एक शीशे की दीवार के लिए गढ़ा है, ताकि झीना पर्दा रहे और कल्पना इधर-से-उधर आ-जा सके। और भी खोलकर कहूँ तो बात को शतरंज के मूल-भूत रूप से उठाकर ऊपरी कथा पर लाना होगा। ऊपरी रूप से एक शतरंज की बाज़ी उदय और सुजाता के बीच चल रही है—कौन किसको हरा दे और उसमें बिसात है—अपर्णा। जब सुजाता अपर्णा की बातें बताती है तो समझती है कि आपसी संबंधों को दृढ़ बनाने के लिए वह शहरज़ाद का पार्ट अदा कर रही है और उदय समझता है कि वह कमंद की तरह उसका उपयोग कर रहा है। दोनों को छूट है कि बिसात को अपना समझें और साथ ही डरते भी रहें कि कहीं बाज़ी उलट न जाए। उदय के कोण से बाज़ी अपर्णा और उदय के बीच है और सुजाता

बिसात है। लेकिन वस्तुतः यह सब ऊपरी बातें हैं और केवल वे जगहें हैं जहाँ 'कर्ता' और 'द्रष्टा' का द्वंद्व सबसे तीखा रहा होगा।

कथा को उदय के कोण से न कहकर, सुजाता के कोण से कहने के मेरे पास दो कारण थे : एक तो मानवीय भावों के कोमलतम क्षणों से 'खिलवाड़' करनेवाले लेखक की विडंबना और ट्रैजेडी को अधिक शक्तिशाली और व्यंजना के साथ उभारा जा सकता था और दूसरे कहानी की मूल 'थीम' के रूखेपन और नीरसता को देखते हुए इसी कोण से उसमें रोचकता और सार्थकता दी जा सकती थी। यों कुछ के लिए वह अब भी 'बोर' है; यह मेरी अपनी मज़बूरी है। शायद इसका कारण यह है कि इस तरह के उपन्यासों के न हम पढ़ने के आदी हैं, न लिखने के। लेखक और पाठक दोनों के पास ऐसी कोई परंपरा नहीं है। इसलिए दोनों ही अपने को असफल पाते हों तो आश्चर्य नहीं करना चाहिए। यहाँ मुझे यह मान लेना चाहिए कि रूपकात्मक उपन्यास लिखनेवालों में आद्रेज़ीद ही मुझे ऐसा लेखक लगता है जो न तो बहुत बहकता है, न कथा की रोचकता खोता है। चूँकि दो-ढाई सौ पन्नों में ही वह अपनी कहानी कह देता है, इसलिए उसके प्रतीक न तो बिखरते हैं, न ग़लत समझे जाते हैं। उसके पास लंबी परंपरा और दार्शनिक आधार हैं। वह अपने रूपकों के लिए बाइबिल से बहुत सामग्री ले लेता है : स्ट्रेट इज़ द गेट, इसाबेला, पैस्टोरल सिम्फ़नी, इत्यादि उसके सटीक और सार्थक रूपकों के उदाहरण हैं। वैसा न मेरा कोई दावा है, न भ्रम। लेकिन ज़ीद से लेकर सार्त्र और कामू तक की इस परंपरा ने मुझे यह ज़रूर सुझाया कि कहानी सिर्फ़ पात्रों के बाह्य-चित्रण और गतिविधियों का लेखा-जोखा और परिस्थितियों के संयोग पर निर्भर 'ट्रेजेडी' या 'कॉमेडी' ही न हो—अपने पार भी कुछ कहती हो। और वह 'पार कहना' अंत में या बीच-बीच में संकेत के रूप में ही आकर समाप्त न हो जाए, बल्कि समानांतर चलता रहे। चाहे उसके समानांतर चलने को पाठक पकड़े अंत में ही जाकर; लेकिन यह न पाए कि अर्थ या ध्वनि मौक़े की सूझ है या केवल बना दी गई है। मेरा यह विश्वास है कि सच्चा कथाकार ही इस कर्ता और द्रष्टा के द्वंद्व को महसूस कर सकता है : क्योंकि लेखक वह न रहे यह संभव नहीं है और मनुष्य न हो यह उसे स्वीकार्य नहीं है। शायद कोई ही अपने को 'वहशी' कहलाना पसंद करे। लेकिन रचना-प्रक्रिया का अनुभव बताता है कि लेखक और मनुष्य के इस द्वंद्व में हारता मनुष्य ही है। अर्थात् वह अपने को प्रयोग का चूहा बनाए जाने की इजाज़त दे देता है। शायद इसी द्वंद्व के निरंतर चलने के कारण लेखक खंडित व्यक्तित्व का मनुष्य होने को अभिशप्त है। 'कर्ता' और 'द्रष्टा' जब एक व्यक्ति न रहकर दो हो जाते हैं और यह दूरी बढ़ती जाती है तभी व्यक्तित्व के खंडित होने का श्री-गणेश होता है। यही अंतर्विरोध सृजन का तनाव पैदा करता है।

मूल-रूप से इसी बात को ध्यान में रखकर मैंने कहानी को एक ऐसी लड़की के निकट और आत्मीय अध्ययन के रूप में प्रस्तुत किया है जो खंडित व्यक्तित्व की है, अंतर्विरोधों में जीती है। हमारे यहाँ नारी के दूसरे प्रेम के निकट अध्ययनवाली कहानियाँ प्रायः उपन्यासों में नहीं लाई गईं। सभी वे हैं जो मज़बूरियों में चाहे किसी की पत्नी हों

या प्रेमिका, लेकिन 'पहली बार वास्तविक प्यार' वे केवल उपन्यास के प्रस्तुत नायक से ही करती हैं।' 'कुँवारे प्यार' की यह प्लैटोनिक-धारणा भुवन और गौरा जैसे 'प्रौढ़' पात्रों में भी मौजूद है। सुजाता और उदय के साथ ऐसा कुछ नहीं है। इसलिए प्रथम दृष्टि में प्रेम जैसी वहाँ कोई बात ही नहीं उठती। वहाँ स्पष्ट ही प्रेम सघनतर होती मैत्री की परिणति है। यह खुले रूप में 'दूसरे प्यार' की कहानी है। या कहूँ सुजाता दूध की जली है, वह अनुभवों और रोमांच का आविष्कार या अन्वेषण नहीं करती—एक तरह, ज़रा प्रौढ़ मानसिक धरातल पर उन्हें दुहराती है। यहाँ भी मुझे यह आसानी थी कि मैं इस दुहराए जाने के प्रति उसे सजग रख सकता था, अर्थात् उसके कर्ता और द्रष्टा के द्वंद्व को अधिक तटस्थता से देख सकता था। लेकिन जैसा कि 'धोखा खाए' व्यक्ति के साथ होता है—पहले वह अपनी और दूसरे की हर प्रतिक्रिया को भाँपता और उस पर निगाह रखता है, अनुभवों का दुहराया जाना उसे चौंकाता और कोंचता है। लेकिन फिर धीरे-धीरे नई स्थिति का विश्लेषण करते हुए उसके सामने घुटने टेक ही देता है। इसीलिए सुजाता के विकास का 'पैटर्न' यही है कि पहले वह बहुत ही आत्मभर्त्सना से गुज़रती है, बहुत आत्म-निरीक्षण और आत्मालोचन करती है, हर स्थिति और गतिविधि को तोलती और परखती है। वह उदय से मिलती-जुलती भी जाती है और उसे तथा अपने को गालियाँ भी देती जाती है। कह सकते हैं—वह शुरू में बड़े सतही स्तर पर जीती है और किसी भी बात की गहराई में जाने से इनकार कर देती है या उसकी गहराई और सचाई में विश्वास ही नहीं करती। पहले अनुभव ने उसे शक्की और सावधान—परिणामतः आत्म-सजग बना दिया है। वह कभी चेतना के इस स्तर पर भटकती है, कभी उस पर। सारी स्थिति को या तो वह निरे शारीरिक स्तर पर ग्रहण करती है या अतीत के अनुभवों की तुला पर। लेकिन सब मिलाकर यह क्रमशः परिस्थिति के प्रति आत्म-समर्पण की प्रक्रिया-भर है—और अंत में हम पाते हैं कि वह शुद्ध-भावना-डूबी नारी ही रह गई है। अंत की ओर उसमें न पहलेवाला अविश्वास है, न आशंका। शायद उतने शारीरिक स्तर पर भी नहीं जीती। 'चूमने' और 'शरीर कसमसानेवाली' भाषा भी वहाँ बंद हो गई है। तर्क और वासना की भावनात्मक परिणतिवाले क्षणों में उसका वर्णन और परिवेश सभी कुछ कवित्व-पूर्ण होता गया है। फिर भावना और चरम-समर्पण के एकांत और आत्यंतिक क्षणों में जब सहसा झटके से यह बात उसे बताई जाती है कि उसके समर्पण और समापन को उतनी ही ईमानदारी से स्वीकार किए जाने की तो बात ही दूर—उसका 'उपयोग-भर' किया जाना दूसरे पक्ष का लक्ष्य था—तो ऐसी स्थिति में उसके लिए और चारा ही क्या कि वह अपना और उदय का दोनों का सिर फोड़ ले—आत्म-हत्या कर ले या अपने इस सारे समर्पण को झुठला दे ? वह कह दे कि उसने जो कुछ कहा, जो कुछ किया, जो कुछ लिया वह सब झूठ था—क्योंकि उसे प्रयोग का चूहा बनना मंजूर नहीं है।

यह है 'शह और मात' का बाहरी और आभ्यंतरिक 'पैटर्न'। चाहें तो आप भी इसे चंद्रगुप्तजी की तरह 'बचकाना' ही कहकर पीछा छुड़ा सकते हैं, लेकिन यह मैं जानता

हूँ कि इतनी मेहनत न मैंने 'उखड़े हुए लोग' में की है न 'कुलटा' में। वह शीर्षासन करनेवाली अर्थहीन मेहनत हो, यह दूसरी बात है। हाँ, निराशा उस समय ज़रूर होती है जब कोई इसकी भाषा की तारीफ़ करता है और कोई भावनाओं के चित्रण की। बहरहाल, यह मैंने तय कर लिया है कि अब आगे से इस तरह की कोई चीज़ नहीं लिखनी, और सिर्फ़ वही लिखूँगा जिसका सारा अर्थ और आशय वहीं समाप्त हो जाए–अर्थात् जो जीवन के किसी खंड को परिभाषित न करे–केवल रोचक रूप में प्रस्तुत और चित्रित करे।

हाँ, डायरी एक प्रबुद्ध लेखिका की थी–इसलिए कहीं-कहीं बहुत लंबी हो गई है–नर्स की होती तब शायद वह एक पन्ने में एक दिन की ही बात लिखती।

–कल्पना, दिसंबर, '60

एक अंतरंग 'सारा आकाश'

(राजेन्द्र यादव)

रास्ते में बासु चटर्जी ने एक सवाल किया, "जिस समय आपने यह उपन्यास लिखा, उस समय किस तरह के घर की कल्पना की थी ?"

बीस-इक्कीस साल के बाद भी मुझे दिक्क़त नहीं हुई, "जिस घर में यह कहानी घटित हुई, उसे तो शायद आज तक मैंने बाहर से भी नहीं देखा। हाँ, उस समय जो घर मेरी सारी मानसिक बनावट का अंग था, उसे ज़रूर आपको दिखा दूँगा।"

फ़िल्म की प्रारंभिक स्थिति थी और बासु, महाजन और मैं, तीनों आगरा जा रहे थे, शूटिंग के लिहाज़ से जगहें देखने। बासु ने बताया था, "मेरे सामने दो ही दिक्कतें हैं। एक मेरी अपनी है और एक फ़िल्म के लिए सही जगह को लेकर है। अपनी दिक़्कत यह है कि मैं अपने-आपको कन्विंस नहीं कर पाता; नव-विवाहित पति-पत्नी दोनों एक साथ, एक ही कमरे में रहें और आपस में बिलकुल न बोलें। यह समय कम करना होगा। दर्शक इस 'न बोलने' के तर्क को गले नहीं उतार पाएगा।"

मेरा कहना था, "वास्तविक जीवन में तो वे लोग नौ साल इसी तरह रहे, आपस में बिलकुल नहीं बोले। उपन्यास लिखते हुए आपकी तरह मुझे भी लगा था कि नौ सालवाली बात कोई मानेगा नहीं, इसलिए घटाकर वह समय साल-भर कर दिया गया।"

"दर्शक के लिए एक वर्ष भी बहुत है। कोई ठोस कारण नहीं है, इसलिए स्क्रिप्ट में छः महीने कर दिया है।"

"मैं स्क्रिप्ट की बात नहीं समझता। जिस चीज़ को नहीं जानता, उसमें दख़ल नहीं देता। मैं तो केवल वही जानता हूँ, जो वास्तव में हुआ था। समर साहब तो इस समय विदेश में हैं। हाँ, प्रभाजी लौटने के बाद संयोग से आगरा में ही हैं, उनसे मिलकर हम लोग कोई ठोस कारण तलाश करेंगे।"

सबसे पहले हम लोग 'पुराने-घर' गए। तब साझा घर था और चाचा-ताउओं में चार बाहर नौकरियों पर रहा करते थे, दो वहीं थे। एक को तीन साल की उम्र में कबूतरों का साथ मिल गया था, जो अस्सी साल तक रहा। वे कबूतरों की तरह हम लोगों को भी घेर-घार किए रखते। कबूतरों के बारे में वे इतना जानते थे, जितना दुनिया में बहुत कम लोग जानते होंगे। कभी आगरे का सबसे बड़ा कबूतरी-फ़्लीट उनका था और वे दसियों बरस से खलीफ़ा चुने जाते थे। पढ़ाई के सिलसिले में हमें यहीं रहना होता था।

पाँच-छह आँगन का लंबा-चौड़ा मकान, मुख्य सड़क से गली के आख़िरी छोर तक पहुँचता हुआ। कुछ हिस्से 'आधुनिक' बना दिए गए थे, कुछ वही पुराने और बेढंगे, ककइयाँ ईंटों के बने—चौबारे, तिबारे, गलियारे, नीचे-दरवाज़े और बहुत पतली खड़ी घुमावदार सीढ़ियाँ। नीचे का हिस्सा खाली रहता। वहाँ नल, ग़ुसलखाना, लकड़ी-कंडों की कोठरियाँ और गोदाम। अँधेरा रहता था और वहाँ कुछ जगहों को लेकर बड़ा रहस्य और आतंक समाया रहता। दो-एक जगह तो नीचे की मंज़िल पर सीढ़ियाँ ख़त्म होने के बाद भी घूमती हुई कहीं और चली जाती थीं; लेकिन वहाँ धूल और जालों से लदे ताले-बंद किवाड़ थे, जिनकी चाबियाँ खो गई थीं। बताया जाता था कि ये तहख़ानों के दरवाज़े हैं और इनमें जमुना तक या जाने कहाँ तक जाने की सुरंगें हैं। पुराने मुग़ल बादशाहों के ज़माने का घर है और इसमें बीरबल या टोडरमल या पता नहीं किसकी रिहाइश थी, या शाही टकसाल थी। बहरहाल ये सब हर घर की 'गौरव गाथाएँ' हैं और उनमें सच्चाई कितनी होती है, कोई नहीं जानता। किसी छोटे-मोटे सिपहसालार का मकान रहा होगा—बीरबल-टोडरमल वहाँ क्यों आएँगे ? ख़ैर, पहले भय और फिर उदासीनता के कारण मकान के कुछ हिस्से यों ही बने रहे, कुछ हिस्सों में भूत-प्रेत भी जोड़ दिए गए। हाँ, नए हिस्से जुड़ते जाने के बावजूद, मकान में दो ढाई-सौ साल पुरानेपन की गंध थी। बिना किसी योजना या प्लान के वह अजीब भूल-भुलैयाँ बन गया था। उसी गंध और—बेढंगेपन में गेंद-टप्पा, गुल्ली-डंडा से लेकर भरी दोपहर में छतों पर कबूतरबाज़ी और पतंगें उड़ाने में बचपन और कैशोर्य बीता था। शायद कुछ ऐसा लगाव था कि भाइयों के आपसी बँटवारे के बाद पिताजी ने उसी मुहल्ले में दूसरा मकान बनवा लिया; तब भी मैं चार महीने 'अपने कमरे' में ही जमा रहा—नई जगह के साथ कोई एसोसिएशन नहीं था। फिर बाहर रहने का सिलसिला शुरू हुआ, तो एकाध-दिन के लिए आगरा रुके, यार-दोस्तों से घिरे रहे और वापस 'पुराने मकान' में गए दसियों साल गुज़र गए...संबंध भी उतने खींचनेवाले नहीं रह गए थे कि किसी भी तरह समय निकालकर वहाँ जाने की बात सोची जाती।

महाजन और बासु के साथ सारे घर को नए सिर से घूम-घूमकर देखना सचमुच रोमांचकारी अनुभव था! एक-एक हिस्से को नए व्यक्ति की तरह अपने लिए अन्वेषित करना...एक बहुत पुराने अलबम से गुज़रना। किराएदार भर दिए गए थे, खस्ता जगहें और भी धसक और उखड़ गई थीं, सफ़ेदी-मरम्मत नहीं हुई थी—एक ज़ीने से दूसरे ज़ीने, एक आँगन या छत से दूसरे में जाते हुए इस हाल पर शर्म भी थी और गर्व भी; भाग जाने का मन भी होता और रुक-रुककर देखने का भी—एक कचोट—कभी यह 'मेरा घर' था, आज सिर्फ़ 'हमारा पुराना घर'। रह-रहकर मुझे लगता था, जैसे घर बोलता हो; क्या मैं पूरा उपन्यास नहीं हूँ ? मैं अपराध और संकोच से अपने को सांत्वना देता रहा : कभी चार-छः महीने लगातार अपने मुहल्ले में रहूँगा, दो-तीन दशक पीछे छूटी हुई दुनिया को जगाऊँगा और उपन्यास लिखूँगा...एक शव-साधना ही सही...

वापस आकर बासु और महाजन कुछ नहीं बोले। चाय पीते हुए महाजन ने ही शब्द

दिए, "फैंटास्टिक..."

"यही कमरे, यही छतें, ये ही दालान, ज़ीने और टट्टर थे मेरी चेतना में, जब यह उपन्यास लिखा था...।"

"शूटिंग के लिए यह घर नहीं मिलेगा ?" बासु स्क्रीन पर देख रहे थे, वहीं से पूछा।

"बासु दा, ये तो बना-बनाया सेट है, बंबई में तो ऐसा सेट बना सकना ही..."

"यही मिल जाएगा..." मैंने दृढ़ता से कहा। हालाँकि बाद में बातें इतनी आसानी से नहीं हुईं। मुहल्लेवालों की कल्पना थी कि फ़िल्म कंपनी का मतलब है, क्लार्क-शीराज़ में ठहरकर ताजमहल और सीकरी की शूटिंग करनेवाले लोग; 'मुग़लेआज़म' के सेट्स...पहली निराशा तो यही कि अपने मुहल्ले और इस पुराने घर में शूटिंग ? बाद में निराशा यह कि ये कैसे फ़िल्मवाले हैं, जो ऐसे कुर्ते-पतलूनें पहने दूकानों पर जलेबी-कचौड़ी खाते फिरते हैं...न लंबी-चौड़ी गाड़ियाँ, न झटकेदार हीरो...चलो, फिर भी छोटा-मोटा तमाशा ही सही...

घर तय हो गया। दो दिनों गलियों और दूसरे मुहल्लों के चक्कर लगाते रहे। स्क्रिप्ट में कुछ बातें थीं, जो तय नहीं हो रही थीं। बासु भी मेरी ही तरह उस 'पुराने लड़के' को देख रहे थे, जो सिनेमा या मैच देखने मथुरा से आगरा भागकर आया करता था—घंटे-भर का रेल-सफ़र। बासु का बचपन भी मथुरा में ही बीता था। हम दोनों का यथार्थ एक ही था। पहले तो 'प्रभा' भाभी बहुत भड़कीं कि हमने उनके 'समर' को बिना उन्हें बताए दुबारा अमरीका भगा दिया और न उनका कोई ख़याल किया, न खबर की। फिर शांत हुईं। लाइन पर आईं, तो मैंने इन लोगों की समस्या बताई, "भाभीजी, आप लोग शादी के बाद नौ साल नहीं बोले, इस बात का बासुजी को विश्वास नहीं है।"

"न मानें, जो हमारे साथ हुआ, उसे हमसे ज़्यादा कौन जानेगा ?" वे भी उन्हीं पुरानी गलियों और सींखचेदार खिड़कियों में पहुँच गई थीं, "हम खाना दे देते थे, बिस्तर कर देते, कपड़े धो देते, कमरा साफ़ कर देते, पर बोलता कोई नहीं था। ये सारे दिन कॉलेज रहते, ट्यूशनों पर जाते—सुबह के निकले रात को लौटते। आपको तो सब पता है, जब बोले थे, तो आपके पास ही तो भागे थे सुबह-सुबह।"

और भाभीजी ने धीरे-धीरे सारी बातें, जो उपन्यास में हैं और नहीं हैं, क्रमशः पुनः जीनी शुरू कर दीं...बासु के सामने फ़िल्म खुलती रही और मैं सोचता रहा कि जो कुछ हुआ था, यह सब उपन्यास में कहाँ आ पाया है ? घर आकर हम लोग फिर उसी न बोलने के कारण पर बहस करते रहे। अपना तर्क मैंने बाद में भी कई जगह बताया है : न बोलने का कारण किसी घटना या बात में नहीं, इतिहास और संस्कारों में है। संस्कार डालने के नाम पर हमें कुछ झूठे-सच्चे 'महान् आदर्श' दे दिए जाते थे...कुछ महान् पुरुष थे, जो इतिहास के पन्नों में और हमारे भीतर हमें अपना जैसा बनाने के लिए धमाचौकड़ी मचाए रहते थे। तपोभ्रष्ट ऋषि, ब्रह्मचर्य की महिमा, शिवाजी से लेकर दयानंद तक की महानता—किसी भी विराट लक्ष्य के लिए नारी बाधा है, उसका आकर्षण, साधक और तपस्वी को रास्ते से भटका देता है और वह उसी 'अस्थि चर्ममय

देह' के मोह में फँसकर सारी ऊँचाइयों से मुँह फेर लेता है...इसलिए हमारे राष्ट्रीय महापुरुषों या हीरोओं ने नारी को त्यागा है; राम ने सीता को त्यागा, कृष्ण ने राधा को छोड़ा, नल ने दमयंती को, दुष्यन्त ने शकुंतला को, बुद्ध ने यशोधरा को, भर्तृहरि ने पिंगला को...नेहरू और सुभाष जैसे नेताओं के सामने यह बाधा रही ही नहीं। समर भी तो इन्हीं आदर्शों, सपनों और महत्त्वाकांक्षाओं में जीनेवाला प्राणी है, वह बिना सींग-पूँछ हिलाए कैसे इस जाल को स्वीकार करेगा ? और हम लोगों ने तय कर लिया कि 'चलेगा'।

लेकिन अब सवाल 'सारा आकाश' की आज की प्रासंगिकता को लेकर था। बासु समय बदलकर उसे आज की आधुनिक कहानी बनाना चाहते थे। शुरू में मेरा तर्क था कि उसके समय को बिलकुल न बदला जाए। फिर लगा कि समय पर उस हद तक चिपकना ही उसे अप्रासंगिक बनाएगा। नई दिल्ली, कलकत्ता, बंबई या दो-एक बड़े शहरों की बात छोड़ दीजिए; और आज के किसी भी नगर में देख लीजिए, क्या वास्तविकता बहुत अधिक बदल गई है ? टेरिलीन, ट्रांजिस्टरों और स्कूटरों के बावजूद ज़िंदगी वहीं है, वैसी ही है। दो-तीन महानगर बरगदों की तरह बढ़ते चले जा रहे हैं और आस-पास का गतिशील युवा उनकी ओर दौड़ा चला आ रहा है। वहाँ की घुटन और सड़ाँध से ऊबकर मौलिक परिवर्तन करनेवाला कोई नहीं रहता। युवक वहाँ अब केवल छुट्टियों में जाते हैं और वहाँ की गतिहीनता और जड़ता से दुखी होकर परिवर्तन की बात सोचते हैं कि लौटने का समय हो आता है। खुद 'सारा आकाश' उपन्यास का अंत भी यही है। सामाजिक सुधार करनेवाले युवकों की जो पीढ़ी बीस साल पहले आई थी, वह अपने यथार्थ से कटकर किसी-न-किसी मशीन का पुर्ज़ा रह गई है। परंपरागत विवाह की रस्में अब और ज़ोर से मनाई जाने लगी हैं। रोशनी और भाँगड़ा, ज़िंदगी की दैनिक जड़ता को घंटे-भर के लिए तोड़कर फिर वहीं वापस भेज देते हैं। ब्लैक-मनी की छाया में दहेज और सामाजिक हैसियत की माँग पहले से बढ़ गई है और मेरा विश्वास दृढ़ होता जाता है कि जब तक विवाह कराने की डोर माँ-बाप के हाथों में है, 'सारा आकाश' की सचाई ज़िंदा है। लड़के-लड़कियों को आपस में एक-दूसरे को समझने की यातनाओं से गुज़रना ही है, एडजस्टमेंट की तकलीफ़ें बर्दाश्त करनी ही हैं !

हाँ, ऊपरी डिटेल्स ज़रूर बदल गए हैं : लड़कियाँ मैट्रिक नहीं; बी.ए. और एम.ए. होती हैं; लड़के इंटर का इम्तिहान नहीं, प्रतियोगिताओं की तैयारियाँ करते हैं; लेकिन उनके आपसी संबंध कहाँ बदले हैं ? एक-दूसरे के यहाँ जाकर लड़की या लड़का देख लेने, डटकर नाश्ता करके उनके रहन-सहन के स्तर पर बातचीत कर लेने से ही तो आपस की दूरियाँ नहीं मिट जातीं। परिचय, स्वभाव और एक-दूसरे की मानसिक बनावट के उतार-चढ़ाव से तो उन्हें खुद ही सफ़र करना होता है। 'सारा आकाश' के समर-प्रभा एक-दूसरे से नहीं बोलते; लेकिन इस नए जोड़े के बीच ही कौन-सा 'संवाद' होता है ? और क्या बरसों उनकी ज़िंदगी में 'संवाद' का वह आत्मीय-क्षण आ-पाता है ? क्या अधिकांश जोड़ों की ज़िंदगी एक काम-चलाऊ बातचीत में ही नहीं गुज़रती रहती ? ऐसी

'बातचीत' प्रभा-समर बिना बोले भी करते ही रहते हैं। पचास साल पहले की बात होती, तो शायद बच्चे भी हो जाते...कुछ लोगों ने जब 'सारा आकाश' को हू-ब-हू अपनी ज़िंदगी बताया और कुछ ने जब कंधे सिकोड़कर झटके से कह दिया, 'आजकल ऐसा नहीं होता...' तो सचमुच मुझे आश्चर्य ही हुआ। खुद संवादहीनता के एक कामचलाऊ एरेंजमेंट के तहत जीनेवाले ये लोग प्रतीकार्थ बिलकुल नहीं समझ पाते ?

शायद इसलिए मैं और बासु अन-कहे ही एक नतीज़े पर आ गए थे कि 'सारा आकाश' की ट्रेजडी किसी सन्, समय या व्यक्ति-विशेष की ट्रेजडी नहीं, खुद चुनाव न कर सकने की, दो अपरिचित-व्यक्तियों को एक स्थिति में झोंककर भाग्य को सराहने या कोसने की ट्रेजडी है। संयुक्त-परिवार में जब तक यह 'चुनाव' नहीं है, सँकरी और गंदी गलियों की खिड़कियों के पीछे लड़कियाँ 'सारा आकाश' देखती रहेंगी, लड़के दफ्तरों, पार्कों और सड़कों पर भटकते रहेंगे, 'एकांत आसमान' को गवाह बनाकर अपने आप से लड़ते रहेंगे, दो नितांत-अकेलों की यह कहानी तब तक सच है, जब तक उनके बीच का समय रुक गया है !

इन कुछ बातों पर सहमत हो जाने के बाद कहानी को पूरी तरह बासु के हाथों में छोड़ देने में मुझे कोई अड़चन नहीं रही; ट्रांजिस्टर और विविध-भारती मुझे बिलकुल भी नहीं खटके; फ़ोटो खिंचवाना, फ़िल्म जाना या बालों के पिन को लेकर बासु ने भी उसी ज़िंदगी को पकड़ने की कोशिश की, जो उपन्यास के माध्यम से मेरा लक्ष्य था।

अगर मूलभूत संवेदना पर असहमति न हो, तो माध्यम की भिन्नता को इतनी छूट देना ग़लत भी नहीं लगता; फ़िल्म अपने यथार्थवाद के लिए सराही गई है; लेकिन कुछ बातें मुझे खटकती रही हैं, द्वाराचार के समय नंगे हाथोंवाली महिला का कलश लिए खड़ा होना, नई शादी के समय का घर, नई बहू के हाथों बनाए गए खाने का स्तर (ख़ासतौर पर बाज़ार से मँगाई गई मोटी-मोटी रोटियाँ) शादी के समय की नहीं, बल्कि लड़की होने के समय की दावत; बहू को लाने-छोड़ने किसी का भी स्टेशन तक न जाना, गली-मुहल्ले की टिपिकल दुनिया का न होना—ये कुछ बातें थीं, जिन्हें बहुत आसानी से दूर किया जा सकता था और उससे यथार्थ की प्रामाणिकता और बढ़ती। हो सकता है, औरों का ध्यान उधर जाता भी न हो; मगर मुझे हर बार ये बातें परेशान करती हैं। कुछ स्थानीय रीति-रिवाज़, बोलियाँ-आवाज़ें और भी डाले जा सकते थे। मुन्नी भी अपनी ससुराल में उसी यातना से गुज़रती रही है, जिससे यहाँ प्रभा गुज़र रही है—बेटी और बहू के लिए हमारे घरों में कितने दुहरे मापदंड हैं—यह बात भी शायद ज़्यादा उजागर नहीं हो पाई है। तरला मेहता ने अपने सधे अभिनय से लहजे ओर उच्चारण की कमी को काफ़ी ढक लिया है, वर्ना वह तो कानों को और भी कचोटती। तरला ने वहाँ की औरतों के बीच उठ-बैठकर उनकी चाल-ढाल को काफ़ी हद तक सीखने की कोशिश की थी।

इसलिए मैं एकाध दिन के अलावा शूटिंग देखने भी नहीं गया। हमेशा पचास से दो-सौ लोगों की भीड़ के बीच ऐक्टिंग कैसे की जा सकती है, यह समझना मेरे लिए असंभव था। दिल्ली से ही सुनता रहता था कि अपनी राजा-मंडी सारे शहर का आकर्षण

है। एक बार आगरा गया तो यही जाँचने के लिए कैंट स्टेशन से 'जहाँ फ़िल्म की शूटिंग हो रही है, वहाँ ले चलो' कहकर मैं रिक्शे में अपने घर ही आ गया था। हाँ, रास्ते में रिक्शेवाले ने यह ज़रूर बताया, 'सुनते हैं, जिनकी फिलम बन रही है, उनकी आगरे में ही कोठी है, अब सब साली बिक-बिका जाएगी।' मैंने चौंककर पूछा, 'क्यों भाई ?' 'अरे कोई फिलम है ! न हीरो, न हीरोइन, न डांस, न गाना—एक दिन नहीं चलेगी' मैं देर तक हँसता रहा। बहरहाल, वास्तविक लोकेल से हटकर लोगों की प्रतिक्रिया मुझे ज़्यादा दिलचस्प लगती थी : 'क्या राजे बाबू, तुमने फिलम भी बनवाई तो ऐसी...अरे कुछ ऐसी तो बनवाते कि ताज और सिकंदरे पर छनती, कुछ हम भी अपना कमाल दिखाते। एक सीन हमारा डलवा दो न, हमारी दूकान नईं आई तो देख लेना साब, लड़ाई हो जाएगी—' यूनिट के सभी लोग, खुली तबियत के मस्त लोग थे और उनके साथ शाम की बैठक ज़्यादा आकर्षक लगती थी। यहाँ तक कि अंतिम दृश्य की शूटिंग के समय भी मैं घर सोया रहा था। तय हुआ कि यहाँ 'किस' दिखा दिया जाए। शूटिंग रात को बारह बजे होनी थी। मन्नू ने कहा, 'तब तो बासु दा, ये ज़रूर पहुँचेंगे। पहले आप समर को समझाएँगे कि इस तरह करो, तभी कैमरा छोड़कर महाजन पहुँचेंगे, फिर ये क्यों पीछे रहेंगे ? कहेंगे जिस भाव से मैंने लिखा है, वह यों है...'

बहरहाल, दिल्ली के कुछ मित्रों की इस फ़ब्ती पर मैं भी काफ़ी सोचता रहा कि 'इस फ़िल्म में ज़रूर कोई गड़बड़ है, वरना ऐसा कैसे हो सकता है कि ताँगेवालों से लेकर निहायत स्नॉब-बौद्धिक—सभी को समान रूप से पसंद आए ?' और आख़िरी तुरुप-चाल की तरह सिनेमा मैनेजर को यह बताने पर भी कि 'मैं इस फ़िल्म के उपन्यास का लेखक हूँ' सातवें दिन किसी भी शो का कोई टिकट न मिले और मैं, मन्नू और संयुक्ता टी-हाउस में डोसे खाकर ही अपनी झेंप मिटा लें। यही समस्या दूसरे स्तर पर मन्नू के उपन्यास 'आपका बंटी' को लेकर भी सामने आई है। हमारे यहाँ तो बहुत ही स्पष्ट दो विभाजन हैं—गुलशन नंदा और अज्ञेय-जैनेन्द्र; बिना कलात्मक की बलि चढ़ाए, या कहना चाहिए, अपनी सारी कलात्मक प्रयोगवादिता के बावजूद लोकप्रिय हो जानेवाले 'चित्रलेखा' जैसे उपन्यास इस यथास्थिति को डगमगा देते हैं; तब मानसिक रूप से बड़ी बेचैनी होने लगती है कि इसे किस कोटि में रखा जा सकता है ? वर्गमान, त्रूफ़ों, फ़ैलनी, वाज़्दा और रेनुआँ की आधुनिकतम मुद्राओं को ठेठ गाँवों की ज़िंदगी में धाँस देनेवाले ना-क़ाबिले-बर्दाश्त प्रयोगों के डिब्बा-बंद अहंकार में 'भुवन-शोम' और 'सारा आकाश' का दोष यही है कि लोग इन्हें देख लेते हैं।

अरुण कौल ने संपूर्ण उपन्यास का जो ट्रीटमेंट मुझे बहुत पहले सुनाया था, वह निश्चय ही मेरे संपूर्ण-लेखन के संदर्भ में अधिक सार्थक, बौद्धिक और आधुनिक था। अरुण का कहना था कि मेरे सारे उपन्यासों के नायक स्थान छोड़ने के लिए अभिशप्त हैं। 'उखड़े हुए लोग' का शरद्, 'मंत्रविद्ध' का तारक, 'कुलटा' का तेजपाल—सभी एक मानसिक संकट में जीते हैं और वहाँ से निकल भागते हैं। अरुण के ढंग से, हो सकता है, उपन्यास पूरा आ जाता; लेकिन पता नहीं, फिर वह ज़िंदगी इस तरह पर्दे पर आ पाती

या नहीं, जिसे झाँक लेने के लिए मैं हर चार-छः महीने बाद आगरा दौड़ता हूँ। वैसे अरुण को अभी अंतर्प्रांतीय भावात्मक एकता से फुरसत कहाँ है ? हिंदी की सभी अच्छी कहानियाँ तो उनके हरम में अनुबंधित हैं। आधुनिक हिंदी-सिनेमा के ये दादा साहब फालके अभी भी मुझे धमकी देते हैं कि 'दस-बीस साल बाद मैं 'सारा आकाश' बनाऊँगा तब देखना।'

–जनवरी, '72

एक इंच मुस्कान : रचना-प्रक्रिया

(राजेन्द्र यादव)

"अरे !" मन्नू एकदम रुककर बोलती है, "वो पठान !"

"कहाँ ?" मैं अचानक बौखला उठता हूँ–इधर-उधर देखने लगता हूँ।

"वो क्या है सामने, किताबों की दूकान पर ?"

अब तक मैंने भी भीड़ के पार देख लिया है–दूकान में लगी किताबों पर निगाहें टिकी हैं और उन्हें देखते-देखते ही सिर इस प्रकार क्रमशः ऊँचा उठता चला जा रहा है जैसे छत पर जाने के लिए सीढ़ियाँ गिन रहे हों। मैं एकदम रुक जाता हूँ। "अब क्या हो ?" सहायता के लिए इधर-उधर देखता हूँ, "आओ, इस 'बाटा' की दूकान में घुस जाएँ। अगर लौटेंगे तो दीख जाएँगे।"

"लेकिन ऐसी क्या मुसीबत है ? क्यों नहीं अपना चैप्टर लिखकर भेज देते ?" मन्नू को बहस करते देखकर मैं परेशानी से उसका हाथ खींचकर कहता हूँ, "ओ हो, यह बहस का मौक़ा नहीं है..."

"लेकिन मेरा नंबर थोड़ा ही है इस बार, जो मैं जाऊँ ? आपका है, आप जाओ।" मन्नू को हमेशा ख़तरनाक अवसरों पर सत्य-कथन का महत्त्व पता चलता है। इतने में पठान की निगाह हमारी ओर उठ जाती है। वहीं से दोनों हाथ बढ़ाकर बोलता आता है, "आहा, मैं तो सोच ही रहा था कि कल ऑफ़िस जाते हुए...। इस बार अंक जल्दी निकाल देना है...।" और पकड़े जाने पर मैं 'हें-हें' करके अपनी मजबूरी की सफ़ाई देता हूँ।

शरद देवड़ा का नाम हम लोगों ने रख लिया है 'पठान'। मान लीजिए, मन्नू को चैप्टर लिखना है। समय बहुत निकल गया है। सुबह हर पल धड़का है कि किसी भी क्षण, पठान-इन-चीफ़ या उनके किसी सिपहसालार के दर्शन होंगे। दरवाज़े पर खट्-खट् होती है। मैं खोलने उठूँ कि मन्नू दौड़कर आती है–"देवड़ाजी होंगे। मैं गुसलख़ाने में जाती हूँ, आप कह देना कि कॉलेज चली गई।" "मैं सुन रहा हूँ।" बाहर से दुष्ट आवाज़ आती है, और हम लोग सब हँस पड़ते हैं। मन्नू पठान को कॉफ़ी पिलाती है, नाश्ता कराती है...लेकिन पठान है कि हर तीसरी साँस में..."हाँ तो वो चैप्टर...?"

लेकिन देवड़ा पठान ही नहीं, संपादक भी हैं। एक बड़ी महीन चाल चलते हैं, "भई, कुछ कहो, हमें तो मन्नूजी के चैप्टर ज़्यादा पसंद आते हैं। हमारे सारे पाठकों को भी उन्हीं के अध्याय ज़्यादा पसंद हैं। तुम्हारे कुछ गरिष्ठ हैं...।" इतना ही नहीं, वे जान-

बूझकर उन्हीं पत्रों को छापते और रिडायरैक्ट करते हैं, जिनमें मन्नू के अध्यायों की प्रशंसा हो। मैं हँसकर टाल देता हूँ, "यार, ये तो तुम्हारी बहुत पुरानी कमज़ोरी है। तुम्हें मेरे सिवा संसार का हर लेखक महान् और प्रशंसनीय लगता है। मैं भी कहीं कलकत्ता से बाहर रहता होता और कुछ दिनों को यहाँ आता, तो..." देवड़ा के जाते ही मन्नू खुश होकर कहती है, "देखो, मेरे चैप्टर अच्छे जा रहे हैं...।"

"यही तो इसकी चाल है।" मैं समझता हूँ, "मेरे भीतर हीन-भाव पैदा कर दो और तुम्हारी प्रशंसा करते रहो...उपन्यासांश समय पर मिलते रहेंगे...।"

"कुढ़ो, कुढ़ो !" मन्नू चिढ़ाती है। फिर सहसा सुस्त होकर कहती है : "लेकिन इस बार क्या होगा ? नौकर का अभी तक इंतज़ाम नहीं हुआ है, आपसे इतना भी नहीं होता कि नौकर ही तलाश कर दो। लीला बेचारी क्या-क्या करे...? वो घर का काम करे तो 'बेबी' ? नया-नया कॉलेज है। इन सबके बीच चैप्टर की बात उठती ही नहीं। मैं साफ़ कहती हूँ, जब तक रसोई में 'सिंक' नहीं लगेगा मैं कुछ भी नहीं लिखूँगी..."

और मन्नू का उपदेशात्मक धारा-प्रवाह भाषण शुरू हो जाता है, जिसका विषय होता है कि उसके भाइयों, जीजाओं की तुलना में मैं कितना 'अहदी' जीव हूँ... उनमें से कोई होता तो क्या एक दिन भी बिना नौकर यों उसे परेशानी उठानी पड़ती ? रसोई में तीन-तीन सिंक लग जाते (उसके सबसे फ़ुर्तीले भाई साहब पिछले बारह साल से एक ऐसे मकान में हैं जिसे बदलने की बात दिन में कम-से-कम दो बार सोच लेते हैं) तथा अन्य पतियों के मुकाबले मैं एकदम हीन और असफल हूँ। फिर पठान का ख़याल आता है तो बात बीच में तोड़कर कहती है, "देवड़ाजी से कह दीजिए, मेरे दिमाग़ में कुछ भी नहीं है लिखने को।" मैं पूछता हूँ, "इस बार क्या सूचना जाएगी ?—कि लेखिका के घर नौकर नहीं था, रसोई में सिंक नहीं लगा था, और कलकत्ता में मच्छर बहुत थे..."

कुछ इस तरह की आँख-मिचौली के बीच 'एक इंच मुस्कान' का एक-एक अध्याय लिखा गया है। आज सोचता हूँ कि अमला-रंजना-अमर की खींचतान ने यह उपन्यास नहीं लिखाया; लिखाया है पाठकों और मित्रों के आत्मीय दबाव ने...पठान के डर और संपादकीय चालाकी ने। मन्नू कहती, "इस बार आपके अमर की ऐसी रेड़ करूँगी कि सब लोग थू-थू करें...।" मैं जवाब देता, "ज़्यादा तीन-पाँच करोगी तो तुम्हारी रंजना को ले जाकर ओखला में डुबा दूँगा...!" मन्नू अपनी ट्रम्प-चाल चलती, "आप चाहे जितने शीर्षासन कर लो...आपके चैप्टर निहायत-निहायत बोर हैं...!"

"तुम्हारे पाठकों को कुशवाहा कांत पढ़ने की आदत है।" और मैं सुस्त हो जाता। यह संपादकीय चालाकी काम कर गई थी और मुझे हमेशा मन में एक बोझ महसूस होता रहता था कि मेरे चैप्टर उतने सरस नहीं जा रहे हैं जितने मन्नू के। मन्नू के लिखने में प्रवाह और निर्व्याज आत्मीयता है, और मेरी शैली बहुत सायास और बोझिल है...यह बात कुछ ऐसे कौशल से फ़िज़ा में भर दी गई कि जहाँ कोई कहता..."आप लोगों का उपन्यास 'ज्ञानोदय' में..." कि मैं बीच में ही बात काटकर बोल पड़ता, "जी हाँ, और उसमें मन्नूजी के चैप्टर बड़े रोचक जा रहे हैं...!" धीरे-धीरे मैंने पाया कि उपन्यास को

मेरे लिए एक चैलेंज-चुनौती का रूप दे दिया गया है। और कठिनाई यह थी कि यहाँ मेरी लेखकीय शक्ति दो भागों में बँट गई : इस चैलेंज को स्वीकार करूँ या उस उपन्यास को सिर्फ़ एक कथा-प्रयोग—कौतुक—होने से बचाऊँ। हस्ब-मामूल मन्नू मेरी ख़िलाफ़ पार्टी में थी। सहयोगी लेखिका, प्रतियोगी लेखिका हो गई थी।

इन सारी आंतरिक कठिनाइयों के साथ यह सहयोगी-उपन्यास समय और शक्ति का इतना बलिदान माँगेगा—अगर इस बात का कुछ भी अंदाज़ हमें होता तो शायद इसे प्रारंभ करने की हिम्मत भी हम लोगों की न पड़ती; फिर चाहे भाई लक्ष्मीचंद्रजी कितनी ही सान पर क्यों न धरते ! निंदक नियरे रखने की बात तो तुलसी या रहीम ने ज़रूर कही थी; लेकिन घर में प्रतियोगी और बाहर निंदक खड़े करने का नुस्ख़ा मुझे तो किसी वैद्य ने नहीं तजवीज़ा था और न ही मानसिक स्वास्थ्य के लिए डेढ़ साल इस 'औपन्यासिक तनाव' में जीने की बात कहीं पढ़ी थी। श्री लक्ष्मीचंद्र जैन निहायत सज्जन, शिष्ट और स्नेही व्यक्ति हैं और मेरे आदरणीय भाई का पद सँभाले हैं; लेकिन उन्होंने मुझे इस प्रकार की कठिनाइयों में क्यों डाल दिया, इसका ज्ञान मुझे हुआ उपन्यास प्रारंभ करने के सवा साल बाद श्री जैनेन्द्रजी से बातचीत करते हुए। अपनी स्वाभाविक मुद्रा में आँखें बंद करके एक बात के उत्तर में जैनेन्द्रजी ने एक सुंदर-सी सूक्ति दी : 'गुड इज़ दि एनिमी ऑफ़ ग्रेट'। मेरे मन में अचानक कौंधा...गुड अर्थात् श्री लक्ष्मीचंद्र जैन...

बात सन् '60 दिसम्बर के प्रारंभ की है : श्री लक्ष्मीचंद्रजी और श्रीमती कुन्थाजी हमारे यहाँ चाय पीने आए थे। चर्चा 'ग्यारह सपनों का देश' के कथा-प्रयोग पर होने लगी। 'प्रतीक' का 'बारह खंबा' पाँच-छः खंबों से आगे नहीं बढ़ा था और 'ग्यारह सपनों का देश' जैसे-तैसे पूरा हो गया था...यह खुशी की बात ज़रूर थी, लेकिन प्रयोग बहुत संतोषजनक था, ऐसा कहना ग़लत होगा। कुछ लेखक कथा से भागे थे, कुछ चरित्रों से...और उपन्यास क्या था लावारिस भेड़ थी...जिसका जिधर मन हुआ हाँक ले गया। उपन्यास के अध्यायों से ज़्यादा रोचक, उपन्यासकारों के लेख थे—जिनमें अपने-अपने ढंग से हरेक ने दूसरों को गालियाँ दी थीं—(सिर्फ़ एक लेखक ने 'अपने' पात्र की मृत्यु पर बाकायदा पंजाबी शैली में सियापा किया था और अभिशाप दिए थे।) तो इस पर हम सभी सहमत थे कि 'सब मिलाकर प्रयोग बेहद रोचक रहा और पाठकों-लेखकों को समान रूप से आनंद आया। लेकिन है बड़ा सिरदर्द।' लक्ष्मीचंद्रजी बोले, "एक-एक चैप्टर जुटाने में निहायत परेशानी उठानी पड़ती है। 'ग्यारह सपनों' के हर चैप्टर के लिए कितनी-कितनी मुसीबतों का सामना करना पड़ा है—यह हम ही जानते हैं। इसलिए इस प्रकार की कोई और चीज़ हाथ में लेते बड़ा डर लगता है...!"

"वैसे क्या कोई ऐसी चीज़ शुरू करने का इरादा है ?" प्रश्न के साथ ही अचानक एक सुझाव दिमाग़ में आया, "लेकिन अगर कोई इसी तरह की चीज़ शुरू करें तो इस बार अच्छा हो कि लेखक अपनी थीम डिस्कस कर लें... ।"

"परेशानी तो वही है। सब कुछ हो जाता है लेकिन समय पर चैप्टर नहीं मिलते।

हिम्मत नहीं पड़ती इसलिए... ।''

''मन्नूजी, आप क्या लिख रही हैं ?'' इस बीच में कुन्थाजी ने मन्नू से सवाल कर दिया था। उन दिनों मन्नू की कहानी 'यही सच है' की बड़ी चर्चा थी। कुन्थाजी उसकी तारीफ करने लगीं, तो मन्नू ने बताया कि वस्तुतः वह एक उपन्यास है—बस सुविधा होते ही उसे लिख डालना है। और जैसा कि मन्नू की आदत है वह अपनी किसी रचना का प्लॉट बताने लगी। बोली, ''इस बार मेरी इच्छा है, एक ऐसी चीज़ लिखी जाए जिसमें एक ही समय एक ही स्थिति और एक ही परिस्थिति को विभिन्न पात्रों के एंगिल से लिया जाए। इन्होंने एक उपन्यास बताया था...''

मन्नू को अपनी ओर देखते हुए पाकर मैंने बताया; ''श्री अमृतलाल नागर ने मुझे विकी-बॉम का एक उपन्यास पढ़ने को दिया था—'द मैन नेवर नो।' उसका शिल्प यही है। पहला परिच्छेद है—''हवाई जहाज़ छूटने से पाँच मिनट पहले—'ही' (पुरुष)—यानी सारी कहानी पुरुष के कोण से। दूसरा परिच्छेद—'हवाई जहाज़ छूटने से पाँच मिनट पहले—'शी' (नारी)—यानी वही लोग, वही परिस्थिति, वही समय—नारी के कोण से। तीसरा परिच्छेद—'हस्बैंड' (पति) हवाई जहाज़ छूटने से पाँच मिनट पहले।'—सारी कहानी पति के कोण से। इस प्रकार एक ही समय-स्थिति को तीन उपस्थित पात्रों की ओर से कहा गया है कि कहानी हर बार नई हो जाती है। बंगला में भी एक ऐसा ही प्रयोग हुआ है—सतीनाथ भादुड़ी का 'जागरा'। यह प्रयोग मन्नू को ऐसा पसंद आया है कि...''

ध्यान से सुनकर लक्ष्मीचंद्रजी बोले, ''तब फिर एक काम क्यों न करें : अनेक कोणों से मन्नूजी ही सारा उपन्यास लिखें, उसकी बजाए नारी और पुरुष के कोण आप लोग, दोनों अलग से सँभालें। बड़ा सुंदर प्रयोग रहेगा।''

सुझाव सचमुच नया था। हम लोगों ने एक-दूसरे की ओर देखा। मैंने ज़रा-सा संशोधन किया—''तब फिर एक स्थिति और समय को न लेकर एक कथानक को लिया जाए... ।''

''इसे जनवरी से शुरू कर दें।'' इतनी देर बाद शायद लक्ष्मीचंद्रजी ने अपने मन की बात कही, ''इसमें हमें भी यह सुविधा रहेगी कि आप दोनों यहीं के हैं, अध्याय लेने में भी परेशानी नहीं होगी।''

''इतनी जल्दी ?'' मैं बोला, और जल्दी-जल्दी दिमाग़ के ख़ानों में टटोलने लगा कि कौन-सा कथानक ऐसा हो सकता है जो...

''अभी तो पंद्रह-बीस दिन हैं। तब तक आप सोच ही डालेंगे।'' लक्ष्मीचंद्रजी ने अंतिम निर्णय दे डाला।

वे लोग चले गए, लेकिन मेरे दिमाग़ में आतिशबाज़ी की चर्ख़ियाँ घूमने लगीं। एक प्लॉट सोचता, फिर उसमें कोई असंगति दीखती तो दूसरा उठाता। एकाध कथानक आया भी, लेकिन उसे मैं स्वयं लिखना चाहता था। लेखकीय हिसाबीपने ने राय दी कि ऐसे अच्छे कथानक को 'प्रयोग' के चक्कर में ख़राब मत करो। अचानक एक कथानक ऐसा दिमाग़ में आ गया कि मुझे लगा, सारा काम बन गया। लेकिन कथानक मेरा नहीं,

मन्नू का था। अगर कहीं मन्नू राजी हो जाए तो पंद्रह दिनों में शायद हम लोग सारा उपन्यास ही लिख डालेंगे। हाँ, यह सुझाव बातचीत में वहीं उभरा था या लक्ष्मीचंद्रजी पहले से तय करके आए—यह मैं आज भी नहीं कह सकता।

विवाह से पहले की बात है : मैं कलकत्ता छोड़कर दिल्ली चला गया था, और मन्नू एक-एक पत्र में तीन-तीन कहानियों के प्लॉट बताया करती थी। जब तक दूसरा पत्र आता, तब तक वे लिखी जा चुकी होती थीं। एक बार पत्र आया कि 'मैं उपन्यास लिख रही हूँ।' दस दिनों बाद : 'अलग डाक से उपन्यास भेज रही हूँ। अपनी राय दीजिए—विस्तार से।' मैं दंग ! इतने समय में तो मैं एक उपन्यास पढ़ तक नहीं पाता। ख़ैर, उपन्यास पढ़कर मैंने अपनी राय दी (मन्नू को सिर्फ़ मेरी राय पर विश्वास नहीं था, इसलिए कई लोगों से और भी राय ली) लिखा : 'इसे खूब धैर्यपूर्वक दुबारा लिखो। अपने वर्तमान रूप में तो यह एक अच्छे उपन्यास का विस्तृत कथानक भर है।' उसकी सारी कथा और हर पात्र पर मैंने विस्तार से लिखते हुए शायद ऐसा भी कुछ लिखा कि 'इसका नायक तुमसे सँभला नहीं है। अगर नायकवाले हिस्से, उसकी मानसिक स्थितियों का वर्णन मैं अपने कोण से करूँ तो शायद तुम्हें बता सकूँगा कि कैसे होना चाहिए था—पत्र में एक-एक बात कैसे लिखूँगा...।' ख़ैर, दुबारा लिखने की ताकीद करके उपन्यास का नाम मैंने भेज दिया—'एक इंच मुस्कान।' मगर किसी चीज़ को दुहराने, संशोधन-परिवर्धन करने का धैर्य चूँकि मन्नू में नहीं है—इसलिए डेढ़ेक साल से उसकी पांडुलिपि पड़ी थी। मुझे उसी का ख़याल आया इस क्षण।

मन्नू को कैसे मैंने उस उपन्यास के लिए तैयार किया—यह एक अलग कहानी है—उसे स्वयं उसी के मुँह से सुनिए। लेकिन, यहाँ परेशानी यह आई कि मैंने जो सुझाव दिया था, उसमें उपन्यास के लगभग पचास पन्ने ही मैं लिखता—और अब यहाँ आधा उपन्यास ही मुझे लिखना था। साथ ही उस हिस्से को मैं अपने ढंग से लिखना चाहता था, और यह भी जानता था कि यह उपन्यास मन्नू के दिए उस 'रफ़' कथानक से एकदम भिन्न होगा और अंत में हुआ भी। बहरहाल, हमने पात्रों और परिच्छेदों का बंटवारा कर डाला और लक्ष्मीचंद्रजी को सूचना दे दी। मैं अपनी कमज़ोरी जानता था इसलिए अतिरिक्त उत्साह से मन्नू से बोला, "मैं तो अब इसी में जुट पड़ता हूँ। तुम भी मदद दे दो—बस दो महीने में सारा उपन्यास लिख डालते हैं। इसके बाद ये लोग साल-भर पत्रिका में निकालते रहेंगे—हम अपने और कामों में लग जाएँगे। फिर कोई चिंता नहीं रहेगी।"

लेकिन चिंता थी कि पूरे डेढ़-साल एक-एक दिन सिर पर सवार रही। लिखना मेरे लिए शारीरिक और मानसिक यातना है। मैं हमेशा मन में यह विश्वास रखकर अपने से कहता हूँ कि 'उंह, जब चाहूँगा एक दिन सुबह जमकर बैठूँगा और शाम तक चैप्टर ख़त्म कर डालूँगा !' लेकिन आज तक वह दिन कभी नहीं आया। सुबह सोचता, रात को बैठूँगा और रात को आलस्य में, ब्राह्म-मुहूर्त में ताज़ा दिमाग़ से काम करने की ठानता। मूड बनाता और पात्रों की परिस्थितियों...वार्तालापों को सोचता—कहाँ से चैप्टर प्रारंभ होगा...कहाँ समाप्त होगा, उसमें क्या-क्या आएगा, यह सब मन में दुहराता और प्रायः

ही सो जाता। महीने की पंद्रह तारीख़ को हर हालत में चैप्टर दे ही देना है, यह तय था। दस-बारह दिन जब यों ही अपने से उठा-पटक करते बीत जाते तो ज़बर्दस्ती मेज़ पर बैठने की आदत डालता—सिगरेटें और कॉफ़ी पीता जाता और मूड बनाने के नाम पर दूसरों की किताबें पढ़ता रहता। पहले दो-तीन पन्ने के बाद लिखना प्रायः आसान हो जाता; लेकिन सारे दिन की मानसिक तैयारी और चार-पाँच घंटों के परिश्रम के बाद चार पृष्ठ से ज़्यादा कभी भी नहीं लिख पाता। उसमें भी बीच-बीच में कभी बालकनी में झाँकता, कभी पत्रिकाएँ टटोलता, चिट्ठियाँ लिखता। ये पंद्रह दिन मेरे किस यातना में कटते मैं ही जानता हूँ—और जब सोलह-सत्रह तक जैसे-तैसे चैप्टर पूरा हो जाता तो उन पात्रों, परिस्थितियों के साथ इतना जी चुका होता कि मन होता, इसी प्रवाह में अगला अध्याय भी लिख डालूँ। मन्नू मुझे यों कसरत करते देखकर खुश होती और मज़ा लेती; "इतनी हठयोग साधना करके लिखो, और वह भी बोर !"

इसके बाद मैं मन्नू को तंग करना शुरू करता कि उसे तो लिखने में कठिनाई नहीं होती, जल्दी से लिख दे तो मैं अपने उसी मूड में अगला अध्याय भी लिख डालूँ। लेकिन कुछ-न-कुछ अड़चन ऐसी आती रहती कि मेरे और देवड़ा के लगातार शोर मचाने के बावजूद वही पंद्रह-सोलह तारीख़ हो जाती—और रो-धोकर चैप्टर पूरा होता। इस बीच मेरा मूड चला गया होता और अपने हिस्से के लिए मैं नए सिरे से शीर्षासन प्रारंभ कर देता। इस प्रकार मैं देखता हूँ कि यह सारा समय मानसिक रूप से मुझे कुछ यों बाँधे रहा कि आधा समय मन्नू के चैप्टर की प्रतीक्षा और आधा अपने लिखने की तैयारी। हम लोग लाख सिर पटकते, लेकिन अध्याय पूरा होते-न-होते दूसरे अध्याय का समय सिर पर सवार हो ही जाता। नतीजे में, न मैं अपना कुछ और काम कर पाता था न मन्नू—सारा ध्यान बस इसी में लग गया था। झुँझलाहट भी होती कि डेढ़-साल में क्या ये सात-आठ चैप्टर ही अपना सारा लेखन होगा ? गुस्सा आता कि बैठे-बिठाए हम लोगों को भी आख़िर यह क्या सूझा ? लोग इस प्रयोग की तारीफ़ करते; एक-एक चैप्टर पर अलग-अलग राय मिलती—प्रोत्साहन और विचार-सामग्री मिलती—पाठकों के पत्र—कुछ सीधे, कुछ 'ज्ञानोदय' के द्वारा—मिलते—और मन में, बस एक ही बात आती—इन लोगों को क्या पता कि यह प्रयोग हमारे लिए कितना महँगा पड़ा है। एक साहब ने लिखा : "साहित्य के इतिहास में दो व्यक्तियों ने मिलकर उपन्यास लिखे हैं, एक के अधूरे उपन्यास को दूसरे ने—कभी महिला ने—पूरा किया है। पति और पत्नी कथा-लेखक हुए हैं—मगर एक ही उपन्यास के नारी-पात्रों को नारी ने और पुरुष-पात्रों की पुरुष लेखक ने समानांतर चलाया हो—ऐसा प्रयोग आज तक, शायद किसी भी साहित्य में नहीं हुआ।" बहुत बड़े यश का प्रलोभन था, मगर एक लेखन-जीवी व्यक्ति डेढ़-वर्ष में केवल सात चैप्टर लिखे, यह स्थिति किसी भी तरह गले नहीं उतर पाती थी। केवल यश के संतोष से तो ज़िंदगी नहीं चलती...

हाँ, पाठकों को शायद एक संतोष ज़रूर हो कि यहाँ हम दोनों के लेखन के डेढ़-वर्ष का क्रमबद्ध विकास एक साथ देखने को मिल जाएगा। पता नहीं इस अवधि में हम

लोगों ने कुछ सीखा भी या जहाँ से शुरू किया था अंत तक वहीं रहे।

ख़ैर, इन बाहरी और भीतरी संघर्षों के बीच उपन्यास हर मास बढ़ता रहा—बहुत अधिक पाठक मन्नू को, और काफ़ी कम मुझे बढ़ावा देते रहे। पाठकों को चाहे कितना सफल और रोचक लगा हो—लेकिन रचना की आंतरिक अन्विति में गहरी कमज़ोरी आ गई है—यह अहसास मुझे लगातार कचोटता रहा। शायद इस प्रकार के प्रयोग की यह कमज़ोरी थी और इसका कोई इलाज नहीं था। डेढ़-साल की अवधि में जाने कितनी तरह के आंतरिक और बाह्य प्रभावों ने उपन्यास में मोड़ और जोड़ दिए थे, फिर प्रत्येक स्वतंत्र अध्याय को पाठकों की प्रत्यक्ष और परोक्ष प्रत्याशा ने मर्यादित कर दिया था। अनजाने और अवचेतन मन में उपन्यास के पात्र और कथ्य की स्वाभाविक माँग नहीं—बल्कि पाठकों की सम्मितियाँ और प्रतिक्रियाएँ हर चैप्टर के शैली-शिल्प की निर्धारक हो जाती थीं। उसमें भी हर अध्याय टूट-टूटकर चलता। मेरे और मन्नू के हर दो अध्यायों के बीच जाने कितनी रायें आ-चुकी होतीं, दूसरे का बिलकुल अलग कोण-शैली में लिखा एक अध्याय आ-चुका होता—व्यक्तिगत आत्मीयता और खींचतान के अनेक अवांतर क्षणों से हम लोग गुज़र चुके होते और लगभग दो महीने का समय बीत चुका होता। फिर मासिक पत्र की, पाठकों की अपनी सीमाएँ थीं—उन्हें हर बार एक चीज़ ऐसी देनी थी, जिसका एक प्रारंभ हो, एक अंत हो और जिसमें एक क्लाइमैक्स आए। अगर एक साथ ही उपन्यास लिखकर दे दिया होता तो शायद ऐसी मानसिक मजबूरी न आती। अब तो शायद एकसाथ पढ़नेवाले को यह दो साइज़ के कैमरों से खींचे गए चित्रों का एलबम अधिक, एक सूत्रबद्ध फ़िल्म कम लगे। दूसरे या तीसरे अध्याय पर ही मुझे एक और स्तर पर लगने लगा कि उपन्यास हम लोग नहीं लिख रहे—हमसे लिखाया जा रहा है, पाठकों की अप्रत्यक्ष प्रत्याशा हमसे लिखा रही है। आँखों और कानों से एक-एक शब्द, मुद्रा को पीनेवाले श्रोताओं और दर्शकों की विपुल उपस्थिति जिस प्रकार वक्ता और अभिनेता को अनजाने ही अपने साथ बहा ले जाती है—वही कुछ स्थिति हमारी थी। यहाँ भी बहकने और भटकने के अवसर मन्नू को ही ज़्यादा थे, क्योंकि वह निस्संदेह मुझसे अधिक सरस और रोचक लिख रही थी। अंत के दो-तीन अध्यायों में तो सचमुच मुझे ऐसा महसूस हुआ कि मन्नू के हर अध्याय के बाद की तालियों की गड़गड़ाहट मेरा दिल धसका देती है।

उपन्यास की भावनात्मक और वैचारिक अन्विति की दृष्टि से देखता हूँ तो मुझे लगता है कि इन तालियों की गड़गड़ाहट ने मन्नू को भटका भी दिया। वक्ता अपने भाषण में किसी चुटकुले मज़ाक पर पुरजोश तालियाँ पाता है, तो खुद-बख़ुद (कभी-कभी विषय से हटकर भी) दूसरा चुटकुला सुनाने का प्रलोभन मन में आता है। यह प्रलोभन बड़ा सूक्ष्म, लेकिन अचूक होता है। मेरे पास सिर्फ़ अमर था—जबकि मन्नू के पास रंजना और अमला दोनों थीं—और संयोग से दोनों दो विरोधी स्वभाव और परिवेश की थीं, अतः हर अध्याय में मन्नू एक सुखद विविधता और रोचक घटनाएँ दे सकती थी। फिर उसकी आत्मीय शैली और निर्भीक अंदाज़। दूसरी सुविधा मन्नू को अनायास ही यह

मिल गई कि अमला और रंजना परिस्थितियों में अधिक और मनःस्थितियों में कम जीवित रहती थीं। तीसरी बात यह कि दोनों ही प्रताड़ित नारियाँ थीं—अमला को उच्च-वर्ग की विडंबना ने मारा था और रंजना को एक 'सनकी' की प्रवंचना ने—अर्थात् पाठक दोनों को सहानुभूति दे रहा था। और अंतिम बात यह कि तालियों के शोर में बहकर मन्नू ने एक 'डैफ़िनिट स्टैंड' ले लिया था और वह लेखक की तटस्थता से नहीं, बल्कि वकील की पक्षधरता से 'अपनी रंजना' की पैरवी करने लगी थी—डिफेण्डर हो गई थी।

मेरे और मन्नू के लेखन में यही मौलिक अंतर भी है। वह कथा के पात्रों के साथ इतनी अधिक एकाकार हो जाती है कि उनका 'दुर्भाग्य' उसे अपना 'दुर्भाग्य' लगता है। उपन्यास का अमर, रंजना का शत्रु नहीं, मन्नू का शत्रु हो गया था और वह कथा की समस्याओं और संभावनाओं के प्रति ईमानदार न रहकर 'अमर' की 'ख़बर लेने' पर अधिक उतारू हो गई थी जबकि मुझे अपने किसी भी पात्र से ऐसा कोई लगाव नहीं था। इसलिए मन्नू के अध्याय पढ़कर जब लोग कहते कि 'अब तो मन्नूजी ने ऐसी जगह चैप्टर छोड़ा है कि अमर को बचाना आपके लिए बहुत कठिन हो जाएगा।' तब मैं उन सज्जन को यही समझाने की कोशिश करता कि 'मैं आख़िर अमर को बचाऊँ क्यों ?—उसे मैं खलनायक नहीं बनाना चाहता, लेकिन यह उम्मीद भी पाठक से क्यों करूँ कि वह अपनी सहानुभूति देगा ही। अगर यह सचमुच आज के सक्रांतिकालीन बुद्धिजीवी की ट्रेजडी और व्यक्तित्व का स्खलन है तो क्यों न उसकी संपूर्णता में चित्रित हो...? अगर रंजना का केस कथानक की तर्कपूर्ण संगति से नहीं, उसकी शहादत और पाठकों की सहानुभूति से ही मज़बूत होता है, तो हो—मुझे जो बात कहनी है उसे मैं अपने पात्र के व्यक्तित्व के अनेक स्तरों और धरातलों पर तटस्थ होकर पाने की कोशिश करूँगा...ताकि अमर की पराजय एक व्यक्ति की नहीं...एक पीढ़ी की पराजय होकर आए—चाहे फिर वह राह खो जाने की व्याकुलता में भटक गई पीढ़ी के नाम से ही क्यों न जानी जाए... ।'

और यहीं उपन्यास का वह कोण या धरातल था जहाँ मन्नू मुझे अपनी जानकारी में असहयोग और अनजाने ही सहयोग दे रही थी। मेरे लिए उपन्यास 'एक प्रबुद्ध व्यक्ति के आत्मान्वेषण' की सफल या असफल प्रक्रिया थी, और मैं उसे हर बार परंपरागत 'त्रिकोणवादी' (जैसा कि एक पाठिका ने भर्त्सना की थी) उपन्यासों से अलग हटाने की कोशिश करता था। शायद भीतर कहीं यही आशंका थी कि प्रारंभकर्ता का सुअवसर पाते ही मैंने उसे सिंहावलोकन का रूप दे दिया था और कोशिश की थी कि इस अतीत-यात्रा में अमर अपने-आपको, और अपने व्यक्तित्व के निर्माण-तत्त्वों को तटस्थ संदर्भ और निष्पक्ष परिवेश में ही देखे—एक अलग व्यक्ति की निगाह से अमर-रंजना-अमला के संबंधों और उनकी स्थिति के अर्थ को पाए...शायद यही कारण है कि मेरा हर अध्याय किसी-न-किसी रूप में अंतरावलोकन का गवाक्ष या दो घटनाओं के बीच का अंतराल बनकर आया है। अर्थात् क्रियाओं का नहीं प्रतिक्रियाओं का समाहार अधिक है। यहाँ क्रियाओं का भार स्वयं लेकर ही मन्नू ने मेरा काम बहुत सरल कर दिया।

वस्तुतः रंजना और अमला, अमर के निकट दो संपर्क नहीं, दो स्वतंत्र मूल्य हैं, और इन मूल्यों की संगति का निरूपण ही अमर का आभ्यंतरिक (स्पिरिचुअल) द्वंद्व है। उपलब्धि की 'महानता' और 'क्षुद्रता' से कलाकार की कलायात्रा को न जाँचकर, प्रयत्न की निष्ठा और अभिव्यक्ति की आकुलता को कसौटी बनाया जाए तो इन दोनों मूल्यों को शायद कुछ समझा जा सकेगा। निश्चय ही अमर खंडित-व्यक्तित्व प्राणी है और उसका आंतरिक व्यक्तित्व दो भागों में बंटा है...प्रेम, विवाह, सुख-सुविधा के परंपरागत संस्कार...कभी-कभी उन्हें प्राप्त करने की चाह, अर्थात्--एक मानवीय नैतिकता-बोध; दूसरी ओर स्रष्टा व्यक्तित्व की उच्चतर मुक्ति-कामना। एक के प्रति वह उपेक्षा नहीं धारण कर सकता, तो दूसरे की पुकार को भुलाना उसके वश के बाहर है। रंजना के साथ सबकुछ है...सहानुभूति, संस्कार, समाज और स्वयं अमर की नैतिक चेतना। अमला के पास कुछ भी नहीं है...सिवा एक प्रवंचक मुस्कान के। यही मुस्कान--मर्यादाबद्ध अभिव्यक्ति--ही अमला है, और मालूम नहीं यह मुस्कान है भी या नहीं। शायद अमर के मन का भ्रम ही है। लेकिन जब होती है तो चेतना के अनजान आसमानी द्वार-संधि से झाँकती ज्योतिरेखा बन उठती है और अमर के मन का सौंदर्यानुसंधानी आदि-यायावर जाग उठता है...जो न जाने कितनी बार, चाँद को छू-आने के प्रयत्न में नीचे आ गिरा है और ऐवरेस्ट पर पहुँचने से पहले न जाने किन-किन देशों में बर्फ की शिलाओं में दब मरा है। और न कहीं पहुँच सके वह, लेकिन इस संक्रांति की घुटन को अभिव्यक्ति देकर 'मुक्त' तो हो ही ले...

उपन्यास समाप्त हो गया और निश्चय ही अमर कहीं नहीं पहुँचा...अगर पहुँचा तो उस मंज़िल तक जिसके आगे राह नहीं...कम-से-कम धरती नहीं है...है तो सागर है, और वहाँ मेरी गति नहीं है।

अमर को कुछ नहीं मिला...शायद यह यात्रा 'पाने' की यात्रा थी भी नहीं, 'खोने' की भी नहीं थी...केवल देखने, जीने और अपने को जानते चलने की दिशा में सिर्फ़ एक पड़ाव था...सिर्फ़ एक अभिव्यक्ति का संतोष और मुक्ति का सुख था।

अमर अगर असफल है तो रहा आए...मैं उसकी वकालत नहीं करूँगा। असफलता लौकिक अर्थों में शक्ति-हीनता का या संकल्प-हीनता का प्रमाण है और जो व्यक्ति क्रूरतापूर्वक निर्णय न लेकर वेदना-संवेदना के लिहाज़ में भटक जाता है, वह निश्चय ही संकल्पहीन है...उसे गालियाँ खाने का पूरा अधिकार है कि क्यों नहीं वह अपनी सिद्धि और साधनों का क्रमबद्ध स्पष्ट ब्यौरा दे सकता। हीरो तो वही है न, जिसके सामने उसका 'प्राप्य' स्पष्ट हो और वहाँ तक पहुँचने की सीढ़ियों की पूरी गिनती उसे ज़बानी याद हो। उस व्यक्ति को तो हीरो होने का हक ही नहीं है जिसे न तो अपनी सिद्धि का ज्ञान हो, न साधनों का...बस, कहीं पहुँच जाने की, किसी बोझ से मुक्त हो जाने की अनाम तड़प ही जिसका बल-सम्बल हो !

इस अर्थ में अमर ग़ैर-हीरो या अ-नायक है, मगर मेरा प्रिय पात्र है....

--ज्ञानोदय, 1961

एक इंच मुस्कान : रचना-प्रक्रिया

(मन्नू भंडारी)

और आख़िरकार 'एक इंच मुस्कान' समाप्त हो ही गया। यों डेढ़ साल...अनेकानेक परेशानियों से भरे डेढ़ साल का अंतराल कम नहीं होता, फिर भी आज लग रहा है जैसे कल की ही तो बात है...जैन साहब और कुन्थाजी के साथ बातचीत हो रही है--बात कुशल-क्षेम, हँसी-मज़ाक़ से गुज़रकर उपन्यास-कहानियों के कथानक--प्रयोगों पर आती है--'बारह खंभा', 'ग्यारह सपनों का देश' और जैन साहब की ओर से प्रस्ताव आता है कि क्यों न हम दोनों मिलकर एक ऐसा सहयोगी उपन्यास लिखें जिसके पात्रों की घटनाओं को अपने-अपने दृष्टिकोण से चित्रित करें; स्त्री-पात्रों को मैं सँभालूँ और पुरुष-पात्रों को राजेन्द्र। मैं यों ही हँस दी। उस हँसी में न स्वीकृति थी न इंकारी। शायद मैंने उस बात को गंभीरता से लिया ही नहीं था। पर राजेन्द्र के दिमाग़ में चक्कर चल पड़ा। जैन साहब के जाते ही बोले, ''मन्नू, यह हो जाए ! बस हो ही जाए।''

''हो जाए !'' मैंने उतनी ही लापरवाही से कह दिया। इस होने के साथ सोचने के लिए कितना कुछ जुड़ा था, इस बात पर मेरा ध्यान ही नहीं गया। खाने पर बैठे तो फिर वही बात, ''सोच रहा हूँ कथानक कौन-सा लिया जाए ?''

''हाँ, कहानी पहले से ही तय होनी चाहिए। सारे उपन्यास की प्लैनिंग होनी चाहिए। यह नहीं कि कुछ तो भी शुरू कर दिया और फिर कथानक के साथ मनमानी कर रहे हैं--जब जहाँ मर्ज़ी आया मोड़ दिया, घसीट दिया।''

अपने एक अधूरे उपन्यास का प्लॉट सुनाया पर साथ ही आशंका रख दी, ''यह तुमसे चलेगा नहीं; फिर इसमें बँटवारे के लिए गुंजाइश भी नहीं है। तब ?'' उस समय मुझे स्वप्न में भी ख़याल नहीं था कि राजेन्द्र की आँखें मेरे उपन्यास पर गड़ी हुई हैं।

और इधर-उधर की कथाएँ आईं पर हरएक के साथ कुछ-न-कुछ अगर-मगर जुड़ा हुआ था--और तब अचानक ही राजेन्द्र ऐसे चहककर बोले जैसे एकाएक ही उन्हें कोई अनोखा हल सूझ गया हो। पर इनका लेख पढ़कर तो लगा कि वह सब इनकी ऐक्टिंग थी।

''तुम्हारा 'एक इंच मुस्कान' ले लिया जाए ! बस, मज़ा आ जाएगा...उसमें इस प्रयोग की पूरी-पूरी संभावनाएँ हैं और इस बहाने वह पूरा भी हो जाएगा, वरना...''

''वाह रे वाह ! मैं अपना उपन्यास क्यों दूँगी ? वह मेरी अकेली की मेहनत है, उसे

मैं अकेली ही पूरा नहीं करूँगी ?''

दूसरे दिन राजेन्द्र ने पूछा, ''आज शाम को तुम्हारा क्या प्रोग्राम है ?'' मुझे शाम को एक मीटिंग में जाना था तो बोले, ''सात बजे मुझे लेक्स पर मिलो।''

''आज ? सारे दिन के बाद तो थक जाते हैं ?''

''तुम तो यार, बहुत ही बोर हो। मुझे तो याद ही नहीं आता कि शादी के बाद कभी हम दोनों लेक्स पर जाकर बैठे हों। आज तुम्हें आना ही होगा।''

कलकत्ता का दिसंबर बड़ा सुहावना होता है। लेक्स पर पहुँची तो रात हो चुकी थी—क्लब की बत्तियाँ पानी में झिलमिला रही थीं और फ़िज़ा कुछ अतिरिक्त रूप से ही मादक हो उठी थी।

''थकान लग रही हो तो कुछ पी लो।'' राजेन्द्र के स्वर में लाड़ उभरता जा रहा था।

''नहीं तो ! ऐसा भी क्या है !''—और हम किनारे-किनारे चल पड़े।

''हाँ तो मन्नू, उस उपन्यास की बात तय कर लें, तो जैन साहब को उत्तर देकर निश्चिंत हों।''

रात का समय, लेक का किनारा और राजेन्द्र का साथ...मैं सचमुच उपन्यास की बात करने के ज़रा भी मूड में नहीं थी। पर लेखकों की बीवियों का शायद यह दुर्भाग्य ही है कि मादक-से-मादक समय में भी उन्हें कहानी-उपन्यास पात्र और घटनाओं की ही बातें कहनी, सुननी पड़ती हैं। और मुझे जल्दी ही मालूम हो गया कि यों आग्रह-भरी मनुहार करके लेक्स पर बुलाना, यह लाड़-दुलार, सब स्वीकृति लेने का बहाना-मात्र है।

''मैंने कई दृष्टियों से सोचा,'' पूरी गंभीरता और बुज़ुर्ग़ियती अंदाज़ से राजेन्द्र बोले, 'एक इंच मुस्कान' वाला कथानक ही एक ऐसा है जिसे हम दोनों लिख सकते हैं...बहुत ही अच्छी तरह से लिख सकते हैं।''

''हूँ।''

''यों भी तुम उसमें अमर के चरित्र को बिलकुल नहीं सँभाल सकी हो। मैंने तो तुम्हें पहले भी लिखा था कि अमर का चरित्र निभा नहीं है।''

''रिवाइज़ करेंगे तब सँभाल लेंगे।'' मुझे सचमुच ही खीझ छूट रही थी।

''रिवाइज़ तुमसे हो लिया ! डेढ़ साल तो हो गया...और दस वर्ष तक कुछ नहीं होने का।''

''कोई बात नहीं, ग्यारहवें साल ही सही।''

''तुमसे नहीं होगा, तुममें न उतना धैर्य है न उतनी लगन।''

मैं चुप।

''ज़रा सोचो, मेरी पंद्रह साल की ख़्याति और तुम्हारी चार साल की। मेरे साथ लिखोगी तो हल्ले हो जाएँगे, दिगूदिगान्तरों में धूम मच जाएगी।''

पर जब दिगूदिगान्तरों के ये हल्ले भी कुछ प्रभाव डालते नज़र नहीं आए, तो राजेन्द्र का धैर्य भी जैसे जवाब देने लगा। बात सुझाव के तौर पर आई थी, फिर आग्रह में बदली

और अब आक्रोश-भरी ज़िद का रूप धारण कर चुकी थी।

"तुम साफ़-साफ़ बताओ, अपना कथानक दोगी या नहीं ?"

"नहीं।" उतनी ही ढिठाई से मैंने भी जवाब दे दिया।

कुछ देर दोनों चुपचाप चलते रहे। हवा की ठंडक बढ़ने लगी थी। एकाएक बिना किसी प्रसंग-भूमिका के राजेन्द्र बुरी तरह झल्लाकर बोले, "तुम इतनी बेकार की बीवी हो कि क्या बताऊँ ? आधी सर्दी बीत गई, तुमसे इतना तक नहीं होता कि एक स्वेटर ही बुन देतीं।"

इस बार मैं खिलखिलाकर हँस पड़ी।

"और भी कुछ दोष ढूँढ़ने हों तो ढूँढ़ लो—अभी अच्छा मौक़ा है।" आज भी राजेन्द्र की उस दिनवाली खीझ और बौखलाहट की बात याद करती हूँ तो हँसी छूटती है। सीधे ही पूछा, "अभी उपन्यास के लिए अपना प्लॉट दे दूँ तो एकदम ही अच्छी बीवी बन जाऊँगी न ?"

"ख़ाक बन जाओगी तुम अच्छी ! तुम किसी चीज़ को गंभीरता से लेना जानती ही नहीं हो। बड़ी सरलता से ख़्याति मिल गई है इसलिए दिमाग़ आसमान पर चढ़े हुए हैं। पर इस मुग़ालते में रहीं तो साल-दो-साल में ही चुक जाओगी।"

कोई और मौक़ा होता तो मैं भभक पड़ती। पढ़ाती हूँ इसलिए सिर्फ़ उपदेश देने की ही आदत है—सुनने की क़तई नहीं। पर उस दिन मुझे उनकी खीझ में भी आनंद आ रहा था—मैं चाह रही थी कि वे और कुढ़ें—और सचमुच उस दिन कुढ़ते-भुनभुनाते ही घर आए।

दूसरे दिन मैंने अपने-आप ही कह दिया, "चलो, ले लो मेरा कथानक—बस ?" वे प्रसन्न भी हुए, आश्वस्त भी। तुरंत ही जैन साहब से टेलीफ़ोन पर बात हुई और तय हो गया कि जनवरी से 'ज्ञानोदय' में हमारा सहयोगी उपन्यास जाएगा।

पांडुलिपि निकली—कथा का ताना-बाना नए सिरे से बुना गया, लंबी-चौड़ी बहसें हुईं और राजेन्द्र अपना पहला अध्याय लिखने में जुट गए।

पहला अध्याय प्रकाशित होकर आया और देखा तो माथा ठनका। प्रकाशित होने से पहले ये अपनी लिखी चीज़ कभी किसी को नहीं दिखाते—मुझे भी नहीं। आरंभ इन्होंने किया था; और क्योंकि ये अमर का भार लिए हुए थे, सो इन्होंने कथा का सूत्रपात ही कुछ ऐसे रूप में किया कि वह अमर की कहानी बन गई। मेरी कहानी मूलतः अमला की कहानी थी और उसमें न रंजना अमर को छोड़ जाती है, न अमला मरती है। आठों पहर सबको भरमानेवाली मुस्कान होंठों पर लपेटे रहनेवाली अमला वास्तव में कितनी खोखली, रिक्त और शून्य थी, यही उस कहानी की आधार-शिला थी...पर अब तो कहानी का सारा एंगिल ही बदल गया था। पहले अध्याय में ही राजेन्द्र ने जिस कुशलता से सारे उपन्यास के संकेत और सूत्र बिखेर दिए थे, उसमें यह स्पष्ट हो गया था कि यह कथा अमर के जीवन की ट्रेजडी की कथा होगी, और कुछ नहीं। मेरे लिए यह सचमुच ही नया सिर-दर्द था। सारी चीज़ को फिर से सोचो, घटनाओं, चरित्रों और

स्थितियों की कल्पना नए सिरे से करो...और मैं सोच रही थी—इतनी ही मेहनत करनी थी तो अपने उपन्यास पर करती। धैर्य के अभाव और परिश्रम से बचने के लिए ही तो अपने लिखे-लिखाए उपन्यास को प्रयोग की खरल में डाल दिया था। और यह तो आज भी महसूस करती हूँ कि जितना परिश्रम इस पर किया—चाहे मजबूरी में ही किया हो—उतने परिश्रम में तो अपना निजी उपन्यास ही पूरा कर लेती और इसमें भी संदेह नहीं कि वह इस प्रयोगवादी उपन्यास से अधिक अच्छा होता और उसके सारे श्रेय की एकमात्र अधिकारिणी मैं होती...अकेली मैं ! (राजेन्द्र की तरह अब मैं भी काफ़ी स्वार्थी हो गई हूँ) ख़ैर !

हाँ, तो उपन्यास शुरू हुआ। इसमें संदेह नहीं कि पहला अध्याय मुझे स्वयं बहुत-बहुत पसंद आया और अनजाने ही एक चाह उठी कि दूसरा अध्याय कुछ ऐसा लिखूँ कि इनके अध्याय से इक्कीस ही हो, उन्नीस नहीं। प्रतिद्वंद्विता की जो भावना उस दिन जागी, सो निरंतर बढ़ती ही गई और पाठकों और मित्रों ने इस भावना पर और सान चढ़ाई और सचमुच ही इसमें हम सहयोगी कम और प्रतिद्वंद्वी अधिक हो गए। सोचती हूँ, आज तो यह स्वीकार करने में भी मुझे संकोच नहीं करना चाहिए कि जहाँ इस भावना ने मुझे प्रेरित और प्रोत्साहित किया, वहीं कभी-कभी अनजाने ही कथा के साथ अन्याय भी करवाया।

दूसरा अध्याय (मेरा पहला) अच्छा ही नहीं, आशा से अधिक अच्छा लिखा गया। अमला जिस रूप में उतरी उसने मुझे संतोष और प्रसन्नता से ही नहीं, अतिरिक्त उत्साह और प्रेरणा से भी भर दिया। तीसरा अध्याय राजेन्द्र का, दो अध्यायों की अपेक्षा कुछ कमज़ोर उतरा—और उसने जहाँ एक ओर मुझे विजय की भावना से उल्लसित कर दिया, वहीं दूसरी ओर चौथे अध्याय के प्रति कुछ शिथिल भी बना दिया। आज सोचती हूँ तो लगता है कि संभवतः राजेन्द्र से होड़ लेने की भावना ही लिखने के दौरान में मेरी सबसे बड़ी प्रेरक-शक्ति रही है जिसे पत्रों, सम्मतियों और मित्रों की प्रशंसा ने और अधिक बढ़ावा दिया। कुन्थाजी जब-जब मिलतीं, कुछ ऐसे गद्‌गद भाव से प्रशंसा करतीं कि कुछ अनोखा लिख डालने का दुगुना उत्साह लेकर मैं घर लौटती।

पर आज जब उपन्यास पूरा हो गया—प्रशंसा का यह दौर समाप्त हो गया या कहूँ उसकी प्रभावोत्पादकता समाप्त हो गई तो एक चीज़ अवश्य महसूस होती है कि यदि अपनी योजना के अनुसार हमने इसे दो महीने में ही समाप्त करके 'ज्ञानोदय' के हवाले कर दिया होता, तो इसका रूप कुछ भिन्न ज़रूर होता।

आधी मंज़िल पर पहुँचकर जीवन में—विशेषकर मेरे जीवन में तो एक ऐसा व्यवधान आया कि इस दिशा में सोचने-समझने की सारी शक्ति ही जैसे लुप्त हो गई। बच्ची का आगमन...बहुत सोचा था और चाहा था कि यह सब घटने के पहले ही जैसे भी होगा, सारा उपन्यास पूरा कर ही लेंगे; पर वह सब संभव नहीं हो सकता। नर्सिंग-होम से लौटकर कलकत्ता से कुछ दूर अपने भाई के यहाँ रहकर मैं अपनी अमला और रंजना को बिलकुल भूल ही गई। आधी-पिछली रात को कभी याद भी आती तो

किसी भूली-बिसरी पुरानी स्मृति के रूप में। मुझे याद ही नहीं रहा कि कैलाश से संबंध-विच्छेद करके अमला कलकत्ता की किसी आलीशान विशाल अट्टालिका में बैठी बिसूर रही है, तो रंजना अमर को अपना बनाने की ज़िद पकड़े कहीं सिसक रही है। मिलने-जुलनेवालों का क्रम...बातचीत और सोच-विचार के सारे विषय ही कुछ इस प्रकार बदल गए थे कि इस अधूरी शृंखला में नई कड़ी जोड़ना कुछ असंभव-सा प्रतीत होने लगा था। मजबूरी में एक बार 'ज्ञानोदय' वालों ने बड़े ही सुंदर ढंग से बधाई के साथ बच्ची के आगमन की सूचना छाप दी। सोचती हूँ, इस अवसर पर उस बधाई का धन्यवाद भी दे ही दूँ। पर इससे कुछ समय के लिए राहत अवश्य मिल गई...देवड़ाजी के तकाज़े और मेरी बदली मनःस्थिति...लाख कोशिश करती पर टूटे सूत्र कुछ ऐसे बिखरे-बिखरे लगते कि पकड़ाई में नहीं आते। एक बार आख़िर हिम्मत करके बैठ ही गई पर आँखों ने जवाब दे दिया। लंबे अर्से के बाद पहली बार क़लम उठाई थी। लिखने बैठी तो अक्षर काँप-काँप जाते—यह नई समस्या थी। आभारी हूँ अपनी छात्रा कुमारी वीणा संगत की जिसने अपने दो दिन बिगाड़कर मेरा डिक्टेशन लिया और अध्याय पूरा किया। आगे चलकर भी उसने एक बार और ऐसी मदद की थी।

टूटा सिलसिला तो जुड़ गया; लेकिन इसमें संदेह नहीं कि नौकर. परिवार और बच्ची की परेशानियों के बीच, बचे हुए अध्याय लिखे नहीं, एक तरह से घसीटे गए हैं। घर-गृहस्थी का बोझ सँभालकर लिखना कितना कष्ट-साध्य होता है, इसकी वास्तविक अनुभूति मुझे इस बार ही हुई। मन और ध्यान को बँटानेवाले कितने छोटे-बड़े प्रसंग रहते थे...फिर राजेन्द्र जैसा पति, जो पारिवारिक ज़िम्मेदारियों के सामने 'बाबा मौज करेगा' का नारा लगाकर हाथ झटकता हुआ चल दे।

यह बिगड़ा मूड फिर से तब बना, जबकि पत्रोंवाला अध्याय मुझे सृजन के संतोष से भर गया।

अभी तक केवल कहानियाँ ही लिखी थीं...और वह भी एक या अधिक-से-अधिक दो बैठक में ही समाप्त कर देती थी सो अपने पात्रों का साहचर्य अल्प अवधि का ही हुआ करता था। इस बार एक नई ही अनुभूति हुई और बड़ी तीव्रता से हुई। परेशानियाँ और अवांतर प्रसंग चाहे जितने रहे हों, उस सबके बावज़ूद यह सच है कि लिखने के दौरान मैं हमेशा अमला और रंजना के बीच ही रही हूँ। यदि कहूँ कि वे मुझ पर हावी रही हैं तो भी ग़लत नहीं होगा। मेरी सहानुभूति, स्नेह और ममता के इतने बड़े भाग पर उन दोनों ने अधिकार कर लिया कि रंजना के प्रति अमर का व्यवहार मुझे बेहद कष्ट देता और उसके लिए मैं अकारण ही राजेन्द्र से लड़ पड़ती। अपना अध्याय समाप्त करके प्रेस में भेजने से पहले मैं राजेन्द्र को सुना रही थी...सुनाते-सुनाते ही मुझे रोना आ गया और फिर दो दिन तक मैंने राजेन्द्र से ठीक तरह बात भी नहीं की—मन होता, रंजना का सारा बदला मैं किसी तरह निकाल लूँ। रंजना ने दो अध्यायों में मुझे सचमुच बहुत रुलाया; अमला जब-जब आती, मन एक गहरे अवसाद, एक अजीब-सी खिन्नता, उदासी और विरक्ति से भर उठता। यह मैं आज भी नहीं जानती कि पात्रों के साथ

अपने को यों एकाकार कर देने की वृत्ति लेखन में साधक है या बाधक—वह बनाती है या बिगाड़ती; पर इस एकात्मता को इस बार मैंने अनुभव किया और बड़ी गहराई से किया।

यहाँ एक बात और साफ़ कर दूँ...नहीं जानती क्यों, पर कइयों के मन में यह भ्रम उत्पन्न हो गया है कि वह कथा हमारी अपनी कथा है—लोग मुझे रंजना समझते थे और राजेन्द्र को अमर। आश्चर्य तो तब होता था कि कलकत्ता में रहकर और हम लोगों को जानकर भी वे इस तरह का संदेह करते थे। राजेन्द्र भी लेखक हैं और अमर भी...रंजना भी पढ़ाती है और मैं भी; बस इसके अतिरिक्त मैं नहीं सोचती कि कोई भी साम्य हम लोगों में है। राजेन्द्र अमर, जैसे प्रवंचक, स्खलित और निष्ठाशून्य नहीं, और मैं रंजना जैसी सीधी और समर्पिता नहीं। अमला की तलाश में तो अभी भी तीरंदाज़ियाँ हो रही हैं।

एक और भी अनुभव हुआ और वह भी उतना ही नया था : पात्र जब अपना रूप और व्यक्तित्व पा-लेते हैं तो किस प्रकार स्वतंत्र हो जाते हैं—लेखक की पहुँच और नियंत्रण के परे। इस बात का एहसास अमला ने अधिक करवाया। सच पूछें, तो उपन्यास में जो अमला आई, वह मेरी कल्पना की अमला से न चाहते हुए भी भिन्न हो उठी है। विशिष्ट वर्ग में पली, बुद्धिवादिनी, अहंवासिनी अमला जब सबको ही झुठलाती, अस्वीकारती और ठुकराती चली गई तो भला मेरे बस में क्यों आती ? आश्चर्य मुझे स्वयं होता और मेरा अपना अहं यह मानने को तैयार नहीं था कि मैं जैसा चाहूँगी या कल्पना करूँगी, उससे भिन्न अमला कुछ बनेगी—पर जब अध्याय समाप्त होता, मैं पढ़ती तो अपने-आप ही अपनी पराजय का एहसास होता...लगता, अमला को मेरी लेखनी ने नहीं चलाया, वरन मेरी लेखनी को अमला ने चलाया है। राजेन्द्र का कहना था, यही तो सफल लेखन है; पर सफलता का यह संतोष मेरे पराजित मन को सहला न पाता।

और संतोष-असंतोष की राहों से गुज़रते-गुज़रते मज़िल की आख़िरी सीढ़ी भी आ गई। आरंभ से ही मैंने यह सोच लिया था कि अपने अंतिम चैप्टर पर इतनी मेहनत करूँगी, कुछ ऐसे सधाव के साथ लिखूँगी कि बीच की बहुत-सी त्रुटियाँ ढँक जाएँ...सारा उपन्यास अंत में जाकर एक सार्थक प्रयोग सिद्ध हो। पर तभी पिताजी को कैंसर होने की सूचना आई और मानसिक कसावट में शिथिलता आ गई। रोज़ ही तार और ट्रंक के बीच प्रोग्राम बनते, कब जाना, कहाँ जाना, ऑपरेशन होगा या नहीं। सारा ध्यान इन्हीं बातों पर केंद्रित हो गया। बंबई से सूचना आई कि ऑपरेशन स्थगित हो गया और तय हुआ कि ससुराल की एक शादी से छुट्टी पाकर जल्दी-से-जल्दी इंदौर, पिताजी के पास पहुँचना है। कोशिश बहुत की कि कलकत्ता छोड़ने से पहले ही अध्याय पूरा करा दूँ, पर हुआ वही जैसा कि हर बार होता था।

और अंतिम अध्याय की शुरुआत शादी की धूमधाम और ढोलक के गीतों के बीच हुई। जिस वातावरण में मैं रह रही थी और जैसा वातावरण प्रस्तुत करना था...उसमें इतना वैषम्य था कि यही नहीं समझ पा रही थी कि तारतम्य कैसे बिठाऊँ ? फिर भी

लिख रही थी—पर शादी की धूम जब अपने चरम पर पहुँच गई तो लिखना संभव नहीं रहा। अधूरा अध्याय इंदौर आया। शादी के घर से बीमारी का घर...बीमारी भी असाध्य। सारे दिन आने-जानेवालों का ताँता, और पिताजी को देखने के लिए आए हुए पारिवारिक सदस्यों से भरापूरा घर। इसी के बीच, अंतिम चैप्टर समाप्त हुआ, क्योंकि तक़ाज़े आने लगे थे। लिखकर पढ़ा तो आरंभिक हिस्सा मुझे इतना फ़्लैट लगा कि रोना आ गया। बहुत सोचा कि जैसे भी हो, एक बार हिम्मत करके फिर से लिख डालूँ, पर वही धैर्य की कमी, परिश्रम से घबराने की वृत्ति—प्रतिकूल परिस्थिति—हारकर वैसे ही भेज दिया। यों सोचती अभी भी हूँ कि पुस्तक-रूप में जब छपने दूँगी तब अंतिम अध्याय में अवश्य ही कुछ संशोधन करूँगी...पर जानती हूँ, होगा कुछ नहीं और वह हुआ भी नहीं।

उस रात सोई तो सचमुच ही बड़ा हलका-हलका-सा लग रहा था। एक बोझ था जो उतर गया था; एक उत्तरदायित्व था जो पूरा हो गया था। पर दूसरे दिन से ही हलकेपन की यह भावना एकाकीपन की भावना में बदलने लगी। लगा जैसे इतने दिनों तक अमला और रंजना मेरे साथ थीं, जो एकाएक ही मुझे छोड़कर चली गई हैं और मैं बहुत-बहुत अकेली हो गई हूँ। सबके बीच रहकर भी बड़ा सूना-सूना लगता, अकेलेपन का बोध सालता। धीरे-धीरे यह भावना भी जाती रही।

अब उपन्यास सामने है और बहुत ही तटस्थ भाव से अपनी ही रचना पर विवेचन-विश्लेषण करने की स्थिति में हूँ। सोचा भी था कि इस लेख में अपने पात्रों की परिकल्पना, उनके विकास और स्थितियों के निर्वाह का लेखा-जोखा ही दूँगी, दूसरे शब्दों में आदि से अंत तक अपने लिखे को 'जस्टिफ़ाई' करूँगी; पर लगा यह काम मेरा नहीं है। मुझे जो कुछ कहना था उपन्यास में कह दिया...अब तो पाठकों और आलोचकों के कहने-सुनने की बारी है।

कोई और उँगली उठाए, उसके पहले मैं स्वयं ही स्वीकार कर लूँ, यह शीर्षक मुझे इस उपन्यास के लिए सार्थक नहीं लगता। राजेन्द्र अभी भी इसे सार्थक मानते हैं, मैंने भी अंत में जाते-जाते इस ओर कुछ प्रयत्न किया अवश्य है, फिर भी ईमानदारी की बात कहूँ तो मन संतुष्ट नहीं।

जहाँ तक सारे कथानक की अन्विति, गठन और प्रवाह का प्रश्न है, वहाँ भी शिथिलता का दोष स्वीकार करने में मुझे संकोच नहीं। हाँ, इतना अवश्य कहूँगी, इसमें दोष हमारा नहीं—ऐसे प्रयोग में इससे अधिक की आशा रखना ही व्यर्थ है। हर अध्याय एक उपन्यास की क्रमबद्ध कड़ी कम, और स्वतंत्र कहानी का आरंभ अधिक लगता है...कारण है, हम दोनों की नितांत भिन्न शैली और भिन्न दृष्टिकोण। और इसीलिए राजेन्द्र ने लिखा : "अब तो शायद एकसाथ पढ़नेवाले को यह दो अलग साइज़ के कैमरों से खींचे गए चित्रों का एलबम अधिक, एक सूत्र-बद्ध फ़िल्म कम लगे।"

—ज्ञानोदय, '61

परिशिष्ट

कुलटा
अनदेखे, अनजान पुल
कालाजल
सीमाएँ टूटती हैं
बहुत देर कर दी
मकान
नाच्यो बहुत गोपाल
1977 का साहित्य परिदृश्य
जलता हुआ मकान

कुलटा

(शिवदानसिंह चौहान की दृष्टि में)

'कुलटा' राजेन्द्र यादव का लघु-उपन्यास है जो हिंदी की नई पीढ़ी के प्रतिभाशाली कथाकारों में से है। 'कुलटा' में उन्होंने एक ऐसी आधुनिक नारी के जीवन की ट्रैजेडी का चित्र खींचा है जो ताल्सताय की अन्ना की तरह अपने पति से प्रेम नहीं करती। मिसेज़ तेजपाल का पति मेजर तेजपाल फ़ौजी अफ़सर है; धनी, तगड़ा, खूँखार और पाश्चात्य सभ्यता के वातावरण में पला हुआ वह अपनी पत्नी से प्रेम भी करता है, लेकिन स्वभाव से ही रूक्ष और घोर अबौद्धिक होने के कारण उसमें कोमलता और सूक्ष्म-मानवीय संवेदनों का अभाव है। मिसेज़ तेजपाल का स्वभाव ठीक विपरीत है। वह अतीव सुंदरी ही नहीं, अत्यंत तेज़ और चपल स्त्री भी है, बौद्धिक और कला रुचि-सम्पन्न। पति-पत्नी के स्वभाव नहीं मिलते। पति प्रेम करता है, इसलिए वह पत्नी के अल्हड़ और स्वच्छंद व्यवहार और दिन-रात फ़िल्मी गीत गाने की आदत को बर्दाश्त करता है। लेकिन पत्नी प्रेम नहीं करती, इसलिए उसका सबसे प्रति स्वच्छंद और निस्संग व्यवहार, और दिन-रात गीत गाना और अपनी कुतिया को लेकर हुगली के किनारे कलकत्ते की सड़कों पर खोई-खोई-सी घूमना, एक प्रकार से अपनी आत्मा के चीत्कार को भुलाने और अनसुना करने का उपक्रम है।

जब उससे अपनी अभावग्रस्त ज़िंदगी का खोखलापन बर्दाश्त नहीं हुआ तो वह अपने पति की अनुपस्थिति में एक पत्र छोड़कर उस तरुण वॉयलिनिस्टि के साथ चली गई जिससे उसे प्रेम था। मेजर तेजपाल को इस घटना से इतना सदमा पहुँचा कि वे पागल हो गए। दांपत्य-जीवन में प्रेम का बंधन न होने पर जो अभाव, वैषम्य, असामंजस्य और विक्षोभ पैदा हो जाता है, उसकी कहानी को राजेन्द्र यादव ने बड़े कलात्मक ढंग से इस उपन्यास में पेश किया है। उच्च-मध्यवर्गीय जीवन, जिसमें फ़ौजी अफ़सरों का जीवन भी सम्मिलित है, की पर्याप्त जानकारी लेखक को है, इसका सबूत उन्होंने मिसेज़ तेजपाल, कर्नल धीर की पत्नी बीनू तथा मिसेज़ रुद्रा की आधुनिक वेश-भूषा और उनके घरों में प्रयुक्त होनेवाले फ्रीज़र, रेडियोग्राम जैसे साज-सामान का बार-बार हवाला और ब्यौरा देकर पेश किया है, यद्यपि यह बात कभी-कभी अखर जाती है। मिसेज़ तेजपाल का चरित्र-चित्रण अत्यंत सजीव और मार्मिक है, उसकी भाव-प्रतिक्रियाओं में कहीं क्षुद्रता, वासना या फ़रेब नहीं है, फिर भी न जाने क्यों...या जाने

शायद संस्कारगत पिछड़ेपन के कारण...राजेन्द्र यादव ने उसे मायाविनी और फ़रेबी औरत सिद्ध किया है। मिसेज़ तेजपाल को कोई भी आधुनिक दृष्टि-सम्पन्न व्यक्ति 'कुलटा' नहीं कह सकता, लेकिन जिस पात्र के मुख से लेखक ने कहानी कहलाई है, वह उसे 'कुलटा' सिद्ध करता है; यद्यपि वह मिसेज़ तेजपाल के प्रति स्वयं आकृष्ट है और चाहता है कि वह वॉयलिनिस्ट के साथ न जाकर काश, उसके साथ ही चल पड़तीं। मेरा विचार है कि मिसेज़ तेजपाल जैसी आधुनिक नारी की कहानी, इस तरह के उच्छृंखल जैवी स्तर पर सोचनेवाले, किंतु साथ ही पिछड़े रूढ़ संस्कारों से पीड़ित व्यक्ति के मुख से नहीं कहलवानी चाहिए थी, क्योंकि ऐसा व्यक्ति मिसेज़ तेजपाल के जीवन और उसके मानवीय समाधान के प्रति सहानुभूति और उदारता से नहीं सोच सकता। मिसेज़ तेजपाल दांपत्य-जीवन की कृत्रिमता को ठोकर मारकर अपने प्रेमी के साथ चली गई, यह स्वाभाविक ही नहीं, उसके लिए एकमात्र रास्ता भी था। इस सत्य को न समझ पाने का मतलब है कि आधुनिकता का आंडबर, सचमुच कोरा आडंबर है और शिल्प-गत चमत्कार भी इस सत्य को छिपाने में असमर्थ है। 'कुलटा' में फ़ौजी अफ़सरों की बातचीत और मज़ाक के अनेक नमूने मिलते हैं। यह सच है कि हमारे पढ़े-लिखे वर्ग में भी भद्दे और कुत्सित मज़ाक होते हैं...निम्न-स्तर के सैक्स संकेतों से भरपूर। लेकिन उपन्यासों में उनकी ज्यों-की-त्यों भरती करनेवाली यथातथ्यता ऑथेण्टिक नहीं बनाती। वस्तुतः इससे समूची रचना का स्तर गिरता है। राजेन्द्र यादव के उपन्यास में कथा का वर्णन, मिसेज़ तेजपाल के वार्तालाप, प्रसंगों और घटनाओं के चित्रण जिस कलात्मक स्तर के हैं, पात्रों के बीच चलनेवाले व्यंग उतने ही कुत्सित और भौंड़े हैं। फिर भी समूची रचना बहुत सशक्त और सुगठित है।

—**आकाशवाणी**, दिल्ली, के सौजन्य से, '57

(प्रतिक्रिया)

राजेन्द्र यादव

यों यह सही आज भी है कि हिंदी-समीक्षा 'जिल्दवादी' आलोचनाओं से आक्रांत है (अर्थात् सारी आलोचना पन्ने पलटकर और जिल्द देखकर लिख दी जाती है) लेकिन इसका उदाहरण श्री शिवदानसिंह चौहान जैसे हिंदी के समर्थ और अग्रणी आलोचक की क़लम से आएगा इसकी उम्मीद नहीं थी। किसी रचना पर प्रतिक्रिया और राय आलोचक की अपनी हो सकती है, लेकिन बिना पढ़े ही रचना पर अपनी राय क़ायम कर देने का उसे अधिकार कहाँ तक है, यह एक विचारणीय प्रश्न है। ऊपर दी हुई 'कुलटा' की

कहानी से स्पष्ट है कि उन्होंने आलोच्य उपन्यास को पूरा पढ़ा नहीं है। वे कहते हैं कि "जब उससे अपनी अभावग्रस्त ज़िंदगी का खोखलापन बर्दाश्त नहीं हुआ तो वह पति की अनुपस्थिति में एक पत्र छोड़कर उस तरुण वॉयलिनिस्ट के साथ चली गई जिससे उसे प्रेम था।" पहली बात तो यह पत्र वह 'छोड़' कर नहीं गई, भूल से रह गया है—दूसरे यह पत्र उसके पति के लिए नहीं था जैसा कि इस वाक्य से लगता है। पत्र एक दूसरे ही संदर्भ में मिसेज़ तेजपाल के सारे मानसिक संघर्ष को उद्घाटित करता है। इसी तरह 'कहानी कहनेवाला' पात्र कभी नहीं चाहता कि वे उस वॉयलिनिस्ट के साथ न जाकर स्वयं उसके साथ भाग जातीं। और मिसेज़ तेजपाल के भाग जाने से तेजपाल का पागल होना केवल उनके प्रति प्रेम के कारण ही नहीं है—इसके पीछे वह प्रत्यक्ष या अप्रत्यक्ष आरोप है जिसे मेजर तेजपाल का 'पुरुष' स्वीकार नहीं करता।

और सबसे बड़ी बात यह है कि अगर चौहानजी ने उपन्यास को ज़रा भी ध्यान से पढ़ा होता, (या कहूँ कि सिर्फ़ पढ़ा ही होता) तो 'कुलटा' शब्द को लेकर वह सब मनमाने सवाल-जवाब वे न करते जिनसे उन्होंने अपनी आधी से ज़्यादा समीक्षा भर दी है। शब्द की केवल एक ही शक्ति नहीं होती—अभिधा के अलावा लक्षणा और व्यंजना शक्तियाँ भी होती हैं। लगता है चौहानजी सायास उन दोनों को भूल गए हैं। 'कुलटा' व्यंग्य क्यों नहीं हो सकता ? समाज का एक वर्ग जिसे 'चोर' कहता है, हो सकता है वह सबसे बड़ा संत हो। यह ग़लत है कि 'कहानी कहनेवाला पात्र' मिसेज़ तेजपाल को 'कुलटा' कहता है। 'कुलटा' एक गाली है जो मिसेज़ तेजपाल के लिए बीनू के माध्यम से एक पूरा वर्ग देता है। कहानी कहनेवाला पात्र तो उसके औचित्य को जाँचने के लिए सारी कहानी को फ़्लैश-बैक में देखता है। अगर मिसेज़ तेजपाल को अभिधा में ही 'कुलटा' सिद्ध करना कहानी का लक्ष्य है तब तो उचित यह होगा कि लेखक लिखने का काम तुरंत बंद कर दे। इतना अभिधावादी आलोचक किसी समय हिंदी के प्रमुख आलोचकों में से रहा है, विश्वास करने को मन नहीं करता। अगर चौहानजी को कहानी की थीम ही समझनी है तो वह मैं समझाए देता हूँ :

'हमारी नैतिक, सामाजिक जड़ परंपराओं, रूढ़ियों तथा जीवन की अप्रतिरोध्य उद्दाम शक्ति के संघर्ष और द्वंद्व की कहानी, अपनी समझ में मैंने 'कुलटा' में कही है। ये सामाजिक रूढ़ियाँ और जड़ परंपराएँ—जिनकी अपनी जीवनी-शक्ति विघटित और समाप्त हो चुकी है—आज नपुंसक हो गई है। अपने सारे रौब-दाब और आडम्बरों—(और मिलिटरी में नियमों और डिसिप्लिन के नाम पर इनका कहना ही क्या है ?) के बावजूद, अपने सारे ऐतिहासिक 'स्वामित्व' की गरिमा और सामाजिक श्रेष्ठता के बावज़ूद, ये नपुंसक रूढ़ियाँ—(अर्थात् मेज़र तेजपाल) उस जीवंत-शक्ति को बाँध और घोट नहीं पातीं। और यह जीवनी शक्ति कभी दुर्दमनीय पशु या पशु-भावना—एनीमल डिज़ायर—के रूप में अपने 'माध्यम' को खींचती है, तो कभी बच्चों जैसी शुभ्र-सरल गति से छलाँगें भरती चली जाती है। चूँकि इसे हम पचा नहीं पाते, इसलिए व्यंग्य से 'कुलटा' कहते हैं।' ('समीक्षक' से)

क्या विद्वान् समीक्षक को याद दिला दूँ कि 'संस्कारगत पिछड़ापन' जीवन की उद्दाम शक्तियों और मरणोन्मुख-प्रवृत्तियों के समझने में ही बाधक नहीं होता, उनकी सूक्ष्म (जटिल) प्रतीकात्मक और लाक्षणिक अभिव्यक्ति को देख पाने में भी बाधक होता है। यहाँ मैं उन प्रतीकों की बात नहीं करूँगा जो कहानी की गठन का एक अविभाज्य, अनिवार्य अंग हैं और 'कुलटा' की कहानी पर बात करने के लिए जिनको समझना पहली शर्त है। चौहानजी ने कहीं उनका भूले भी ज़िक्र नहीं किया है। इसीलिए यदि वे मिसेज़ तेजपाल को 'कुलटा' ही समझें तो आश्चर्य नहीं होना चाहिए; दुख हो तो हो, क्योंकि किसी भी साधारण-से-साधारण पाठक ने मुझे इस तरह की सूचना नहीं दी कि मैंने मिसेज़ तेजपाल को कुलटा सिद्ध किया है। पाठक और आलोचक की समझ के अंतराल को देखकर दुख ही होता है और सचमुच इस तरह की आलोचनाएँ पढ़कर लगता है कि हमारे पिछले आलोचक के लिए आज की कृतियाँ, प्रवृत्तियाँ कितनी अपरिचित, बेगानी और दूर हो गई हैं—दूसरे शब्दों में वह कितना पिछड़ गया है कि आज की रचनात्मक चेतना को न तो समझ पाता है, न दिशा दे पाता है। विषयवस्तु कितनी भी प्रगतिशील क्यों न हो, जहाँ भी वह ज़रा सूक्ष्म, संयत या कलापूर्ण है वहीं उसे आलोचक की गालियों का शिकार होना पड़ता है और एक विशेष बिल्ला लगाकर एक ओर फेंक दिया जाता है। शिवदानजी एक पूरी पीढ़ी के दिशा-दाता रहे हैं। क्या हम आशा करें कि वे हमें अधिक सहानुभूति से समझेंगे—और हमें भी वही सब कहने का मौक़ा नहीं देंगे जो श्री अश्क ने कहानीवाले लेख में उनके बारे में कहा है।

अनदेखे, अनजान पुल

(निन्नी की ओर से ममता कालिया का पत्र)

राजेन्द्रजी,

हाथ पड़ गया तो 'अनदेखे, अनजान पुल' पढ़ ही गई। स्वयं के प्रति करुणा से मन भीग उठा। आपको मेरी कथा सुन इतनी सहानुभूति, दुलार और प्यार उमड़ा था, इसकी मैंने कल्पना भी नहीं की थी। पहाड़ के उस सूने माहौल में अपरिचित से अंतरंग हो उठना तो शायद उतना संभव नहीं था वास्तव में उस समय मैंने आपको 'गवाह बनाकर' विगत को फिर से जिया था।

इतना सहज आप कैसे लिख गए सब ? मैंने आपको महज़ प्रारूप दिया था, आपने उसमें घटनाएँ, स्थितियाँ इस तरह फ्रेम कर दीं, मानो 'परबीती' नहीं, यह 'आपबीती' हो।

पर राजेन्द्रजी, सच कहूँ, मैं तो स्वयं को पहचान ही नहीं पाई। पढ़ना शुरू किया था मैंने आत्मसाक्षात्कार का साहस समेटकर, पर उसकी विशेष ज़रूरत नहीं पड़ी। हाँ, मन करुणा से द्रवित होता रहा यह महसूस कर कि 'निन्नी' अवश्य पिछले जनम में मेरी सगी बहन रही होगी।

अरे हाँ, प्रारंभ में आपने मेरे दोनों आग्रहों को क्यों बताया है ? इलियट ने एक जगह कहा है—लेखक की कृति की आधार-भूमि यथार्थ में हो, पर उसके आगे उस कृति का अपना संसार, अपना अर्थ, अपना संदर्भ और अपनी सार्थकता होना ही उचित है। लेखक का प्रेरणा-स्रोत 'नितांत निजी' होता है। संयत पाठक को उसके प्रति अनन्य जिज्ञासा भी प्रायः नहीं होती। आपने मेरे-आपके मध्य हुए उस आग्रह को घोषित कर 'दुराग्रह' नहीं बना दिया क्या ? हो सकता है आपने 'निहायत ईमानदारी' की भावना से प्रेरित हो ऐसा किया हो, पर उसमें ख़ामख़ाह पाठक को लेखक के 'ग्रीन-रूम' का दृश्य दिखाई दे जाता है।

उन दिनों का मेरा दर्द, विवशता साकार हो उठी है उपन्यास में। घटनाएँ तो बुनने में आपका सानी नहीं। छोटी-सी काल अवधि के क्षणांश को भी आपकी क़लम कुशलता से पकड़ लेती है। मैं तो उपन्यास की सहजता पर मुग्ध हो गई। कविता के संबंध में कीट्स की परिभाषा आपकी कला पर ठीक बैठती है;—यानी 'कला का जन्म उतने ही सहज रूप में होना चाहिए जितने सहज पेड़ में पत्तियाँ।'

यह कहने में शायद मैं कृतघ्न लगूँ पर आप मुझे पूरी तरह समझ नहीं पाए। मेरे चरित्र के साथ इसलिए न्याय नहीं हो सका। मैंने चाहा था आप मेरे मन के गड़े दर्द को मूर्त करें। आपने किया, पर उसका बहुत वृहद् संस्करण। मेरे चरित्र पर आपकी सहानुभूति बहुत ज़्यादा हावी हो गई। कहाँ मैं, कहाँ आपकी निन्नी, जैसे दीपक की लौ, भय-आशंका से काँपती-थरथराती। मैं मानती हूँ, उम्र में आपको मुझे आठ-दस साल पीछे ले जाना पड़ा, पर मानसिक उम्र में आप मुझे बीस साल पीछे ले गए। यह कच्चापन, यह 'सिलीनेस' सुन लीजिए, क़तई मेरी न थी। निन्नी मेरी अतिरंजित तसवीर है। बहरहाल, निन्नी को मैं 'अलग व्यक्ति' के रूप में देखना चाहती थी, इसलिए बेहतर हो कि तृतीय पुरुष में ही मैं उसका विश्लेषण करूँ।

निन्नी एम.ए. में पढ़नेवाली मध्यम-वर्ग की लड़की, एक विस्तृत परिवार की इकाई है। दादा का दुलार उसे पर्याप्त मिला है। उनके साथ दिल्ली यात्रा के दौरान उसका परिचय दादा के मित्र दर्शन से हो जाता है। दर्शन के खुले, सहज, सौजन्यपूर्ण व्यवहार में उसका प्यासा मन सांत्वना के कुछ बिंब ढूँढ़ लेता है। जी, भूली नहीं हूँ, निन्नी कुरूप है (थी), 'काली, चमकते दाँत, आँखों में सफ़ेदी, ज़रूरत से ज़्यादा लाल मसूड़े और साँवले होंठ।' स्वाभाविक है, निन्नी में इससे उत्पन्न हीन-भाव, आत्म-अविश्वास, आशंका, भय और अवसाद का समावेश। यह भय 'उलटे पड़े तिलचट्टे की तरह, हाथ-पाँव मारता रहता है।' उसकी लालसा, दर्शन की सहजता में से संबंध के कुछ अनुबंध खोज निकालना चाहती है। उसके अंतर में भी 'एक सपना है जो मकड़ी के तने जाल की तरह फैला है।' निन्नी का व्यक्तित्व बस, इसी भय और सपने का असंतुलित पर्याय है। दर्शन निन्नी को व्यक्ति के रूप में चाहता आया और चाहता रहता है। मन के संक्रमण-काल से गुज़र निन्नी को अंततः दर्शन द्वारा ही बोध होता है कि संबंधों में कुछ है जिसे संज्ञा नहीं दी जा सकती, पर जो मनुष्य के सर्वांग को बदल डालता है। तन-मन की रोगी निन्नी के सामने पहली बार दर्शन यह प्रकट करता है कि सुंदरता 'अनुपात' का नहीं, प्राणों के उल्लास, अनुपात के पीछे उद्भासित होनेवाले प्रभाव, प्रसन्न-आस्था और उत्साह का दूसरा नाम है।'

यह सब अपने आपमें नितांत स्वाभाविक है। ऐसा 'अनुभव' आदमी को हिला जाता है, पर साथ ही कहीं मज़बूत भी कर जाता है। पर राजेन्द्रजी, आपकी निन्नी का मनोविज्ञान इससे हट 'अनबूझ' की श्रेणी में आ जाता है। जैसा मैंने आपको तब बताया था, रूप का अभाव नारी के जीवन में बहुत-सी सीमाएँ बना देता है। रूपहीना की कल्पना प्रखर होते हुए भी सदा निराशा की गहरी धुंध से घिरी होती है। आपकी निन्नी में इस दुविधा का कोई लक्षण नहीं दीखता ! जब सपनों की मकड़ी जाल बुनना शुरू करती है तो क्यों नहीं भय कभी आकर उसे कुरेदता ? क्यों वह दर्शन के सब मनोभाव 'फ़ॉर ग्रांटेड' ले लेती है ? कैसे वह इतने नगण्य आधार पर कल्पना का इतना बड़ा महल बना लेती है ? ऐसी स्थिति में तो व्यक्ति दृढ़ जमीन पर भी पाँव रखते डरता है; क्योंकि आशंका उसका स्वभाव बन जाती है। कैसे निन्नी को दर्शन के हर सहज स्पर्श में इतने

सारे इंगित मिल जाते हैं ? भय के तिलचट्टे का क्या हुआ ?

यह तो हुई 'नुमायश और नुमायश'। 'उतरती सीढ़ियों के अँधेरे मोड़' पर तो मैं वास्तव में भटक गई। निन्नी की मनःस्थिति अजीब घुमाव ले लेती है। आप सोचेंगे, मैं बड़ी सफ़ाई से अपना बचाव कर रही हूँ या अपने कहे को झुठला रही हूँ। पर निन्नी के इन अनबूझ घुमावों पर खीझ आती है, अजीब किचकिचाहट मन में भर जाती है। उदाहरण के लिए, यह जानते हुए भी कि दर्शन का मन कहीं और केंद्रित है, कि वह ढुलमुल क़िस्म का व्यक्ति नहीं है, उसका प्रण है कि शादी करेगा तो उसी लड़की से; निन्नी उस अनजान-अपरिचित 'शक्ति' से लोहा लेने की ठान लेती है। यानी सतर्कता, भय, आशंका, आत्मविश्वास सब ताक़ पर रख दिए जाते हैं और निन्नीजी समर-भूमि में कूद पड़ती हैं। दर्शन के पत्रों की टोन भी वह अपनी लालसा के रंग में रँग लेती है। अपनी सीमाओं से उपजा हीन-भाव हवा हो जाता है। निन्नी एक 'अलौकिक परिणति' की प्रतीक्षा में बैठी रहती है, परिकल्पनाएँ करती रहती है। निन्नी की यह घोर अयथार्थवादी तसवीर स्वयं उसी के मनोभावों को नकार देती है। इसलिए जब दर्शन का पत्र आता है कि 'उसने एक सुबह अचानक अपने को विवाहित पाया है' तो पाठक निन्नी जैसा संज्ञा-शून्य नहीं होता। निन्नी को लगता है, इस बार उसके रंग-रूप के अतिरिक्त किसी ने उसकी भावना, उसकी आत्मा, उसके संपूर्ण व्यक्तित्व को अस्वीकार कर दिया है। निन्नी का यह निष्कर्ष और उसकी प्रतिक्रिया दोनों ही 'अनबूझ' हैं। निन्नी के 'अंतर्बाह्य व्यक्तित्व' को दर्शन ने कभी अपमानित नहीं किया। यदि 'संपूर्ण' का अर्थ 'व्यक्तित्व' के 'पूरेपन' से है तो दर्शन ने उसे बराबर चाहा, सराहा। निन्नी के उपचेतन को दर्शन से, इसके परे पुरुष-नारी के एक अन्य संबंध, अर्थात् प्राकृतिक संबंध की अपेक्षा थी। दर्शन का अन्य से विवाह इसी अपेक्षा की अस्वीकृति है। कहानी के इस मोड़ पर मेरा मन विद्रोह कर उठा। निन्नी के 'क्राइसिस' को इस बिंदु पर लाते ही उसके चरित्र में एक हलकापन आ जाता है, एक सस्तापन, जो इस उपन्यास को साधारण प्रेम-कहानी के स्तर पर ले आता, यदि आपने इतनी कुशलता से उसे उबार न लिया होता। पर यह 'उबारना' निन्नी की ऊँचाई नहीं, महज़ आपकी क़लम का चातुर्य है। इस सबसे लोगों को सिर्फ़ एक आभास मिलता है, कि निन्नी 'सेक्स ऑब्सेस्ड' है। उसका मन सहज आत्मीयता के लिए इतना नहीं, वरन् एक और ही संबंध के लिए छटपटा रहा है। मेरे मन में, राजेन्द्रजी, कुरूपता की ग्रंथि भले रही हो, कभी 'भूख' की ग्रंथि नहीं बनी। लोगों के चेहरे पर निन्नी के प्रति व्यंग्य-दया-तरस का जो मिला-जुला भाव आता है वह, सच, असहनीय है।

निन्नी की अपेक्षाओं, कुंठाओं और प्रतिक्रियाओं में इतना घोर बचकानापन क्यों है ? मसलन, सागर को वह थोड़ी-बहुत छेड़छाड़ का साधन समझती है; पर जब वह भी उसे 'साधन' से अधिक नहीं मानता तो वह फूट-फूटकर रो पड़ती है। उपन्यास में वह एम.ए. की छात्रा बताई गई है, पर उसकी उम्र चौदह वर्ष से अधिक नहीं मालूम होती। आप उसकी संवेदनाओं को उतनी ही प्रखर रखते हुए भी उसे कुछ संतुलन, कुछ स्थिरता

दे सकते थे। अगर दर्शन से उसके परिचय का परिणाम है वह 'उद्‌भास' जो उसके आंतरिक व्यक्तित्व की एक-एक भीतरी परत को आलोकित, शीतल करता हुआ निरंतर ऊपर उठता चला जा रहा है, तो दर्शन का 'विवाह' मात्र क्यों इतना बड़ा विभ्रम बन उसे बदहवास कर देता है ?

इसी विभ्रम को जीना निन्नी की दिनचर्या बन जाता है। फिर उसकी बीमारी की हालत में दर्शन का आना, उसी अकुंठित ढंग से मिलना, बात करना, निन्नी के अंतर की सर्द परतें उचाल देता है। फिर आती है सौंदर्य की परिभाषा, निन्नी का सहमकर आता नया विश्वास और उसका 'कँथासिंस'। हाँ, 'बीमार पगडंडी' आपका सबसे सुलझा, संयत और मँजा हुआ भाग है। दर्शन के संभाषण में हलकी-सी 'अति' है, पर वह ज़रूरी था शायद। निन्नी के परिवर्तन में चुंबन प्रतीक बनकर आता है, एक जो 'निषिद्ध' में-से ढूँढ़ा 'वर्जित फल' था और दूसरा जो व्यक्ति का व्यक्ति के प्रति उमड़ते विश्वास, आस्था और सहज अनुराग का प्रमाण। यदि आप पूरे उपन्यास में इसी प्रतीकात्मकता को 'परिणति' की धुरी बनाते तो 'अनदेखे, अनजान पुल' संभवतः ज़्यादा प्रभाव छोड़ता। पर शायद लेखक की आँख कभी-कभी 'फ़ाइन फ्रेन्जी' में उलझ सकती है।

कुछ भी हो, आपकी इस निन्नी में मेरा कुछ अंश तो है ही, इसलिए मेरा इससे प्यार होना स्वाभाविक है। जो भी 'अति' इस चरित्र के साथ हो गई है वह शायद आपकी सहानुभूति, सहृदयता और दुलार का प्रमाण है।

—ममता अग्रवाल (कालिया)

उत्तर

प्रिय ममताजी,

आपकी मार्फ़त निन्नी का पत्र पाकर कहीं हलका-सा संतोष ही हुआ। निन्नी की पुरानी आदत है कि वह किसी-न-किसी को गवाह बनाकर अपनी बात कहे। इस बार उसने आपको चुना। मैं भी कभी उसकी 'अंतर्यात्रा' का गवाह रहा हूँ, अतः यह अवसर और अधिकार मुझे सहज ही मिल जाता है कि सीधे आपको ही पत्र लिखूँ, दूसरे उस धर्म-संकट से भी कहीं मुक्ति मिल जाती है जो उससे सीधे सामना करने पर होती। शायद बहुत-सी बातें मैं इतना खुलकर उससे कह भी नहीं पाता, क्योंकि इस पत्र से ही लगता है कि कई बातें उसे स्वीकार्य नहीं हैं। यानी हमेशा एक और निन्नी है, जिसे वह अस्वीकार—डिस-ओन करती रही है।

ख़ैर, यह मैं मान लेता हूँ कि 'अनदेखे, अनजान पुल' की निन्नी एक स्वतंत्र सृष्टि

है और उसमें वास्तविक निन्नी से कहीं-कहीं ही साम्य है। निन्नी–विधु की मैं इसे उदारता ही मानूँगा कि उसने उन असमानताओं को व्यक्तिगत लांछन न मानकर, निन्नी नाम की औपन्यासिक नायिका की कुछ स्वतंत्र प्रवृत्तियाँ ही माना है और उसे दूसरे व्यक्ति की तटस्थता से देखा है। वर्ना, अपने इन औपन्यासिक पात्रों को लेकर मेरे अनुभव बड़े विचित्र हैं। इन पात्रों के माध्यम से जहाँ देशबंधु, सूरज, जया, पद्मा, मिसेज़ तेजपाल, सुजाता, अमला और इस निन्नी को पाया है और इनके व्यक्तित्व से खिंचे देशी-विदेशी पाठकों की आत्मीयता प्राप्त की है, वहीं इन्हीं पात्रों ने मेरे कुछ अत्यंत निकट के मित्रों, स्नेहियों को भी मुझसे दूर ठेल दिया है। बड़ी अजीब प्रक्रिया है कि व्यक्तिगत जीवन के मेरे आत्मीय पहले तो कुछ समानताएँ खोजकर अपने को किसी पात्र के साथ एकात्म कर लेते हैं, और जहाँ तक अच्छा-अच्छा चलता है वहाँ 'अपने को पाकर' खुश होते हैं, फिर जहाँ पात्र उनकी अपनी आशाओं और आकांक्षाओं के दायरे तोड़कर दूसरे मोड़ लेने लगता है तो उन्हें महसूस होता है जैसे लेखक और पात्र दोनों मिलकर उनके साथ विश्वासघात कर रहे हैं; कि उनके 'व्यक्तित्व' में उन बातों का समावेश किया जा रहा है जो उनमें हैं ही नहीं; यही नहीं उनका होना उनके लिए सम्मान-घातक है। यानी यह उनका अपमान है। इस प्रकार अपने को इन दो 'क्षुद्रताओं'–विश्वासघात और अपमान का शिकार समझकर वे लेखक से मित्रता तोड़ लेने का अधिकार पा लेते हैं और अपने इन काग़ज़ी पात्रों से घिरा लेखक अपने हर 'सशक्त' पात्र के निर्माण के साथ अकेला होता जाता है, कुछ आत्मीयों को खो देता है। ''तुम्हारी अमला की ये-ये बातें तो ठीक हैं, लेकिन वो-वो बातें तो कभी हुई ही नहीं। सोचो, जो लोग अमला में मुझे देखेंगे वे उन बातों को पढ़कर क्या सोचेंगे ? इस प्रकार मेरी हँसी उड़ाने का तुम्हें क्या अधिकार है ?''–जैसे आरोपों का दूसरा पक्ष भी है। जहाँ अत्यंत निकट के आत्मीय दूर होते जाते हैं, वहीं अत्यंत दूर और अपरिचय के क्षेत्र से चलकर सहसा ही कोई बहुत निकट आ जाता है; ''बिना मुझे और मेरी परिस्थितियाँ जाने कैसे आपने हू-ब-हू समर के रूप में मेरा चित्रण कर दिया, यह देखकर आश्चर्य होता है !'' या ''अक्सर लोग कहते हैं कि मिसेज़ तेजपाल में मेरी ही तो तस्वीर उतारी गई है'', ''रंजना मुझे इतनी अपनी लगती है कि भ्रम होता है...'', ''निन्नी की समस्या कहीं हर नारी की समस्या है...''

पात्रों के साथ तादात्म्य कर लेनेवालों के स्वीकार-अस्वीकार के बीच निन्नी का यह पत्र मुझे विलक्षण राहत देता है। लेखक की मनःप्रयोगशाला में पात्र-निर्माण-प्रक्रिया क्या होती है, वह उन्हें गढ़ने के लिए कितना-कुछ कहाँ से लेता है–इस जटिल विश्लेषण में न पड़कर मैं निन्नी की इस तटस्थता और अपने से ऊपर उठ सकने की क्षमता के प्रति नत हूँ, जहाँ उसने पात्र को पात्र की निगाह से देखने का आग्रह दिखाया है। वस्तुतः यही वह सही दृष्टि है जिससे किसी पात्र या लेखक के मंतव्य को समझा जा सकता है। वास्तविक जीवन में किसी का व्यक्तित्व बनाने-बिगाड़नेवाले क्या तत्त्व–फ़ैक्टर्स–हैं, वहाँ घटनाओं और संकल्प का कितना महत्त्व है, इसे मनोवैज्ञानिक-समाजशास्त्री से

लेकर ज्योतिषी तक—सब अपने-अपने ढंग से समझाते हैं, वर्तमान-क्षण तक उसके 'तर्क' और कारण खोज निकालते हैं; लेकिन इस क्षण के बाद अनुमान और कल्पना का क्षेत्र है। वहाँ सारे ज्ञान और तार्किक युक्तियों के बावज़ूद कोई तर्क और कोई युक्ति काम नहीं देती। औपन्यासिक पात्रों के साथ ऐसा नहीं होता, वहाँ हर घटना और व्यक्ति के विकास की कोई-न-कोई युक्ति लेखक के बहुत भीतर काम करती है। 'जीवन जैसा है, वैसा ही चित्रित किया जाए' की महत्त्वाकांक्षावाले लेखकों ने भी जहाँ घटनाओं और संयोगों में कैसी-भी संगति और चरित्र के विकास में किसी भी युक्ति को मानने से इनकार किया है, वहाँ भी इन असंगतियों और तर्क-हीनताओं का अपना एक तर्क ज़रूर मन में रखा है। इसलिए औपन्यासिक पात्रों का विश्लेषण वहाँ इस तरह नहीं होता कि उसमें कितना वास्तविक और अवास्तविक है, वैसा किसी के साथ हुआ था या नहीं; बल्कि इस आधार पर होता है कि पात्रों के विकास और निर्माण के लिए लेखक ने जो युक्ति या तर्क निर्धारित किए हैं, वे कितने स्वीकार्य और अस्वीकार्य हैं ? कभी ये युक्ति और तर्क केवल कृति में होते हैं और कभी लेखकीय व्यक्तित्व में—कभी इन दोनों में न होकर उस युग और माहौल में इनके रेशों को महसूस करना होता है जिसमें लेखक साँस लेता है। मॉम, हैमिंग्वे और काफ़्का के चरित्रों को क्रमशः इन तीनों के उदाहरण-स्वरूप रखा जा सकता है।

लेकिन मैं निन्नी की बात कर रहा था। 'अनदेखे, अनजान पुल' की निन्नी को उसी की दृष्टि से देखना होगा, मुझे पत्र लिखनेवाली निन्नी से हटाकर। इसके लिए ज़्यादा सुविधाजनक यह होगा कि जिस निगाह से मैं निन्नी को देखता हूँ उसे, इस पत्र के माध्यम से समझने की कोशिश करूँ। शायद यह आपको और स्वयं उस निन्नी को एक-दूसरे आयाम से देखने का अवसर दे सके।

वस्तुतः जिन दिनों मैं उपन्यास को लिख रहा था उन दिनों इसका नाम दिया था—'एक चुंबन'। लेकिन हमेशा एक डर बना रहता था कि यह नाम उपन्यास को एक अवांछनीय धरातल दे देगा। 'टीन एजर्स' को 'चुंबन' शब्द में ही एक थ्रिल और गोपनीयता की गंध मिलती है। उनके लिए एक ओर जहाँ यह कागज़ चढ़ाकर एकांत में पारायण करनेवाली मनोरंजक रचना हो जाएगी, वहीं संस्कारी पाठक चुंबन नामक क्रिया को ही उपन्यास की धुरी मानकर पढ़ेगा जिस तरह चेख़व की कहानी 'द किस' को पढ़ता है। इस प्रकार दोनों ही कथ्य से भटक जाएँगे। यों चेख़व की कहानी मेरे ध्यान में ज़रूर थी, लेकिन मैं उससे नितांत अलग एक दूसरी ही बात कहना चाहता था, संभव हो तो उस कहानी के आसंग को नकारकर कहना चाहता था। उन दिनों मुझे नीत्शे पढ़ने की धुन सवार थी 'दस स्पेक ज़रथुस्त्र' में सुपरमैन के सिलसिले में पढ़ते हुए, (जैसा कि सन् 30 के भारतीय बुद्धिजीवी को पागलपने की हद तक लगता था), मुझे भी आभास होता कि मैं सुपरमैन के अवतार का माध्यम भी हूँ, और स्वयं सुपरमैन भी हूँ। साथ ही इस बात की चेतना भी थी कि नीत्शे तत्त्वद्रष्टा दार्शनिक नहीं, राष्ट्र और रक्तार्थ का दार्शनिक है। हाँ, सिर्फ़ लहजा वह ज़रूर मैटाफ़िज़िकल दार्शनिकों का बनाए रखता है।

जर्मन-राष्ट्र और आर्य-रक्त की कड़वी गंध के बावज़ूद विशेषकर इस कृति की कविता मुझे मुग्ध किए थी। एक जगह उसमें पढ़ा : 'मनुष्य की महानता यही है कि वह अपने में अपना लक्ष्य और ध्रुव नहीं है, वह केवल एक सेतु है।' उपन्यास समाप्त किए मुझे चार-पाँच महीने हो चुके थे, लेकिन लगा कि इन्हीं पंक्तियों में से अपनी कहानी के कथ्य को अभिव्यक्त कर सकनेवाला शीर्षक लिया जा सकता है। मनुष्य सेतु है और अपने पार जा सकता है, अपने से उठ सकता है—जाने कितने हैं जो अपने भीतर की खाइयों और गड्ढों को लाँघकर 'अपने पार' आए हैं, शायद कहीं-न-कहीं हर आदमी आता है। वर्ना वह उन्हीं में डूब गया होता। उठने का प्रयत्न ही इस कहानी का मूल कथ्य है। जिजीविषा के दो रूप हैं : जीने की विवशता और जीवन के प्रति निष्ठा। अमरकांत की कहानी 'ज़िंदगी और जोंक' में जीने की वह मजबूरी है जो आदमी को जीवन से या जीवन को आदमी से जोंक की तरह चिपकाए रखती है, दूसरी ओर मैं अपनी इस कहानी को रखना चाहूँगा, जहाँ बिना अपनी इस निष्ठा के प्रति सचेत हुए भी व्यक्ति अपनी सीमाओं से उठने का प्रयत्न करता है। 'ट्रान्सैण्डैन्स' बहुत बड़ा शब्द है, लेकिन अपने मूल-अर्थ में वह जिस प्रवृत्ति को व्यंजित करता है शायद वही इस कहानी का स्पंदन है। 'निन्नी आज कहीं ज़िम्मेदार पद पर है' वाक्य ही यह बताने को काफ़ी है कि अनेक उतरती सीढ़ियों के अँधेरे मोड़ोंवाली बीमार पगडंडियाँ पार कर आई है वह। टूटने और भटकने के एक निर्णयात्मक मोड़ पर दर्शन का आत्मीय, सम-स्तरीय संबोधन उसे आहिस्ते-से सँभाल गया है। उस संबोधन का रूप या भाषा क्या थी, यह इस संदर्भ में महत्त्वपूर्ण नहीं है, वह चुंबन न होकर वास्तविक संभोग भी हो सकता था। और वस्तुतः यह बात एक बार मेरे मन में आई भी थी, लेकिन उससे मेरा एक और उपन्यास ख़राब होता था इसलिए टाल गया। महत्त्व वहाँ निन्नी के एक जीवित प्राणी, या नारी होने की स्वीकृति का है, उस धरातल पर दिए गए विश्वास का है। अपने-आपको पार करने के दौरान और लोग इस विश्वास को और भी न जाने किस-किस बहाने प्राप्त कर लेते हैं, कभी कोई पुस्तक होती है कभी कोई और संपर्क।

प्रकृति जड़ है और पुरुष चेतन, नारी शरीर है और पुरुष आत्मा—ऐसी वेदांती भाषा बोलने का साहस तो मैं नहीं कर सकता, लेकिन 'सिमाँ द बोउआ' की तरह यह ज़रूर लगता है कि शरीर के पार जाना शायद नारी के लिए पुरुष की अपेक्षा अधिक यातनामय प्रक्रिया है। वह सुंदर हो या असुंदर, दोनों ही स्थितियों में शरीर को लेकर अत्यधिक परेशान है। बहुत सुंदर शरीर पाया है तो दुनिया को कुछ नहीं समझती, और असुंदर है तो अपने को कुछ नहीं मानती। मगर जिस केंद्र के आस-पास घूमती है, सजाती-सँवारती, अहंकार और खीझ अनुभव करती है, वह शरीर ही है। इसको यों भी कह सकते हैं कि अपने को वह अपनी नहीं, दूसरों की क़ीमत-लगाती आँखों से देखकर अस्तित्व की सार्थकता निरर्थकता मानती है। अपने दूसरे उपन्यास 'कुलटा' में मैंने अत्यंत चुंबकीय सौंदर्य-महिमा से मंडित नारी के माध्यम से इस सत्य को पाया है तो इस उपन्यास में अपनी ही रूप-हीनता से संकुचित निन्नी के माध्यम से। और इस दौरान

दोनों के भीतर वास्तविक अहम् को उकेरने का प्रयत्न किया है। मिसेज़ तेजपाल और निन्नी दोनों ही जब अपने को अपनी निगाह से देखती हैं तो अपनी सीमाओं और परिवेश से विद्रोह कर उठती हैं। विद्रोही दोनों हैं; मिसेज़ तेजपाल का बहुत घोषित हो गया है, लेकिन निन्नी का विद्रोह किसी भी हालत में छोटा नहीं है।

मैं समझता हूँ कि यहाँ तक आपको और आपकी निन्नी को कोई आपत्ति नहीं है। आप दोनों की असहमति 'बीमार पगडंडी' के मोड़ों और घुमावों से है। यही बात है न ? जो निन्नी ऐसी 'अच्छी' है, वह सागर के संपर्क में ऐसा कुत्सित संतोष खोजे और बैजल के चुंबन को यों मन में दुहराए, अर्थात् इतनी 'गिर' जाए यह बात गले नहीं उतरती ? इन जगहों पर आपको ही नहीं, बहुतों को आपत्ति है। शायद औपन्यासिक नायिकाओं को इतना गिरा हुआ देखने के हम अभ्यस्त नहीं हैं। वे तो बहुत ही महीन ज़िंदगी जीती हैं और अत्यंत उदात्त धरातल से मधुर-मधुर प्रेम बरसाती हैं, या अच्छी-अच्छी इंटलैक्चुअल बातें करती हैं। 'नदी के द्वीप' की रेखा की तरह उनका गर्भपात भी जीवन की एक घटना नहीं, प्यार की एक अदा बनकर आता है। ऐसी नायिका-संस्कारों में रहनेवाली आपको तो निन्नी का 'गिरना' बहुत ही सुरुचि-विहीन लगा होगा। अक्सर वहाँ तो विभाजन बड़ा साफ़ होता है : गिरी हुई नायिकाएँ अलग उपन्यासों में आएँगी, उठी हुई अलग में। 'उठी-हुइयों' के साथ कुछ आपत्तिजनक और सुरुचिहीन होगा, तो दूसरों द्वारा किया गया होगा, वे स्वयं नहीं करेंगी। इस प्रकार और भी अधिक उठ जाएँगी। 'गिरी हुइयों' का और भी गिरना समाज, परिस्थितियों और व्यक्तियों के क्रूर हाथों उनके शहीद होने को और गरिमा देगा। इस प्रकार के नायिका-संस्कारी पाठकों को निन्नी से बहुत शिकायतें हैं। रवींद्रनाथ की 'सुभाषिणी', रजनी पणिक्कर की 'काली लड़की' और मोहनसिंह सेंगर की 'अँधियारे तारे' की नायिकाएँ जिस तरह प्रकृति और समाज के हाथों पिसती नारियों के प्रति करुणा जगाती हैं, निन्नी उस करुणा को भी अस्वीकार करती है। उसका व्यक्तित्व और अहम् इन सबसे अलग है—उसकी कुंठा एक दूसरी तरह की चुनौती है। इसलिए उसकी आंतरिक बुनावट-बनावट भी इतनी सहज-सरल नहीं है। मैं उसे उतार सकने में असफल हो गया हूँ, यह बिलकुल ही दूसरी बात है।

देखिए न, कितनी मोटी-सी बात 'आपकी निन्नी' की निगाहों से चूक गई है कि बैजल और सागरवाली दोनों घटनाएँ दर्शन की मुलाक़ात से पहले की हैं और सिर्फ़ उसे तब याद हो आती हैं, जब लगता है कि दर्शन ने उसे 'अस्वीकार' कर दिया है। शायद यह मेरे लेखन की ही उलझन है कि वे दोनों बातें, या कम-से-कम एक बात, दर्शन की ओर से 'निराश' हो जाने की प्रतिक्रिया लगती हैं। वह शायद कहीं कहती भी है कि सागर के संपर्क ने उसे जिस रास्ते पर डाल दिया था, उसी की परितृप्ति की खोज उसे दिल्ली ले आई थी। इसी तरह अलौकिक परिणति की अपेक्षा और प्रत्याशा तो और भी बचपन की हैं। यह आपका आरोप ही नहीं, सचाई ही है कि वह निन्नी तब अपरिपक्व किशोरी ही थी। इस प्रकार की अनेक घटनाएँ विधु ने अपने पर्वत-प्रवास के साथ में मुझे सुनाई थीं और उनमें से मैंने केवल इन दो को चुन लिया है। उसे शायद आपत्ति इस

चुनाव पर ही है, घटनाओं की वास्तविकता पर नहीं। यों यह सचाई भी कम सार्वभौमिक नहीं है कि अपरिपक्व दिनों की जाने कितनी बातें प्रौढ़ हो जाने पर या तो इतनी महत्त्वहीन लगती हैं कि हम उन्हें याद नहीं करते या इतनी लज्जास्पद कि याद नहीं करना चाहते। शायद आपने उपन्यास के संयोजन पर ध्यान दिया होगा : जहाँ आगे-पीछे के अध्याय 'वर्तमान' हैं और बीच में अतीत-वर्तमान की वे गहराइयाँ हैं जिन पर सेतु बनाकर निन्नी पार आती है।

रूप के हैंडीकैप ने मुझे निन्नी के मनोविज्ञान के दुहरे-तिहरे स्तरों पर समझने में सहायता दी है। एक तो यह हैंडीकैप उसके मानसिक विकास का भी है; अरेस्टैड या रिटॉर्टेड ग्रोथ (कुंठित-विकास) का कारण भी है; इसलिए आत्म-केंद्रित होकर वह अपने बचकाने सपनों और कृत्यों में अपेक्षाकृत बड़ी उम्र तक भी डूबी रहे, यह बहुत अस्वाभाविक नहीं है; दूसरे इसी हैंडीकैप ने उसे अतिरिक्त आत्म-सजग बना दिया है। हर नई धरती पर क़दम रखते ही तिलचट्टे की सूँड़ें उसे हिलती महसूस होती हैं : एक सामाजिक इकाई, व्यक्ति-नारी की स्वाभाविक-प्राकृतिक माँगों के संदर्भ में इन दो विरोधी भावनाओं का द्वंद्व, निन्नी के मनोजगत् को समझने में अधिक सहायता देता है। दर्शन के संपर्क के क्षणों में उस तिलचिट्टे को पीछे ठेलते रहने में उसे कम श्रम और प्रयत्न करना पड़ा था, यह तो आप भी नहीं कह सकतीं। इसीलिए यह भी अस्वाभाविक नहीं था कि उस तिलचट्टे से लड़ते हुए जो भी 'सुख' वह उससे छीन ले, उसे ही अतिरिक्त आशा और उत्साह से ग्रहण, आत्मसात् करे। उसकी कल्पना-प्रवणता और स्वप्न-जीवी-वृत्ति दर्शन के सामान्य संपर्क को भी अनेक रंगीन इंद्र-धनुषों से सजा लेती है। यहाँ अगर निन्नी की जगह मिसेज़ तेजपाल होतीं तो शायद उन्हें दर्शन का यह व्यवहार अपने रूप के जादू में बँधे एक युवक का विशिष्ट व्यवहार लगता। सामान्य उसे दोनों ही नहीं स्वीकारतीं। यह पहली स्थिति है। दूसरी स्थिति में मिसेज़ तेजपाल स्वयं अपने से प्रश्न करतीं कि दर्शन का व्यवहार एक स्वाभाविक मैत्री की अभिव्यक्ति था या सिर्फ़ उनके रूप का जादू उसे विवश कर बैठा था...निन्नी सोचती है कि मैत्री थी या दया, उसके रूप-हीन होने के प्रति एक अतिरिक्त सहानुभूति ? उस व्यवहार की सचाई को तो वह झुठला नहीं सकती, लेकिन अपने प्रति दया और सहानुभूति को उसका अहम् स्वीकार नहीं करता; उनसे उसे डर भी है और वितृष्णा भी। अतः बार-बार अपने मन को समझाती है कि वह दया और सहानुभूति नहीं है, कुछ और है; और इस 'कुछ और' में अनेक संभावनाएँ उसे भरमाने लगती हैं—उसका पुराना स्वप्न-जीवी स्वभाव उसे फिर अपने साथ बहा ले जाता है, जहाँ वह रूठती, रीझती, मान करती और लड़ती है।

जिस चीज़ से वह शुरू से लड़ती है वह दया है (आपको 'ज्विग' का उपन्यास 'बी वेयर ऑफ़ पिटी' याद आ रहा है न ?)

मैं समझता हूँ इतना कथन इस छोटे-से उपन्यास के लिए काफ़ी है। मेरी बात आप निन्नी तक पहुँचाने की कृपा करेंगी तो आभार होगा।

—**ज्ञानोदय**, फरवरी, 1965

कालाजल

3 जून, '65

प्रिय शानी,

कल ही तुम्हारा उपन्यास पढ़कर समाप्त किया है। तुम्हें इस निहायत ही ख़ूबसूरत और दिलचस्प उपन्यास लिखने पर बधाई और एक क्लासिक उपन्यास के नाश कर डालने पर धिक्कार साथ ही देने को मन करता है। सचमुच, उपन्यास तुमने बहुत मेहनत से लिखा है और यह ऐसी सचाई सामने रखता है जो व्यक्तियों की और युग की साथ ही है।

यहाँ मैं तुम्हारी तारीफ़ में वह सब नहीं दुहराऊँगा जो तुम्हारे पिछले लेखन पर मैं या दूसरे लोग कह चुके हैं। तुम्हारी क़लम की प्रौढ़ता अपने चरम पर है...

फ़ातिहा के बहाने तुमने जिस परिवार और नगर की कहानी कही है वह बेहद रोचक, नई और करुण है। (बाई द वे, फ़ातिहा क्या उधर स्त्री-लिंग में बोला जाता है ?) पढ़ते हुए, मुझे पहले खंड के बाद दूसरा खंड एक अलग शैली में लिखा हुआ लगा और महसूस हुआ कि दो अलग उपन्यास हैं, लेकिन तुमने कौशल के साथ तीसरा खंड इसी शैली में लाकर उसे सँभाल दिया है और पानी के रुँधाव और बहाव के प्रतीक को क़ायम रखा है। जिस हिसाब से वह क्लासिक्स के निकट आ सकता था वह मेरी समझ में यों है : उपन्यास में तीन विद्रोह हैं, नायडू का बहुत घोषित शुद्ध राजनैतिक; मोहसिन का कुछ कर गुज़रनेवाले नौजवान का भटका हुआ वैयक्तिक विद्रोह और सल्लो आपा का बेहद मासूम; घर की चहारदीवारी में बंद नैतिक मान्यताओं और परंपराओं के ख़िलाफ़ अ-घोषित-सा विद्रोह, जिसका प्रारंभ कहीं ज़हीरा और रशीदा अपने-अपने ढंग पर कर चुकी थीं। और ये तीनों ही विद्रोह निष्फल हो गए, या भटक गए। गर्भपात सल्लो आपा का ही नहीं हुआ, मोहसिन और नायडू का भी हुआ। अगर संकेत में यह भी दिया जा सकता कि अपने अनजाने ही फूफी जिन भूली-भटकी रूहों की फ़ातिहा पढ़वा रही हैं, वह सल्लो आपा का अजन्मा शिशु ही है, और अपने ढंग पर ये फ़ातिहा पढ़नेवाले बब्बन महोदय उस पर टिप्पणी करते हैं कि यह फ़ातिहा उन तीनों अजन्मे विद्रोह-शिशुओं का है। मेरा ख़याल है कि उपन्यास तब एक नए अर्थ में सशक्त हो उठता। हालाँकि तुम्हारा बूदम नायक, बब्बन, जो बिना शक तुम खुद हो, इस अर्थ को वहन करने में असमर्थ है—उसका जो चरित्र तुमने उभारा है उसे देखते हुए। बहरहाल, इसी थीम पर उपन्यास

का नाम होना चाहिए था।

मुझे नहीं पता; यह बात तुम्हारे मन में कहीं थी या नहीं। अगर रही भी हो तो उभरी नहीं है। शायद उसके लिए उपन्यास को दुबारा लिखने की ज़रूरत थी।

ताज़ियों और करबला का वर्णन अनुपात से बहुत अधिक हो गया है। तीन-सौ पन्नों के उपन्यास में उस चीज़ ने लगभग पचास पन्ने लिए हैं, जिसमें मतलब की बात केवल यही बताई है कि आपा किसी और लड़के की ओर आकर्षित थीं। वैसे यह वर्णन सजीव है। शायद उस परंपरागत शोकोत्सव को भी इन तीन आत्माओं के फ़ातिहा के साथ ही जोड़ा जा सकता था। अक्सर परंपराओं में बँधे हम लोग कभी जान भी नहीं पाते कि शोक किनके लिए किया जा रहा है और शहीद कौन है ? शहादत सिर्फ़ पैग़ंबरों को ही नहीं मिलती, उनको भी मिलती है जो एकदम बेख़बर होते हैं और ताज़िंदगी अनचीन्हे रह जाते हैं।

मालतीवाला प्रसंग बिलकुल बेकार है, रज्जूमियाँ के जिस चरित्र को तुम उभारना चाहते थे वह फूफी के संदर्भ में ही काफ़ी साफ़ है, उस प्रसंग को लाने के लिए तुम यह भूल गए हो कि तुमने उन्हें बच्चों को पढ़ाते छोड़ा था। उस पढ़ाने का क्या हुआ ? मुझे तो ऐसा लगा कि तुम बताना चाहते हो : रज्जूमियाँ की उतार पर आई वासना अब छोटे बच्चों के साथ 'खिलवाड़' में ही संतोष खोजती है। लेकिन मालती का तभी प्रवेश ऐसे अनकन्विसिंग और अप्रत्याशित ढंग पर हुआ है कि जमता नहीं है। इस़ तरह घर पर पली लड़की के शादी में न आने को भी तुमने एक लाइन में समझा दिया है। मेरा सुझाव है कि उसे हटा दो, वह बाद में लगाई गई चिप्पी है, जिसका न आगे ज़िक्र है न पीछे। अगर बात जमे तो मुझे लिखना, वे पन्ने फाड़कर तुम्हें भेज दूँगा। तुम उसे फुलाकर कहानी बना लेना।

उपन्यास का नाम ठीक है न ?

सीमाएँ टूटती हैं...

25 फरवरी, '74

प्रिय श्रीलालजी,

आपका उपन्यास 'सीमाएँ टूटती हैं' कल ही पढ़कर समाप्त किया है और चूँकि कंधे का दर्द अभी तक ठीक नहीं हुआ, इसलिए पत्र हाथ से नहीं लिख रहा हूँ। सबसे पहले तो इस सुंदर उपन्यास के लिए मेरी बहुत-बहुत बधाई स्वीकार कीजिए। यह सिर्फ़ तकल्लुफ़ और औपचारिकता की बात नहीं है। मैं उसे हिंदी के दो-एक अत्यंत ही वैल-रिटिन और वैल-कंसीव्ड (इसे हिंदी में क्या उत्कृष्ट-गर्भित कहेंगे ?) उपन्यासों में मानता हूँ, कि आपने इसके सारे चरित्रों पर बहुत ही महीन निगाह रखी है। मैंने इसे पढ़ते हुए बहुत एंजॉय किया है। सबसे बड़ी बात जिसके लिए मैं विशेष रूप से बधाई देना चाहता हूँ वह चाँद, तारानाथ, विमल इत्यादि का सधाव-पूर्ण व्यवहार नहीं, बल्कि उन स्थितियों का चित्रण है जो हर कहीं अपनी प्रामाणिकता की गहरी छाप छोड़ती हैं। छोटे-छोटे ऑब्ज़र्वेशन्स, मनःस्थितियों के चित्रण, अज़हद खूबसूरत और कुछ स्थानों पर चकित कर देनेवाले हैं। मुझे अनेक स्थानों पर पढ़ते हुए यह लगता रहा कि शायद उन स्थलों को इतनी खूबसूरती से लिख पाना मेरे लिए संभव नहीं होता। बहुत ईर्ष्या के साथ मैंने इस उपन्यास को समाप्त किया है। वैसे आपका ज़्यादा ध्यान प्रकृति और स्थानों के सूक्ष्म ऑब्ज़र्वेशन्स पर रहा है; और उसी दृष्टि ने कुछ मूड्स और मानसिक तरलताओं को बहुत सही पकड़ा है। हालाँकि उपन्यास में बारिश कुछ ज़्यादा ही हुई है।

पूरे उपन्यास की अवधारणा से एक बात तो बहुत स्पष्ट है कि आपने ग्राहम-ग्रीन को पीसकर पचा डाला है। बढ़ती उम्र के प्रेमी, विमल की अनुभूतियों में विलक्षण विश्वसनीयता आपके अभी तक जीवंत होने को ही सिद्ध करती है। बहरहाल, इस सबके बावज़ूद मैं आपकी मूल थीम से अपने को सहमत नहीं पाता; यानी चाँद का विमल के प्रति विश्वास क़तई वही नहीं है जो तारानाथ का देवी-देवताओं पर है। तर्कातीत आस्था की युक्ति पर आप निराकार और निर्जीव वस्तु के प्रति श्रद्धा या सजीव व्यक्ति की रैसीप्रोकल अंडरस्टैंडिंग (दोनों पक्षों की आपसी समझ) में अंतर तो करेंगे ही। चाँद का विमल के प्रति भाव केवल देवताओंवाली आस्था ही नहीं है; अहसान, प्यार, सैक्स और पिता की भावना का मिला-जुला रूप है, जो स्वयं उस व्यक्ति में भी प्रतिक्रिया पाता है। इस तरह की युक्ति देते समय हमें यह ज़रूर ध्यान रखना पड़ेगा कि 45 साल के पुरुष

और 18-20 साल की लड़की के प्यार के पीछे केवल एक तर्कहीन श्रद्धा ही नहीं होती, बहुत कुछ और भी होता है (लोलिता में नहीं है ?) यह अंधविश्वास देवी-देवताओं के माध्यम से तारानाथ को तो बल दे सकता है, चाँद को नहीं। कहीं ऐसा तो नहीं है कि विमल के प्रति घरवालों की दुर्भावना और कटुता देखकर ही चाँद के भीतर एक हठ पनप गई हो ? इतना आधुनिक मुहावरा और सशक्त क़लम लेकर आस्था के नाम पर अंध-विश्वास को पोषित करना मुझे कहीं चकित करता है। यहाँ अवध के रूढ़िगत भोले भारतीय और ग्रीन की पैनी निगाह में अंतर स्पष्ट होता है, इंसानियत के लिए आस्था तो वहाँ भी है।

बहरहाल, आपने एक कुशल वकील की तरह अपना सारा केस उसी खूबसूरती से तैयार किया है जैसा अपने समय में 'चित्रलेखा' के लेखक ने किया था और अनजाने ही पीढ़ियों के उस अंतराल की ओर संकेत कर दिया, जिसकी बात आप मुझसे कर रहे थे। यहाँ यह कहना चाहिए कि 'राग दरबारी' ने भले ही आपको व्यक्तिगत रूप से बहुत कुछ दिया हो, आपकी इमेज़ को एक विशेष दायरे में बाँध दिया है। उससे पहले कि उपन्यास अनुभूति की ईमानदारी के बावज़ूद हम लोगों के प्रारंभिक उपन्यासों जैसे ही हैं। 'सीमाएँ टूटती हैं' पढ़कर मुझे वास्तव में विश्वास हो गया कि पीढ़ियों के अंतराल पर आपकी क़लम से कोई हलकी चीज़ नहीं आएगी।

श्रीलाल शुक्ल
लखनऊ

बहुत देर कर दी

11 मई, '76

प्रिय श्री गुप्तजी,

'बहुत देर कर दी' (डॉ. अलीम मसरूर) उपन्यास मैंने पढ़ डाला है और अपने पुराने कथन पर ही स्थिर हूँ। उपन्यास रोचक है और कम-से-कम समय में पढ़ने के लिए बाध्य करता है। मगर उर्दू के भयंकर आलोचकों की सम्मतियाँ देखकर मैं जिस चीज़ की उम्मीद कर रहा था, वह इसमें कहीं नहीं मिली। अपनी बात कहते समय क्या मैं यह मान सकता हूँ कि उपन्यास पर दी गई कोई भी राय, आपकी व्यक्तिगत आलोचना नहीं; केवल मेरी अपनी प्रतिक्रिया है; और 'कहानीकार' से सम्बद्ध होने से अलग मैं आपको एक अत्यंत प्रबुद्ध, बहु-पठित व्यक्ति के रूप में जानता हूँ, शायद एक मित्र के रूप में भी, जिससे बहुत खुलकर बात की जा सकती है। उपन्यास सधी हुई क़लम से गढ़ा और लिखा गया है और मूलतः रोमांटिक है। हो सकता है, बंबईवाले इस पर एक बहुत अच्छी व्यावसायिक फ़िल्म बना डालें—'दस्तक' और 'पिया का घर' की मिली-जुली फ़िल्म। एक उदार सहृदय गुंडे का मिलना; वेश्या को पत्नी के रूप में पेश करना ही नहीं, बल्कि सारी कठिनाइयों को पैसे देकर हल करना, फिर अचानक लेखक द्वारा एक ज़रूरतमंद लेखिका को लाकर द्वंद्व पैदा करना। यह सारी बातें उपन्यास को बहुत रोचक तो बनाती हैं, मगर वह गहराई और विश्वसनीयता नहीं देतीं जो कि इस तरह के किसी उपन्यास से अपेक्षित है। नायक पढ़ी-लिखी वेश्या से अक्सर आदमी-औरत के रिश्ते या दोनों की आपसी बनावट पर ही बहस करता रहता है और अंत में जिस नोट पर उपन्यास समाप्त हुआ है, वह लेखक की सारी थीम को ध्वस्त कर देता है। इन सारे पन्नों से हम समझते हैं कि इन दोनों के बीच में क्रमशः कोई गहरी अंडरस्टैंडिंग पैदा हो गई है, लेकिन अंत में झटके से सामने आता है कि वेश्या से विवाह किसी गहरी समझ के अंतर्गत नहीं, बल्कि दया (क्या पिटी के लिए यह सही शब्द है ?) के आधार पर किया गया है। ज़्यादा अच्छा होता कि इस अंत तक आने के लिए समझ के भावनात्मक स्तर के अतिरिक्त, शारीरिक स्तर को भी लिया जाता, क्योंकि बहुत जगहों पर जहाँ दूसरे कंसीडरेशन्स या अंडरस्टैंडिंग हलके पड़ने लगते हैं, वहाँ कभी-कभी शारीरिक धरातल पर सही आदमी या औरत का मिलना संबंधों के स्थायित्व को अतिरिक्त शक्ति देता है। लेकिन उपन्यास में हालत यह है कि दोनों राजपूती ज़माने की तरह बीच में तलवार रखकर सोते हैं। वस्तुतः जब रचना

की मूल थीम रोमांटिक होती है तो बाक़ी चीज़ें उसी तरह थोक होने को बाध्य हो जाती हैं। गुंडे को लाकर उसका आर्थिक उपयोग करना और फिर आसानी से उसे हटा देना, या एक उपन्यास लिखकर ही लेखिका का मालामाल हो जाना, ये सारी बातें यथार्थ-बोध पर बहुत गहरा धक्का हैं।

मुझे विश्वास है जो बात मैं कह रहा हूँ उसे आप सही स्पिरिट में ले रहे हैं। उपन्यास की भाषा निश्चय ही खूबसूरत है और उसे मैं उर्दूवालों का बहुत गहरा प्लस पॉइंट मानता हूँ, अच्छा लिखने में बहुत बड़ी बाधा भी। फिर भी आपने मुझे यह अच्छा उपन्यास पढ़ने को दिया, इसके लिए आभारी हूँ।

श्री कमल गुप्त
संपादक 'कहानीकार'
बनारस

मकान

7 दिसंबर, '76

प्रिय श्रीलालजी,

आपका 'मकान' देखा; बनाया तो बहुत आधुनिक है और दो-तीन मंज़िलें होते हुए भी बिखरा हुआ नहीं लगता। इस 'करतब' के लिए आपको बधाई और गृह-प्रवेश की तारीख़-प्रतीक्षा।

जहाँ उपन्यास को पढ़ते हुए मुझे सख़्त खीझ और झुँझलाहट होती रही कि जो कुछ मैं लिखना चाहता हूँ वह आप ही क्यों लिखे चले जा रहे हैं, वहीं आपकी महीन ऑब्ज़र्वेशनी दृष्टि पर दाद देने को भी मन करता रहा। मेरा परम विश्वास है कि संगीत की बहुत अच्छी जानकारी (हो सकता है जाननेवाले आगे कोई ग़लत सूत्र पकड़ लें, मैं तो कोरा हूँ) और क्लर्कीय टुच्चता को आत्मसात किए बिना इस नारायण बनर्जी को काग़ज़ पर पकड़ पाना एकदम असंभव है। उसे आपने बेहद ही खूबसूरती से हम लोगों से परिचित कराया है। मगर इसके निर्माण में जिस प्रकार की अनुभव-यात्राओं से गुज़रना पड़ा होगा, उसके लिए सिर्फ़ साधुवाद ही दे सकता हूँ कि मनुष्य यह सब भी हो और उसे लिखने का गुर्दा भी रखता हो। श्यामा और सिम्मी की जीवंतता को आपने प्रतीक-व्रतीक का बहाना लेकर निश्चय ही भाभीजी को बहका दिया होगा। बहरहाल, इसमें मुझे सबसे अधिक अच्छी लगी श्यामा और सबसे फ़ालतू लगे बारिनदा या मिसेज़ हलदार। नारायण का जो कुछ ख़ाका आपने खींचा है उसके हिसाब से उसे होटल में मिसेज़ हलदार के साथ वही कुछ करना चाहिए था जो उसने श्यामा के साथ किया था, सिम्मी के साथ। अब आइए, सबसे बड़ी बात पर, जो मुझे एकदम खटकी थी : नारायण बनर्जी का कलाकार 'मकान' मिलते ही मर गया, क्या इस बात को कहने के लिए हिंदी-फ़िल्मों जैसी छुरेबाज़ी दिखाकर सिम्मी की गली में ही नारायण का मरना ज़रूरी था ? क़ायदे से उसे अपने मकान की सीढ़ियों पर चढ़ते हुए मरना चाहिए था; क्योंकि पाँच बच्चों की गृहस्थी में वह व्यक्ति सिर्फ़ कलाकार की साध लिए जी रहा था। इस समय बिना 'मकान' के वह संपूर्णतः कलाकार है, निर्द्वंद्व और निरंकुश...यानी वह फ़्लैटोंवाली स्वतंत्रता ही उसके कलाकार को यत्किंचित विकसित होने का अवसर देती है और 'घर' (आपके शब्दों में मकान) के पुनः आ-जाने पर वह कलाकार मर जाता है, सिम्मी की गली में नहीं, अपने घर की दहलीज़ पर। सिम्मी की गली और स्वामी शतानंद

के यहाँ तो उसे परम विकसित होने का मौक़ा मिला है। जहाँ नारायण जैसे कैलकुलेटिव आदमी के एकाउंटेंट होने को आपने भयंकर सार्थक किया है, वहाँ इस हिसाब से मेरे ख़याल में वह चूक गया है।

'राग दरबारी' के बाद इस शैली का सधाव और निथरना सचमुच एक सुखद विस्मय से भर जाता है। वह 'बिखराव' भी इसमें नहीं है। आपने गठन को खूबसूरती से बनाए रखा है।

श्रीलाल शुक्ल
लखनऊ

नाच्यो बहुत गोपाल

16 मई, 1978

आदरणीय नागरजी,

अभी-अभी 'निरगुनिया' से लंबी मुलाक़ात करके आ रहा हूँ और बार-बार यही सोच रहा हूँ कि लिखना ऊपरी सारे सांस्कारिक जाल-जंजाल को काटते हुए किस तरह सीधे सत्य के ऐसे साक्षात्कार तक ले जा सकता है कि लेखक को सही मायनों में 'मुक्त' कर दे। 'बूँद और समुद्र' से लेकर 'निरगुनिया' तक आपने जन-जीवन के माध्यम से कितनी रोमांचकारी यात्रा कर डाली है। मुझे लगता है कि पहले उपन्यासों में आपके लिए और-और चीज़ें महत्त्वपूर्ण थीं : कहीं सामाजिक परिवेश, कहीं आंचलिकता, कहीं पुराण और कहीं रामकथा के प्रति भक्ति। मगर इस उपन्यास में मुझे तो पहली बार रचनात्मक धरातल पर 'मानुष-सत्य' का साक्षात्कार मिला है, पहले सिर्फ़ आभास मिलता रहा है। यहाँ आप सारी मान्यताओं, रूढ़ियों, संस्कारों, वर्जनाओं, धारणाओं और अभ्यासों को तोड़कर अपने अंतर्मन के सामने स्वीकार (कन्फ़ैस) करते हैं कि मनुष्य की सबसे बड़ी सचाई है उसकी अस्मिता, यानी 'होने' का साक्षात्कार-नैतिक-अनैतिक, जाति-पाँति, छुआ-छूत, पाप-पुण्य, कुत्सा-सुरुचि, सारी परतों को जिस तरह हटाकर—आपने 'निरगुनिया' के विराट्-रूप का दर्शन दिया है वह अपने-आपमें बहुत ही उदात्त 'रिएलाइज़शन' है। आप जिसे अब तक 'राम' कहकर अपने लिए आस्था प्राप्त करना मानते रहे हैं, उस राम की, आपकी ओर से मैं इसे पहली पूजा मानता हूँ, क्योंकि वह 'मानस का हंस' में भी नहीं थी।

बार-बार इस कृति को आपकी दृष्टि से ही देख रहा हूँ क्योंकि मुझे लगता है कि ऐसी रचनाएँ पाठक, समीक्षक या समाजशास्त्री के लिए प्रासंगिक हों या न हों, लेखक के लिए बहुत बड़ी साधना का दस्तावेज़ हैं; और अपनी सृजन-प्रक्रिया में खुद रचनाकार का आमूल कायाकल्प कर डालती हैं। उपन्यास समाप्त करने के बाद मुझे यह लगता रहा मानो निरगुनिया एक विराटमूर्ति है—उत्तुंग और दबंग—जिसे देखकर एक छोटा बालक हर बार विस्मय-विमुग्ध, आतंकित और सम्मोहित होता रहता है। इसलिए जो बात किसी समीक्षक ने एलेक्स हैली के उपन्यास 'रूटस' के लिए कही थी, वह शुरू से ही मेरे मन में गूँज रही है 'इट्स नॉट ए नावेल, बट एन एक्ट ऑफ़ फ़ेथ' (यह उपन्यास नहीं, अनुष्ठान है) आपने निश्चय ही इस उपन्यास को देखा होगा। किस तरह 'अमरीकन

भंगी', हैली पीढ़ियों की यातना को अपनी नस-नस में महसूस करता है। काश, आपका यह उपन्यास भी अब की तरह दर्शक-पत्रकार की नहीं, स्वयं किसी भुक्त-भोगी (जिसे आपने बहुत हद तक आत्मसात किया है) की क़लम से आया होता।* बहरहाल, इस प्रकार का लेखन किसी भी लेखक के लिए कितना बड़ा अनुष्ठान है, यह मैं लेखक के नाते थोड़ा-बहुत महसूस कर सकता हूँ। मुझे लगता है कि आप शायद इस उपन्यास के लिए ही याद किए जाएँगे। भारतीय-समाज की इन मूल-भूत बीमारियों—(नारी और अछूत) को आपने जिस तरह एक ही बिंदु पर निरगुनिया के माध्यम से अंतर्भुक्त किया है, उस धरातल को मैं समझता हूँ कि जीवंत और स्पंदित रूप में गांधीजी भी शायद नहीं छू पाए थे। बधाई और साधुवाद बहुत छोटे शब्द हैं।

शिकायत मुझे भी वही है कि इस सत्य के सशरीर साक्षात्कार के बाद ख़ाली, खोखला, निर्वाक और व्यर्थ; पाठक और उसका दर्शन होता है : आपने तो उस मूर्ति को ही तोड़ दिया है। अपने को उँड़ेलकर रिक्त हो जाने का तर्क 'निरगुनिया' पर उतना नहीं लागू किया जाना चाहिए, जितना इस भरे-पूरेपन को न सँभाल पाने की असामर्थ्य के कारण 'शर्माजी-नुमा' जीव पर। क्या सचमुच शर्माजी से इतनी तेजस्विनी नारी का निरावृत 'भंगी-स्वरूप' बर्दाश्त नहीं हुआ और उसे नींद की गोलियाँ खिलाकर सुलाना पड़ा ? अगर वह जीती भी रहती तो क्या बिगड़ जाता ? क्या आपके संस्कार यहाँ फिर से हावी हो गए थे ? उसी तरह मोहना को डाकू बनाकर दृश्य से अनुपस्थित रखना, उनके आपसी संबंधों की विकासमान जटिलताओं से बच निकलना तो नहीं है ? यदि यह माँग थीम की ही है तो 'आउट-लॉ' और 'आउट-कास्ट' (समाज से अस्वीकृत) दोनों स्तरों पर आप उन्हें बहुत ज़्यादा गहरी सहानुभूति से देख सकते थे, उस संवेदना से, जो दोनों को निकट लाती है और जो बाहरी रूप से अवांछनीय और अनैतिक या क़ानून-विरोधी होने की चेतना के सेतु पर दोनों को आपस में जोड़ती है।

इन दो मोटी बातों के अलावा मेरे भीतर उपन्यास इतना ताज़ा है कि सिवा आपकी क़लम के लिए—और क़लम के पीछे की आस्था के लिए, प्रार्थनानुमा शुभ-कामनाएँ ही निकल सकती हैं। शुरू में इसमें आपने एक प्रक्रिया दी है, मुझे लगता है वही कुछ आपके इस उपन्यास-लेखन में भी हुआ है : 'निरगुनिया' 'आर्य-पुत्र' का घर छोड़कर भंगी-समाज की गहराइयों में उतरते समय ज़ेवर और रुपयों की पोटली लेकर चली है : कहीं उसे गाड़ती है और कहीं उसे छिपाती है। शुरू में वह उस पोटली के लिए सचेत है (है तो वह सुरक्षा-भावना का प्रतीक ही।) लेकिन आधे उपन्यास के बाद पता नहीं वह पोटली कहाँ चली गई। यानी संस्कारों की जिस ग्रंथि को लेकर 'निरगुनिया' चली और उसी के समानांतर शर्माजी या आप चले, वह यथार्थ की उतरती गहराइयों में मालूम नहीं कहाँ बिला गई है; तभी शायद आप इन गहराइयों को छू पाए हैं।

कितना वयस्क कर दिया है आपने हिंदी-उपन्यास को। दूसरे शब्दों में—हम लोगों

---

* तब तक मैंने दयापवार का 'अछूत' उपन्यास नहीं पढ़ा था।

को व्यर्थ। आपके ज़माने के लेखकों की विदेशी लेखकों के साथ तुलनात्मक हास्यास्पदता के चुटकुले आप ही के मुँह से सुने थे, इसलिए संकोच होता है, मगर टॉलस्टाय की आस्था कैसी रही होगी, इसका अनुमान कर सकता हूँ और जानता हूँ कि यह आस्था निश्चय ही लंबी उम्र और रचनात्मक कर्मठता भी देती है। आशा है आप मेरे इस विश्वास की रक्षा करेंगे। भाभीजी को प्रणाम दें।

श्री अमृतलाल नागर
चौक, लखनऊ

1977 का कथा-परिदृश्यः

जलता हुआ मकान

हिंदी की स्थिति आज कुछ-कुछ वही है जो योरुपीय साहित्य के संदर्भ में अंग्रेज़ी की। किसी भी भारतीय भाषा की कोई भी महत्त्वपूर्ण कृति साल-भर के अंदर हिंदी में आ जाती है। हर भाषा में रोज़ हज़ारों पन्ने 'साहित्य' लिखा जा रहा है, उस सारे ढेर से निकलती हैं एक या दो पुस्तकें; ऐसे लेखक की, जो न जाने कितना पहले लिख चुका है। यानी साल-दो साल के सारे प्रकाशित साहित्य से एक लेखक—इस लेखक के दस-बीस-तीस साल के लेखन से एक या दो रचनाएँ : अब इस रचना की तुलना होती है हिंदी के रोज़-मर्रा के साहित्य से। बहुत स्वाभाविक है कि इस बेतुकी तुलना में हिंदी में बहुत कम अच्छा दिखाई देता है। इसी आधार पर बंगला, मराठी, कन्नड़, मलयालम का हवाला देते हुए नेता-क़िस्म के लोग हिंदी के बारे में अपनी क़ीमती राय तो उछालते ही रहते हैं; भारतीय-अंग्रेज़ी जैसे दरिद्र, झूठे और बनावटी साहित्य के लेखक-पाठक भी बड़े अभिभावकीय अंदाज़ में बेझिझक हिंदी-साहित्य पर बोलते हैं। शायद सबसे अधिक यही बेपढ़े-लिखे लोग बोलते हैं। उनकी समझ का हाल यह है कि सरकारी हिंदी, बोलचाल की हिंदी, पत्रकारी हिंदी और रचनात्मक साहित्य की हिंदी—उनके लिए सभी कुछ एक ही चीज़ हैं और इस पर कुछ भी बकवास करने का उन्हें पूरा अधिकार है। सुदूर दक्षिण या बंगाल में बैठकर भाषा संबंधी किसी भी सरकारी नीति की आलोचना करनेवाला, कोई भी नेता, कभी भी हिंदी-साहित्य पर भी अपनी राय झाड़ सकता है। इस तरह की बेहूदगियों का सामना शायद किसी और भाषा के लेखक को नहीं करना पड़ता। बहरहाल, इस अजीब स्थिति में हिंदी के लेखक की दृष्टि मजबूरन सच्चे अर्थों में 'भारतीय' होने लगती है, क्योंकि उसके लिए चुनौतियाँ और मानक अखिल भारतीय स्तर के हैं।

उत्तर-भारत के लिए सन् 1977 का वर्ष भयानक उथल-पुथल का समय रहा है। सत्ता-केंद्र होने के कारण हिंदी-प्रदेश ही राजनैतिक शतरंज की हर चाल से उलझा रहा है। इसलिए सही अर्थों में हिंदी के लेखक के मूल सरोकार इस वर्ष रचनात्मक लेखन नहीं रहे हैं और जो कुछ भी प्रकाशित हुआ है, वह मुख्यतः पत्रकारों की ही क़लम से आया है। इनमें से प्रायः सभी ने पहले एमर्जेन्सी और इंदिरा गांधी के गुण गाए थे और अब सभी उन्हें गालियाँ देकर अपनी स्थिति बचा रहे हैं। यह तय करना बहुत मुश्किल है कि

हिंदी में ज़्यादा कुशल चारण हैं या अंग्रेज़ी में। वही उमा वासुदेव और मानकेकर या राजेन्द्र अवस्थी और अक्षयकुमार हैं : उन्होंने उस सरकार से भी मलाई खाई थी और इस सरकार के सामने भी कटोरे लेकर हाज़िर हैं। हर जगह पहलेवाले ही चेहरे हैं, सिर्फ़ निगाहें और ज़बानें बदल गई हैं। नए शासकों को भी प्रशिक्षित और अभ्यस्त नौकरशाही की तरह अनुभवी दरबारी मिल गए हैं। इसे भारतीय चरित्र कहना ज़्यादा सही होगा।

रचनात्मक कथा-लेखन शायद इसलिए प्रमुखतः महिलाओं के हाथ में रहा है और हिंदी में उज्ज्वल संभावनाओंवाली अनेक कहानी-उपन्यास लेखिकाएँ आई हैं। वर्ष के आरंभ में ही मंजुल भगत के उपन्यास 'अनारो' ने सबका ध्यान अपनी ओर खींचा था। 'अनारो' झुग्गी-झोंपड़ी में रहनेवाली एक दबंग और स्वाभिमानी औरत की कहानी है। वहाँ की ज़बान, बोलचाल और व्यवहार की प्रामाणिकता के कारण ही विशेष रूप से उपन्यास को मान्यता मिली थी। इंदिरा गांधी का शासन था और हर प्रबुद्ध महिला इस आत्म-विश्वास को अपने भीतर महसूस कर रही थी। मंजुल भगत ने भी ऐसी ही आत्म-निर्भर महिला की कहानी लिखी जो उसकी कमाई पर रहकर पतित्व बघारनेवाले पति को झटककर अपने छोटे-से संसार को अपने ढंग से चलाने का साहस करती है। बहुत गहरे स्तर पर इसे तत्कालीन समय की प्रतीक-कथा भी कह सकते हैं। लेकिन एक रचनाकार की अन्वेषकीय दृष्टि से अपने 'होने' के अर्थ की खोज ज्योत्स्ना मिलन ने अपने उपन्यास 'अपने साथ' में की है। दैनिक जीवन के घिसे-पिटे रवैये से गुज़रते हुए अपने 'आत्म', की तलाश, घर, खाना, बच्चा और पति के नारी-संसार के बीच अपने वास्तविक व्यक्तित्व से साक्षात्कार ही इस उपन्यास को ढेरों जनाने लेखन से अलग कर देता है।

अंतर्राष्ट्रीय स्तर पर इस भारतीय व्यक्तित्व को दिग्भ्रम में पाती हैं मीनाक्षी पुरी अपने उपन्यास 'जाने-पहचाने अजनबी' में। जर्मनी में काम करनेवाले हिंदुस्तानियों के अपने पारिवारिक, व्यक्तिगत जीवन की प्रभावशाली तस्वीरें, मीनाक्षी पुरी ने बेहद कुशलता से दी हैं—जर्मन-ज़िंदगी और उनके प्रति भारतीय रवैये के चौखटे भी। टूटते परिवार, बिखरते व्यक्तित्व और भटकती ज़िंदगी को मीनाक्षी ने अपनी एकदम निजी, चुस्त और सिनेरिया जैसी शैली में विचारोत्तेजक ढंग से प्रस्तुत किया है। कम-से-कम शब्द और अत्यंत सूक्ष्म आब्जर्वेशन। अपनी व्यक्तिगत अस्मिता की तलाश की दिशा में मृणाल पांडेय का 'विरुद्ध' और राष्ट्रीय अस्मिता की तलाश में अभिमन्यु अनत का 'लाल पसीना' उल्लखेनीय है। 'लाल पसीना' में मॉरिशस के भारतवंशीय इतिहास की यातना-यात्रा है।

लेकिन यह उपन्यास-वर्ष जिस महत्त्वपूर्ण उपन्यास के लिए याद किया जाएगा वह है योगेश गुप्त का 'उनका फ़ैसला'। दया, दोस्ती, और राजनैतिक या आपसी स्वार्थों के हिसाब-किताब से प्रांतीय और केंद्रीय एकादमियाँ पुरस्कार हर साल किसी-न-किसी रचना को देती ही रहती हैं, लेकिन इन सबसे अलग कुछ वर्ष पहले प्रकाशित, जगदंबा प्रसाद दीक्षित के 'मुरदाघर' के बाद 'उनका फ़ैसला' हिंदी का वह उपन्यास है जिसने

अचानक ही समीक्षकों, पाठकों सभी का ध्यान अपनी ओर खींच लिया है। परिवार की सामूहिक हत्या, या आत्महत्या के समाचार हम रोज़ अख़बारों में पढ़ते हैं, लेकिन 'उनका फ़ैसला' में हम तय नहीं कर पाते कि पत्नी सरिता और उसके चार बच्चों की हत्या खुद सुरेश ने की है या सरिता ने ? जब घर में आग लगी तो कुंडी अंदर से बंद थी, लेकिन फिर बाहर से कुंडी किसने लगाई ? दूसरे शब्दों में भूखे मरते हुए इस परिवार के ज़िंदा रहने के रास्ते किसने बंद किए हैं ? दंड किसे मिलना चाहिए ? उस व्यक्ति को जो इस घटना का निमित्त है या उस व्यवस्था को जो भीतर आग लगाकर बाहर कुंडी बंद कर देती है ? आख़िर यह फ़ैसला किसका है ?

'उनका फ़ैसला' उपन्यास को पढ़ना एक खौफ़नाक सवाल-भरी दुनिया से गुज़रना है—एक दुःस्वप्न को जीना है। इसमें कहीं एमर्जेन्सी के भयानक सन्नाटे और बेलची-कांड—दोनों की धुँधली अनुगूँज लेखकीय अवचेतन में तलाश की जा सकती है। मैं समझता हूँ कि हिंदी में बहुत दिनों बाद एक ऐसा उपन्यास आया है जिसे राजनैतिक, मनोवैज्ञानिक, अस्तित्ववादी, समाजशास्त्रीय और कलात्मक किसी भी कोण से समान गंभीरता से विश्लेषित किया जा सकता है। कहना चाहिए, आज की जटिल और उलझी स्थिति को यह अपनी संपूर्णता और शक्ति के साथ सामने रखता है। निश्चय ही 'उनका फ़ैसला' महान् उपन्यास नहीं है; लेकिन बहुत महत्त्वपूर्ण तो है ही। शायद यही कारण है कि इसने सभी वर्गों, बौद्धिकों और सामान्य पाठकों को समान रूप से झकझोरा है। भीतर आग लगाकर बाहर से दरवाज़ा बंद कर देना—यह फ़ैसला किसी का भी रहा हो—लेकिन उन्नीस महीने के बीते युग को इससे अच्छा और क्या नाम दिया जा सकता है ? इस वर्ष की उपलब्धि टनों के हिसाब से बाज़ार में छा जानेवाला राजनैतिक या बाजारू सनसनीख़ेज साहित्य नहीं, इसी तरह की कुछ रचनाएँ हैं।

हाँ, एमर्जेन्सी और उसके बाद की स्थितियों की बहुत ही महत्त्वपूर्ण देन है; एक बहुत-बहुत विराट् सामान्य-वर्ग के पढ़ने की रुचि का विस्फोट...यानी अपनी स्थिति और नियति के प्रति अचानक सारी जनता का सजग हो जाना...हालाँकि पत्रकार इस बढ़ी हुई पठन-रुचि को राजनैतिक सनसनी और सामाजिक-कुत्साकरण से पाट रहे हैं—उन्होंने जिस चीज़ का पाठक को चस्का लगाया है उसे अंग्रेज़ी में कहेंगे 'पॉलिटिकल-पॉनोग्राफ़ी' (राजनैतिक अश्लीलता)।

विश्वास यही है कि शीघ्र ही पाठक वर्ग इस स्टंट-साहित्य से ऊबकर गंभीर रचनाओं की ओर मुड़ेगा।

12 जनवरी, 1978

●●●